全国电力行业“十四五”规划教材

船舶与海洋工程电气与信息类系列教材

船用电力电子技术及装置

主　编　于　飞　魏永清　朱　鹏

副主编　乔鸣忠　孟光伟　曾海燕

主　审　向　东

中国电力出版社
CHINA ELECTRIC POWER PRESS

内 容 提 要

本书为全国电力行业“十四五”规划教材，主要介绍电力电子器件、变流技术、控制技术、谐波问题及电力电子技术在船舶发电系统、配电系统、电力推进系统、电源系统、辅机系统中的应用。本书共10章，包括概述、电力电子器件、电力电子电路辅助系统、DC-DC变流电路、DC-AC变流电路、AC-DC变流电路、AC-AC变流电路、船用电力电子装置、电力电子电路的谐波及抑制、电力电子电路建模与仿真。

本书专为船舶电气专业本科教学而编写，也适用于电气工程一级学科目录下的各专业本科教学，还可供相关专业研究生及工程技术人员参考。

图书在版编目（CIP）数据

船用电力电子技术及装置/于飞，魏永清，朱鹏主编．—北京：中国电力出版社，2025.1
ISBN 978-7-5198-2609-3

Ⅰ.①船… Ⅱ.①于… ②魏… ③朱… Ⅲ.①船用电气设备—电力电子技术 Ⅳ.①U665

中国版本图书馆CIP数据核字（2022）第013686号

出版发行：中国电力出版社
地　　址：北京市东城区北京站西街19号（邮政编码100005）
网　　址：http://www.cepp.sgcc.com.cn
责任编辑：牛梦洁（010-63412528）
责任校对：黄　蓓　李　楠
装帧设计：郝晓燕
责任印制：吴　迪

印　　刷：固安县铭成印刷有限公司
版　　次：2025年1月第一版
印　　次：2025年1月北京第一次印刷
开　　本：787毫米×1092毫米　16开本
印　　张：18
字　　数：445千字
定　　价：58.00元

版 权 专 有　侵 权 必 究

本书如有印装质量问题，我社营销中心负责退换

序　言

建设海洋强国是中华民族伟大复兴的重大战略任务，船舶及相关技术是实现“建设海洋强国”这一战略目标所需的关键物质和技术基础。电气系统作为船舶的“血液系统”，是船舶赖以生存的基础，船舶电气工程领域科学技术的进步将极大地促进我国船舶建造和运用水平的提高，为实现建设海洋强国战略目标发挥积极作用。

船舶电气工程是关于船用电气设备和船舶电气与控制系统的设计建造理论、运行控制方法以及工程应用技术的专业学科，是电气科学与技术的重要组成部分。船舶电气工程主要研究对象为船舶以及海洋结构物（如海上石油钻井平台等）上所有与电气有关的基础理论、工程技术与运用方法，涉及船用电机、船舶电力系统及其自动化、船舶电力推进、电力传动控制、电能变换等多个技术领域，具有自己鲜明的特色。

近年来，我国船舶电气工程领域获得了很大的发展，大量新技术应用于船舶电气系统。高品质、大容量、智能化的船舶电力系统产生了新的网络结构、运行模式、保护策略、控制与应急转换方法以及故障重构、接地及保护方案，基于高效率、模块化功率器件的新型电能变换技术，采用网络化、数字控制的船舶机械电气传动控制技术，以高功率密度新型推进电机及控制系统为代表的现代船舶电力推进技术等，在船舶电气系统中得到了广泛应用，显著提升了船舶电气工程领域的技术水平。

为充分反映船舶电气工程领域的技术进步，总结已有科研成果，普及并传播新的理论、方法和科学技术知识，并满足船舶电气工程专业本科教学需求，形成教材的体系化和系列化，海军工程大学电气工程学院组织多名长期从事船舶电气领域教学和科研的专家，编写了一套船舶电气工程专业系列教材。本系列教材充分展示了船舶电气工程领域的基本理论方法、设计制造工艺、最新科研成果和发展动态，可以作为船舶电气工程领域专业技术人员和高等院校相关专业师生的教材和综合性参考书。

张晓锋

2024 年 5 月

前　言

随着电力电子技术和现代控制技术的飞快发展，越来越多的电力电子装置在船舶上得到应用，从动力系统到电力系统及负载装置，如船舶电力推进系统、船舶发电机励磁控制系统、整流发电系统、直流区域配电系统、固态变压器、不间断电源装置、蓄电池充放电装置、船舶辅机控制装置等，无处不涉及电力电子技术及其应用。尤其在“智能、绿色、低耗”的国际船舶发展战略背景下，电力电子技术势必在船舶动力及电力领域发挥越来越重要的作用。

在此背景下，以基本电力电子知识为基础，以船舶电力电子装置为应用方向，结合电力电子装置的谐波问题、建模及仿真分析问题对船用电力电子技术及装置进行系统介绍，是编写本书的初衷。

本书共分为 10 章，包含电力电子器件及其辅助系统、电力电子基本变换电路、船用电力电子装置、电力电子电路谐波及抑制、电力电子电路建模及仿真 5 个方面的内容。具体内容安排如下：第 1 章介绍电力电子的基本概念、发展及应用；第 2 章介绍电力二极管、晶闸管、门极可关断晶闸管、电力晶体管、绝缘栅双极晶体管等典型电力电子器件，以及 MOS 控制晶闸管、集成门极换流晶闸管、静电感应晶闸管、宽禁带半导体器件等新型电力电子器件的结构、原理及使用；第 3 章介绍电力电子器件触发驱动电路、保护电路、缓冲电路、散热系统、辅助电源等电力电子电路辅助系统及器件串联、并联使用等知识；第 4 章介绍 DC-DC 变流电路的结构、原理及特性，包括 Buck 电路、Boost 电路、Buck - Boost 电路、Cuk 电路等直接变换电路及单端正激电路、反激电路、半桥电路、全桥电路、推挽电路等带隔离变压器的间接变换电路，同时介绍多相多重斩波电路和多象限直流变换器等复合型直流变换电路；第 5 章主要介绍 DC - AC 变流电路的结构、原理、特性及 PWM 控制方法，包括电压型逆变电路、电流型逆变电路、多电平逆变电路、大功率逆变电路，SPWM 控制、SVPWM 控制、谐波注入 PWM 控制等；第 6 章介绍 AC - DC 变流电路的结构、原理及特性，包括二极管不可控整流电路、晶闸管相控整流电路和有源逆变电路、PWM 高频整流电路；第 7 章介绍 AC - AC 变流电路的结构、原理及特性，包括交流调压电路、交 -交变频电路、矩阵式变频电路；第 8 章介绍船用电力电子装置，包括舰船发电系统、舰船配电系统、船舶电力推进系统、船用不间断电源装置、舰船中频电源装置、船舶蓄电池充放电装置、船舶辅机控制装置等；第 9 章介绍电力电子电路谐波分析及抑制方法，包括谐波的基本概念、评价指标、分析方法、抑制方法及电力电子装置谐波的相关标准；第 10 章介绍电力电子电路建模与仿真，包括基于 MATLAB R2023a/Simulink 10.7 软件实现电力电子电路建模与仿真分析的基本方法，给出了 AC - DC、DC - DC、DC - AC、AC - AC 这 4 种基本变流电路及典型电力电子装置的具体建模仿真分析方法。

本书的第 1、3、8、9、10 章由于飞编写，第 4、7 章由魏永清编写，第 5、6 章由朱鹏编写，第 2 章由乔鸣忠编写，孟光伟参与了 3.6、6.4、6.5 节的编写，曾海燕参与了 3.5、

5.3 节的编写。全书由于飞统稿，向东对全书进行了审核。

由于编写时间比较仓促，书中疏漏之处在所难免，衷心希望读者能够批评指正，编者将广泛采纳意见，并在后面的修订中加以完善。

编者

2024 年 5 月

目　　录

第1章　概　　述

1.1　电力电子技术的基本概念

电子技术包括信息电子技术和电力电子技术两大分支。通常所说的模拟电子技术和数字电子技术都属于信息电子技术。电力电子技术是应用于电力领域的电子技术，具体地说，就是使用电力电子器件对电能进行变换和控制的技术。目前，所用的电力电子器件均用半导体制成，故又称电力半导体器件。电力电子技术所变换的“电力”，功率可以大到数百兆瓦甚至吉瓦，也可以小到数瓦甚至1W以下。信息电子技术主要用于信息处理，而电力电子技术主要用于电力变换。

通常所用的电力有交流和直流两种。从公用电网直接得到的电力是交流的，从蓄电池和干电池得到的电力是直流的。从这些电源得到的电力往往不能直接满足要求，需要进行电力变换。如表1.1所示，电力变换通常可分为四大类，即交流变直流（AC-DC）、直流变交流（DC-AC）、直流变直流（DC-DC）和交流变交流（AC-AC）。交流变直流称为整流，直流变交流称为逆变。直流变直流是指一种电压（或电流）的直流变为另一种电压（或电流）的直流，可用直流斩波电路实现。交流变交流可以是电压或电力的变换，称为交流电力控制，也可以是频率或相数的变换。进行上述电力变换的技术称为变流技术。

表1.1　电力变换的种类

输出＼输入	交流	直流
直流	整流	直流斩波
交流	交-交变换	逆变

通常把电力电子技术分为电力电子器件制造技术和变流技术两个分支。变流技术又称电力电子器件的应用技术，它包括用电力电子器件构成各种电力变换电路和对这些电路进行控制的技术，以及由这些电路构成电力电子装置和电力电子系统的技术。“变流”不仅指交直流之间的变换，也包括上述直流变直流和交流变交流的变换。

如果没有晶闸管、绝缘栅双极型晶体管（Insulated Gate Bipolar Transistor，IGBT）等电力电子器件，也就没有电力电子技术，而电力电子技术主要用于电力变换。因此，可以认为，电力电子器件的制造技术是电力电子技术的基础，而变流技术是电力电子技术的核心。电力电子器件制造技术的理论基础是半导体物理，而变流技术的理论基础是电路理论。

电力电子学（Power Electronics）这一名称是在20世纪60年代出现的。1974年，美国的W. Newell用倒三角形（图1.1）对电力电子学进行了描述，认为电力电子学是由电力技术、电子技术和控制技术3个学科交叉形成的。这一观点被全世界普遍接受。“电力电子学”和“电力电子技术”是分别从学术和工程技术两个不同的角度来称呼的，其实际内容并没有很大的差别。

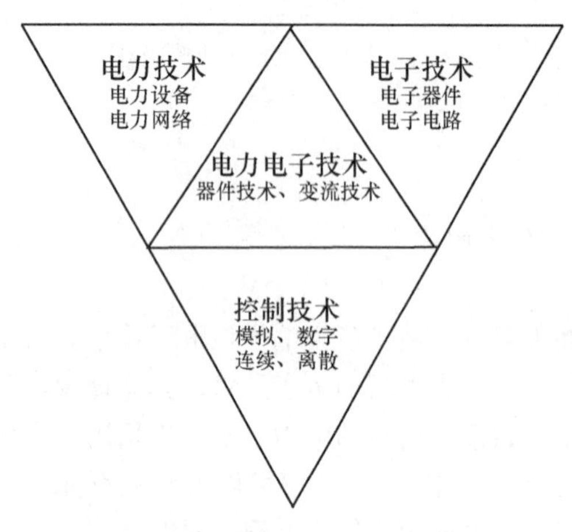

图 1.1　描述电力电子技术与其他学科关系的倒三角形

电力电子技术和电子技术的关系是显而易见的。如图 1.1 所示，电子技术可分为电子器件和电子电路两大分支，分别与电力电子器件和电力电子电路相对应。电力电子器件的制造技术和电子器件制造技术的理论基础是一样的，其大多数工艺也是相同的。特别是现代电力电子器件的制造大多使用集成电路制造工艺，采用微电子制造技术，许多设备和微电子器件制造设备通用，这说明两者同根同源。电力电子电路和电子电路的许多分析方法也是一致的，只是两者应用目的不同，前者用于电力变换和控制，后者用于信息处理。广义而言，电子电路中的功率放大和功率输出部分也可算做电力电子电路。此外，电力电子电路广泛应用于包括电视机、计算机在内的各种电子装置中，这些电子装置的电源部分都是电力电子电路。在信息电子技术中，半导体器件既可处于放大状态，又可处于开关状态；而在电力电子技术中为避免功率损耗过大，电力电子器件总是工作在开关状态，这是电力电子技术的一个重要特征。

电力电子技术广泛用于电气工程中，这就是电力电子学和电力技术的主要关系。各种电力电子装置广泛应用于高压直流输电、静止无功补偿、电力机车牵引、交直流电力传动、电解、励磁、电加热、高性能交直流电源等电力系统和电气工程中，因此，通常把电力电子技术归属于电气工程学科。电力电子技术是电气工程学科中最为活跃的分支。电力电子技术的不断进步为电气工程现代化提供了巨大的推动力，这是保持电气工程活力的重要源泉。

控制理论广泛应用于电力电子技术中，它使电力电子装置和系统的性能不断满足人们日益增长的各种需求。电力电子技术可以看作弱电控制强电的技术，是弱电和强电之间的接口。而控制理论是实现这种接口的一条强有力的纽带。另外，控制理论和自动化技术密不可分，而电力电子装置是自动化技术的基础元件和重要支撑技术。

电力电子技术是 20 世纪后半叶诞生和发展的一门崭新的技术。在 21 世纪电力电子技术仍然以迅猛的速度发展。以计算机为核心的信息科学是 21 世纪起主导作用的科学技术之一。有人预言，电力电子技术和运动控制将与计算机技术共同成为未来科学技术的两大支柱。如果把计算机比作人的大脑，那么，可以把电力电子技术比作人的消化系统和循环系统。消化系统对能量进行转换（把电网或其他电源提供的“粗电”变成适合使用的“精电”），再由以心脏为中心的循环系统把转换后的能量传送到大脑和全身。电力电子技术连同运动控制一起，还可比作人的肌肉和四肢，使人能够运动和从事劳动。只有聪明的大脑，没有灵巧的四肢甚至不能运动的人是难以从事工作的。可见，电力电子技术在 21 世纪及以后都将起着十分重要的作用，有着十分光明的未来。

1.2　电力电子技术的发展

电力电子器件的发展对电力电子技术的发展起着决定性的作用，因此，电力电子技术的发展史是以电力电子器件的发展史为纲的。

一般认为，电力电子技术的诞生是以 1957 年美国通用电气公司研制出第一个晶闸管产品为标志的。但在晶闸管出现以前，用于电力变换的电子技术就已经存在了。因此，将晶闸管出现前的时期称为电力电子技术的史前期或黎明期。

1904 年出现了电子管，它能在真空中对电子流进行控制，并应用于通信和无线电，从而开了电子技术之先河。后来出现了水银整流器，它把水银封于管内，利用其蒸气的电弧可对大电流进行控制，其性能和晶闸管很相似。20 世纪 30～50 年代，水银整流器发展迅速并大量应用。它广泛用于电化学工业、电气铁道直流变电所及轧钢用直流电动机的传动，甚至用于直流输电。这一时期，各种整流电路、逆变电路、周波变流电路的理论已经发展成熟并广为应用。在晶闸管出现以后的相当一段时期内，所使用的电路形式仍然是这些形式。

在这一时期，把交流变为直流的方法除水银整流器外，还有发展更早的电动机 - 直流发电机组，即变流机组。和旋转变流机组相对应，静止变流器的称呼从水银整流器开始沿用至今。

1947 年，美国著名的贝尔实验室发明了晶体管，引发了电子技术的一场革命。最先用于电力领域的半导体器件是硅二极管。1957 年晶闸管出现后，其优越的电气性能和控制性能使之很快就取代了水银整流器和旋转变流机组，并且其应用范围迅速扩大。电化学工业、铁道电气机车、钢铁工业（轧钢用电气传动、感应加热等）、电力工业（直流输电、无功补偿等）的迅速发展也有力地推动了晶闸管的进步。电力电子技术的概念和基础就是由于晶闸管及晶闸管变流技术的发展而确立的。

晶闸管是通过对门极的控制能够使其导通而不能使其关断的器件，因而属于半控型器件。对晶闸管电路的控制方式主要是相位控制方式，晶闸管的关断通常依靠电网电压等外部条件来实现。这就使晶闸管的应用受到局限。

20 世纪 70 年代后期，以门极可关断晶闸管（Gate Turn Off Thyristor，GTO）、电力双极型晶体管（Bipolar Junction Transistor，BJT）和电力场效应晶体管（Power - MOSFET，P - MOSFET）为代表的全控型器件迅速发展。全控型器件的特点是，通过对门极（基极、栅极）的控制既可使其开通又可使其关断。此外，这些器件的开关速度普遍高于晶闸管，可用于开关频率较高的电路。全控型器件这些优越的特性使电力电子技术的面貌焕然一新，把电力电子技术推进到一个新的发展阶段。

和晶闸管电路的相位控制方式相对应，采用全控型器件的电路的主要控制方式为脉冲宽度调制（Pulse Width Modulation，PWM）方式。PWM 控制技术在电力电子变流技术中占有十分重要的位置，它在逆变、斩波、整流、变频及交流电力控制中均有应用。它使电路的控制性能大为改善，使以前难以实现的功能得以实现，对电力电子技术的发展产生了深远的影响。

在 20 世纪 80 年代后期，以 IGBT 为代表的复合型器件异军突起。IGBT 是 MOSFET 和 BJT 的复合。它把 MOSFET 的驱动功率小、开关速度快的优点和 BJT 通态压降小、载流能力大的优点集于一身，性能十分优越，使之成为现代电力电子技术的主导器件。与 IGBT 相对应，MOS 控制晶闸管（MOS Controlled Thyristor，MCT）和集成门极换流晶闸管（Integrated Gate Commutated Thyristor，IGCT）都是 MOSFET 和 GTO 的复合，它们综合了 MOSFET 和 GTO 两种器件的优点。

近二十年来，以碳化硅（SiC）为代表的宽禁带器件得到了飞快发展并进入实用阶段。SiC器件耐高温（工作温度和环境温度）、抗辐射、具有较高的击穿电压和工作频率，适合在恶劣条件下工作。与传统的硅器件相比，目前已使用的SiC器件可将功耗降低一半。由此将减少设备的发热量，从而大幅度降低电力变换器的体积和质量。可以预见，新型高压大容量SiC器件将在高压电力系统中开辟出全新的应用，对电能变换技术的发展和变革持续产生重大的影响。

为了使电力电子装置的结构紧凑、体积减小，常常把若干个电力电子器件及必要的辅助元件做成模块的形式，这给应用带来了很大的方便。后来，人们又把驱动、控制、保护电路和功率器件集成在一起，构成功率集成电路（Power Integrated Circuit，PIC）。目前，PIC的功率还较小，但这代表了电力电子技术发展的一个重要方向。

随着全控型电力电子器件的不断进步，电力电子电路的工作频率不断提高。同时，电力电子器件的开关损耗也随之增大。为了减小开关损耗，软开关技术应运而生，零电压开关（Zero Voltage Switch，ZVS）和零电流开关（Zero Current Switch，ZCS）就是软开关的基本形式。从理论上讲，采用软开关技术可使开关损耗降为零，提高效率。另外，它也使开关频率进一步提高，从而提高了电力电子装置的功率密度。

1.3 电力电子技术在各行业的应用

电力电子技术在陆地上的应用范围十分广泛。它不仅用于一般工业，还广泛用于交通运输、电力系统、通信系统、计算机系统、新能源系统等，在照明、空调等家用电器及其他领域中也有着广泛的应用。以下分几个主要应用领域加以叙述。

（1）一般工业。工业中大量应用各种交直流电动机。直流电动机有良好的调速性能，为其供电的可控整流电源或直流斩波电源都是电力电子装置。近年来，由于电力电子变频技术的迅速发展，交流电动机的调速性能可与直流电动机相媲美，交流调速技术大量应用并占据主导地位。大至数千千瓦的各种轧钢机，小到几百瓦的数控机床的伺服电动机，以及矿山牵引等场合都广泛采用电力电子交直流调速技术。一些对调速性能要求不高的大型鼓风机等近年来也采用了变频装置，以达到节能的目的。还有一些不调速的电机为了避免启动时的电流冲击而采用了软启动装置，这种软启动装置也是电力电子装置。

电化学工业大量使用直流电源，电解铝、电解食盐水等都需要大容量整流电源。电镀装置也需要整流电源。

电力电子技术还大量用于冶金工业中的高频或中频感应加热电源、淬火电源及直流电弧炉电源等场合。

（2）交通运输。电气化铁道中广泛采用电力电子技术。电气机车中的直流机车中采用整流装置，交流机车采用变频装置。直流斩波器也广泛用于铁道车辆。在磁悬浮列车中，电力电子技术更是一项关键技术。除牵引电动机传动外，车辆中的各种辅助电源也都离不开电力电子技术。

电动汽车的电机靠电力电子装置进行电力变换和驱动控制，其蓄电池的充电也离不开电力电子装置。一辆高级汽车中需要许多控制电机，它们也要靠变频器和斩波器驱动并控制。

飞机、船舶需要很多不同要求的电源，因此航空和航海都离不开电力电子技术。

如果把电梯也算作交通运输工具，那么它也需要电力电子技术。以前的电梯大多采用直流调速系统，而近年来交流变频调速已成为主流。

（3）电力系统。电力电子技术在电力系统中有着非常广泛的应用。据估计，在发达国家，用户最终使用的电能中有60%以上的电能至少经过一次电力电子变流装置的处理。

电力系统在通向现代化的进程中，电力电子技术是关键技术之一。可以毫不夸张地说，如果离开电力电子技术，电力系统的现代化就是不可想象的。

直流输电在长距离、大容量输电时有很大的优势，其送电端的整流阀和受电端的逆变阀都采用晶闸管变流装置。近几年发展起来的柔性交流输电系统（Flexible AC Transmission Systems，FACTS）也是依靠电力电子装置才得以实现的。

无功补偿和谐波抑制对电力系统有重要的意义。晶闸管控制电抗器（Thyristor Controlled Reactor，TCR）、晶闸管投切电容器（Thyristor Switched Capacitor，TSC）都是重要的无功补偿装置。近年来出现的静止无功发生器（Static Var Generator，SVG）、有源电力滤波器（Active Power Filter，APF）等新型电力电子装置具有更为优越的无功功率和谐波补偿的性能。在配电网系统，电力电子装置还可用于防止电网瞬时停电、瞬时电压跌落、闪变等，以进行电能质量控制，改善供电质量。

在变电站中，给操作系统提供可靠的交直流操作电源、给蓄电池充电等都需要电力电子装置。

（4）电子装置用电源。各种电子装置一般需要不同电压等级的直流电源供电。通信设备中的程控交换机所用的直流电源以前用晶闸管整流电源，现在已改为采用全控型器件的高频开关电源。大型计算机所需的工作电源、微型计算机内部的电源现在也都采用高频开关电源。在各种电子装置中，以前大量采用线性稳压电源供电，由于高频开关电源体积小、质量小、效率高，现在已逐渐取代了线性稳压电源。因为各种信息技术装置都需要电力电子装置提供电源，所以可以说信息电子技术离不开电力电子技术。

（5）家用电器。照明在家用电器中占有十分重要的地位。由于电力电子照明电源体积小、发光效率高、可节省大量能源，通常称为节能灯，它正在逐步取代传统的白炽灯和荧光灯。

变频空调是家用电器中应用电力电子技术的典型例子。电视机、音响设备、家用计算机等电子设备的电源部分也都需要电力电子技术。此外，有些洗衣机、电冰箱、微波炉等家用电器也应用了电力电子技术。

电力电子技术广泛用于家用电器使它和人们的生活变得十分贴近。

（6）其他应用。不间断电源（Uninterruptible Power Supply，UPS）。UPS在现代社会中的作用越来越重要，用量也越来越大。目前，UPS在电力电子产品中已占有相当大的份额。

航天飞行器中的各种电子仪器需要电源，在载人航天器中为了保障人的生存和工作，也离不开各种电源，这些都必须采用电力电子技术。

传统的发电方式是火力发电、水力发电及后来兴起的核能发电。能源危机后，各种新能源、可再生能源及新型发电方式越来越受到重视。其中，太阳能发电、风力发电的发展较快，燃料电池更是备受关注。太阳能发电和风力发电受环境的制约，产生的电力质量较差，常需要储能装置缓冲，需要改善电能质量，这就需要电力电子技术。当需要和电力系统联网时，也离不开电力电子技术。

为了合理地利用水力发电资源，近年来抽水储能发电站受到重视。其中，大型电动机的启动和调速都需要电力电子技术。超导储能是未来的一种储能方式，它需要强大的直流电源供电，这也离不开电力电子技术。

核聚变反应堆在产生强大磁场和注入能量时，需要大容量的脉冲电源，这种电源就是电力电子装置。科学实验或某些特殊场合，常常需要一些特种电源，这也是电力电子技术的用武之地。

以前电力电子技术的应用偏重中、大功率。现在，在 1kW 以下，甚至几十瓦以下的功率范围内，电力电子技术的应用也越来越广，其地位也越来越重要。这已成为一个重要的发展趋势，值得引起人们的关注。

电力电子装置提供给负载的是各种不同的直流电源、恒频交流电源和变频交流电源，因此也可以说，电力电子技术研究的是电源技术。

电力电子技术对节省电能有重要意义，特别在大型风机、水泵采用变频调速方面，在使用量十分庞大的照明电源等方面，电力电子技术的节能效果十分显著，因此它也被称为节能技术。

1.4 电力电子技术在舰船上的应用

随着电力电子技术的飞速发展及船舶装备更新换代的需求，越来越多的电力电子及电能变换技术在船舶电气设备上得到应用。

（1）舰船电力推进技术。电力推进是采用电动机带动螺旋桨驱动船舶行进的一种船舶推进方式。相对于采用柴油机、汽轮机驱动等机械式推进方式来说，电力推进具有噪声低、调速性能好、效率高、体积及质量小、布置灵活等优点，是 21 世纪船舶推进的主要发展方向，在民船上已经得到广泛使用，近年来在海军舰艇上也得到快速发展。电力推进的核心是推进电机及其变频调速技术，随着大功率电力电子技术的日益成熟，大功率变频调速技术得到了迅猛的发展，因而极大地促进了电力推进技术的推广应用。德国西门子公司、瑞士 ABB 公司、法国阿尔斯通公司、美国罗宾康公司等都推出了船舶推进使用的中压大容量推进变频器。在军事领域，英国的 45 型全电力驱逐舰、美国的 DDG1000 型驱逐舰等也都采用了基于多相电机变频调速控制的电力推进技术。

（2）舰船电力系统技术。潜艇因为在水下航行时采用蓄电池供电，所以其电力系统通常以直流电力系统为主，但是艇上也有许多电气设备需要交流电能（220V 或 380V）供电，此时就需要采用逆变装置把蓄电池的幅压直流电变换成交流电，构成交流电网给交流电气设备供电。核潜艇上还会采用交直流双向电能变换装置：在交流电网正常运行时，主变流装置由交流电网供电，产生直流电能后向蓄电池组充电或为电力推进供电；当交流电网出现故障时，主变流装置由直流电网供电，经双向变换器产生交流电，保证交流电网的正常运行。水面舰船虽然采用 390V/50Hz 交流电制，但是也有一些特殊负载需要使用中频 400Hz 交流供电，这时无论是采用变流机组的间接变换形式，还是采用静止变频的直接变换形式，都离不开变频器。舰船上也有一些控制设备需要 24V 直流电供电，这也需要采用 AC - DC、DC - DC 变流器进行电能转换。军事舰艇的一个发展趋势是采用直流区域配电系统，这是一种舰船新型配电系统，它以直流为主要的电能传输和分配形式，对全船的电力系统进行区域划分。以电力电子变流装置为核心元件，利用现代电力电子变流技术，将整流器、逆变器、斩波器等变流装置组成合理、高效的配电网络，向用电负载提供不同电制（交流或直流）、不同频率、不同幅值需求的电能。与传统的辐射状配电技术相比，直流区域配电系统有利于提高舰船生命力、减少配电系统总质量、降低总制造成本、利于舰船的总体优化和升级改造。

（3）舰艇电机励磁控制系统。目前，潜艇上推进电机以直流电动机为主，采用了调压和弱磁相结合的转速控制方式，其励磁电压的控制即是通过DC-DC斩波器来实现的。舰船上的交流发电机通常采用无刷励磁控制方式，励磁机发出的交流电通过整流器变换成直流电来给主发电机励磁系统供电。

（4）船用UPS装置。船上一些重要负载，如推进轴系滑油泵、武器指挥发射系统等需要不间断供电以保证工作的可靠性，这时就需要使用UPS供电装置，在正常工作供电电源丧失时，由蓄电池通过电力电子变流器继续向负载连续供电。

（5）船用焊接电源装置。船舶航行于海上时，设备故障有时不可避免，这时就需要在船上就地维修，因此需要焊接电源装置。焊接电源装置实际上就是一套变流装置，它把船上交流电整流成直流电，然后通过DC-DC变流器变换成焊接时所需要的直流电压。

（6）蓄电池充放电装置。舰船上很多控制设备需要蓄电池提供24V低压直流电，因此配置多个蓄电池室。这些蓄电池平时需要AC-DC-DC变流器自动或手动对其充电，也需要DC-DC变流器定期对其进行放电，以实现蓄电池维护保养的目的。

（7）电力有源滤波器。船舶电站作为独立电站，其运行容量有限，电能品质容易受船上各种非线性负载影响而产生畸变。因此，可以通过配置电力有源滤波器来实现谐波的抵消，改善电网质量。

（8）船舶辅机变频器驱动。相对于传统的接触器一继电器式船舶辅机拖动控制来说，变频驱动控制装置具有启动冲击小、无级调速、噪声低、能耗小的优点，因此在船用空调系统、冷藏系统、通风系统、各种泵类装置中开始逐渐得到推广应用。

1.5 本书的基本内容

本书主要包括五大部分内容，其主要内容安排如下：

（1）电力电子器件。本部分包括第2章和第3章内容。第2章主要介绍各种常用电力电子器件的基本结构、工作原理、主要参数、应用特性，其内容是以器件的应用为目的而展开的，基本上不涉及器件的制造工艺。在各种器件中，以晶闸管、IGBT、P-MOSFET这3种目前应用最为广泛的器件为本书的重点；同时介绍了IGCT、MCT、SiC器件等新兴器件的特点及发展。第3章介绍了与器件相关的触发驱动电路，保护电路，缓冲电路，串联、并联技术及器件散热等共性问题和基础性问题，为器件的实际使用建立必要的基础。

（2）变流技术。这部分是本书的主体，包括第4～7章的内容。着重分析了DC-DC、DC-AC、AC-DC、AC-AC四大类型变流电路的基本类型、结构、工作原理和基本特性。变流技术在电气工程领域具有极其广泛的应用，它既是电气工程专业各个方向必需的专业基础，又是一项电力变换专业知识，可直接应用于各种电能变换领域，因此需要学生重点掌握。本部分也穿插介绍了电力电子变流控制技术中非常重要的PWM控制技术，如斩波电路中的单脉冲 PWM、逆变电路中的正弦脉冲宽度调制（Sinusoidal Pulse Width Modulation，SPWM）、谐波注入 PWM 和空间矢量脉冲调制（Space Vector Pulse Width Modulation，SVPWM）等。

（3）电力电子应用技术。本部分主要涉及第 8 章的内容，该章系统性地分析了电力电子技术在舰船上的综合应用，如船用 UPS、蓄电池充放电装置、船舶电力拖动控制装置等。

（4）谐波分析及抑制技术。这部分内容主要在第 9 章阐述。电力电子装置不可避免地带来谐波问题，国际及国内对电力系统的谐波污染问题越来越重视，纷纷出台了相关标准对电力电子装置的谐波加以限制。本部分介绍了电力系统谐波的一些相关基本概念，以及谐波基本分析方法，并对几种典型变流电路的谐波特性进行了分析。最后对谐波抑制技术——无源 *LC* 滤波技术和有源滤波技术进行了分析。本部分同时也给出了目前国内外主要的谐波标准。

（5）电力电子仿真技术。这部分内容主要在第 10 章阐述。仿真是研究电力电子电路特性的有效手段，而 MATLAB/Simulink 是电力电子仿真软件中的佼佼者。本部分以最新版本的 MATLAB R2023a/Simulink 10.7 版为例介绍了软件的基本运行环境和使用方法，并以四大变流电路中的典型电路为例给出了相应的仿真模型、参数设置和运行特性，以供读者参考使用。本部分内容虽然安排在最后一章，但是给出的仿真方法可以在一开始就进行学习掌握，并贯穿整个课程的学习过程。对每一种电力电子电路，边理论学习、边仿真分析、边实验验证，可以更好地理解和掌握电力电子技术。

第 2 章 电 力 电 子 器 件

电力电子器件是电力电子电路和装置的基础，其特性对电力电子装置的性能有重大影响，对电力电子技术的发展方向起着引领作用，正是由于电力电子器件技术在控制性能上、容量上和物理特性上的不断发展，才促成了电力电子学科的不断发展壮大，在各个领域得到广泛应用。

电力电子电路中使用的电力半导体器件，如电力二极管、晶闸管、电力晶体管、MOSFET 管和 IGBT 等，都只是作为电路中的开关使用，这种由半导体电力开关器件构成的实现电力变换和控制的电路称为半导体电力开关电路。半导体电力开关电路连同其输出、输入滤波器等辅助元件和控制系统，就构成了电力电子变换器，又称变流器。本章主要介绍各类半导体开关器件最基本的工作原理、外部特性和使用中的一些问题，2.7 节介绍由多个半导体器件所组合的半导体电力开关模块和功率集成电路。

2.1 电 力 电 子 器 件 概 述

2.1.1 电力电子器件的概念和特征

在电气设备或电力系统中，直接承担电能的变换或控制任务的电路称为主电路。电力电子器件是指可直接用于处理电能的主电路中，实现电能的变换或控制的电子器件。同我们在学习电子技术基础时广泛接触的处理信息的电子器件一样，广义上电力电子器件也可分为电真空器件和半导体器件两类。但是，自 20 世纪 50 年代以来，除在频率很高（如微波）的大功率高频电源中还在使用真空管外，基于半导体材料的电力电子器件已逐步取代了以前的汞弧整流器、闸流管等电真空器件，成为电能变换和控制领域的绝对主力。因此，电力电子器件目前也往往专指电力半导体器件。与普通半导体器件一样，目前电力半导体器件所采用的主要材料仍然是硅，不过基于宽禁带材料碳化硅和氮化镓等的新型半导体器件开始逐步发展起来。

电力电子器件直接用于处理电能的主电路，同处理信息的电子器件相比，它一般具有如下特征：

（1）电力电子器件所能处理电功率的大小，也就是其承受电压和电流的能力，是其最重要的参数。其处理电功率的能力小至毫瓦级，大至兆瓦级，一般远大于处理信息的电子器件。

（2）因为处理的电功率较大，所以为了减小本身的损耗，提高效率，电力电子器件一般工作在开关状态。导通时（通态）阻抗很小，接近于短路，管压降接近于零，而电流由外电路决定；阻断时（断态）阻抗很大，接近于断路，电流几乎为零，而管子两端电压由外电路决定；其通态与断态就像普通晶体管的饱和与截止状态一样。因此，电力电子器件的动态特性（也就是开关特性）和参数，也是电力电子器件特性很重要的方面，有些时候甚至成为第一位的重要问题。而在模拟电子电路中，电子器件一般工作在线性放大状态，数字电子电路中的电子器件虽然一般也工作在开关状态，但其目的是利用开关状态表示不同的信息。正因为如此，也常常将一个电力电子器件或外特性像一个开关的几个电力电子器件的组合称为电力电子开关，或称电力半导体开关。作电路分析时，为简单起见也往往用理想开关来代替。广义上讲，电力电子开关有时也指由电力电子器件组成的在电力系统中起开关作用的电气装置。

(3) 在实际应用中，电力电子器件往往需要由信息电子电路来控制。由于电力电子器件所处理的电功率较大，因此普通的信息电子电路信号一般不能直接控制电力电子器件的导通或关断，需要一定的中间电路对这些信号进行适当的放大，这就是电力电子器件的驱动电路。

(4) 尽管工作在开关状态，但是电力电子器件自身的功率损耗通常远大于信息电子器件，因而为了保证不因损耗散发的热量导致器件温度过高而损坏，不仅在器件封装上比较讲究散热设计，而且在其工作时一般需要安装散热器。这是因为电力电子器件在导通或阻断状态下，并不是理想的短路或断路。导通时器件上有一定的通态压降，阻断时器件上有微小的断态漏电流流过，尽管其数值都很小，但分别与数值较大的通态电流和断态电压相作用，就形成了电力电子器件的通态损耗和断态损耗。此外，还有在电力电子器件由断态转为通态（开通过程）或由通态转为断态（关断过程）的转换过程中产生的损耗，分别称为开通损耗和关断损耗，统称开关损耗。对某些器件来讲，驱动电路向其注入的功率也是造成器件发热的原因之一。通常来讲，除一些特殊的器件外，电力电子器件的断态漏电流都极其微小，因而通态损耗是电力电子器件功率损耗的主要成因。当器件的开关频率较高时，开关损耗会随之增大而可能成为器件功率损耗的主要因素。

2.1.2 应用电力电子器件的系统组成

如图 2.1 所示，在实际应用中，电力电子电路一般是由控制电路、驱动电路和以电力电子器件为核心的主电路组成一个系统。由信息电子电路组成的控制电路按照系统的工作要求形成控制信号，通过驱动电路去控制主电路中电力电子器件的导通或关断，完成整个系统的功能。因此，从宏观的角度讲，电力电子电路又称电力电子系统。在某些电力电子系统中，需要检测主电路或应用现场中的信号，再根据这些信号并按照系统的工作要求来形成控制信号，这就需要有检测电路。广义上人们往往将检测电路和驱动电路这些主电路以外的电路都归为控制电路，从而粗略地说电力电子系统是由主电路和控制电路组成的。主电路中的电压和电流一般较大，而控制电路的元器件只能承受较小的电压和电流，因此在主电路和控制电路连接的路径上，如驱动电路与主电路的连接处，或驱动电路与控制信号的连接处，以及主电路与检测电路的连接处，一般需要进行电气隔离，而通过其他手段如光、磁等来传递信号。此外，由于主电路中往往有电压和电流的过冲，而电力电子器件一般比主电路中普通的元器件要昂贵，但承受过电压和过电流的能力要差一些，因此，在主电路和控制电路中需附加一些保护电路，以保证电力电子器件和整个电力电子系统正常可靠运行，也往往是非常必要的。

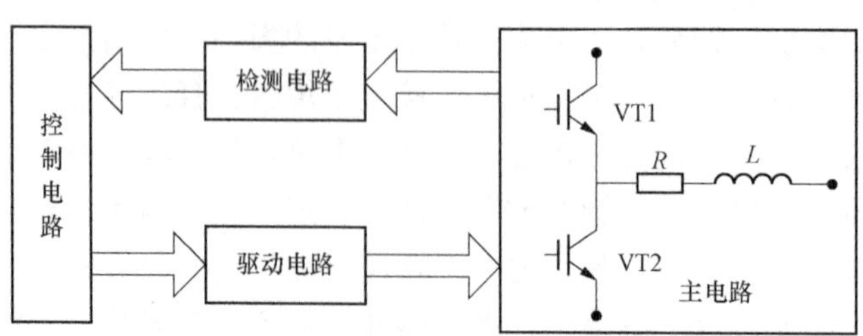

图 2.1 电力电子电路在实际应用中的系统组成

从图2.1中还可以看出，电力电子器件一般有3个端子（或称为极或管脚），其中两个端子是联结在主电路中的流通主电路电流的端子，而第三端称为控制端（或控制极）。电力电子器件的导通或关断是通过在其控制端和一个主电路端子之间施加一定的信号来控制的，这个主电路端子是驱动电路和主电路的公共端，一般是主电路电流流出电力电子器件的那个端子。

2.1.3　电力电子器件的分类

按照电力电子器件能够被控制电路信号所控制的程度，可以将电力电子器件分为以下3类：

（1）通过控制信号可以控制其导通而不能控制其关断的电力电子器件称为半控型器件，这类器件主要是指晶闸管（Thyristor）及其大部分派生器件，器件的关断完全是由其在主电路中承受的电压和电流决定的。

（2）通过控制信号既可以控制其导通，又可以控制其关断的电力电子器件称为全控型器件，由于与半控型器件相比，可以由控制信号控制其关断，因此又称自关断器件。这类器件品种很多，目前最常用的是IGBT和P-MOSFET，在处理兆瓦级大功率电能的场合，GTO应用也较多。

（3）不能用控制信号来控制其通断的电力电子器件，也就不需要驱动电路，这就是电力二极管（Power Diode），又称不可控器件。这种器件只有两个端子，其基本特性与信息电子电路中的二极管一样，器件的导通和关断完全是由其在主电路中承受的电压和电流决定的。

按照驱动电路加在电力电子器件控制端和公共端之间信号的性质，又可以将电力电子器件（电力二极管除外）分为电流驱动型和电压驱动型两类。如果通过从控制端注入或抽出电流来实现导通或关断的控制，这类电力电子器件称为电流驱动型电力电子器件，或电流控制型电力电子器件。如果仅通过在控制端和公共端之间施加一定的电压信号就可实现导通或关断的控制，这类电力电子器件则称为电压驱动型电力电子器件，或电压控制型电力电子器件。电压驱动型电力电子器件实际上是通过加在控制端上的电压在器件的两个主电路端子之间产生可控的电场来改变流过器件的电流大小和通断状态的，所以电压驱动型电力电子器件又称场控器件，或场效应器件。

此外，同处理信息的电子器件类似，电力电子器件还可以按照器件内部电子和空穴两种载流子参与导电的情况分为单极型器件、双极型器件和复合型器件3类。由一种载流子参与导电的器件称为单极型器件；由电子和空穴两种载流子参与导电的器件称为双极型器件；由单极型器件和双极型器件集成混合而成的器件称为复合型器件，又称混合型器件。

2.2　不可控器件——电力二极管

电力二极管自20世纪50年代初期就获得应用，当时也被称为半导体整流器，并已开始逐步取代汞弧整流器。虽然电力二极管是不可控器件，但其结构和原理简单、工作可靠，所以，直到现在电力二极管仍然大量应用于许多电气设备中，特别是快恢复二极管和肖特基二极管，仍分别在中、高频整流和逆变，以及低压高频整流的场合，具有不可替代的地位。

2.2.1 PN结与电力二极管的工作原理

电力二极管的基本结构和工作原理与信息电子电路中的二极管是一样的，都是以半导体PN结为基础的。电力二极管实际上是由一个面积较大的PN结和两端引线及封装组成的，图2.2示出了电力二极管的外形、结构和电气图形符号及伏安特性。从外形上看，电力二极管主要有螺栓型、平板型、模块型等几种封装形式。

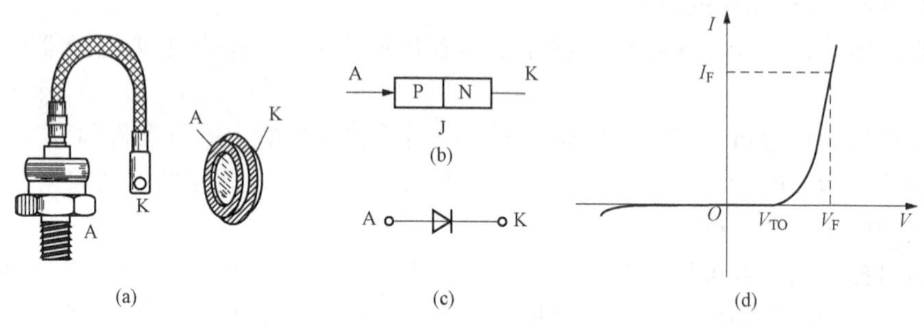

图2.2 电力二极管的外形、结构和电气图形符号及伏安特性

(a) 外形；(b) 结构；(c) 电气图形符号；(d) 伏安特性

当PN结外加正向电压（正向偏置），即外加电压的正端接P区、负端接N区时，在外电路上形成自P区流入而从N区流出的电流，称为正向电流I_F。当外加电压升高时，电流进一步增加，这就是PN结的正向导通状态。当PN结上流过的正向电流较小时，二极管的电阻阻值较高且为常量，因而管压降随正向电流的上升而增加；当PN结上流过的正向电流较大时，电阻率明显下降，电导率大大增加，这就是电导调制效应。电导调制效应使PN结在正向电流较大时压降仍然很低，维持在1V左右，所以正向偏置的PN结表现为低阻态。

当PN结外加反向电压时（反向偏置），在外电路上形成自N区流入而从P区流出的电流，称为反向电流I_R。I_R一般很小，仅为微安数量级，因此反向偏置的PN结表现为高阻态，几乎没有电流流过，称为反向截止状态。这就是PN结的单向导电性，二极管的基本原理就在于PN结的单向导电性这个主要特征。

PN结具有一定的反向耐压能力，但当施加的反向电压过大时，反向电流将会急剧增大，破坏PN结反向偏置为截止的工作状态，称为反向击穿。反向击穿发生时，如果在外电路中采取了措施，将反向电流限制在一定范围内，则当反向电压降低后PN结仍可恢复原来的状态。但如果反向电流未被限制住，使反向电流和反向电压的乘积超过了PN结容许的耗散功率，就会因热量散发不出去而导致PN结温度上升，直至因过热而烧毁，这就是热击穿。

2.2.2 电力二极管的基本特性

电力二极管的特性主要是指其伏安特性，如图2.2（d）所示。当电力二极管承受的正向电压达到一定值（门槛电压V_{TO}）时，正向电流才开始明显增加，处于稳定导通状态。与正向电流I_F对应的电力二极管两端的电压V_F即为其正向电压降。当电力二极管承受反向电压时，只有少子引起的微小而数值恒定的反向漏电流。

2.2.3 电力二极管的主要参数

1. 正向平均电流$I_{F(AV)}$

正向平均电流指电力二极管长期运行时，在指定的管壳温度（简称壳温，用t_C表示）

和散热条件下，其允许流过的最大工频正弦半波电流的平均值。在此电流下，因管子的正向压降引起的损耗造成的结温升高不会超过所允许的最高工作结温。这也是标称其额定电流的参数。可以看出，正向平均电流是按照电流的发热效应来定义的，因此在使用时应按照工作中实际波形的电流与正向平均电流所造成的发热效应相等，即有效值相等的原则来选取电力二极管的电流定额，并应留有一定的裕量。通过对正弦半波电流的换算可知，正向平均电流$I_{F(AV)}$对应的有效值为$1.57I_{F(AV)}$。不过，应该注意的是，当用在频率较高的场合时，电力二极管的发热原因除正向电流造成的通态损耗外，其开关损耗也往往不能忽略。当采用反向漏电流较大的电力二极管时，其断态损耗造成的发热效应也不小。在选择电力二极管正向电流定额时，这些都应加以考虑。

2. 正向压降V_F

正向压降指电力二极管在指定温度下，流过某一指定的稳态正向电流时对应的正向压降。有时，其参数表中也给出在指定温度下流过某一瞬态正向大电流时电力二极管的最大瞬时正向压降。

3. 反向重复峰值电压V_{RRM}

该参数标定为二极管的额定电压，是指对电力二极管所能重复施加的反向最高峰值电压，通常是其雪崩击穿电压V_B的2/3。使用时，往往按照电路中电力二极管可能承受的反向最高峰值电压的两倍来选定此项参数。

4. 最高工作结温t_{JM}

结温是指管芯PN结的平均温度，用t_J表示。最高工作结温是指在PN结不致损坏的前提下所能承受的最高平均温度，用t_{JM}表示。t_{JM}通常在127～175℃。

5. 浪涌电流I_{FSM}

浪涌电流指电力二极管所能承受的最大的连续一个或几个工频周期的过电流。

2.2.4 电力二极管的主要类型

电力二极管在许多电力电子电路中都有着广泛的应用。可以在交流-直流变换电路中作为整流元件，也可以在电感元件的电能需要适当释放的电路中作为续流元件，还可以在各种变流电路中作为电压隔离、钳位或保护元件。在应用时，应根据不同场合的不同要求，选择不同类型的电力二极管。

1. 普通二极管

普通二极管又称整流二极管，多用于开关频率不高（1kHz以下）的整流电路中。其反向恢复时间较长，一般在5μs以上，这在开关频率不高时并不重要，在参数表中甚至不列出这一参数。但其正向电流定额和反向电压定额可以达到很高，分别可达数千安和数千伏以上。

2. 快恢复二极管

恢复过程很短，特别是反向恢复过程很短（一般在5μs以下）的二极管称为快恢复二极管，简称快速二极管。快恢复二极管从性能上可分为快速恢复和超快速恢复两个等级。前者反向恢复时间为数百纳秒或更长，后者则在100ns以下，甚至达到20～30ns。

3. 肖特基二极管

以金属和半导体接触形成的势垒为基础的二极管称为肖特基势垒二极管，简称肖特基二极管。与以PN结为基础的电力二极管相比，肖特基二极管的优点在于：反向恢复时间很短

(10～40ns)，正向恢复过程中不会有明显的电压过冲；在反向耐压较低的情况下其正向压降也很小，明显低于快恢复二极管。因此，其开关损耗和正向导通损耗都比快速二极管小，效率高。肖特基二极管的弱点在于：当所能承受的反向耐压提高时，其正向压降也会高得不能满足要求，因此多用于 200V 以下的低压场合；反向漏电流较大且对温度敏感，因此反向稳态损耗不能忽略，而且必须更严格地限制其工作温度。

2.3 半控型器件——晶闸管

晶闸管（Thyristor）是晶体闸流管的简称，又称可控硅整流器（Silicon Controlled Rectifier，SCR），以前被简称为可控硅。在电力二极管开始得到应用后不久，1956 年美国贝尔实验室发明了晶闸管，到 1957 年美国通用电气公司开发出了世界上第一只晶闸管产品，并于 1958 年使其商业化。自 20 世纪 80 年代以来，晶闸管的地位开始被各种性能更好的全控型器件所取代，但是由于其能承受的电压和电流容量仍然是目前电力电子器件中最高的，而且工作可靠，因此其在大容量的应用场合仍然具有比较重要的地位。

2.3.1 晶闸管的结构与工作原理

图 2.3 所示为晶闸管的外形、结构和电气图形符号。从外形上来看，晶闸管也主要有螺栓型、平板型和模块型几种封装形式，均引出阳极 A、阴极 K 和门极（控制端）G 这 3 个连接端。对于螺栓型封装，通常螺栓是其阳极，做成螺栓状是为了能与散热器紧密连接且安装方便；另一侧较粗的端子为阴极，细的为门极。平板型封装的晶闸管可由两个散热器将其夹在中间，其两个平面分别是阳极和阴极，引出的细长端子为门极。

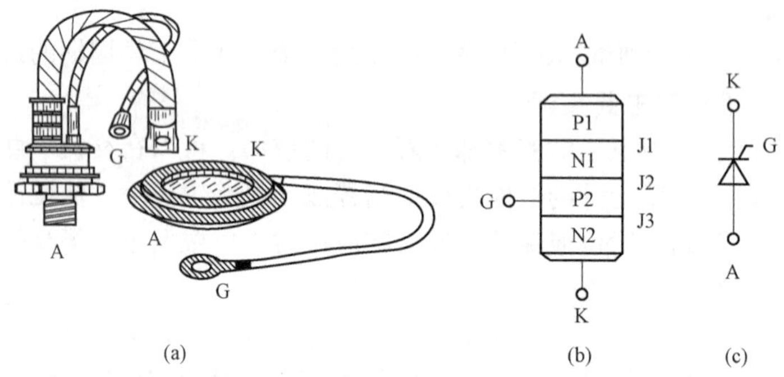

图 2.3 晶闸管的外形、结构和电气图形符号
(a) 外形；(b) 结构；(c) 电气图形符号

晶闸管内部是 PNPN 4 层半导体结构，分别命名为 P1、N1、P2、N2 4 个区。P1 区引出阳极 A，N2 区引出阴极 K，P2 区引出门极 G。4 个区形成 J1、J2、J3 共 3 个 PN 结。如果正向电压（阳极高于阴极）加到器件上，则 J2 处于反向偏置状态，器件 A、K 两端之间处于阻断状态，只能流过很小的漏电流。如果反向电压加到器件上，则 J1 和 J3 反偏，该器件也处于阻断状态，仅有极小的反向漏电流通过。

晶闸管导通的工作原理可以用双晶体管模型来解释，如图 2.4 所示。若在器件上取一倾斜的截面，则晶闸管可以看作由 P1N1P2 和 N1P2N2 构成的两个晶体管 VT1、VT2 组合而成。如果外电路向门极注入电流 I_G，也就是注入驱动电流，则 I_G流入晶体管 VT2 的基极，

即产生集电极电流 I_{c2}，它构成晶体管 VT1 的基极电流，放大成集电极电流 I_{c1}，又进一步增大 VT2 的基极电流，如此形成强烈的正反馈，最后 VT1 和 VT2 进入完全饱和状态，即晶闸管导通。此时，如果撤掉外电路注入门极的电流 I_G，晶闸管由于内部已形成了强烈的正反馈会仍然维持导通状态。而若要使晶闸管关断，必须去掉阳极所加的正向电压，或给阳极施加反压，或设法使流过晶闸管的电流降低到接近于零的某一数值以下，晶闸管才能关断。所以，对晶闸管的驱动过程更多的是称为触发，产生注入门极的触发电流 I_G的电路称为门极触发电路。也正是由于通过其门极只能控制其开通，不能控制其关断，晶闸管才会被称为半控型器件。

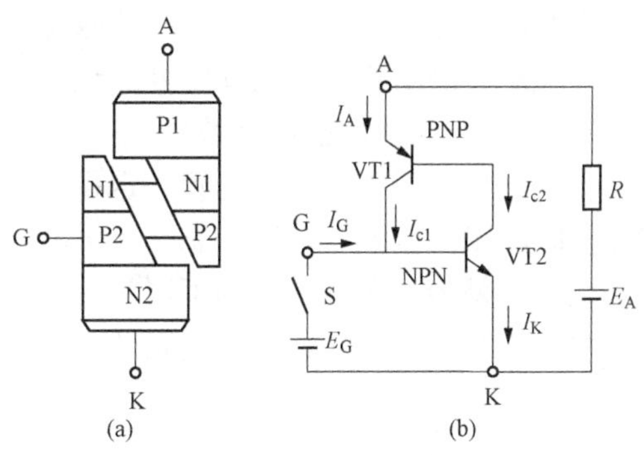

图 2.4 晶闸管的双晶体管模型及其工作原理
(a) 双晶体管模型；(b) 工作原理

2.3.2 晶闸管的基本特性

总结前面介绍的工作原理，可以简单归纳晶闸管正常工作时的特性如下：

(1) 当晶闸管承受反向电压时，无论门极是否有触发电流，晶闸管都不会导通。

(2) 当晶闸管承受正向电压时，仅在门极有触发电流的情况下晶闸管才能导通。

(3) 晶闸管一旦导通，门极就失去控制作用，无论门极触发电流是否存在，晶闸管都保持导通。

(4) 若要使已导通的晶闸管关断，只能利用外加电压和外电路的作用使流过晶闸管的电流降到接近于零的某一数值以下。

以上特点反映到晶闸管的伏安特性上则如图 2.5 所示。位于第Ⅰ象限的是正向特性，位于第Ⅲ象限的是反向特性。当 $I_G=0$ 时，如果在器件两端施加正向电压，则晶闸管处于正向阻断状态，只有很小的正向漏电流流过。如果正向电压超过临界极限即正向转折电压 V_{bo}，则漏电流急剧增大，器件开通（由高阻区经虚线负阻区到低阻区）。随着门极电流幅值的增大，正向转折电压降低。导通后的晶闸管特性和二极管的正向特性相仿。即使通过较大的阳极电流，晶闸管本身的压降也很小，在 1V 左右。导通期间，如果门极电流为零，并且阳极电流降至接近于零的某一数值 I_H以下，则晶闸管又回到正向阻断状态。I_H称为维持电流。当在晶闸管上施加反向电压时，其伏安特性类似二极管的反向特性。晶闸管处于反向阻断状态时，只有极小的反向漏电流通过。在反向电压超过一定限度，到反向击穿电压后，外电路若无限制措施，则反向漏电流急剧增大，导致晶闸管发热损坏。

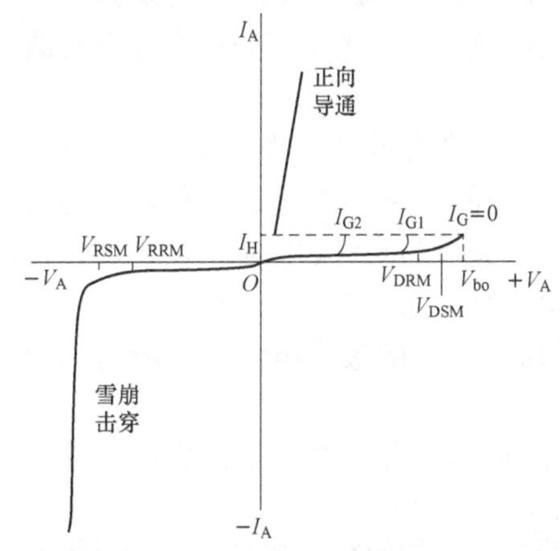

图 2.5 晶闸管的伏安特性 $I_{G2}>I_{G1}>I_G$

晶闸管的门极触发电流是从门极流入晶闸管，再从阴极流出的。阴极是晶闸管主电路与控制电路的公共端。门极触发电流也往往是通过触发电路在门极和阴极之间施加触发电压而产生的。从晶闸管的结构图可以看出，门极和阴极之间是一个 PN 结 J3，其伏安特性称为门极伏安特性。为了保证可靠、安全的触发，门极触发电路所提供的触发电压、触发电流和功率都应限制在晶闸管门极伏安特性曲线中的可靠触发区内。

2.3.3 晶闸管的主要参数

在反向稳态下，普通晶闸管一定是处于阻断状态。与电力二极管不同的是，晶闸管在正向工作时不仅可能处于导通状态，还可能处于阻断状态。因此，在提到晶闸管的参数时，断态和通态都是为了区分正向的不同状态，因此“正向”二字可省去。此外，各项主要参数的给出往往是与晶闸管的结温相联系的，在实际应用时都应注意参考器件参数和特性曲线的具体规定。

1. 电压定额

(1) 断态重复峰值电压 V_{DRM}。断态重复峰值电压是在门极断路而结温为额定值时，允许重复加在器件上的正向峰值电压（见图 2.5），国家标准中规定重复频率为 50Hz，每次持续时间不超过 10ms。规定断态重复峰值电压 V_{DRM} 为断态不重复峰值电压（即断态最大瞬时电压）V_{DSM} 的 90%。断态不重复峰值电压应低于正向转折电压 V_{bo}，所留裕量大小由生产厂家自行规定。

(2) 反向重复峰值电压 V_{RRM}。反向重复峰值电压是在门极断路而结温为额定值时，允许重复加在器件上的反向峰值电压（见图 2.5）。规定反向重复峰值电压 V_{RRM} 为反向不重复峰值电压（即反向最大瞬态电压）V_{RSM} 的 90%。反向不重复峰值电压应低于反向击穿电压，所留裕量大小由生产厂家自行规定。

(3) 通态（峰值）电压 V_{TM}。这是晶闸管通以某一规定倍数的额定通态平均电流时的瞬态峰值电压。

通常取晶闸管的 V_{DRM} 和 V_{RRM} 中较小的标值作为该器件的额定电压。选用时，额定电压要留有一定裕量，一般取额定电压为正常工作时晶闸管所承受峰值电压的 2～3 倍。

2. 电流定额

(1) 通态平均电流场 $I_{T(AV)}$。国家标准中规定通态平均电流为晶闸管在环境温度为 40℃ 和规定的冷却状态下，稳定结温不超过额定结温时所允许流过的最大工频正弦半波电流的平均值。

这也是标称其额定电流的参数。同电力二极管一样，这个参数是按照正向电流造成的器件本身的通态损耗的发热效应来定义的。因此，在使用时同样应按照实际波形的电流与通态平均电流所造成的发热效应相等，即有效值相等的原则来选取晶闸管的此项电流定额，并应留一定的裕量。一般取其通态平均电流为按此原则所得计算结果的 1.5～2 倍。

(2) 维持电流 I_H。维持电流是指使晶闸管维持导通所必需的最小电流，一般为几十到几百毫安。I_H 与结温有关，结温越高，则 I_H 越小。

(3) 擎住电流 I_L。擎住电流是晶闸管刚从断态转入通态并移除触发信号后，能维持导通所需的最小电流。对同一晶闸管来说，通常 I_L 为 I_H 的 2～4 倍。

(4) 浪涌电流 I_{TSM}。浪涌电流是指由于电路异常情况引起的使结温超过额定结温的不重复性最大正向过载电流。这个参数可用来作为设计保护电路的依据。

2.4 典型全控型器件

在晶闸管问世后不久，GTO 就已经出现。20 世纪 80 年代以来，信息电子技术与电力电子技术在各自发展的基础上相结合而产生了一代高频化、全控型、采用集成电路制造工艺的电力电子器件，从而将电力电子技术带入了一个崭新时代。GTO、电力晶体管（Giant Transistor，GTR）、P-MOSFET 和 IGBT 就是全控型电力电子器件的典型代表。

2.4.1 GTO

GTO 也是晶闸管的一种派生器件，但可以通过在门极施加负的脉冲电流使其关断，因而属于全控型器件。GTO 的许多性能虽然与 IGBT、P-MOSFET 相比要差，但其电压、电流容量较大，与普通晶闸管接近，因而在兆瓦级以上的大功率场合仍有较多的应用。

1. GTO 的结构和工作原理

GTO 和普通晶闸管一样，是 PNPN 4 层半导体结构，外部也是引出阳极、阴极和门极。但和普通晶闸管不同的是，GTO 是一种多元的功率集成器件，虽然外部同样引出 3 个极，但内部包含数十个甚至数百个共阳极的小 GTO 元，这些 GTO 元的阴极和门极则在器件内部并联在一起。这种特殊结构是为了便于实现门极控制关断而设计的。图 2.6（a）和（b）分别给出了典型的 GTO 各单元阴极、门极间隔排列的图形和其并联单元结构的断面示意图，图 2.6（c）是 GTO 的电气图形符号。

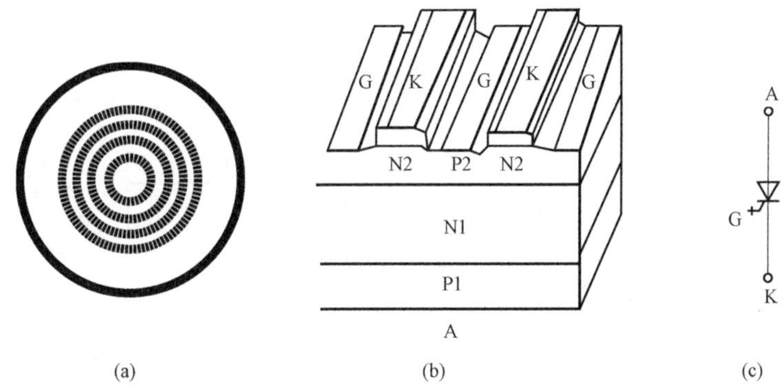

图 2.6　GTO 的内部结构和电气图形符号

（a）各单元的阴极、门极间隔排列的图形；（b）并联单元结构断面示意图；（c）电气图形符号

GTO 的导通与普通晶闸管一样，是通过给 GK 间施加正向电压，向门极（G 极）注入电流来实现的。而关断时，给门极加负脉冲，即从门极抽出电流，让器件退出饱和而关断。

2. GTO 的主要参数

GTO 的许多参数和普通晶闸管相应的参数意义相同。这里只简单介绍一些意义不同的参数。

（1）最大可关断阳极电流 I_{ATO}。其是用来标称 GTO 额定电流的参数。这一点与普通晶闸管用通态平均电流作为额定电流是不同的。

（2）电流关断增益 β_{off}。最大可关断阳极电流与门极负脉冲电流最大值 I_{GM} 之比称为电流关断增益，即

$$\beta_{off} = \frac{I_{ATO}}{I_{GM}}$$

β_{off} 一般很小，只有 5 左右，这是 GTO 的一个主要缺点。一个 1000A 的 GTO，关断时门极负脉冲电流的峰值达 200A，这是一个相当大的数值。

2.4.2　GTR

GTR是一种耐高电压、大电流的双极结型晶体管。自20世纪80年代以来，在中、小功率范围内取代晶闸管的主要是GTR。但是目前，其地位已大多被IGBT和P-MOSFET所取代。

1. GTR的结构和工作原理

GTR与普通的双极结型晶体管基本原理是一样的，这里不再详述。但是对GTR来说，主要的特性是耐压高、电流大、开关特性好，而不像小功率的用于信息处理的双极结型晶体管那样注重单管电流放大系数、线性度、频率响应以及噪声和温漂等性能参数。因此，GTR通常采用至少由两个晶体管按达林顿接法组成的单元结构，同GTO一样采用集成电路工艺将许多这种单元并联而成。单管的GTR结构与普通的双极结型晶体管是类似的。GTR是由3层半导体（分别引出集电极、基极和发射极）形成的两个PN结（集电结和发射结）构成，多采用NPN结构。图2.7（a）和（b）分别给出了NPN型GTR的内部结构断面示意图和电气图形符号。

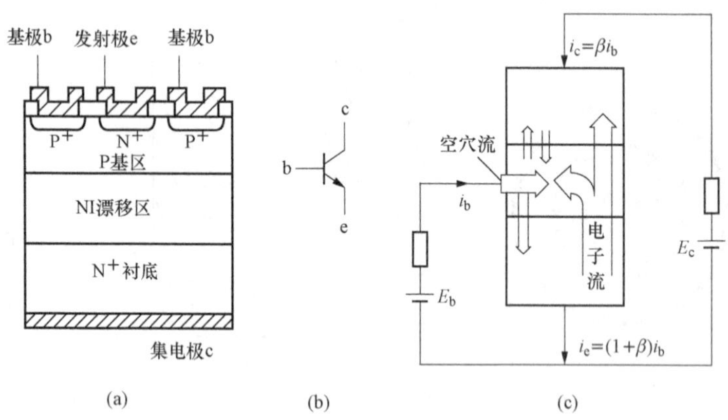

图2.7　GTR的结构、电气图形符号和内部载流子的流动

（a）内部结构断面示意图；（b）电气图形符号；（c）内部载流子的流动

在应用中，GTR一般采用共发射极接法，集电极电流 i_c 与基极电流 i_b 之比为 $\beta=i_c/i_b$。β 称为GTR的电流放大系数，它反映了基极电流对集电极电流的控制能力。当考虑到集电极和发射极间的漏电流 I_{ceo} 时，i_c 和 i_b 的关系为 $i_c=\beta i_b+I_{ceo}$。

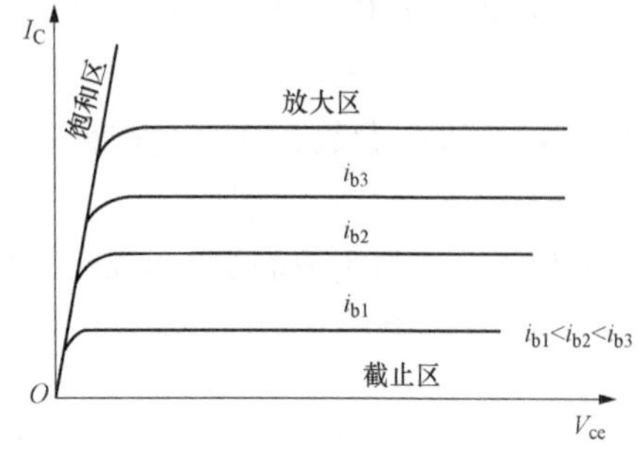

图2.8　共发射极接法时GTR的输出特性

2. GTR的基本特性

图2.8给出了GTR在共发射极接法时的典型输出特性，明显地分为截止区、放大区和饱和区3个区域。在电力电子电路中，GTR工作在开关状态，即工作在截止区或饱和区。但在开关过程中，即在截止区和饱和区之间过渡时，都要经过放大区。

2.4.3　P-MOSFET

P-MOSFET是用栅极电压来控制漏极电流的，因此它的第一个显著特点是驱动电路简单，需要的驱动功率小。其第二个显著特点是开关速度快、工作频率高。另外，P-MOSFET的热稳定性优于GTR。但是P-MOSFET电流容量小、耐压低，一般只适用于功率不超过10kW的电力电子装置。P-MOSFET的结构和电气符号及特性如图2.9所示。

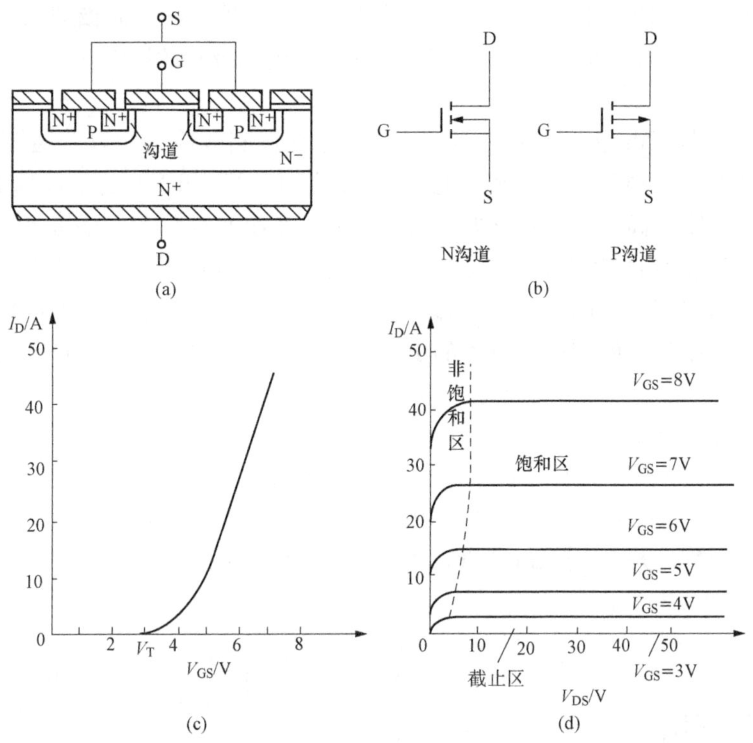

图2.9　P-MOSFET的结构和电气图形符号及特性

(a) 内部结构；(b) 电气图形符号；(c) 转移特性；(d) 输出特性

1. P-MOSFET的结构和工作原理

当漏极接电源正端，源极接电源负端，栅极和源极间电压为零时，P基区与N漂移区之间形成的PN结J1反偏，漏源极之间无电流流过，P-MOSFET处于关断状态。如果在栅极和源极之间加一正电压V_{GS}，并且V_{GS}大于某一电压值V_T时，漏极和源极之间开始导电，此时，P-MOSFET便处于导通状态。电压V_T称为开启电压（或阈值电压），V_{GS}超过V_T越多，导电能力越强，漏极电流I_D越大。

2. P-MOSFET的基本特性

漏极电流I_D和栅源间电压V_{GS}的关系反映了输入电压和输出电流的关系，称为P-MOSFET的转移特性，如图2.9（c）所示。从图2.9（c）中可知，I_D较大时，I_D与V_{GS}的关系近似线性，曲线的斜率被定义为P-MOSFET的跨导G_{fs}，即$G_{fs}=\frac{dI_D}{dV_{GS}}$。

P-MOSFET是电压控制型器件，其输入阻抗极高，输入电流非常小。

图2.9（d）是P-MOSFET的漏极伏安特性，即输出特性。从图2.9（d）中同样可以看到我们所熟悉的截止区（对应于GTR的截止区）、饱和区（对应于GTR的放大区）、非饱和区（对应于GTR的饱和区）3个区域。这里饱和与非饱和的概念与GTR不同。饱和是

指漏源电压增加时漏极电流不再增加，非饱和是指漏源电压增加时漏极电流相应增加。P-MOSFET 工作在开关状态，即在截止区和非饱和区之间转换。

由于 P-MOSFET 本身结构所致，在其漏极和源极之间形成了一个与之反向并联的寄生二极管。它与 P-MOSFET 构成了一个不可分割的整体，使在漏、源极间加反向电压时器件导通。因此，使用电力 P-MOSFET 时应注意这个寄生二极管的影响。

2.4.4 IGBT

GTR 和 GTO 是双极型电流驱动器件，具有电导调制效应，所以其通流能力很强，但开关速度较低，所需驱动功率大，驱动电路复杂。而 P-MOSFET 是单极型电压驱动器件，开关速度快、输入阻抗高、热稳定性好、所需驱动功率小而且驱动电路简单。将这两类器件相互取长补短适当结合而成的复合器件，通常称为 Bi-MOS 器件。IGBT 综合了 GTR 和 MOSFET 的优点，具有良好的特性。因此，自 1986 年开始投入市场以来，其迅速扩展了应用领域，成为中、小功率电力电子设备的主导器件，并在继续提高电压和电流容量，以期取代 GTO 的地位。

1. IGBT 的结构和工作原理

IGBT 也是三端器件，具有栅极 G、集电极 C 和发射极 E。图 2.10（a）给出了 IGBT 的内部结构，图 2.10（b）为 IGBT 等效电路，由等效电路可知，IGBT 的输入部分是一个 MOSFET 管，输出部分是一个 GTR 管，由 MOSFET 管来控制 GTR 管的通断，图中 R_N 为晶体管基区内的调制电阻。

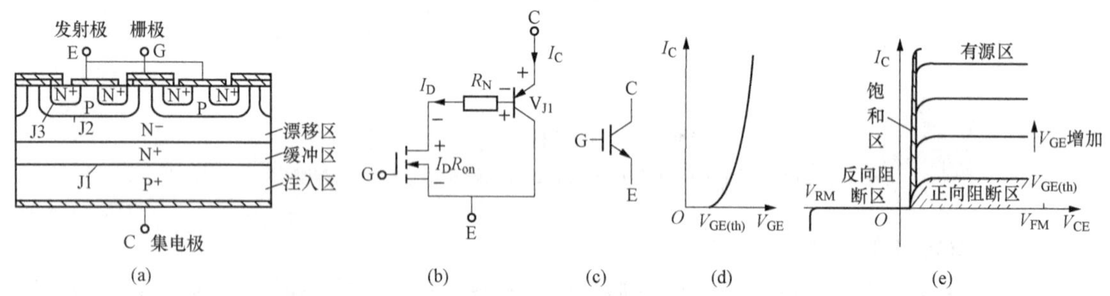

图 2.10　IGBT 的结构、等效电路及电气符号及特性

（a）内部结构断面示意图；（b）简化等效电路；（c）电气图形符号；（d）转移特性；（e）输出特性

因此，IGBT 的驱动原理与 P-MOSFET 基本相同，它是一种场控器件，其开通和关断是由栅极和发射极间的电压 V_{GE} 决定的，当 V_{GE} 为正且大于开启电压 $V_{GE(th)}$ 时，MOSFET 内形成沟道，并为晶体管提供基极电流进而使 IGBT 导通。由于电导调制效应，电阻 R_N 减小，这样高耐压的 IGBT 也具有很小的通态压降。当栅极与发射极间施加反向电压或不加信号时，MOSFET 内的沟道消失，晶体管的基极电流被切断，使 IGBT 关断。

2. IGBT 的基本特性

图 2.10（d）所示为 IGBT 的转移特性，它描述的是集电极电流 I_C 与栅射电压 V_{GE} 之间的关系，与 P-MOSFET 的转移特性类似。开启电压 $V_{GE(th)}$ 是 IGBT 能实现电导调制而导通的最低栅射电压。$V_{GE(th)}$ 随温度升高而略有下降，温度每升高上 1℃，其值下降 5mV 左右。在+25℃时，$V_{GE(th)}$ 的值一般为 2～6V。

图 2.10（e）所示为 IGBT 的输出特性，又称伏安特性，它描述的是以栅射电压为参考

变量时，集电极电流 I_C 与集射极间电压 V_{CE} 之间的关系。此特性与 GTR 的输出特性相似，IGBT 的输出特性也分为 3 个区域：正向阻断区、有源区和饱和区。这分别与 GTR 的截止区、放大区和饱和区相对应。此外，当 $V_{CE}<0$ 时，IGBT 为反向阻断工作状态。在电力电子电路中，IGBT 工作在开关状态，因而是在正向阻断区和饱和区之间来回转换。

IGBT 的特性和参数特点可以总结如下：

（1）IGBT 开关速度高，开关损耗小。有关资料表明，在电压 1000V 以上时，IGBT 的开关损耗只有 GTR 的 1/10，与 P-MOSFET 相当。

（2）在相同电压和电流定额的情况下，IGBT 的安全工作区比 GTR 大，而且具有耐脉冲电流冲击的能力。

（3）IGBT 的通态压降比 P-MOSFET 低，特别是在电流较大的区域。

（4）IGBT 的输入阻抗高，其输入特性与 P-MOSFET 类似。

（5）与 P-MOSFET 和 GTR 相比，IGBT 的耐压和通流能力还可以进一步提高，同时可保持开关频率高的特点。

2.5 新型电力电子器件

2.5.1 MCT

IGBT 是 MOSFET 与 GTR 的复合结构，由前级 MOS 管控制双极结型晶体管。而 MCT 是在晶闸管结构中引进一对 MOSFET 构成的，通过这一对 MOSFET 来控制晶闸管的开通和关断。

图 2.11 给出了 MCT 的等效电路模型和符号。VT1、VT2 为构成晶闸管的两个晶体管，使 MCT 开通的 MOSFET——VT4 称为 ON-FET，使 MCT 关断的 MOSFET——VT3 称为 OFF-FET。

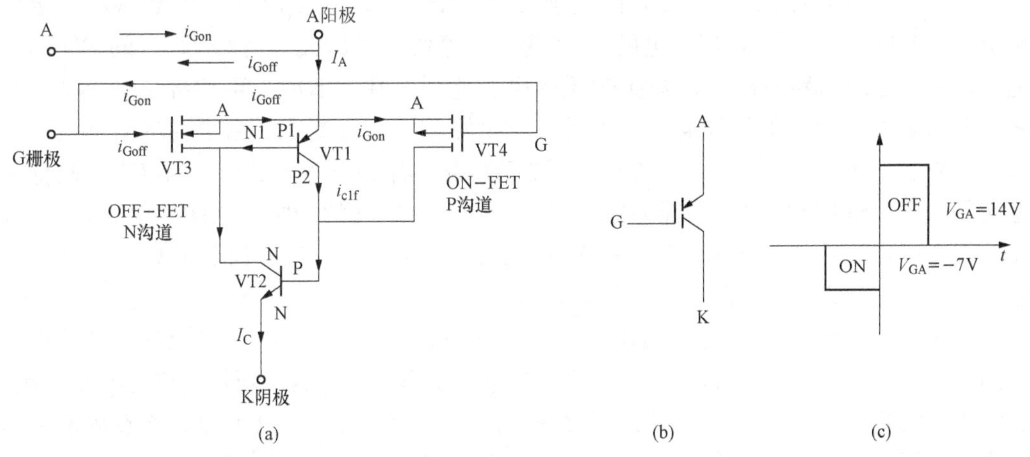

图 2.11 MCT 的等效电路模型和符号

（a）等效电路；（b）电气图形符号；（c）驱动信号

图 2.11 中，当正电压加在 MCT 开关管阳极 A、阴极 K 之间时，如果栅极 G 相对阳极 A 加负脉冲电压驱动信号，即 $V_{GA}<0$，$V_{AG}=7V>0$，则 V_{AG} 向 P 沟道 MOS 管 VT4 提供驱

动信号，产生 i_{Gon}从 A 点流经 VT4 回到 G 点，VT4 导电，VT4 导通后为 VT2 提供基极电流 i_{b2}，从而引发 VT1、VT2 内部的正反馈机制：V_{AG}使 $i_{b2}\uparrow$，$i_{c2}\uparrow$，$i_{b1}\uparrow$，$I_A\uparrow$，$i_{c1}\uparrow$，$i_{b2}\uparrow$，随着 I_A、I_C的增大，VT1、VT2 的电流分配系数 $\alpha_1+\alpha_2\rightarrow 1$。最终导致 MCT 从断态转入通态。MCT 中晶闸管部分一旦导通，其导通电阻（VT1 的等效电阻）要比 VT4 的导通电阻小得多，因此主电流由晶闸管（VT1、VT2）承担，VT4 只起最初引发晶闸管电流正反馈机制的作用，一旦晶闸管导通后，撤除 VT4 的外加门极控制电压 V_{AG}，MCT 仍继续导通。

已处于通态的 MCT，当栅极 G 相对于阳极 A 加上正脉冲电压信号时，即 $V_{GA}=14V>0$，V_{GA}向 N 沟道 MOS 管 VT3 提供驱动信号，产生 i_{Goff}从 G 点流经 VT3 回到 A 点使 N 沟道的 VT3 开通，VT3 与 VT1 的 P1N1 并联，VT3 导电后其等效电阻很小，分流 VT1 的基极电流，使 VT1 管基极电流 i_{b1}减小，从而引发 VT1、VT2 内部正反馈控制：$i_{b1}\downarrow$，$i_{c1}\downarrow$，$i_{b2}\downarrow$，$I_C\approx I_A\downarrow$，$i_{c2}\downarrow$，$i_{b1}\downarrow$，随着 I_A、I_C的不断减小，VT1、VT2 的电流分配系数 α_1、α_2越来越小，最终导致 MCT 从通态转入断态。由上述分析得知，图 2.11 中的 MCT 通过开通 P 沟道的 MOS 管 VT4 来开通晶闸管，通过开通 N 沟道的 MOS 管 VT3 来关断晶闸管。这种 MCT 被称为 P-MCT。对于 P-MCT，一般 $-5\sim-15$V 脉冲电压 V_{GA}可使 MCT 开通，10～20V 脉冲电压 V_{GA}可使 MCT 关断。MCT 的静态特性与晶闸管一样，但它是一种新型的场控器件，其触发驱动电路要比可关断晶闸管 GTO 简单得多。此外，其通态压降低（与晶闸管相同，比 IGBT 小，比电力晶体管小），开关速度比 GTO 快（与 IGBT 相当），且结温可高达 200℃。

2.5.2 静电感应晶体管和静电感应晶闸管

静电感应晶体管（Static Induction Transistor，SIT）是一种结型场效晶体管。图 2.12（a）示出了其电气图形符号及结构。在一块掺杂浓度很高的 N 型半导体两侧有 P 型半导体薄层，分别引出漏极 D、源极 S 和栅极 G。当 G、S 之间电压 $V_{GS}=0$ 时，电源 V_S可以经很宽的 N 区（有多数载流子电子可导电）流过电流，N 区通道的等效电阻不大，SIT 处于通态。如果在 G、S 两端外加电压 $V_{GS}<0$ 时，即 N 接正电压，P1、P2 接负电压，P1N 与 P2N 这两个 PN 结都加了反向电压，因此会形成两个较宽的耗尽层 A1 和 A2（耗尽层中无载流子，不导电），使原来可以导电的 N 区变窄，等效电阻加大。当 G、S 之间 PN 结的反偏电压达到一定的临界值以后，两侧的耗尽层变宽到连在一起时，可使导电的 N 区消失，则漏极 D 和源极 S 之间的等效电阻变为无限大而使 SIT 转为断态。由于耗尽层是由外加电压形成外静电场而产生的，通过外加电压形成静电场作用控制管子的通、断状态，故称为静电感应晶体管。SIT 在电路中的开关作用类似于一个继电器的动断（常闭）触点，G、S 两端无外加电压，$V_{GS}=0$ 时，SIT 处于通态（闭合），接通电路，有外加电压 V_{GS}作用后，SIT 由通态（闭合）转为断态（断开）。

图 2.12（b）所示为静电感应晶闸管（Static Induction Thyristor，SITH）又被称为场控晶闸管（Field Controlled Thyristor，FCT）电气图形符号。其通断控制机理与 SIT 类似。二者结构上的差别仅在于，SITH 在 SIT 结构的基础上增加了一个 PN 结，而在内部多形成了一个晶体管，两个晶体管构成一个晶闸管而成为 SITH。栅极不加电压时，与 SIT 一样，SITH 也处于通态，外加栅极负电压时，其由通态转入断态。现实中，为了使器件可靠地导通，常取 5～6V 正栅偏压而不是零栅压以降低器件通态压降。关断 SIT 和 SITH 时，一般需要几十伏的负栅压。

由于 SIT、SITH 是靠静电感应转变其通断状态的，因此开关速度相当快，其开通和关

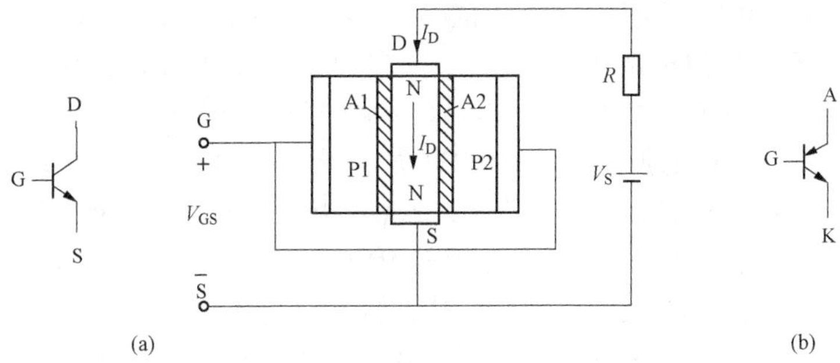

图 2.12　SIT 和 SITH 结构原理

(a) SIT 电气图形符号及结构；(b) SITH 电气图形符号

断时间远小于 1μs，它可以在很高频率（100～500kHz）和较大功率的应用领域中取代以往的大功率电子管器件。

2.5.3　IGCT

IGCT 是一种将门极驱动电路与门极换流晶闸管（Gate Commutated Thyristor，GCT）集成于一体形成的器件，1997 年由 ABB 公司研制成功。IGCT 将 GTO 芯片与反并联二极管和门极驱动电路集成在一起，再与其门极驱动器在外围以低电感方式连接，结合了晶体管的稳定关断能力和晶闸管低通态损耗的优点，在导通阶段发挥晶闸管的性能，关断阶段呈现晶体管的特性。

GCT 是基于 GTO 的一种新型半导体器件，它不仅与 GTO 有相同的高阻断能力和低通态压降，而且有与 IGBT 相似的开关性能。GCT 的结构及其等效电路如图 2.13 所示。

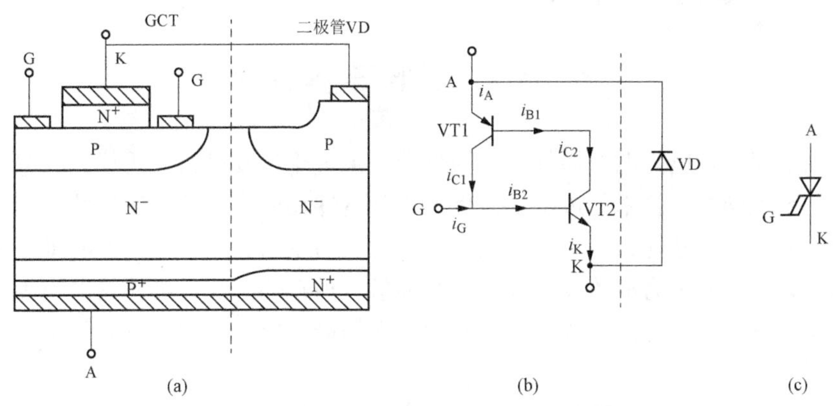

图 2.13　GCT 的结构及等效电路

(a) GCT 的结构；(b) GCT 的等效电路；(c) 电气图形符号

GCT 的结构如图 2.13（a）所示，其中虚线左边部分是 GCT，虚线右边部分是反并联二极管。将 GCT 与二极管做成一体的原因是 GCT 通常仅用于需要续流的大功率电力电子电路中。GCT 与 GTO 相似，也是四层三端元件。GCT 内部由上千个小 GCT 组成，其中各小 GCT 的阳极与门极分别直接从相应的半导体层、阴极分别引出再并联在一起。与 GTO 的重要区别是 GCT 阳极内侧 P 与 N 半导体之间多了 N 型缓冲层，同时阳极是由电子易于通过的较薄的 P 型半导体构成的，这种阳极称为透明阳极。如果忽略 N 和 N^- 半导体间的差异，则GCT和GTO的结构相同，都可用双晶体管模型来模拟，如图2.13（b）所示。因此，GCT正向偏置时从门极注入电流可使GCT开通，而从门极抽取足够多的电流可使GCT关断。应该指出，GCT导通机理与GTO一样，但由于GCT具有透明阳极与N型缓冲层，其关断过程和GTO有所不同。在GCT的关断过程中，采用“硬驱动”很快将阴极电流转换到门极（门极换流），从而使VT2首先关断，此时GCT相当于一个基极断开的PNP型晶体管与驱动电路串联。因为此时等效PNP型晶体管基极开路，因而将很快关断，同时能承受很大的阳极电压变化率。GTO关断过程中必须经过两个等效晶体管电流同时减小的正反馈过程，为了防止关断时过高的阳极电压变化率使两个等效晶体管重新进入电流增加的正反馈过程而使GTO导通，GTO需要很大的吸收电路来抑制关断时阳极电压变化率。

硬驱动是指在GCT关断过程中，短时间内为其门极加以幅值及上升率都很高的驱动电流信号。采用硬驱动一方面使关断时间绝对值和离散性大大减小，为GCT的高压串联应用提供了方便；另一方面，VT2先于VT1关断使GCT能承受很高的阳极电压变化率，从而使原先在关断瞬态用来抑制过电压的吸收电路得到简化，甚至可以取消。

把门极驱动电路与GCT集成在一起就构成了IGCT，IGCT的电气符号目前尚未统一，图2.13（c）给出了IGCT的一种电气图形符号。

IGCT具有电流大、电压高、开关频率较高（比GTO高10倍）、结构紧凑、可靠性高、损耗低、制造成本低、成品率较高等特点。目前，IGCT单管电压可以达到10kV、电流8kA。4kA、4.5kV的商用化IGCT已在电力系统中得到应用，如用于电力系统电网装置（100MVA）和中功率工业驱动装置（5MW）。

ABB公司的ACS6000系列船用推进变频器产品可为电力推进舰船提供3～27MW的推进功率，该系列变频器也采用了IGCT。

2.6 宽禁带半导体器件

过去的几十年间，电力电子器件在结构设计、工艺流程及材料品质等方面取得了长足的进步。然而，与此同时，技术的进步也使传统硅基器件在许多方面已逼近甚至达到了其材料的本征极限，如电压阻断能力、正向导通压降、器件开关速度等。近20年间，这样的事实和随之而来的紧迫感使电力电子技术人员不断寻求一种新的方法，以获得更为优异的器件特性、更高的功率密度及更低的系统能耗。其中，人们最为期待是使用宽禁带半导体材料代替硅制备功率器件。

目前，已经取得应用的宽禁带半导体材料主要有氮化镓（GaN）和碳化硅（SiC）。相比于GaN，SiC所具有的一个先天优势是可以形成自然的氧化层（SiO_2），这使SiC器件可轻易地继承在硅器件中已广泛使用的金属－氧化物－半导体（MOS）结构及相关技术。相比于传统的硅材料，SiC材料具有的优势包括：10倍以上的电场承受能力，3倍左右的禁带宽度，以及大于3倍的导热系数等。极高的电场承受能力使SiC功率器件具有很薄的衬底和较高的掺杂浓度，更大的禁带宽度使它能够工作在更高的温度下并有强的抗辐射能力。而SiC材料的高导热系数（4.9℃/W）意味着更为迅速的热量耗散，即器件可以承受更高的功率密度和工作温度。例如，硅基功率半导体器件电压和温度只能达到数kV和150℃，而SiC电力电子器件可达到数万伏及500℃以上。

目前已证实，各种类型的电力电子器件都可用 SiC 来制造。尽管器件面积因受材料晶格缺陷的限制而远不能与硅器件相比，其额定通态电流还远不及硅器件大，产量、成本及可靠性等商品化进程中不可回避的问题也还远没有完全解决，但是 SiC 器件在电力电子技术领域替代硅器件的进程已在 21 世纪初拉开了序幕。

SiC 功率器件率先在低压领域实现了产业化，目前的商业产品电压等级在 600～1700V。美国 Cree 公司、德国 Infineon 公司和日本 Rohm 公司已经能提供业界领先的 SiC MOSFET 器件。美国已经将 SiC MOSFET 器件应用于开发 2.7MVA 的固态功率变电站，该固态功率变电站被应用于美国新一代航空母舰 CVN－21 的配电系统中。采用全 SiC 功率模块，可以使传统的低频（60Hz）变压器转变为高频（20kHz）固态功率变电站，使变压器的质量由 6t 降低到 1.7t，体积从 $10m^3$ 降低到 $2.7m^3$，大大提高了舰船系统的性能。2012 年，日本三菱电机通过使用 SiC 制造的 MOSFET 和肖特基二极管，研发出一个达 11kW 的逆变器，与基于硅器件制造的逆变器相比，它降低能源损耗达七成，输出功率为 $10W/cm^3$。日本三菱电机报道了使用强制风冷的三相 400V 输出全 SiC 逆变器，采用了 SiC MOSFET 和 SiC 肖特基势垒二极管，这套装置的功率密度达到了 50kVA/L，远高于传统的硅基装置。

随着技术的进步，高压 SiC 器件已经问世，并持续在替代传统硅器件的道路上取得进步。随着高压 SiC 功率器件的发展，已经有研发出 19.5kV 的 SiC 二极管、3.1kV 和 4.5kV GTO、10kV SiC MOSFET 和 13～15kV SiC IGBT 等的报道。它们的研发成功及未来可能的产业化，将在电力系统中的高压领域开辟全新的应用，对电力系统的变革产生深远的影响。

2.7 功率模块及 PIC

近十多年来，电力电子器件研制和应用中的一个共同趋势是模块化。现在，国内外厂商已能供应一些电力电子开关模块。电力电子开关模块是把同类的开关器件或不同类的一个或多个开关器件，按一定的电路拓扑结构连接并封装在一起的开关器件组合体。模块化可以缩小电力电子变换装置的体积、降低成本、提高可靠性，便于电力电子变换器的设计、研制。更重要的是，由于各开关器件之间的连线紧凑，减小了线路电感，在高频工作时可以简化对缓冲电路和保护的要求。电力电子开关模块又称功率模块（Power Module）。常见的拓扑结构有串联、并联、单相桥、三相桥及它们的组合电路，而同类开关器件的串联、并联目的是要提高整体额定电压、电流。图 2.14 是 4 种两器件的组合。图 2.14（a）、（b）和（c）用于整流，图 2.14（d）用于交流电压控制和交流静态开关。

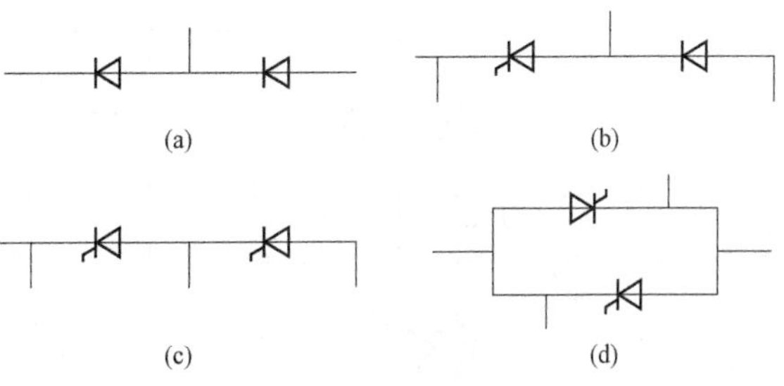

图 2.14 二极管和晶闸管模块

图 2.15（a）的上下部分均为一个复合晶体管与一个续流二极管反并联。这种两个晶体管的复合连接称为达林顿晶体管。驱动信号加至前级晶体管的基极，经前级晶体管放大后再驱动后级晶体管。达林顿晶体管与二极管复合而构成一个正向可控通断、反向导通的复合开关器件。达林顿晶体管中接在基极和发射极上的二极管和电阻有助于减小晶体管的

漏电流和加快关断。图 2.15（a）为双开关模块，图 2.15（b）为单相桥四开关模块，图 2.15（c）为三相桥六开关模块。4 个开关构成的桥式电路可以实现单相 AC - DC、DC - AC、AC - AC 变换和四象限 DC - DC 变换。图 2.15（c）和图 2.16（b）的 6 个开关组成的三相桥式电路可实现三相 AC - DC、DC - AC 变换。图 2.16 为 MOSFET 功率模块，其中图 2.16（c）为一个四开关并联模块，由 4 个 P - MOSFET 器件并联，由同一个门极信号控制以增加整体额定电流。图 2.17 所示模块为由 7 个 IGBT 和 13 个二极管组成的三相 AC - DC - AC 电力变换电路（间接变频器）。A、B、C 3 端引入交流输入电源，a、b、c 3 端输出至交流负载。L、P、N 3 端引出外接体积大而不能装在模块内的电路元件，如 P、N 两端或 L、N 两端外接滤波电容 C，L、P 两端外接三相桥的输入电路开关或熔断器等元器件或串联一个滤波电感。

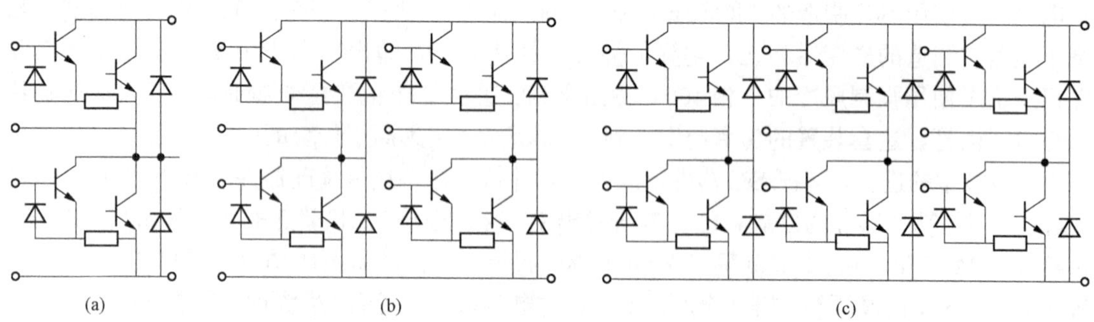

图 2.15　达林顿晶体管功率模块

（a）半桥模块；（b）单相桥四开关模块；（c）三相桥六开关模块

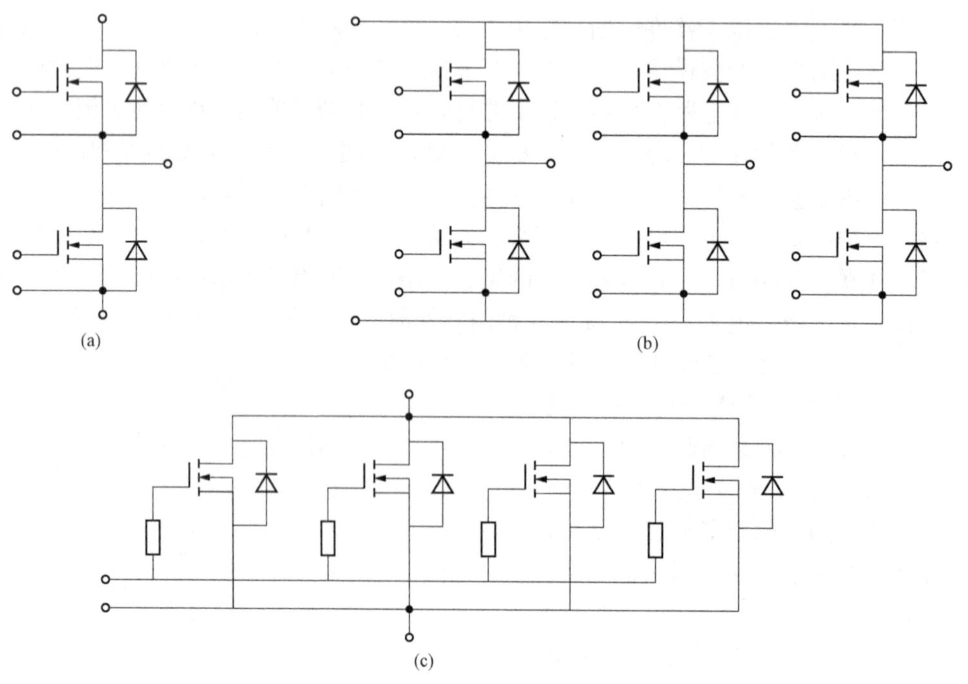

图 2.16　MOSFET 功率模块

（a）双开关模块；（b）三相桥模块；（c）四开关并联模块

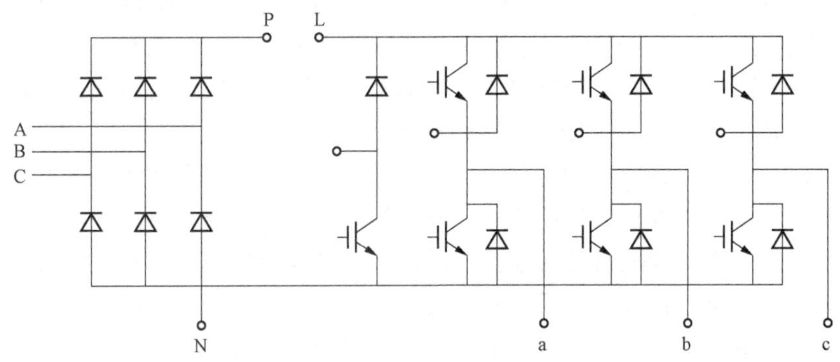

图 2.17 AC-DC-AC变频功率模块

如果将电力电子开关器件与电力电子变换器控制系统中的某些信息电子电路环节（如工作状态和运行参数的检测、驱动信号的生成和处理，缓冲、故障保护和自诊断等）制作在一个整体芯片上，则称为功率集成电路，即 PIC。不同的 PIC，由于其侧重的性能、要求不同，有的被称为高压集成电路（High Voltage IC，HVIC）、有的被称为智能功率集成电路（Smart Power IC，SPIC）或智能功率模块（Intelligent Power Module，IPM）。在功率集成电路PIC中，高、低压电路（主回路与控制电路）之间的绝缘或隔离问题及开关器件模块的温升、散热问题一直是PIC发展的技术难点。现在将IGBT及其辅助器件、驱动、保护电路集成在一起的智能IGBT已在小功率电力电子变换器中得到较多的应用。较大功率的智能功率模块也已开始应用于高速列车牵引的电力传动系统的电力变换器。PIC实现了电能变换和信息处理的集成化，它与高频化、数字化一样是未来电力电子变换和控制技术的发展方向。

2.8 小　　结

本章介绍了电力二极管、电力晶体管（GTR）、晶闸管（SCR）、门极可关断晶闸管（GTO）、电力场效晶体管（P-MOSFET）、绝缘栅双极晶体管（IGBT，包括 IEGT）、MOS控制晶闸管（MCT）、集成门极换流晶闸管（IGCT）及静电感应晶体管（SIT）和静电感应晶闸管（SITH）、SiC器件等多种半导体电力开关器件。

（1）根据开关器件开通、关断可控性的不同，开关器件可以分为3类。

1）不可控器件：仅二极管是不可控开关器件，其阳极A与阴极K之间有正向偏置电压时自然地导电而处于通态，当阳极A与阴极K之间有反向电压时，二极管处于断态。

2）半控器件：仅普通晶闸管属于半控器件。晶闸管阳极A与阴极K之间有正向电压，同时在其控制极G和阴极K之间外加正向触发脉冲电流 I_G 后，晶闸管从断态转入通态。可以通过施加触发电流 I_G 的时刻控制其导通起始时刻，晶闸管导通后，撤除 I_G，晶闸管仍继续处于通态。控制极只能控制其导通而不能控制其关断。要使处于通态的晶闸管转入断态，必须使其阳极A与阴极K之间的电压 V_{AK} 为零或反向，则阳极电流减小到维持电流 I_H 以下。在交流整流电路中，电源电压周期性地过零变负，可使晶闸管自然地从通态转入断态，所以晶闸管广泛地应用于AC-DC可控整流和AC-AC变换器。在直流电源供电的DC-DC、

DC-AC变换电路中，电源电压不可能为零、变负，要使晶闸管从通态转入断态必须设置强迫关断电路，或利用谐振电路使已处于通态的晶闸管电流为零而关断晶闸管，或利用负载反电动势使其关断，这都使电路复杂化且工作可靠性降低。所以，现在直流电源供电的AC-DC、DC-AC变流电路一般不再使用半控器件普通晶闸管。

3）全控型器件：除二极管和半控型晶闸管外，其他几种器件都是全控型器件，即通过门极（或基极或栅极）是否施加驱动信号，既能控制其开通又能控制其关断。

（2）根据开通和关断所需门极（栅极）触发或驱动要求的不同，开关器件又可分为电流控制型开关器件和电压控制型开关器件两大类。

以上开关器件中，除不可控器件二极管外，可控器件中除晶闸管、GTR和GTO为电流驱动控制型器件外，其他均为电压驱动控制型器件。

1）普通晶闸管只要求脉冲电流触发其开通，并不要求有持续的门极（控制极）电流保持其通态，脉冲电流的持续时间只要3～5倍晶闸管的开通时间就足以使其从断态可靠地转入通态。当然，阳极、阴极之间必须有外加正向电压。

2）GTO要求有正的脉冲电流触发其开通，负的脉冲电流使其关断，并不要求有持续的正、负控制极电流保持其通态或断态。

3）GTR要求有正的、持续的基极电流开通并保持为通态，当基极电流为零后GTR关断。但为了加速其关断，最好能提供负的脉冲电流。为了使其可靠地截止，最好加负基极电压。

4）P-MOSFET和IGBT要求有正的、持续的栅极（或门极）驱动电压使其开通并保持为通态，要求有负的、持续的栅极（或门极）电压使其关断并保持为可靠的断态。SIT（SITH）要求有持续的电压控制截止、导通。MCT只要求有正、负脉冲电压控制其通、断状态。

以上4种电压型驱动器件的驱动功率都小于晶闸管、GTO和GTR等电流型开关器件，驱动电路也比较简单可靠，开关过程损耗小，允许的工作频率高。

（3）按照半导体电力电子开关器件内部电子和空穴两种载流子参与导电情况的不同，开关器件又可分为单极型器件、双极型器件和复合型器件。

P-MOSFET和SIT等开关器件中只有一种载流子（电子或空穴）参与导电，故称为单极型器件；二极管、晶闸管、GTO、GTR和SITH中，电子、空穴两种载流子均参与导电，故称为双极型器件。IGBT和MCT都是由MOSFET和晶体管、晶闸管复合而成的，因此是复合型电力电子器件。单极型器件都是电压驱动型全控器件。IGBT和MCT的驱动输入部分也是MOSFET，因此IGBT、MCT也是电压驱动型全控器件。电压驱动型器件的共同特点是输入阻抗高，所需驱动功率小，驱动电路简单，工作频率高，但通态压降要大一些。双极型器件大多是电流驱动型器件，电流驱动型器件的共同特点是通态压降小，通态损耗小，但所需驱动功率大，驱动电路比较复杂，工作频率较低。

目前广泛应用的开关器件中，电压、电流额定值最高的可控开关器件是晶闸管，其次是GTO，再次是IGCT、IGBT，最小的是P-MOSFET。允许工作频率最高的是P-MOSFET、SIT、SITH，其次是IGBT和GTO，最低的是SCR。近年来，GTR已逐渐被IGBT所取代。

半导体开关是利用外加触发驱动电流或电压，改变半导体器件的导电性能而使其处于通态和断态，和普通由触点接通、分离的机械开关相比有两个特点。第一，其开通和关断过程比机械开关快几千倍到几十万倍，因此它可以在很高频率下通、断电路，实现电能变换和控制。第二，处于通态时，其等效电阻不可能绝对为零而有 1～3V 的饱和管压降；处于断态时仍有很小的漏电流，而绝非理想的通态和断态。断态不理想所产生的漏电流（微安级）一般均可忽略不计，通态不理想所产生的管压降的功耗发热在设计和使用中却不容忽视。

在电力电子变换和控制电路中，开关器件在通态和断态之间周期性转换，为此要求开关器件开通、关断时间短，通态压降小，断态等效电阻大、漏电流小，器件能承受较大的 dv/dt 和 di/dt；开关器件在任何瞬间其承受的电压、电流均应不超过允许值，电压、电流的乘积不超过发热温升所允许的限定值，即器件无论在开通、关断过程中及在通态、断态时，均不超出器件的安全工作区。

从器件的应用手册可以查到各类不同型号器件的各种特性参数和安全工作区。据此，设计者可根据所需电力变换的类型和特性要求、供电电源情况（DC 或 AC 电压大小、频率等）及各类开关器件的优缺点，对性能和所需投资综合分析评估，合理地选用开关器件。

从第一个电力半导体可控开关晶闸管发明至今 60 多年间，半导体电力开关器件的类型，电压、电流额定值及特性已经有了重大发展和改进。但是近半个世纪中，半导体开关器件一直使用硅材料，硅是 20 世纪下半叶最成功、最成熟的电力半导体器件材料。根据最近的研究结果，可以预计，碳化硅（SiC）将是 21 世纪上半叶最可能实用化的电力半导体器件新材料。碳化硅的优点是工作温度可达 300℃以上，PN 结耐压易于做到 5kV，导通电阻小。用碳化硅材料做成同样耐压水平的 MOSFET，其通态电阻仅是硅器件的$\frac{1}{200}$。碳化硅的导热性也很好，其本征半导体载流子浓度比硅小十几个数量级，故漏电流特别小。一旦解决材料提纯和结晶工艺方面的问题，碳化硅器件的微细加工工艺和高温运行的外围技术获得突破，那么，以碳化硅为材料的电力电子器件将很快实用化，那时电力电子技术将会有一个飞跃发展。

最近十年电力电子器件发展的一个重要趋势是将半导体电力开关器件与其驱动、缓冲、监测、控制和保护等所有硬件集成一体，构成一个 PIC。PIC 器件把电力电子变换和控制系统中尽可能多的硬件以芯片的形式封装在一个模块内，使之不再有额外的引线连接，不仅极大地方便了使用，还能大大降低系统成本，减小质量，缩小体积，把寄生电感减小到几乎为零，大大提高电力电子变换和控制的可靠性。PIC 实现了电能与信息的集成。如果能妥善解决 PIC 内部的散热、隔离等技术难题，今后 PIC 将使电力电子技术发生革命性的变革。

2.9 习题及思考题

1. 说明半导体 PN 结单向导电的基本原理和静态伏安特性。

2. 说明二极管的反向恢复特性。

3. 说明半导体电力晶体管 GTR 处于通态、断态的条件。

4. 说明晶闸管的基本工作原理。在哪些情况下，晶闸管可以从断态转变为通态？已处于通态的晶闸管，撤除其驱动电流为什么仍不能关断？怎样才能关断晶闸管？

5. 直流电源电压 $V_S=220V$，经晶闸管 VT 对负载供电。负载电阻 $R=20\Omega$，电感 $L=$

1H，晶闸管擎住电流 I_L=55mA，维持电流 I_H=22mA，用一个方波脉冲电流触发晶闸管。试计算：

（1）如果负载电阻 R=20Ω，触发脉冲的宽度为 300μs，可否使晶闸管可靠地开通？

（2）如果晶闸管已处于通态，在电路中增加一个 1kΩ 的电阻能否使晶闸管从通态转入断态？

（3）为什么晶闸管的擎住电流 I_L 比维持电流 I_H 大？

6. 额定电流为 10A 的晶闸管能否承受长期通过 15A 的直流负载电流而不过热？

7. 说明 GTO 的关断原理。

8. 说明 P-MOSFET 栅极电压 V_{GS} 控制漏极电流 I_D 的基本原理。

9. 作为开关使用时 P-MOSFET 器件主要的优缺点是什么？

10. 列表比较 BJT、SCR、GTO、P-MOSFET、IGBT、MCT 及 SIT 7 种可控开关器件对触发（或驱动）电流（或电压）波形的要求及主要优缺点。

11. 21 世纪电力电子开关器件最可能的重大技术发展是什么？

第 3 章　电力电子电路辅助系统

实际的电力电子变换器除电力电子开关主电路外，还包含有很多辅助元器件和控制系统，电力电子变换器中的辅助元器件和系统包括如下内容：

（1）半导体电力开关管器件的触发、驱动器。触发、驱动器接收控制系统输出的控制信号，经处理后送出驱动信号给开关器件，控制开关器件的通、断状态。

（2）过电流、过电压保护系统。检测负载或开关器件的电流、电压，保护变换器中的开关器件，防止过电流、过电压损坏开关器件。

（3）缓冲电路。在开通和关断过程中减少开关器件承受的电压和电流，减小开关损耗，减小 $\mathrm{d}v/\mathrm{d}t$、$\mathrm{d}i/\mathrm{d}t$。

（4）散热系统。散发开关器件和其他部件的功耗发热，减小开关器件的热应力，降低开关器件结温。

（5）控制系统。实现变换器的实时、适式控制，综合给定和反馈信号，经处理后为开关器件提供开通、关断信号，开机、停机信号和保护信号。

（6）辅助电源。给信号检测、显示、开关器件的驱动电路和控制系统提供低压直流电源。

3.1　触发驱动电路

电力电子变换器中触发、驱动器的电路结构取决于所采用的开关器件的类型，变换器电路的拓扑结构和电压、电流等级。开关器件的触发、驱动器接收控制系统输出的微弱门电平控制信号，经处理后给开关器件的控制极（门极或基极）提供足够大的驱动电压或电流，使之立即开通。对于全控型开关器件，此后必须维持通态，直到接收关断信号后使开关器件从通态转为断态，并保持断态。

很多情况下，在高压变换器中，控制系统和主电路之间需要有电气隔离，这可以通过脉冲变压器或光电耦合器来实现。由于不同类型的开关器件对驱动信号的要求不同，对于半控型器件（晶闸管和双向晶闸管），电流控制型全控器件 GTO、GTR 和电压控制型全控器件 P-MOSFET、IGBT 等有不同的驱动方案。

3.1.1　晶闸管的触发驱动电路

晶闸管的驱动电路常称为触发电路。为触发晶闸管，使其开通，门极的脉冲电流必须有足够大的幅值和持续时间，以及尽可能短的电流上升时间。控制电路和主电路的隔离通常是必要的。隔离可由光耦或脉冲变压器实现，这两种方式各有优缺点：光电耦合隔离时电磁干扰小，但光耦器件需要承受主电路高压，有时还需要在晶闸管侧有一个电源和一个脉冲电流放大器，普通型光耦合器的响应时间为 10μs 左右，高速光耦合器的响应时间可小于 1.5μs。用脉冲变压器隔离驱动就不要另加电源。当脉冲较宽时，常需采用高频调制的触发脉冲，以减小脉冲变压器体积，防止脉冲变压器磁芯饱和。

采用脉冲变压器（pulse transformer，PTR）和晶体管放大器（transistor amplifer，TRA）的驱动器如图 3.1 所示。当控制系统发出的驱动信号加至开关管放大器 TRA 后，PTR 输出电压经 VD2 输出晶闸管的触发脉冲电流 i_G。TRA 的输入信号为零后，PTR 一次电流经齐纳二极管 VZ 和二极管 VD1 流并迅速衰减至零。电路中的二极管 VD2 使变压器二次侧对晶闸管门极只提供正向驱动电流 i_G。

图 3.2 给出了晶闸管的一个有光耦隔离的晶闸管驱动电路。光耦合器由发光二极管（light emitting diode，LED）和光控晶闸管（light triggered thyristor，LTT）组成。驱动电路的能量直接由主电路获得，当 LED 触发 LTT 时，LTT 串联电阻 R 上的电压用来产生开通晶闸管所需的门极触发电流 i_G。显然，这时 LTT 必须承受被驱动的晶闸管的高压。

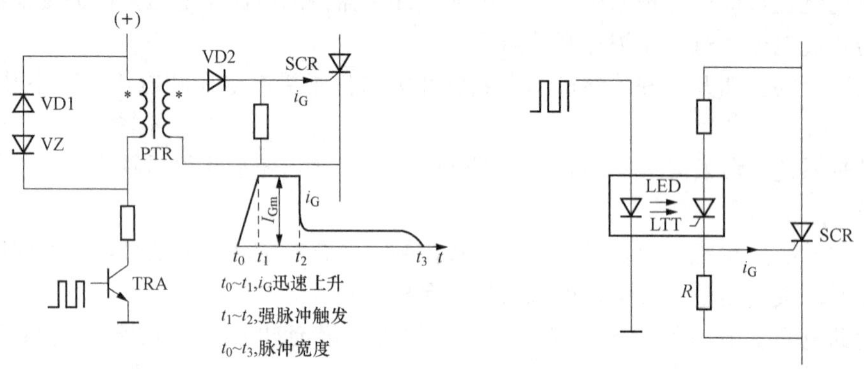

图 3.1 有隔离变压器的 SCR 触发驱动器　　图 3.2 有光耦隔离的晶闸管驱动电路

晶闸管主要应用于交流/直流相控整流、有源逆变和交流-交流相控调压。适用于这些场合的各种触发驱动器都已集成化、系列化。例如，目前国内生产的 KJ 系列和 KC 系列的晶闸管触发器，都可供研制者选用。

高压电力系统直流输电所用的高压大功率晶闸管大多采用光纤电缆传送驱动信号。

3.1.2 GTO 的触发驱动电路

GTO 的开通和普通晶闸管类似，即要求在其门极施加正方向的开通脉冲电流，但由于其关断时要求施加很大幅值的门极负脉冲电流，因此全控型器件 GTO 的驱动器比半控型器件晶闸管复杂得多。图 3.3 中给出了一个门极驱动电路的例子。需要 GTO 开通时，MOS 管 VT1、VT2 接收来自控制系统的开通信号（VT1、VT2 有高频互补式方波脉冲电压），两个 MOS 管 VT1、VT2 交替地通、断变换，使 PTR 传输高频脉冲列，PTR 的二次侧为高频交流脉冲电压 v_{AB}。当 A 为正、B 为负时，二次电压 v_{OB}从 O 点经稳压齐纳二极管 VZ 和电感 L 产生$+i_G$，再经 VD2 回到 B 点；当 B 为正，A 为负时，二次电压 v_{OA}从 O 点经 VZ 和 L 产生$+i_G$开通 GTO，再经 VD1 回到 A 点。在 GTO 被$+i_G$驱动的同时，电容 C 经由 4 个二极管组成的整流桥 RCT 充电。GTO 导通后，撤除 VT1、VT2 信号，GTO 仍保持通态，电容 C 已被充好电，积蓄了关断 GTO 所需的能量，一旦需要关断 GTO，控制系统发出的关断信号，一方面令 VT1、VT2 失去开通信号，同时触发图 3.3 中的 SCR，使其导通，电容 C 经 SCR 到 GTO 的阴极 K、门极 G 和电感 L 放电，产生$-i_G$，关断 GTO。

3.1.3 GTR 的驱动电路

GTR 的基极驱动电路必须提供持续的驱动电流而不是脉冲驱动电流，用以开通 GTR 并

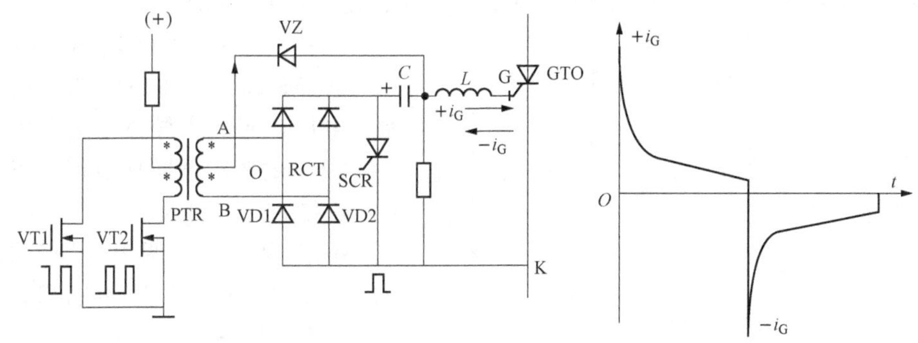

图 3.3　有隔离变压器的 GTO 驱动器

保持 GTR 处于可靠的通态，一个好的驱动电路应具有以下特性：

（1）开通时有较高的基极驱动电流 i_B强触发，以减短开通时间。

（2）GTR 开通后在通态下基极电流要适当减小，以减少通态时基 - 射结损耗，同时使 GTR 不至于过饱和导通。饱和导通时其关断时间比临界饱和时长得多，不利于关断。

（3）关断时施加反向基极电流，可进一步缩短关断时间。

（4）断态时最好外加反向的基 - 射极电压，这能增加电力晶体管的集 - 射极阻断电压的能力。

图 3.4 中示出了 GTR 无隔离的驱动器，图 3.4（a）中晶体管 VT1 的集电极接至由 VT2 和 VT3 组成的推挽式射极输出电路。输入信号 P 为低电平时 VT1 导通，使 VT2 导通、VT3 截止，控制电源（+）端经 VT2 和并联的 RC 向开关管 GTR 提供驱动电流 i_B，同时电容 C 被充电，左正右负。电容 C 的充电电流在 GTR 开通初期提供基极瞬时大电流（强触发），可以加快 GTR 的开通过程，C 称为加速电容。稳态导通时，i_B减小到只由 R 支路提供 i_B，又可使通态时的 i_B较小，减短 GTR 的关断时间。

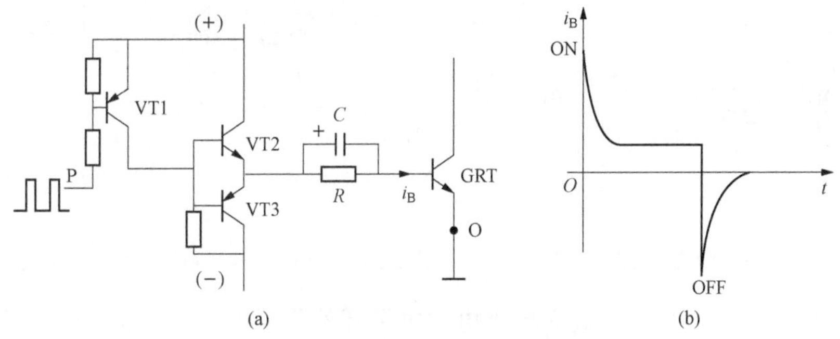

图 3.4　GTR 无隔离的驱动器

（a）双管射极输出驱动器；（b）基本电流波形

当输入信号为高电位时 VT1 截止，VT2 截止，电容 C 经 VT3 放电，VT3 导通，为 GTR 提供关断所需的反压和负电流 $-i_B$，如图 3.4（b）所示。

GTR 也常用图 3.5 所示的光耦隔离驱动器。光耦驱动器中内含光敏晶体管 VT3、VT4，GTR 由推挽式射极输出电路驱动。P 点有输入信号时，图 3.5 中反向器 B 点电位为 0，VT3 导通，A 点为正电位，经电阻 R_1 向 VT1 提供基极电流，VT1 开通，为 GTR 提供正向驱动电流 $+i_B$。当输入信号为零时，VT4 导通，A 点为负电位，VT2 导通，电容 C 经 VT2、R_2

放电，为 GTR 提供$-i_B$。驱动器产生的基极电流波形类似图 3.4（b）。

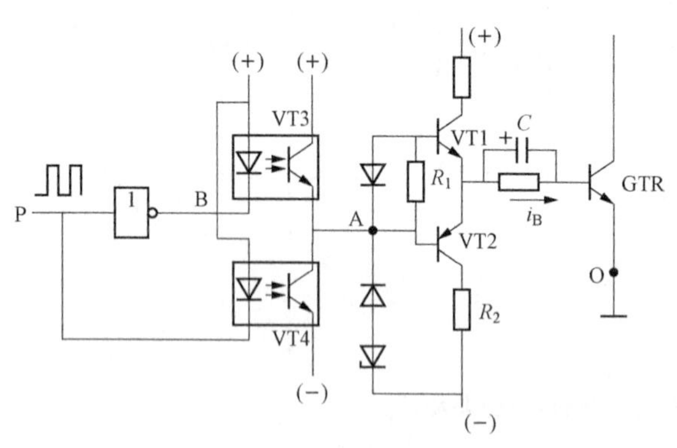

图 3.5 有光耦隔离的 GTR 驱动器

3.1.4 P-MOSFET、IGBT 的驱动器

P-MOSFET、IGBT、IGCT、SIT 等都是电压控制型半导体电力开关管，P-MOSFET 的驱动器同样也可用于 IGBT、IGCT 和 SIT。图 3.6 是有 PTR 的 P-MOSFET 驱动器，图中的辅助 MOS 管 AM 是 N 沟道增强型 MOS 管，其漏极为 D、源极为 S、栅极为 G。P 端有正信号输入时，变压器二次电压 V_{SG} 经二极管 VD1 向 P-MOSFET 管提供开通电压并给门极/源极结电容 C 充电，这时辅助 MOS 管 AM 受反偏（S 点为正，G 点为负）而阻断，阻断了 P-MOSFET 门极结电容 C 经 AM 放电。当 P 端有负信号输入，脉冲变压器 PTR 二次侧 $V_{SG}>0$，辅助 MOS 管 AM 导电，D、S 两点导通，抽出 P-MOSFET 管门极结电容 C 的电荷，使其关断。

图 3.7 给出了 P-MOSFET（或 IGBT、IGCT）带光耦的驱动器。P 端有驱动信号时，光耦信号经整形和功率放大后使 A 点为正电位，VT1 导通，使开关管 P-MOSFET 导通，并使结电容 C 充好电。无驱动信号时，A 点为负电位，VT2 导通，稳压管 VZ 两端的电压 V_Z 作为反压加至 P-MOSFET 开关管的 S、G 极，再经电阻 R 和 VT2 构成回路使电容 C 迅速放电，使 P-MOSFET 管反偏，关断 P-MOSFET。

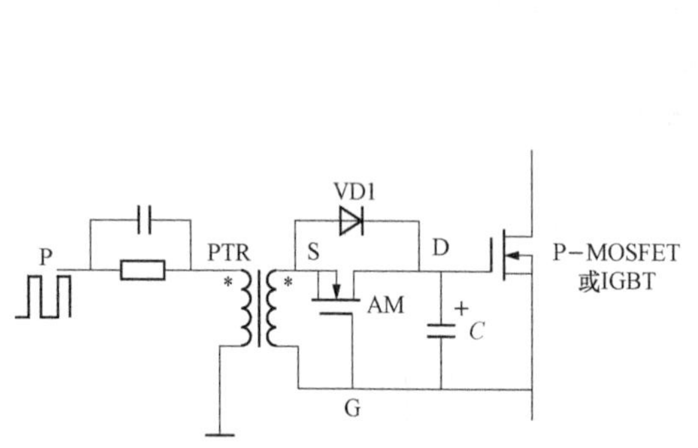

图 3.6 有 PTR 的 P-MOSFET 驱动器

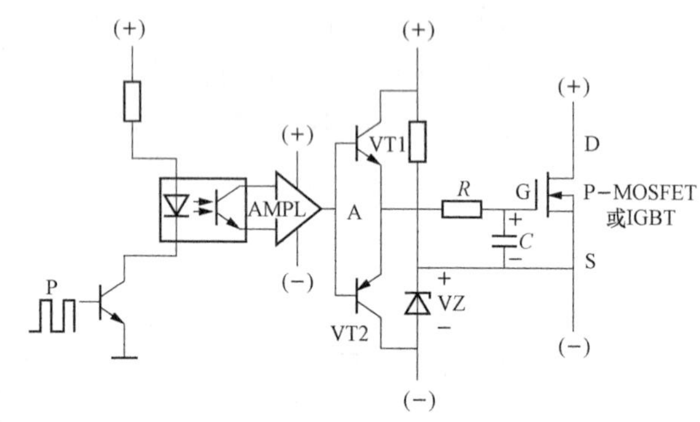

图 3.7 P-MOSFET（或 IGBT、IGCT）带光耦的驱动器

目前，各国许多生产厂家已经有各类电力电子开关器件的各种驱动器产品可供电力电子变换器设计者选用。虽然这些驱动器的具体电路多种多样，而且不断地有新型号的驱动器推出，但是它们的电路基本原理相差不大。以上介绍的有关驱动器的基本原理电路，可为读者提供一些基本知识，以便分析、选用各类驱动器。

3.2 保护电路

3.2.1 过电流保护

电力电子变换和控制系统运行不正常或发生故障时，可能会发生过电流，造成开关器件的永久性损坏。过电流在过载和短路两种情况下发生。图 3.8 为过电流保护措施及保护配置，其中给出了电力电子变换器系统中常采用的过电流保护措施及各种保护的配置位置。通常电力电子变换器系统均同时采用几种过电流保护措施，以确保保护的可靠性和合理性。所选择的几种过电流保护措施应相互协调配合，各尽所能。通常选用电子保护电路作为延时最短，但动作阈值最高的一级保护，当电流传感器检测到过电流值超过动作电流整定值时，电子保护电路输出过电流信号，封锁驱动信号，关断变换器中的器件，切断过电流故障。快速熔断器是电力电子变换器系统中常用的一种过电流保护措施。快速熔断器的熔断时间与过电流的大小有关（与发热量 I^2t 有关），快速熔断器对开关器件的保护有全保护（无论是过载还是短路，均由快速熔断器保护开关器件避免其过热损坏）和仅作短路保护两种保护类型，可由设计者选定。如果快速熔断器仅保护短路故障，通常应在 50Hz 或 60Hz 半周期内熔断，则其动作电流较大，这时对一般的过载要有其他保护措施，如利用过电流继电器断开电路中的机械式断路器，实现过载保护。显然，无论是快速熔断器还是断路器，其动作电流值一般远小于电子保护电路的动作电流整定值，其延迟的动作时间则应根据实际应用情况适当匹配。

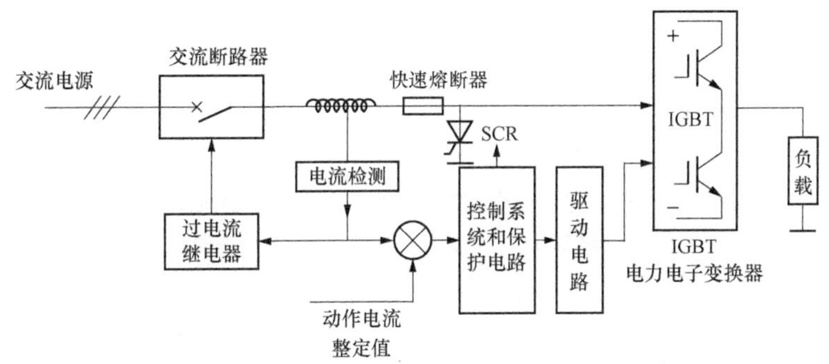

图 3.8 过电流保护措施及保护配置

图 3.8 中还给出了一种利用晶闸管 SCR 的过电流保护方案。当电力电子变换器开关电路发生过电流时，电子保护电路输出触发信号使 SCR 导通将电路短路，从而使熔断器快速熔断，切断短路电路的电源。

桥式电路变换器中，一个特殊的短路潜在危险是上、下两个开关管直通（同时导通），图 3.8 中所示 IGBT 即为此结构。其中，每个桥臂上、下两个 IGBT 的通、断状态是相反的：一个开关器件导通时另一个阻断，正常工作时电流流入负载。然而，在驱动器故障或开关信号有错时，一个开关管可能在另一个互补的开关管关断前提前误开通，造成上、下两个开关器件同时直通，形成短路。为避免上、下两个开关管的直通，每一个开关管开通信号的时间起点应滞后于另一个开关管关断信号的时间起点一个 Δt，这个小的延时时间段 Δt 称为死区。

现在不少全控器件的集成驱动电路中已设计成能够自身检测过电流状态而自动封锁驱动信号，实现过电流保护。以 IGBT 为例，其基本原理是在开关器件处于通态时，监测其集电/发射极电压 V_{CE}，当集电极过电流时，V_{CE} 也随之增大，一旦检测到过大的 V_{CE}，就立即封锁驱动脉冲，输出低电平，关断开关管，切断短路电路或过电流电路。

3.2.2 过电压保护

电力电子变换系统中可能发生的过电压有外因过电压和内因过电压两类。

1. 外因过电压

(1) 雷击过电压。由雷电引起的过电压。

(2) 操作过电压。由电路开关分闸、合闸操作所引起的过电压。图 3.9 中，当电路开关 QF 合闸接通电源的瞬间，电源高电压通过降压变压器一次、二次绕组之间的分布电容 C_{12} 直接传至二次电力电子变换器的开关器件。当电路开关 QF 分闸断开变压器时，变压器一次绕组的励磁电流突然被切断所引起的过电压感应到二次绕组，也使电力电子变换器开关器件承受操作过电压。

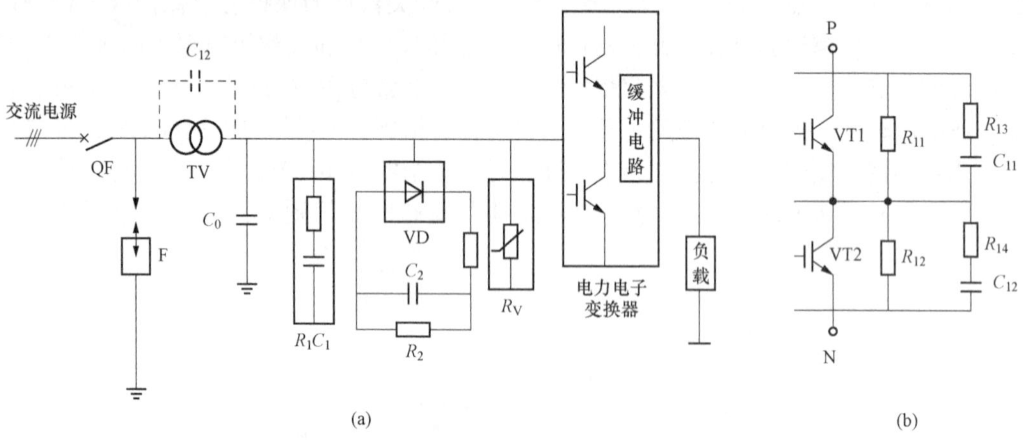

图 3.9　过电压抑制措施及其配置与均压电路

(a) 过电压抑制措施及其配置；(b) 均压电路

2. 内因过电压

(1) 二极管反向恢复过电压：电力二极管在导电结束时，不能立即恢复反向阻断能力，如果有反向电压作用，则会有较大的反向电流流过二极管使内部残存的载流子消失，当其恢复了阻断能力时，反向电流 i_R 急剧减小，这时线路中杂散电感 L_σ 感应所产生的反电动势 $L_\sigma \mathrm{d}i_R/\mathrm{d}t$ 很大，这个反电动势与电源电压相加作用在二极管及与二极管并联的开关器件上，也可能使开关器件过电压而损坏。

(2) 开关管关断过电压：半导体开关器件关断时，其电流迅速减小，在线路电感上产生很高的感应电压加在正在关断的开关器件上，可能使其过电压损坏。

图 3.9 给出了电力电子变换系统中一些可能采用的过电压抑制措施及其配置。图 3.9 中交流电源经交流断路器 QF 送入降压变压器 TV，F 是避雷器。当雷电过电压从电网窜入时，避雷器对地放电防止雷电进入变压器。C_0 是静电感应过电压抑制电容，当 QF 合闸瞬间，电网高压经变压器一次、二次绕组的耦合电容 C_{12} 把电网高压交流电压直接传至二次侧时，若选用 $C_0 \gg C_{12}$，则 C_1 上感应的操作过电压值不高，保护了后面的电力电子开关器件免受合闸操作过电压的危害。图 3.9 中 R_1C_1、R_2C_2 是两种过电压抑制电路。当交流电路上出现过电压时，过电压对 C_1、C_2 充电，C_1、C_2 的两端电压不能突变，其充电过程限制了电压的上升率，减小了开关器件所承受的过电压及其变化率 $\mathrm{d}v/\mathrm{d}t$。RC 电路中的 C 越大、R 越小，过电压保护作用越好。图 3.9 所示简单的 R_1C_1 过电压抑制电路中，过电压对 C_1 充电后，C_1 上的高压对 R_1 放电时过大的放电电流也可能危害被保护设备；而图 3.9 所示 R_2C_2 过电压抑

制电路中，C_2被过电压充电后对 R_2放电时，二极管 VD 阻止了放电电流进入电网，不会危害电路中的其他器件。故这种放电阻止型 R_2C_2过电压抑制电路在高压大容量系统中应用得比较多。图 3.9 中的 R_V 为非线性压敏电阻，当其端电压超过其阈值电压时，其等效电阻立即从无限大下降，流过大电流时，其端电压仅比阈值电压有很少的上升，因此它能将线路上的过电压限制到其阈值电压，实现开关器件的过电压保护。

为了限制开关器件在驱动信号作用下开通、关断过程中的电压、电流和 $\mathrm{d}v/\mathrm{d}t$、$\mathrm{d}i/\mathrm{d}t$，并减少开关损耗，常采用 3.4 节将要介绍的各种类型的开关器件缓冲器。

3.3　开关器件的串联、并联使用

在高压、大电流电力电子变换装置中，单个开关器件的电压、电流额定值不能满足要求时，有时采用两个（或多个）开关器件串联以提高其工作电压，采用两个（或多个）开关器件并联以扩大其工作电流。当器件需要同时串联和并联使用时，通常采用先串后并的方法连接。

同型号的电力电子器件串联时，总希望各器件能承受同样的正、反向电压；并联时，则希望各器件能分担同样的电流。但由于电力电子器件特性的个异性（即分散性），即使相同型号规格的电力电子器件，其静态和动态伏安特性也不相同，所以串联、并联时，各器件并不能完全均匀地分担电压和电流。串联时，承受电压最高的电力电子器件最易击穿。一旦击穿损坏，它原来所承担的电压又加到其他器件上，可能造成其他器件的过电压损坏。并联时，承受电流最大的电力电子器件最易过电流，一旦损坏后，它原来所承担的电流又加到其他器件上，可能造成其他器件的过电流损坏。所以，在电力电子器件串联、并联时，应着重考虑串联时器件之间的均压问题和并联时器件之间的均流问题。

3.3.1　开关器件的串联使用

单个电力电子器件的电压值小于电路中实际承受的电压值时，须采用两只或多只器件串联连接。串联使用时，因器件阻断状态下漏电阻不同引起电压分配不均匀，属静态均压问题；由于器件开通时间和关断时间不一致，引起的电压分配不均匀属动态均压问题。为提高器件串联时的均压性能并提供必要的保护措施，通常采用以下几种方式。

(1) 尽量采用特性一致的元器件进行串联。在安装前，按制造厂提供的测试参数进行选配，有条件时最好用仪器测试多个器件的静态特性和动态特性，然后按特性进行选配。这种均压方法电路简单，但选配过程麻烦，器件更换不方便。

(2) 开关并联均压电阻 R_j。如图 3.10 所示，如果不加 R_j，当开关阻断时，每只开关所承担的电压与该开关阻断时正向或反向漏电阻的大小成反比，由于开关特性的个异性，不同开关的漏电阻可能有较大的差别，导致各开关承担的电压大小也有很大不同。并联 R_j后，因 R_j比开关漏电阻小得多，且每只开关并联的 R_j相等，所以各开关承担的电压大小也近似相等。

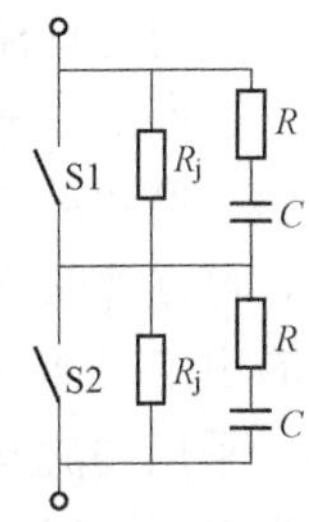

图 3.10　电力电子器件的串联均压保护

R_j的阻值一般取开关热态正、反向漏电阻的 1/3～1/5。取得太大，则均压效果差；取得太小，则电阻 R_j上损耗的功率增加。考虑到开关串联时，即使加上均压措施，电压分配仍不能完全均匀，串联后所能承受的总电压应为串联开关耐压之和的80%～90%。

（3）电力电子器件的驱动电路应保证所有串联器件同时导通和同时关断，否则将会产生某器件的过电压损坏。例如，图3.10中，如果S1已导通，而S2尚未导通，则原来由S1和S2共同承担的电压全部加到S2上，导致S2的过电压损坏；在由导通变为关断时，若S1器件先关断，而S2尚未关断，则应由两个器件承担的反压将全部加在S1上，导致S1的过电压损坏。这就要求驱动电路除保证各串联器件的驱动信号在时间上完全同步外，信号的前沿应陡，幅度应足够大，促使器件尽量同时开通和关断。

（4）采用动态均压电路。由于电力电子器件的动态参数不可能完全一致，即使同样的控制信号加在两个串联的器件上，这两个器件也不可能同时开通和关断，从而造成器件过压，必须采取一定的措施。采用与器件并联的阻容元件 R、C（图3.10）能有效地减少这些过压。其工作原理是利用电容器电压不能突变的性质来减缓电力电子器件上的电压变化速度，实现动态均压。电阻 R 用于抑制电路的振荡并限制电容通过器件放电时的电流。器件并联的阻容元件 R、C 除有动态均压作用外，在某些情况下还具有过电压保护等功能，在电路设计中需统一考虑。

3.3.2 器件的并联使用

单个电力电子器件的电流容量不足以承受电路中实际电流时，须采用两只或多只器件并联使用。器件并联后其端电压相等，但由于各器件伏安特性有差异，因而在相同的端电压时流过器件的电流不相等，即存在均流问题。电力电子器件并联时，由于器件导通状态下各器件的正向压降的差异而引起的电流分配不均匀属于静态均流问题；由于器件开通时间和关断时间的差异引起的电流分配不均匀属于动态均流问题。以晶闸管为例，通常采用的均流措施有以下几种。

（1）尽量采用特性一致的元器件进行并联。可按照器件制造厂提供的器件参数进行选配，有条件时可用仪器测试多个器件的静态特性和动态特性，然后选取特性差异较小的器件并联。这种均流方法电路简单，但选配过程较费时，元器件更换不方便。

（2）安装时尽量使各并联器件具有对称的位置。因电力电子器件一般导通时通态电阻较小，各支路位置不对称引起的各支路阻抗的差异会引起电流分配的不均匀。

（3）器件串联均流电阻［图3.11（a）］。晶闸管导通后的内阻极小，且很难保证大小相同，这是它们并联后电流难以均匀分配的主要原因。因此，可以在并联晶闸管支路中各串联一电阻 R，使流过电流时，电阻 R 上的压降与管压降相当。电阻的串入使导通时阳极伏安特性斜率变小，从而可以在一定程度上改善电流分配。串电阻均流方法结构简单，稳态均流效果较好，但动态均流效果差，且电阻上功率损耗大，一般只用于小容量电力电子装置。

（4）器件串联电感均流［图3.11（b）］。利用电感阻止电流变化的功能，在并联支路中串入电感，可对动态电流起到均流作用。不过串电感对稳态均流效果差，为使稳态和动态均能均流，可在并联支路中同时串联电阻和电感。当使用空心电抗器来均流时，由于电抗器绕组本身有电阻，实际上就是电阻和电感共同均流，同时兼有 $\mathrm{d}i/\mathrm{d}t$ 限制的作用。

（5）采用均流互感器均流。图3.11（c）给出了并联晶闸管采用均流互感器均流的连接方式。设S1的延迟时间 t_{d1} 小于S2的延迟时间 t_{d2}，两个晶闸管同时被触发后，在互感器的绕组 W_1 中首先开始电流上升过程，这时因S2还没有导电，所以绕组 W_2 中没有电流，于是 W_1 两端的电抗主要是互感电抗器的励磁阻抗，它使 W_1 中的电流上升率减小。这一作用相当

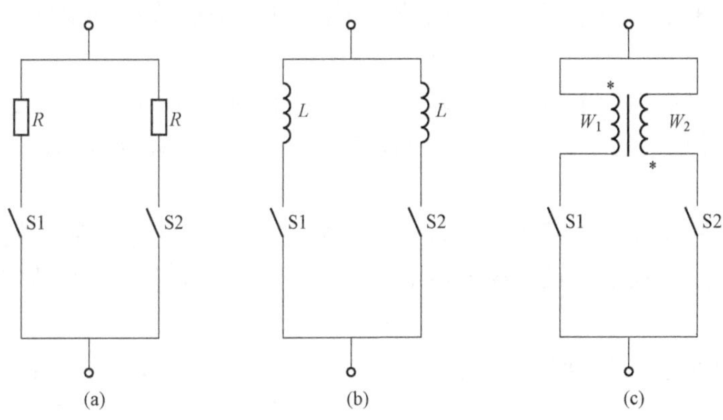

图 3.11　电力电子器件的并联均流措施

(a) 串联电阻；(b) 串联电感；(c) 采用均流互感器

于延长了 t_{d1}，与此同时，在 W_2 中产生的感应电动势使 S2 所受的正向电压及其上升率提高，因而缩短了 t_{d2}，其结果是缩短了两个晶闸管延迟时间的差异，因而可以改善动态均流。待 W_2 中出现电流并逐渐增大时，W_1、W_2 的阻抗随之减小，两个晶闸管的电流上升加快。凡在运行过程中出现电流不均匀，互感电抗器均会产生不平衡磁通，并在两个绕组中感应电动势，帮助电流小的支路提高电流上升率，同时抑制另一支路的电流上升率。当两电流相等时，互感器两端电动势平衡。

P - MOSFET 器件的通态电阻具有正的温度系数（温度升高时，通态电阻加大），并联使用时具有电流自动均衡的功能，因而易于并联使用。双极结型晶体管 GTR 则恰好相反，因而不易于并联使用。IGBT 在 30%～50%额定电流以下时，其等效通态电阻具有负的温度系数，但在电流较大时其电阻温度系数变为正值，因而也具有自动均流的功能，易于并联。

考虑到即使加上均流措施，各器件承担的电流也仍有一定的差异，并联后所能承受的总电流应为并联器件额定电流总和的 85%～90%。

3.4　器件的缓冲电路

半导体开关器件工作中有断态、开通、通态、关断 4 种工作情况。断态时可能承受电源高电压但漏电流小，通态时可能承载负载大电流但管压降小。而开通和关断过程中开关器件可能同时承受高电压、大电流、过大的 $\mathrm{d}v/\mathrm{d}t$、$\mathrm{d}i/\mathrm{d}t$ 及过大的瞬时功率 $P_T = v_T i_T$。高电压和大电流可能使工作点超出安全工作区而损坏器件，因此半导体电力开关器件常设置开关过程的保护电路，又称缓冲电路（Snubber Circuit）或吸收电路，以防止瞬时过电压、过电流，消除过大的电压、电流变化率，减小开关损耗，确保器件处于安全工作区。缓冲电路的结构取决于开关器件的类型和对变换器的要求。

缓冲电路可分为关断缓冲电路和开通缓冲电路。关断缓冲电路又称 $\mathrm{d}u/\mathrm{d}t$ 抑制电路，用于吸收器件的关断过电压和换相过电压，抑制 $\mathrm{d}u/\mathrm{d}t$，减小关断损耗。开通缓冲电路又称 $\mathrm{d}i/\mathrm{d}t$ 抑制电路，用于抑制器件开通时的电流过冲和 $\mathrm{d}i/\mathrm{d}t$，减小器件的开通损耗。可将关断缓冲电路和开通缓冲电路结合在一起，称其为复合缓冲电路。还可以用另外的分类方法：缓冲电路中储能元件的能量如果消耗在其吸收电阻上，则称其为耗能式缓冲电路；如果缓冲电路能将其储能元件的能量回馈给负载或电源，则称其为馈能式缓冲电路，或称为无损吸收电路。

在开关管两端并联一个电容 C，可以使开关管关断期间 i_T 从 I_0 减小到零的过程中，其端电压 v_T 缓慢上升且数值不大，因而关断损耗 $P_{off}=v_Ti_T$ 也有所减小，这是改善关断过程最基本的缓冲措施。

将开关管串联一个缓冲电感 L，可以使开关管开通过程中 i_T 从零缓慢上升到 I_0，其端电压 $v_T=v_D-L\mathrm{d}i_T/\mathrm{d}t$ 减小，且开通损耗 $P_{on}=v_Ti_T$ 也有所减小，这是改善开通过程最基本的缓冲措施。

全控型开关管承受过电压、过电流及 $\mathrm{d}i/\mathrm{d}t$、$\mathrm{d}v/\mathrm{d}t$ 的能力比二极管、晶闸管都低些，通常采用较复杂的缓冲电路，如图 3.12（a）所示。图 3.12（b）是开关过程集电极电压 v_{CE} 和集电极电流 i_C 的波形，其中虚线表示无缓冲电路时的波形。

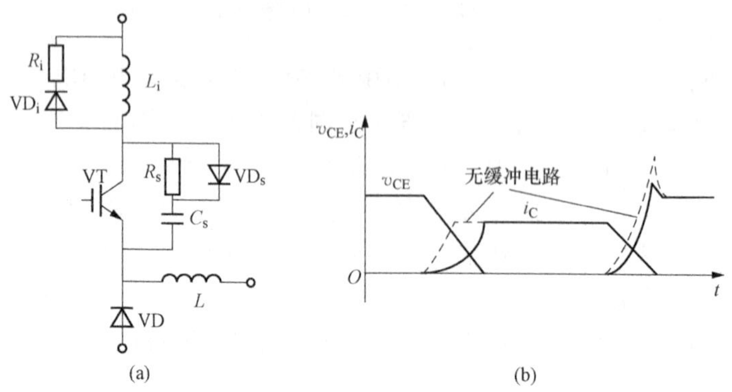

图 3.12　$\mathrm{d}i/\mathrm{d}t$ 抑制电路和充放电型 RCD 缓冲电路及波形

（a）电路；（b）波形

在无缓冲电路的情况下，绝缘栅双极晶体管 VT 开通时电流迅速上升，$\mathrm{d}i/\mathrm{d}t$ 很大，关断时 $\mathrm{d}v/\mathrm{d}t$ 很大，并出现很高的过电压。在有缓冲电路的情况下，VT 开通时缓冲电容 C_s 先通过 R_s 向 VT 放电，使电流 i_C 先上一个台阶，以后因为有 $\mathrm{d}i/\mathrm{d}t$ 抑制电路的 L_i；i_C 的上升速度减慢。R_i、VD_i 是在 VT 关断时为 L_i 中的磁场能量提供放电回路而设置的。在 VT 关断时，负载电流通过 VD_s 向 C_s 分流，减轻了 VT 的负担，抑制了 $\mathrm{d}v/\mathrm{d}t$ 和过电压。因为关断时电路中（含布线）电感的能量要释放，所以还会出现一定的过电压。

图 3.13 给出了关断时的负载曲线。关断前的工作点在 A 点。无缓冲电路时。v_{CE} 迅速上升，在负载 L 上的感应电压使续流二极管 VD 开始导通，负载线从 A 移动到 B，之后 i_C 才下降到漏电流的大小，负载线随之移动到 C。有缓冲电路时，由于 C_s 的分流使 i_C 在 v_{CE} 开始上升的同时下降，因此负载线经过 D 到达 C。可以看出，负载线在到达 B 时很可能超出安全区，使 VT 受到损坏，而负载线 ADC 是很安全的。而且，ADC 经过的都是小电流、小电压区域，器件的关断损耗也比无缓冲电路时大大降低。

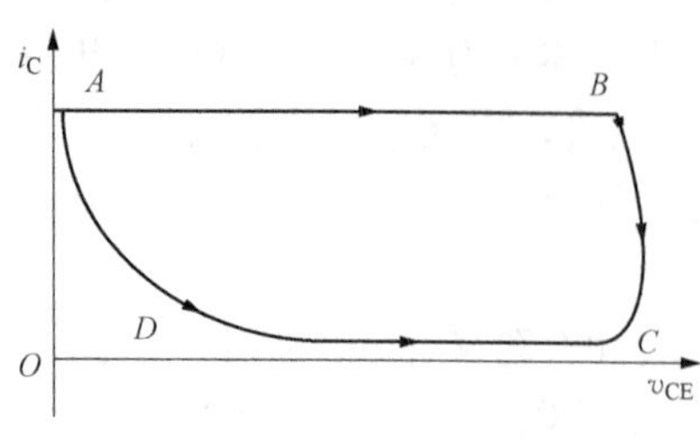

图 3.13　关断时的负载曲线

图 3.12 中所示的缓冲电路被称为充放电型 RCD 缓冲电路，适用于中等容量的场合。图

3.14 示出了另外两种常用的缓冲电路形式。其中，*RC* 缓冲电路主要用于小容量器件，而放电阻止型 RCD 缓冲电路用于中或大容量器件。

缓冲电容 C_s 和缓冲电阻 R_s 的取值可用实验方法确定，或参考有关的工程手册。缓冲二极管 VD，必须选用快恢复二极管，其额定电流应不小于主电路器件额定电流的 1/10。此外，应尽量减小线路电感，且应选用内部电感小的吸收电容。在中小容量场合，若线路电感较小，可只在直流侧总的设一个 dv/dt 抑制电路，对 IGBT 甚至可以仅并联一个吸收电容。晶闸管在实际应用中一般只承受换相过电压，没有关断过电压问题，关断时也没有较大的 dv/dt，因此一般采用 *RC* 吸收电路即可。

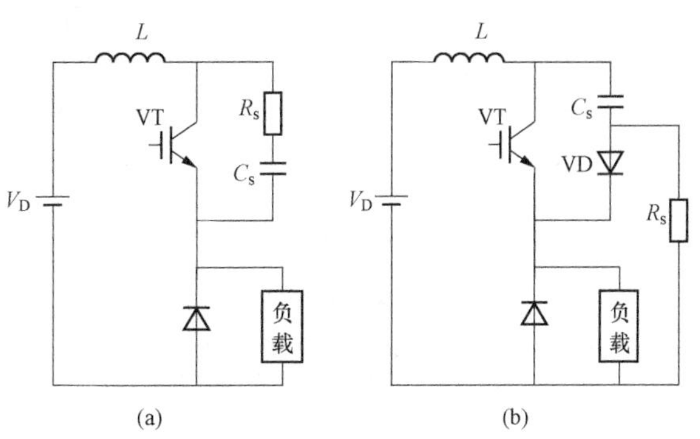

图 3.14　另外两种常用的缓冲电路

(a) *RC* 吸收电路；(b) 放电阻止型 RCD 吸收电路

3.5 散 热 系 统

电力电子变换器中开关器件功耗产生的热量必须带出并在环境中散发。虽然变压器、电抗器也有功耗，但半导体电力开关器件产生的功耗发热问题最为严重，因其较小的体积导致较小的热容量，其温度很容易快速上升。高温时半导体开关的电特性变坏，如阻断电压降低，关断时间延长。严重过热可能导致半导体器件短时间内毁坏。为防止过热损坏，半导体电力开关器件必须装有散热器，并至少保持自然通风冷却。开关器件产生的热量由管壳经散热器传至周围空气中。

开关器件采用强迫空气通风冷却比自然冷却更有效，也更常见。冷却空气由安装在电力电子变换器机箱中的风扇驱动，使热空气从机箱四周和顶部的开口槽周边散出。与变换器的额定功率相比，风扇消耗的能量微乎其微，并不太影响变换器的整体效率。

若变换器的功率密度（功率和质量的比值）很高，则需要液体冷却，水或油可用作冷却介质。液体被强迫通过与开关器件管壳相连接的中空铜管或铝管散热，由于水的高导热性，水冷的效果很好。虽然油的导热性不很高（只有水的一半），但是其有着良好的绝缘特性，因此也常被用作散热介质。

热等效电路可以方便地用于散热系统的分析与设计，这种思想基于传热与导电现象之间的相似性。热物理量和相应的电物理量示于表 3.1 中，一个带散热器的半导体电力开关器件及其热等效电路如图 3.15 所示，热等效电路图中标明的变量意义如下：

P_i 为开关器件功耗，单位为 W。

T_j、T_C、T_S 和 T_A 分别为 PN 结、管壳、散热器和外围空气的绝对温度，单位为 K。

R_{TjC}、R_{TCS} 和 R_{TSA} 分别为 PN 结 - 壳、壳 - 散热器和散热器 - 周围空气的热阻，单位为 K/W。

C_{Tj}、C_{TC} 和 C_{TS} 分别为结、壳和散热器的热容量，即温度每升高 1℃所需的热量焦耳值，单位为 J/K。

表 3.1 热物理量和相应的电物理量的比较

热物理量	电物理量
热（能）量 Q/J	电荷 Q/C
热流功率 P/W	电流 I/A
温度 θ/K	电压 V/V
热阻 R_T/(K/W)	电阻 R/(Ω，V/A)
热容量 C_T/(J/K)	电容 C/F
热时间常数 $T_T=R_T \cdot C_T$/s	电时间常数 $T=RC$/s
热欧姆定律：温差 $\Delta T=R_T \cdot P$（热阻×功率）/K	电欧姆定律：$\Delta V=R \cdot I$/V

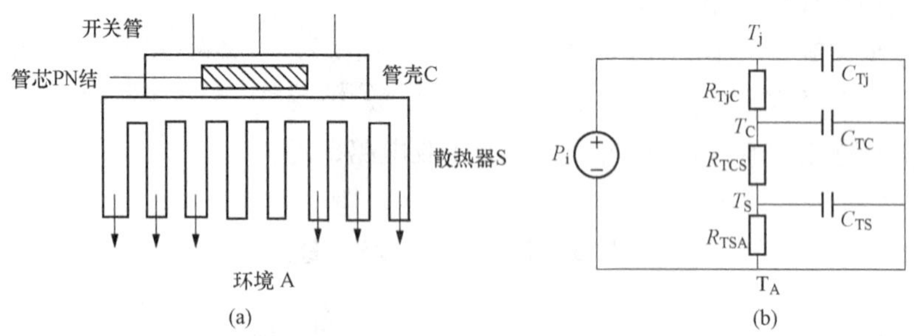

图3.15 一个带散热器的半导体电力开关器件及其散热等效电路

（a）带散热器的开关器件；（b）热等效电路

开关器件的功耗 P 所对应的热量经 3 个热阻后散发在周围环境空气中：热先经半导体管芯 PN 结 - 管壳之间的热阻 R_{TjC} 流至管壳，再经管壳 - 散热器之间的热阻 R_{TCS} 流至散热器，最后经散热器与周围空气环境之间的热阻 R_{TSA} 将热量散发至空气中，热从高温区流向低温区，PN 结结温 T_j > 管壳温度 T_C > 散热器温度 T_S > 空气环境温度 T_A。

半导体器件和散热器的热阻值在产品数据手册中都可查到，元件的热容量可由其比热（单位体积、温度升高 1℃所需热量）和体积决定，热容量用以计算瞬态温度，散热系统的设计目的是确保变换器开关器件 PN 结的最高温度不超过其允许值。

3.6 控制系统和辅助电源

电力电子变换器运行时，必须实时、适式地对开关器件施加控制信号，主电路精确、实时的电力变换依赖于控制系统的信号处理。在过去的几十年中，发展了各种控制技术，控制系统的硬件电路也由最初的带分立元件的模拟电路控制，逐渐发展为基于专用和通用集成电路芯片微处理器、微控制器和数字信号处理器（Digital Signal Processor，DSP）的全数字化控制系统。

实际应用中，电力电子变换器常常只是能源、能量变换和运动控制大系统（如电动机变速传动系统、UPS、电网电力补偿和控制系统等）的一个部分。变换器的控制策略从属于主控制器，如由变换器供电的电动机转速转矩控制器。变换器控制系统通常从主控制器、操作人员及变换器的电压、电流传感器获取信息，并将其实时、适当地予以处理。变换器控制系统的主要任务是为半导体电力开关器件产生开通、关断信号，从而得到需要的输出电压或电流。此外，还应能监控变换器的工作状态，显示、记录运行参数，远程通信及故障处理等。

微处理器、微控制器和数字信号处理器已发展成为现代电力电子变换器的通用控制部件。这些部件具有强大且不断提高的运算能力，有时几乎单个微处理器就可以控制整个电力电子变换系统，其中可以包含数个变换器。微处理器价格的不断下降，使得它们在经济型小功率变换器中也得到了广泛应用。

电力电子变换器对不同的负载供电，采用不同的主开关电路，具有不同的技术特性和经济性要求时，其控制系统具体电路结构及控制策略是各不相同的。

所有电力电子变换器中，都需要一组低压直流电源，如±12V、±20V、±5V 等，给信号检测单元、显示和通信环节、开关器件的驱动、保护电路及控制系统电路供电。这些低压直流电源称为辅助电源。在直流电源供电的电力电子变换器中，常采用带隔离变压器的 DC - DC 变换器作辅助电源。在交流电源供电的电力电子变换器中，常采用工频变压器降压，不控整流后再经 DC - DC 变换器提供直流辅助电源。现在国内外都已有各类低压直流开关电源产品可供设计者选用。

3.7 小　　结

完整的电力电子电路包括一定数量的辅助元器件和子系统，驱动器按照控制系统的指令，产生一定波形的驱动电压和驱动电流，实时、适当地控制变换器开关器件开通和关断。配置过电压和过电流保护系统，可防止变换器开关器件因短路、过载等原因而损坏。缓冲器减小了开关器件开通、关断时的瞬时电压、电流应力，也减小了开关损耗。散热器将热量从变换器开关元器件移走，防止开关器件过热。电力电子变换器的工作受控制系统监控，现今基于微处理器和数字信号处理器的控制系统可以实现高性能的控制策略。

器件串联、并联是提高容量的一种方法，器件串联使用时会存在均压问题，并联使用时会存在均流问题，因此必须采取一定的均压和均流措施。无论是并联还是串联，在使用时都应该降额使用。

3.8 习题及思考题

1. 分析图 3.6 和图 3.7 所示 P - MOSFET 驱动电路的工作原理。
2. 有光耦隔离的驱动器优、缺点分别是什么？
3. 电力电子器件的过电流保护和过电压保护有哪些主要措施？
4. 并联缓冲器和串联缓冲器的功能是什么？线路杂散电感或串联缓冲电感在开关器件开通、关断过程中起什么作用？
5. 如何选择半导体电力开关器件的散热器使其工作中的结温不超过允许值？
6. 电力电子变换器控制系统的基本功能是什么？
7. 电力电子器件的串联均压措施主要有哪些？
8. 电力电子器件的并联均流措施主要有哪些？

第 4 章　DC - DC 变流电路

直流 - 直流（DC - DC）变流电路的功能是将直流电变为另一恒定电压或可调电压的直流电，可应用于直流电动机调速、直流焊机、电解电镀电源、开关电源、功率因数校正等场合。

DC - DC 变流电路可分为无变压器隔离和有变压器隔离的变换电路。无变压器隔离的 DC - DC 变换基本电路有以下分类：

（1）基本斩波电路——降压斩波电路（Buck 电路）、升压斩波电路（Boost 电路）、升压斩波电路如 Buck - Boost 斩波电路、Cuk 斩波电路等。

（2）多相、多重斩波电路——相同结构的基本斩波电路组合。

（3）复合斩波电路——不同基本斩波电路的组合，如电流可逆斩波电路、桥式可逆斩波电路。

在许多 DC - DC 变换电路的应用场合，常常需要输入、输出间的电隔离，常用的有变压器隔离的 DC - DC 变换电路为正激式变换电路、反激式变换电路和桥式变换电路等。

本章主要介绍以上几类 DC - DC 变流电路的电路结构、基本工作原理及基本工作特性。

4.1　基本斩波电路

本节讲述 4 种基本的斩波电路，对其中基本的两种电路——降压斩波电路和升压斩波电路进行重点介绍。

4.1.1　降压斩波电路

1. 结构及原理

图 4.1（a）点画线框内全控型开关管 VT 和续流二极管 VD 构成了一个最基本的开关型 DC - DC 降压变换电路，该电路又称 Buck 电路。对开关管 VT 进行周期性地通断控制，能将直流电源的输入电压 V_S 变换为电压 V_O 输出给负载。这种降压变换电路连同其输出滤波电路 LC 被称为 Buck 型 DC - DC 变换器。因为其输出电压平均值总是不大于输入电压，所以它是一种降压式开关变换器。

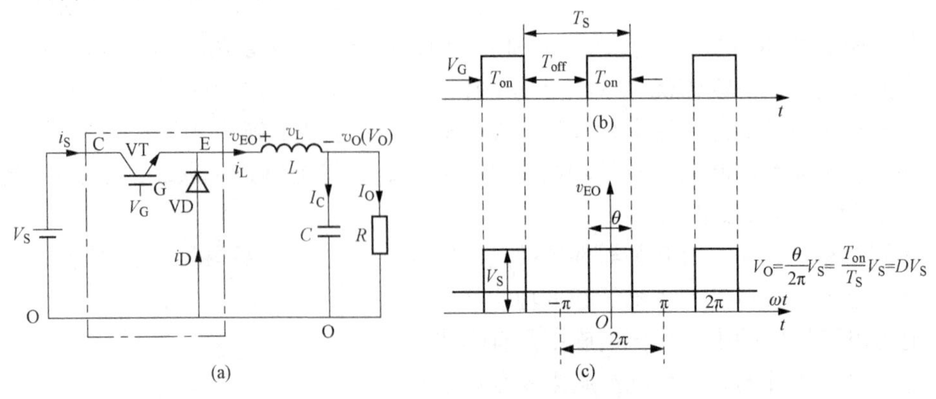

图 4.1　降压斩波电路的结构及降压原理

（a）电路；（b）驱动信号；（c）输出电压波形

在一个开关周期 T_S期间，对开关管 VT 施加图 4.1（b）所示的驱动信号 V_G。开关管导通时间 T_{on}与周期 T_S的比值称为开关管导通占空比，简称占空比，用 D 表示，即

$$D = \frac{T_{on}}{T_S}$$

由图 4.1（b）中 VT 的栅射电压 V_G波形可知，当驱动 VT 导通时，电源 V_S 向负载供电，变换器输出电压 $v_{EO}=V_S$，当控制 VT 关断，$v_{EO}=0$。图 4.1（c）标示出输出电压 v_{EO} 为脉宽为 θ 的矩形波。其直流平均值为

$$V_O = \frac{1}{2\pi}\int_0^{2\pi} v_{EO}\mathrm{d}(\omega t) = \frac{1}{2\pi}V_S\theta = \frac{T_{on}}{T_S}V_S = DV_S \tag{4.1}$$

式（4.1）中 $0\leqslant D\leqslant 1$，由此式知，输出到负载的电压平均值 V_O 最大为 V_S，若减小占空比 D，则 V_O随之减小。因此，将该电路称为降压斩波电路。

根据对输出电压平均值进行调制的方式不同，斩波电路可有 3 种控制方式：

（1）保持开关周期 T_S不变，调节开关导通时间 T_{on}，称为 PWM 或脉冲调宽型。

（2）保持开关导通时间 T_{on}不变，改变开关周期 T_S，称为频率调制或调频型。

（3）T_{on}和 T_S都可调，使占空比改变，称为混合型。

实际应用中广泛采用 PWM 方式。因为采用定频 PWM 时，输出电压中谐波的频率固定，滤波器设计容易，开关过程所产生电磁干扰容易控制。

v_{EO}中含有大量谐波，对其进行傅里叶分解如下

$$v_{EO}(\omega t) = V_0 + \sum_{n=1}^{\infty} a_n \cos(n\omega t) \tag{4.2}$$

式（4.2）示出的直流输出电压 v_{EO}中，除直流分量 $V_O=DV_S$ 外，还含有各次谐波电压，在 Buck 开关电路的输出端与负载之间加接一个 LC 滤波电路，可以减少负载上的谐波电压。由于开关频率通常选取得比较高，一方面滤波电感 L 对交流高频电压、电流呈高阻抗，对直流畅通无阻，E、O 两端的交流电压分量经滤波电感 L 时所产生的交流电流不大，且交流电压分量绝大部分降落在电感 L 上，直流电压分量 V_O 则直接通过 L 加至负载。另一方面滤波电容 C 对直流电流阻抗为无穷大，对交流电流阻抗很小，故流经 L 的直流电流全部送至负载，而流经 L 的数值不大的交流电流几乎全部流入滤波电容 C，这就保证了负载端电压、电流为平稳的直流电压、电流。

2. 电感电流连续时的工作特性

根据开关管 VT 和二极管 VD 的开关状态，对应 3 种等效电路，如图 4.2 所示，使 Buck 变换器有两种可能的运行工作模式——电感电流连续模式（Continuous Current Mode，CCM）和电感电流断续模式（Discontinuous Current Mode，DCM）。电感电流连续是指电感电流在整个开关周期中都不为零；电感电流断续是指在开关管 VT 阻断的 T_{off}期间后期一段时间内，经二极管续流的电感电流已降为零。这两种情况的临界点称为电感电流临界连续状态，即在开关管阻断期结束时，电感电流刚好降为零。

不管工作模式如何，在稳态时，电感伏秒平衡和电容充电平衡原理总是正确的。下面采用“分段线性法”推导不同工作模式下变换器的工作特性，首先分析电感电流连续时的变换器工作波形。

（1）电路的开关状态。

1）开关状态 1（T_{on}期间）。VT 导通，VD 截止，等效电路如图 4.2（b）所示。令 $t=0$

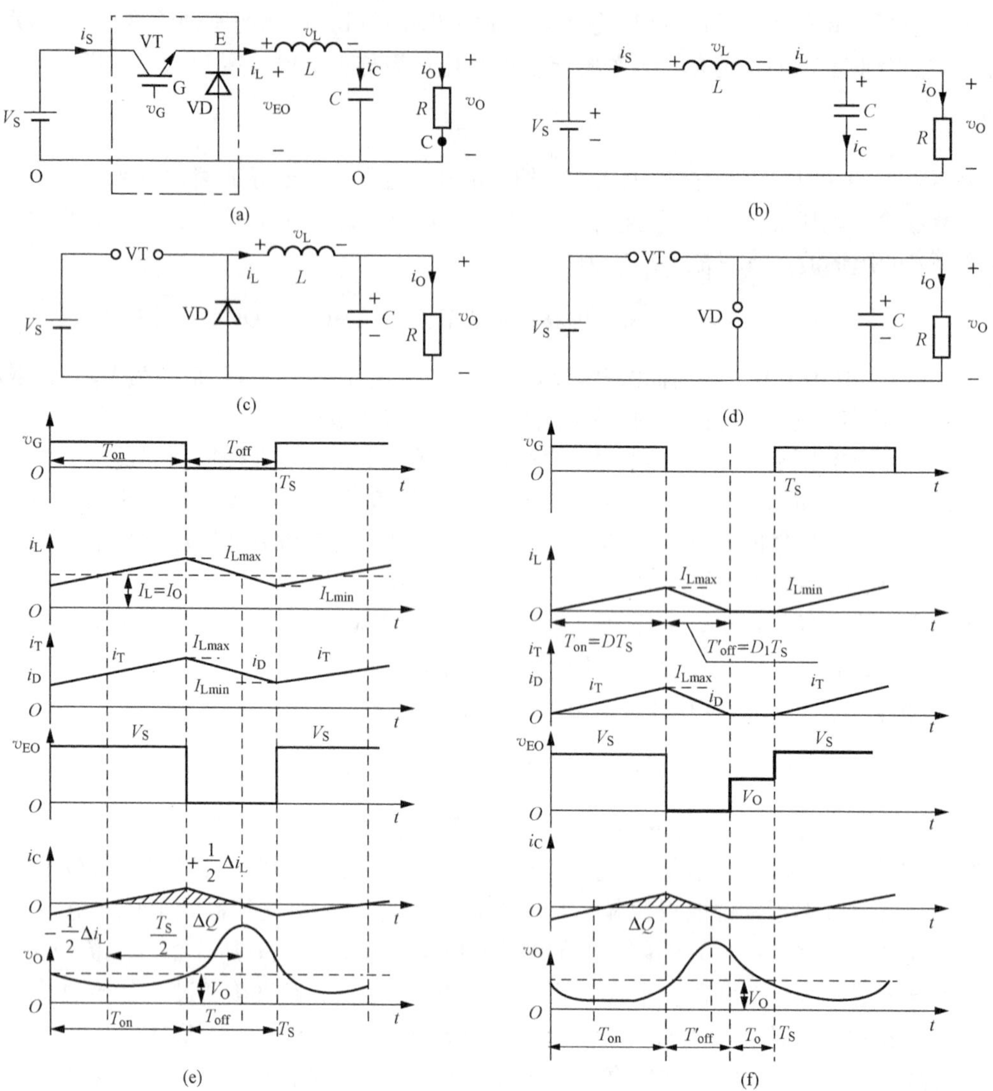

图 4.2 Buck 变换器的电路图和工作波形图

(a) Buck 变换器电路；(b) 开关状态 1，VT 导通、VD 截止等效电路；

(c) 开关状态 2，VD 导通、VT 阻断等效电路；(d) 开关状态 3，VT 阻断、VD 截止等效电路；

(e) 电感电流连续时波形图；(f) 电感电流断续时波形图

时，开关管 VT 开始导通，电源电压 V_S通过 VT 加到输出滤波电感、输出滤波电容上，VD 承受反压截止。通常开关频率都很高，滤波器 L、C 值都选得足够大，以致在 T_{on}和 T_{off}期间，在电容 C 上的电压脉动不大，电容电压可近似认为保持其直流平均值 V_O不变，因此 T_{on}期间加在 L 上的电压为 V_S-V_O，这个电压差使滤波电感电流 i_L 线性增长，有

$$L\cdot \mathrm{d}i_S/\mathrm{d}t = L\cdot \mathrm{d}i_L/\mathrm{d}t = V_S - V_O \tag{4.3}$$

在 VT 导通终点，$t=DT_S=T_{on}$时，i_L 达到最大值 I_{Lmax}。i_L 的增量 Δi_{L+}为

$$\Delta i_{L+} = \frac{V_S - V_O}{L}T_{on} = \frac{V_S - V_O}{L}DT_S = \frac{V_S - V_O}{Lf_s}D \tag{4.4}$$

2）开关状态 2（T_{off}期间）。VT 阻断，i_L 通过 VD 继续导通。等效电路如图 4.2（c）所示，这时加在 L 上的电压为$-V_O$，i_L 线性减小，有

$$L\mathrm{d}i_L/\mathrm{d}t = -V_O \tag{4.5}$$

在开关状态 2 的终点 $t=T_S$ 时，i_L 减小到最小值 I_{Lmin}。在 VT 关断期间，i_L 的减少量 Δi_{L-} 为

$$\Delta i_{L-} = \frac{V_O}{L}T_{off} = \frac{V_O}{L}(T_S - T_{on}) = \frac{V_O}{Lf_s}(1-D) \tag{4.6}$$

在 $t \geqslant T_S$ 时，开关管 VT 又导通，开始下一个开关周期。

在整个开关周期中，i_L 均不为零，被称为电流连续工作情况。这时 Buck 电路在一个开关周期输出电压波形是宽度为 T_{on}、数值为 V_S 的矩形波电压。

（2）变压比 M 和电压、电流基本关系。电感电流连续时，由输出电压 v_{EO}波形可得到输出直流电压的平均值 V_O

$$V_O = \frac{T_{on}}{T_S}V_S = DV_S \tag{4.7}$$

这时变压比为

$$M = V_O/V_S = T_{on}/T_S = D$$

因此，Buck 变换器在电感电流连续情况下，变压比 M 只与占空比 D 有关，与负载电流大小无关。

稳态时，一个开关周期内，滤波电容 C 的平均充电电流与放电电流相等，变换器输出的负载电流平均值 I_O 就是 i_L 的平均值 I_L，即

$$I_O = I_L = \frac{I_{Lmin} + I_{Lmax}}{2} \tag{4.8}$$

由图 4.2i_L 波形可知，电感电流的最大值和最小值分别为

$$I_{Lmax} = I_O + \frac{1}{2}\Delta i_L = \frac{V_O}{R} + \frac{1}{2}\Delta i_L \tag{4.9}$$

开关管 VT 和二极管 VD 的最大电流与电感电流最大值相等；开关管和二极管截止时，所承受的电压都是输入电压 V_S。设计 Buck 变换器时，可以按以上各电流公式及开关器件所承受的电压值选用开关管、二极管。

从图 4.2（e）可知，$i_C = i_L - I_O$，当 $i_L > I_O$ 时，i_C 为正值，C 充电，输出电压 v_O升高；当 $i_L < I_O$ 时，i_C 为负值，C 放电，v_O下降，因此电容一直处于周期性充放电状态。若滤波电容 C 足够大，则 v_O 可视为恒定的直流电压 V_O。当 C 不是很大时，v_O 有一定的脉动，由 i_C 波形可知，电容 C 在一个开关周期内的充电电荷 ΔQ 为

$$\Delta Q = \frac{1}{2}\,\frac{\Delta i_L}{2}\,\frac{T_S}{2} = \frac{\Delta i_L}{8f_s} \tag{4.10}$$

式（4.10）中 Δi_L 由式（4.6）确定，因此输出电压的脉动量 ΔV_O 为

$$\Delta V_O = V_{Omax} - V_{Omin} = \frac{\Delta Q}{C} = \frac{(1-D)V_O}{8LCf_s^2} \tag{4.11}$$

LC 滤波器的谐振（截止）频率 $f_c = \dfrac{1}{2\pi\sqrt{LC}}$，因此负载电压纹波表达式为

$$\frac{\Delta V_O}{V_O} = \frac{\pi^2}{2}\left(\frac{f_c}{f_s}\right)^2(1-D) \tag{4.12}$$

式（4.12）可用于给定电压纹波时电容C值的选取。当$f_s/f_c>10\sim20$时，负载电压的纹波就很小了（$\Delta V_O/V_O\approx1\%\sim5\%$）。可见，增加开关频率$f_s$、加大$L$和$C$（减小谐振频率$f_c$）都可以减小输出电压脉动。

3. 电感电流断续时工作特性

变换器采用电压单向或电流单向的半导体开关，在输出电流的平均值较小（负载电阻大）、开关频率较低或电感值L较小等情况下，变流器可能进入电感电流断续导通模式，电感电流在开关周期的某部分时间内等于零。下面推导断续模式下变换器的输入输出关系，分析断续模式的起因，并进一步推导连续和断续模式之间的临界电流表达式。

（1）电路的3种开关状态。

1）VT导通，VD截止的T_{on}期间，电路结构如图4.2（b）所示。电感电流从零开始增加到I_{Lmax}，其增量Δi_{L+}为

$$\Delta i_{L+}=I_{Lmax}=\frac{V_S-V_O}{L}DT_S=\frac{1-D}{Lf_s}V_O \tag{4.13}$$

这期间变换器输出电压为$V_{EO}=V_S$。

2）VT截止，VD导通的T'_{off}期间，电路结构如图4.2（c）所示。令$D_1=T'_{off}/T_S$，在$T'_{off}=D_1T_S$期间，i_L从I_{Lmax}线性下降到零，电流下降量为

$$\Delta i_{L-}=I_{Lmax}=\frac{V_O}{L}T'_{off}=\frac{V_OD_1}{Lf_s} \tag{4.14}$$

T'_{off}为续流二极管VD导电时间，电感电流在T'_{off}期间下降到零，$T'_{off}<T_S-T_{on}$，$D_1<1-D$。而在分析电流连续工作情况时，二极管导电时间$T_{off}=T_S-T_{on}$。

VT截止、VD导通的$T'_{off}=D_1T_S$期间，变换器输出电压$V_{EO}=0$。

3）VT和VD都截止。电路结构为图4.2（d）所示，在一个周期T_S的剩余时间$T_o=T_S-T_{on}-T'_{off}=T_S(1-D-D_1)$期间，VT和VD都截止，在此期间$i_L$保持为零，图4.2（d）变换器输出电压$V_{EO}=V_O$。

在VT导通的$T_{on}=DT_S$期间，$V_{EO}=V_S$；在VD导通的$T'_{off}=D_1T_S$期间，$V_{EO}=0$；在$T_O=T_S-T_{on}-T'_{off}=T_S(1-D-D_1)$断流期间，$V_{EO}=V_O$。故整个周期$T_S$输出电压平均值为

$$V_O=\frac{1}{T_S}[DT_SV_S+(1-D-D_1)T_SV_O]=DV_S+(1-D-D_1)V_O$$

故有

$$V_O=\frac{D}{D+D_1}V_S \tag{4.15}$$

由此得到电流断续时的变压比

$$M=\frac{V_O}{V_S}=\frac{D}{D+D_1} \tag{4.16}$$

由于$D+D_1=\frac{T_{on}}{T_S}+\frac{T'_{off}}{T_S}<1$，故由式（4.16）可知：$M>D$，即电流断续时的变压比$M$大于导通占空比$D$。物理上这是由于在电感断流后，续流二极管VD不导电，使v_{EO}不再等于零而变为V_O，因而提高了输出直流电压平均值V_O。

图4.3给出电感电流在连续、断续和临界3种工作情况时的波形。根据一个周期中电容

C 电流平均值为零原则，电感电流平均值 I_L 就是负载电流的平均值 I_O。由图 4.3（c）可知，电流断续时负载电流平均值 I_O 应是 i_L 三角形波形的面积在整个周期 T_S 时间内的平均值 i_L，因此

$$I_L=\frac{1}{T_S}\left[\frac{1}{2}\Delta I_L(T_{on}+T'_{off})\right]=\frac{1}{2}(D+D_1)\cdot\Delta I_L=I_O$$

即

$$D+D_1=\frac{2I_O}{\Delta I_L} \tag{4.17}$$

由式（4.17）和式（4.14）求出 D_1，代入式（4.16）可求出用占空比 D、负载电压 V_O 和电流 I_O 表达的变压比为

$$M=\frac{V_O}{V_S}=\frac{2}{1+\sqrt{1+\frac{4}{D^2}\frac{I_O}{V_O/2Lf_s}}}=\frac{2}{1+\sqrt{1+\frac{4}{D^2}\frac{I_O}{I_B}}}=\frac{2}{1+\sqrt{1+\frac{4}{D^2}I_O^*}} \tag{4.18}$$

式中，取负载电流 I_O 的基准值为

$$I_B=V_O/2Lf_s \tag{4.19}$$

负载电流的标幺值（相对值）为

$$I_O^*=\frac{I_O}{I_B}=\frac{I_O}{V_O/2Lf_s} \tag{4.20}$$

由式（4.18）可得到占空比为

$$D=\sqrt{\frac{M^2}{1-M}\frac{I_O}{V_O/2Lf_s}}=\sqrt{\frac{M^2}{1-M}\frac{I_O}{I_B}}=\sqrt{\frac{M^2}{1-M}I_O^*} \tag{4.21}$$

式（4.21）表明 Buck 变换器在电流断续工作情况下，其变压比 M 不仅与占空比 D 有关，还与负载电流、电感 L、开关频率 f_s 等有关。

（2）临界负载电流。当负载电流 i_L 减小时，I_{Lmax} 和 I_{Lmin} 都减小，当负载电流 I_O 减小到使 I_{Lmin} 达到零时，如图 4.3（b）所示，在一个周期 T_S 中 VT 导通的 T_{on} 期间，电感电流从零升至 I_{Lmax}，然后在 VT 阻断的 T_{off} 期间，从 I_{Lmax} 下降到零。这时的负载电流称为临界负载电流 I_{OB}（Boundary Value）。若负载电流进一步减小，I_{Lmax} 减小，则在 VT 阻断、VD 导电时间历时 $T'_{off}<(T_S-T_{on})$ 时，i_L 已衰减到零，这种就是电感电流断流运行的情况。图 4.3（b）所示电感电流 i_L 临界连续时，I_{Lmax} 就是导通期间电感电流的增量 Δi_L，因此临界负载电流 I_{OB} 是 $\Delta i_L/2$，即

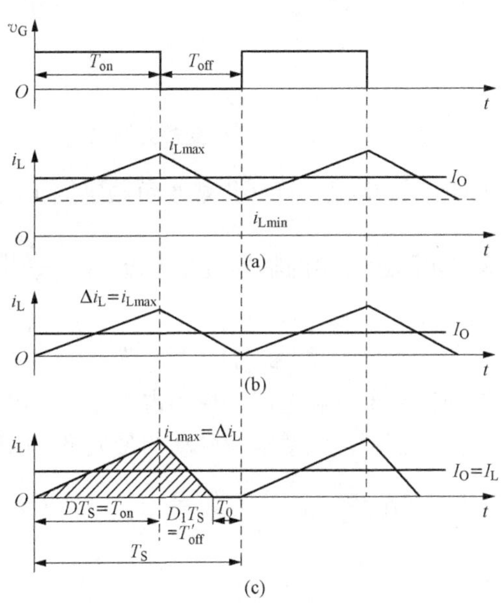

图 4.3　Buck 变换电感电流波形图

（a）电感电流 i_L 连续；（b）电感电流为临界值；（c）电感电流断流

$$I_{OB}=\frac{1}{2}I_{Lmax}=\frac{1}{2}\Delta i_L=\frac{1}{2}\frac{V_S-V_O}{L}DT_S=\frac{1}{2}\frac{V_S-V_O}{Lf_s}D \tag{4.22}$$

电感电流临界连续工作情况时，$V_O=DV_S$、$M=D$ 的关系仍然成立，因此式（4.22）的临界负载电流可表达为

$$I_{OB}=\frac{1}{2}I_{Lmax}=\frac{1}{2}\Delta i_L=\frac{1}{2}\frac{V_S}{Lf_s}D(1-D)=\frac{1}{2}\frac{V_O}{Lf_s}(1-D) \tag{4.23}$$

V_O不变时，占空比 D 越小临界负载电流 I_{OB}越大；当 $D=0$ 时，最大的临界负载电流 I_{OBm}为

$$I_{OBm}=V_O/2Lf_s=I_{OB} \tag{4.24}$$

式（4.18）～式（4.21）中，已将此值 I_{OBm}取为负载电流 I_O的基准值 I_B。临界电流标幺值为

$$I'_{OB}=I_{OB}/I_B=1-D \tag{4.25}$$

可见，临界负载电流与输出电压、电感 L、开关频率及开关管 VT 的占空比 D 都有关，输出电压越低、开关频率越高、电感 L 越大则 I_{OB}越小，越容易实现电感电流连续运行工作情况。

例 4-1： 设计如图 4.4 所示的 Buck DC-DC 变换器。电源电压 $V_S=147\sim220$V，额定负载电流 11A，最小负载电流 1.1A，开关频率 $f_s=20$kHz。要求输出电压 $V_O=110$V，纹波小于 1%。要求最小负载时，电感电流不断流。计算输出滤波电流 L 和电容 C，并选取开关管 VT 和二极管 VD。

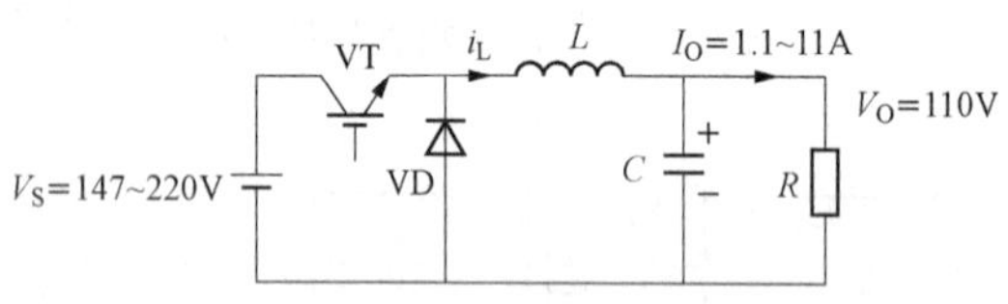

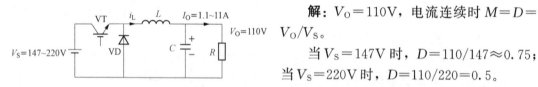

图 4.4 Buck DC-DC 变换器例题

解： $V_O=110$V，电流连续时 $M=D=V_O/V_S$。

当 $V_S=147$V 时，$D=110/147\approx0.75$；

当 $V_S=220$V 时，$D=110/220=0.5$。

所以，在工作范围内占空比 D 在 0.5～0.75 变化。要电流连续必须最小负载电流 $I_{Omin}\geqslant I_{OB}=\frac{V_O}{2Lf_s}(1-D)$，应按最小占空比 $D=0.5$ 确定实际运行中的临界负载电流 $I_{OB}=\frac{V_O}{2Lf_s}(1-D)$，即要求：

$$L\geqslant\frac{V_O}{2f_sI_{Omin}}(1-D)=\frac{110\times(1-0.5)}{2\times20\times10^3\times1.1}\text{H}=1.25\text{mH}$$

为确保最小负载电流、最小占空比时，电感电流连续，可选取 $L=1.5$mH。

由式（4.6），电感电流脉动的最大峰-峰值 Δi_L为

$$\Delta i_L=I_{Lmax}-I_{Lmin}=\frac{V_O}{Lf_s}(1-D)=\frac{110\times(1-0.5)}{1.5\times10^{-3}\times20\times10^3}\text{A}\approx1.8\text{A}$$

所以：

$$I_{Lmax}=I_{Omax}+\frac{\Delta i_L}{2}=(11+1.8/2)\text{A}=11.9\text{A}$$

$$I_{Lmin}=I_{Omax}-\frac{\Delta i_L}{2}=(11-1.8/2)\text{A}=10.1\text{A}$$

开关管 VT 和二极管 VD 通过的最大峰值电流都是 $I_{Lmax}=11.9$A，开关管 VT 承受的最大正向电压为 $V_S=220$V，二极管 VD 承受的最大反向电压也是 $V_S=220$V。若取电流过载

安全系数为 1.5 倍，取过电压安全系数为 2 倍，则可选 20A/500V 的 MOSFET 开关管和快恢复二极管。

由式（4.12）可确定输出电压纹波小于 1%时所需的 L、C 值：

$\frac{\Delta V_O}{V_O}=\frac{\pi^2}{2}\left(\frac{f_c}{f_s}\right)^2(1-D)\leqslant 0.01$，$D$ 越小，$\Delta V_O/V_O$ 越大，故有

$$f_c=\frac{1}{2\pi\sqrt{LC}}\leqslant\frac{f_s}{\pi}\sqrt{\frac{2\times 0.01}{1-D}}\approx 1.27\text{kHz}$$

为此要求：$C\geqslant\frac{1}{4\pi^2 Lf_c^2}\approx 10.5\mu\text{F}$。

取 $C=12\mu\text{F}$，$L=1.5\text{mH}$，故有

$$f_c=\frac{1}{2\pi\sqrt{LC}}=1.17\text{kHz}$$

验算：$\frac{\Delta V_O}{V_O}=\frac{\pi^2}{2}\left(\frac{f_c}{f_s}\right)^2(1-D)\approx 0.84\%\leqslant 1\%$，满足要求。

4.1.2　升压斩波电路

1. 结构及原理

为了获得高于电源电压 V_S 的直流输出电压 V_O，一个简单而有效的办法是在变换器开关管前端插入一个电感 L，如图 4.5（a）所示，在开关管 VT 关断时，利用电感线圈 L 在其电流减小时产生的反电动势 e_L 与电源电压 V_S 串联相加送至负载，负载即可获得高于电源电压 V_S 的直流电压 V_O。利用一个全控型开关管 VT 和一个续流二极管 VD 加上电感、电容构成的升压变换器，又称 Boost 变换器。

Boost 变换器中电感在输入侧，称为升压电感。由于实际电路中电感 L 值不可能为无穷大，因此该电路和降压斩波电路一样，也有电感电流连续和断续两种工作状态。

2. 电感电流连续时工作特性

当电感电流连续时，Boost 变换器存在两种开关状态，如图 4.5（b）、（c）所示，对应的工作波形如图 4.5（e）所示。

（1）电路的两种开关状态。

1）开关状态 1：从 $t=0$ 到 $T_{on}=DT_S$ 期间，开关管 VT 导通，二极管 VD 截止。等效电路如图 4.5（b）所示。电源电压 V_S 加到升压电感 L 上，电感电流 i_L 线性增长：$L\cdot \mathrm{d}i_L/\mathrm{d}t=V_S$。当 $t=T_{on}=DT_S$ 时，i_L 达到最大值 i_{Lmax}。在 VT 导通期间，i_L 的增量 Δi_{L+} 为

$$\Delta i_{L+}=\frac{V_S}{L}\cdot T_{on}=\frac{V_S}{L}\cdot DT_S \tag{4.26}$$

在开关状态 1，由于二极管 VD 截止，负载由电容 C 供电，选用足够大的 C 值可使 V_O 变化很小，近似分析中可认为在一个开关周期 T_S 中 V_O 恒定不变。

2）开关状态 2：从 $t=T_{on}$ 到 T_S 的 T_{off} 期间，VT 阻断，VD 导通。等效电路如图 4.5（c）所示。i_L 通过二极管 VD 向输出侧流动，电源功率和电感 L 的储能向负载和电容 C 转移，给 C 充电。此时，加在 L 上的电压为 V_S-V_O，因为 $V_O>V_S$，故 i_L 线性减小，有

$$L\cdot \mathrm{d}i_L/\mathrm{d}t=V_S-V_O \tag{4.27}$$

经历 $T_{off}=T_S-T_{on}$ 时期后，i_L 达到最小值 I_{Lmin}。在 VT 截止期间，i_L 的减少量 Δi_{L-} 为

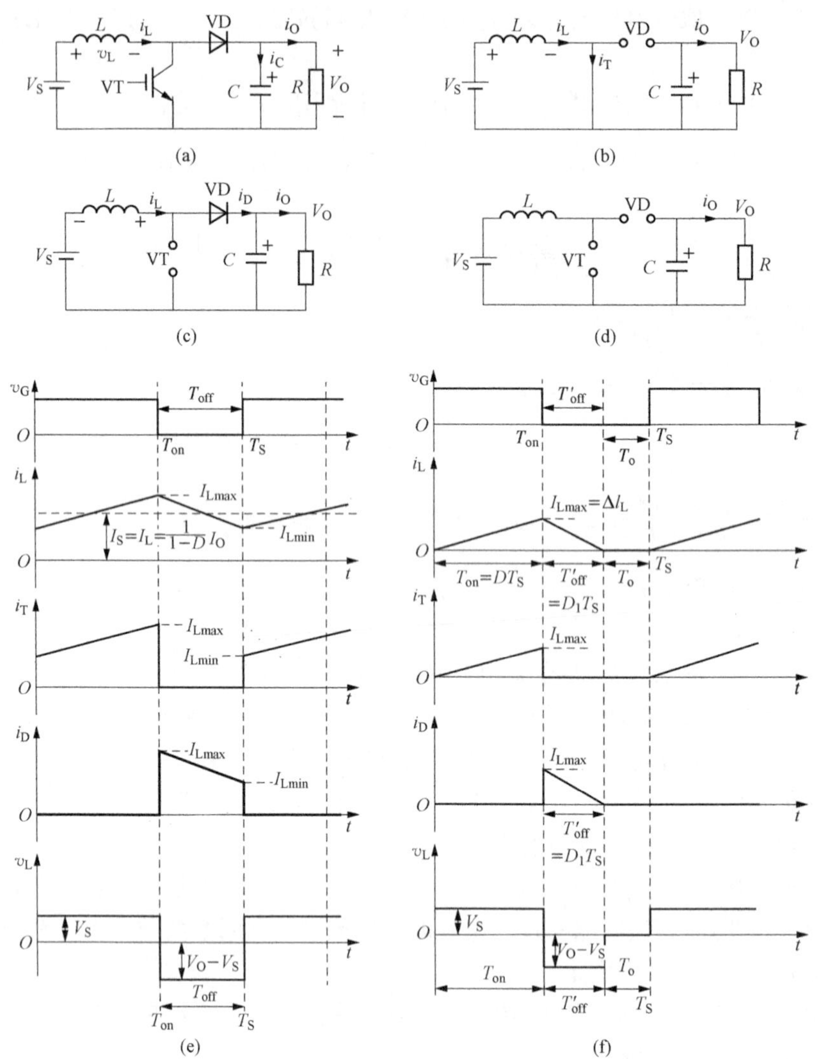

图 4.5 升压斩波电路及其工作波形

(a) 电路结构；(b) VT 导通，VD 截止，开关状态 1；(c) VT 阻断，VD 导通，开关状态 2；(d) VT 阻断，VD 截止，电感电流为 0，开关状态 3；(e) 电感电流连续时波形图；(f) 电感电流断流时波形图

$$\Delta i_{L-}=\frac{V_O-V_S}{L}(1-D)T_S \tag{4.28}$$

此后，VT 又导通，开始另一个开关周期。

图 4.5 (a)、(e) 中 Boost 变换器电源的输入电流就是升压电感 L 电流，电流平均值 $I_L=I_I=(I_{Lmax}+I_{Lmin})/2$。开关管 VT 和二极管 VD 轮流工作，VT 导通时，电感电流 i_L 流过 VT；VT 截止、VD 导通时，电感电流 i_L 流过 VD。电感电流 i_L 是 VT 导通时的电流 i_T 和 VD 导通时的电流 i_D 的合成。在周期 T_S 的任何时刻，i_L 都不为零，即电感电流连续。稳态工作时，电容 C 充电量等于放电量，通过电容的平均电流为零，故通过二极管 VD 的电流平均值就是负载电流。

(2) 变压比 M 和电压、电流基本关系。稳态工作时，VT 导通期间，电感电流的增量

Δi_{L+} 等于它在 VT 截止期间的减少量 Δi_{L-}，由式（4.26）和式（4.28）相等可得到升压比 M

$$M = V_O/V_S = 1/(1-D) \tag{4.29}$$

Boost 变换器在电流连续条件下，其变压比 M 也仅与占空比 D 有关而与负载电流无关。

在每一个开关周期中，电感 L 都有一个储能和能量通过二极管 VD 的释放过程，也就是说，必须有能量送到负载端。因此，如果该变换器没有接负载，则不断增加的电感储能不能消耗掉，必然会使 V_O 不断升高，最后使变换器损坏。实际工作中，为防止输出电压过高，Boost 变换器不宜在占空比 D 接近 1 的情况下工作。

若忽略 Boost 变换器的损耗，电源输入功率 $V_SI_S=V_OI_O$，故电源电流 $I_S=I_L=I_O\dfrac{V_O}{V_S}=\dfrac{1}{1-D}I_O$。

通过二极管 VD 的电流平均值 I_D 等于负载电流平均值 I_O，即 $I_D=I_O$。

通过开关管 VT 的电流平均值 I_T 为

$$I_T = I_S - I_O = \frac{D}{1-D}I_O \tag{4.30}$$

电感电流的脉动量

$$\Delta I_L = \Delta I_{L+} = \Delta I_{L-} = \frac{V_S}{L}DT_S = \frac{V_O(1-D)DT_S}{L} = \frac{(1-D)DV_O}{Lf_s} \tag{4.31}$$

由图 4.5（e）可知，通过 VT 和 VD 的电流最大值 I_{Tmax} 和 I_{Dmax} 与电感电流最大值 I_{Lmax} 相等，即

$$I_{Tmax} = I_{Dmax} = I_{Lmax} = I_S + \frac{1}{2}\Delta i_L = \frac{I_O}{1-D} + \frac{(1-D)DV_O}{2Lf_s} \tag{4.32}$$

VT 和 VD 截止时所承受的电压 V_T 和 V_D 均为输出电压 V_O，即

$$V_T = V_D = V_O \tag{4.33}$$

输入电流 i_S 的脉动量 ΔI_S 等于电感电流 i_L 的脉动量 ΔI_L：

$$\Delta I_S = \Delta I_L = \frac{V_S}{L}DT_S = \frac{V_O - V_S}{L}(1-D)T_S \tag{4.34}$$

输出电压脉动量 ΔV_O 等于开关管 VT 导通期间电容 C 向负载放电引起的电压变化量。ΔV_O 可近似地由下式确定：

$$\Delta V_O = V_{Omax} - V_{Omin} = \frac{\Delta Q}{C} = \frac{1}{C}I_OT_{on} = \frac{D}{Cf_s}I_O \tag{4.35}$$

3. 电感电流断续时工作特性

（1）电路的 3 种工作状态。图 4.5（f）给出了电感电流断流工作时的主要波形，此时 Boost 变换器与 Buck 变换器电流断流时一样也有 3 种开关状态，这 3 种开关状态的等效电路如图 4.5（b）、（c）、（d）所示。

1）VT 导通、VD 截止，在 VT 导通的 $T_{on}=DT_S$ 期间，i_L 自零增长到 I_{Lmax}。

2）VT 阻断、VD 导通，在 $T'_{off}=D_1T_S$ 期间，i_L 自 I_{Lmax} 降到零。

3）VT 阻断、VD 截止，在此期间 i_L 保持为零，负载由输出滤波电容供电，直到下一周期开关管 VT 开通后，i_L 又从零开始增大至 I_{Lmax}。

VT 导通期间，从 $t=0$ 到 $t=T_{on}=DT_S$ 期间，电感电流从零开始增加，其增量 Δi_L 为

$$\Delta i_{L+} = I_{Lmax} = \frac{V_S}{L} D T_S \tag{4.36}$$

VT 截止后，i_L线性下降，并且在 $T_{dis}=T_{on}+T'_{off}$时刻下降到零，下降量也是 Δi_L，即

$$\Delta i_L = \frac{V_O - V_S}{L} T'_{off} = \frac{V_O - V_S}{L} D_1 T_S \tag{4.37}$$

式中，D_1 为对应电感电流下降到零前的关断时间占空比。

电感电流断续时，$T'_{off}=D_1 T_S<(T_S-T_{on})=T_S(1-D)$，所以 $D_1<1-D$。

由式（4.36）和式（4.37）可以得到断流时变压比 M

$$M = \frac{V_O}{V_S} = \frac{D+D_1}{D_1} = \frac{1}{1-D}\left[(1-D)\frac{D+D_1}{D_1}\right] = \frac{1}{1-D}\left[1+\frac{D}{D_1}(1-D-D_1)\right] \tag{4.38}$$

由于 $D_1<1-D$，$\frac{1-D}{D_1}-1>0$，故 $M>\frac{1}{1-D}$。

如果不计变换器的损耗，$I_O V_O = I_S V_S$，则有

$$M = \frac{V_O}{V_S} = \frac{I_S}{I_O} = \frac{D+D_1}{D_1} \tag{4.39}$$

式（4.39）中 $D_1 = T'_{off}/T_S$，它取决于 VT 阻断期中电感电流衰减到零所经历的时间 T'_{off}，这与负载电流、电路电感 L 及开关周期 T_S等有关。为保持输出电压 V_O 恒定，即使在输入电压 V_S不变时，也应随负载电流的不同来调节占空比 D。

由图 4.5（a）、（f）可知输入电流平均值等于电感电流平均值 I_L 为

$$I_L = I_S = \frac{1}{2} I_{Lmax}(T_{on}+T'_{off})/T_S = \frac{1}{2}\frac{V_S}{L} D T_S (D+D_1) = \frac{V_S}{2Lf_s} D(D+D_1) \tag{4.40}$$

由图 4.5（a）、（f），负载电流平均值 I_O 等于二极管电流平均值 I_D，即

$$I_O = I_D = \frac{1}{2} I_{Lmax} D_1 = \frac{V_O}{R} \tag{4.41}$$

由图 4.5（f）及式（4.36），开关管 VT 电流平均值为

$$I_T = \frac{1}{2} I_{Lmax} D = \frac{V_S}{2Lf} D^2 \tag{4.42}$$

由图 4.5（f）电感电流断续工作时 i_L 波形可得到在一个开关周期 $T_S = T_{on}+T_{off}+T_O$ 中，平均值 I_L也等于电源电流在一个开关周期中的平均值 I_S，即

$$I_L = I_S = \frac{1}{2} I_{Lmax}(T_{on}+T'_{off})/T_S = \frac{V_S}{2Lf_s} D(D+D_1)$$

变压比 $M=V_O/V_S$，因此 $I_L=I_S=\frac{1}{2}I_{Lmax}(T_{on}+T'_{off})/T_S=\frac{V_O}{M}\frac{D}{2Lf_s}(D+D_1)$。

将式（4.39）代入上式，可得到断流工作时变压比 M 与 V_O、D、I_O的函数关系

$$M = \frac{1+\sqrt{1+4D^2/\left(\frac{I_O}{V_O/2Lf_s}\right)}}{2} \tag{4.43}$$

由式（4.43）解得占空比为

$$D = \sqrt{M(M-1)\cdot I_O/\left(\frac{V_O}{2Lf_s}\right)} \tag{4.44}$$

已知负载电流 I_O、电压 V_O和占空比 D，可由式（4.43）得到变压比，确定所需的电源

电压 V_S；由 I_O、V_O和所需的变压比 M，可由式（4.44）求得所需的占空比 D。

（2）临界负载电流。负载电流较大时电感电流连续，随着负载电流的减小，电感电流从连续过渡到断流工作情况，如图 4.5（f）所示。负载电流 i_O减小时，输入电流 i_S、电感电流 i_L都减小，图 4.5（e）中电感电流瞬时值 i_L减小，其最小值 i_{Lmin}减小。当负载电流减小到在一个开关周期结束 $t=T_S$ 时，正好使电感电流最小值 I_{Lmin}为零时，则称为临界负载电流 I_{OB}，这时在 VT 导通、VD 截止的 T_{on}期间，i_L从零上升至 I_{Lmax}，在 VT 阻断、VD 导通的 $T_{off}=T_S-T_{on}$期间，i_L 从 I_{Lmax}下降到零，如图 4.6 所示。

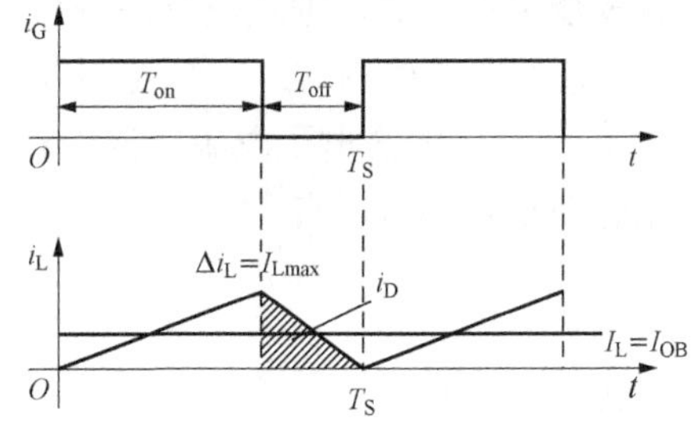

图 4.6　电感电流临界工作情况波形图

图 4.6 中，在 VT 关断期间，VD 导通，i_L下降的区域 $i_L=i_D$。在一个周期 T_S中，电容电流平均值为零，二极管电流平均值 I_D就等于负载电流 I_O，因此，临界负载电流 I_{OB}应是

$$\begin{aligned} I_{OB} &= \frac{1}{2}I_{Lmax}\frac{T_{off}}{T_S} = \frac{1}{2}\frac{V_S}{L}DT_S\frac{(1-D)T_S}{T_S} \\ &= \frac{V_O}{2Lf_s}\frac{V_S}{V_O}D(1-D) = \frac{V_O}{2Lf_s}D(1-D)^2 \end{aligned} \tag{4.45}$$

当负载电流 $I_O>I_{OB}$时，电感电流连续，变压比 $M=1/(1-D)$，$V_O=V_S/(1-D)$。

当负载电流 $I_O=I_{OB}$时，电感电流处于连续与断流的边界，但仍连续。

当负载电流 $I_O<I_{OB}$时，电感电流断续，这时变压比 M 可表示为式（4.43）所示，$M>1/(1-D)$。

4.1.3　Buck - Boost 斩波电路

前述 Buck 电路只能降压，Boost 电路只能升压，图 4.7（a）示出的 Buck - Boost 电路既可实现降压变换又可实现升压变换。设电路中电感 L 值很大，电容 C 值也很大，使电感电流 i_L 和电容电压即负载电压 V_O基本为恒定值。

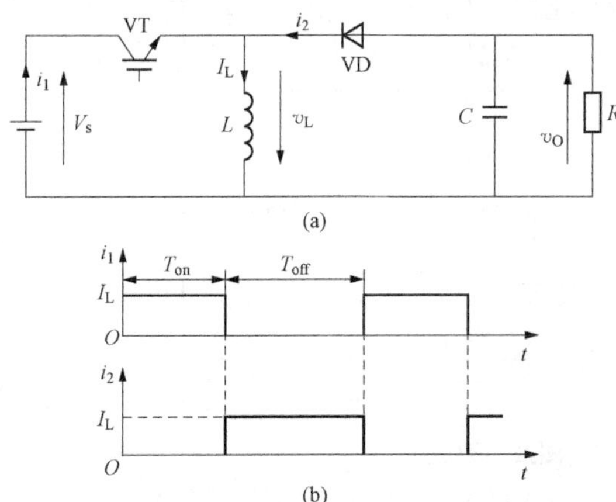

图 4.7　Buck - Boost 斩波电路及其波形

（a）电路图；（b）电流波形

该电路的基本工作原理：当可控开关 VT 处于通态时，电源经 VT 向电感 L 供电使其储存能量，此时电流为 i_1。同时，电容 C 维持输出电压基本恒定并向负载 R 供电。此后，使 VT 关断，电感 L 中储存的能量向负载释放，电流为 i_2，方向如图 4.7（a）所示。可见，负载电压极性为上负下正，与电源电压极性相反，与前面介绍的降压斩波电路和升压斩波电路的情况正好相反，因此该电路又称反极性斩波电路。

稳态时，一个周期 T_S内电感 L 两端电压 V_L 对时间的积分为零，即

$$\int_0^{T_S} V_L \mathrm{d}t = 0 \tag{4.46}$$

当 VT 处于通态期间时，$V_L=V_S$；而当 VT 处于断态期间时，$V_L=-V_O$ 于是

$$V_S T_{on}=V_O T_{off} \tag{4.47}$$

所以，输出电压为

$$V_O=\frac{T_{on}}{T_{off}}V_S=\frac{D}{1-D}V_S \tag{4.48}$$

若改变占空比 D，则输出电压既可以比电源电压高，又可以比电源电压低。当 $0<D<0.5$ 时为降压，当 $0.5<D<1$ 时为升压。

图 4.7（b）中给出了电源电流 i_1 和负载电流 i_2 的波形，设两者的平均值分别为 I_1 和 I_2，当电流脉动足够小时，有

$$\frac{I_1}{I_2}=\frac{T_{on}}{T_{off}} \tag{4.49}$$

由式（4.49）可得

$$I_2=\frac{T_{off}}{T_{on}}I_1=\frac{1-D}{D}I_1 \tag{4.50}$$

由图 4.7（b）可见，Buck - Boost 变换器的缺点是其输入和输出电流总是断流的，这对供电电源和负载都不利。

如果开关管 VT，二极管 VD 为没有损耗的理想开关，则

$$V_S I_1=V_O I_2 \tag{4.51}$$

其输出功率和输入功率相等，可将其看作直流变压器。

4.1.4 Cuk 斩波电路

1. 结构及原理

图 4.8（a）中，由开关管 VT、二极管 VD 和电感、电容构成的电路既能实现 DC - DC 升压变换又可实现降压变换，这种变换器其发明人为 Cuk 而被称为 Cuk 变换器。

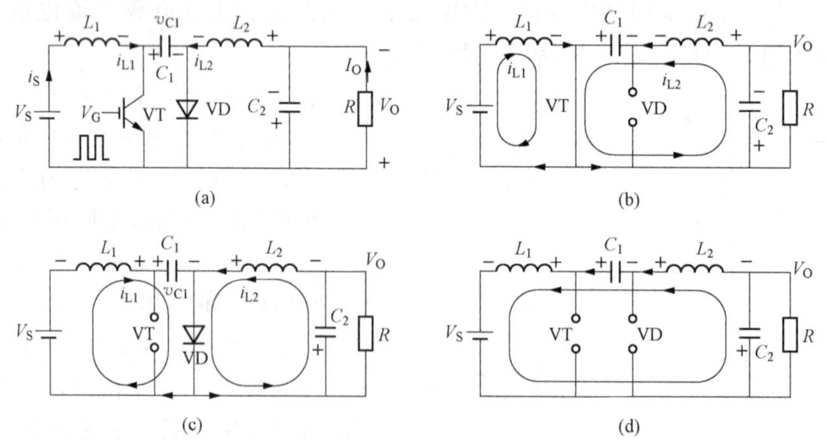

图 4.8 Cuk 电路结构图及主要波形

（a）电路结构；（b）VT 导通，VD 截止时等效电路；（c）VT 阻断，VD 导通时等效电路；（d）VT 阻断，VD 截止时等效电路

开关管周期性改变通、断状态，如果开关频率较高，而电容 C_1、C_2 取值较大，则在一个开关周期中可以认为电容电压恒定不变。Cuk 电路工作原理如下：

当 VT 处于通态时，V_S—L_1—VT 回路和 R—L_2—C_1—VT 回路分别流过电流，等效电路为图 4.8（b）。电感 L_1 电流线性增加，电源将电能变为 L_1 的磁能。与此同时，电容 C_1 经开关管 VT 对 C_2 和负载 R 放电，并使 L_2 电流增大而储蓄磁能。这时二极管 VD 承受反压而截止。当 VT 处于断态时，V_S—L_1—C_1—VD 回路和 R—L_2—VD 回路分别流过电流，等效电路为图 4.8（c）。i_{L1} 经 C_1 及二极管 VD 续流，电源 V_S 与 L_1 的感应电动势串联相加，对 C_1 充电并经二极管 VD 续流。与此同时，i_{L2} 也经二极管 VD 续流。L_2 的磁能转为电能对负载供电。在 i_{L1}、i_{L2} 经二极管 VD 续流期间 $i_D=i_{L1}+i_{L2}$ 逐渐减小。如果在 VT 关断的 $T_{off}=(1-D)T_S$ 期间结束前二极管 VD 电流已减小到零，则从 $i_D=0$ 到下一次开关管 VT 导通这一段时间 VT 和二极管 VD 都不导电。这时的等效电路为图 4.8（d），Cuk 变换器这种二极管 VD 断流的工作情况称为电流断续工作情况。因此，Cuk 变换器也有电流连续和电流断续两种情况，但这里不是指电感电流的断流，而是指流过二极管 VD 的电流连续或断流。在开关管 VT 的阻断期间 $T_{off}=(1-D)T_S$ 内，若二极管电流总是大于零，则称为电流连续；若二极管电流经过 $T_{off}=(1-D)T_S$ 后，在 $t=T_S$ 时正好降为零，则为临界连续。

2. 电流连续时工作特性

利用电感磁链平衡原理可求出 Cuk 变换器中电源电压 V_S、负载电压 V_O 与电容 C_1 电压 V_{C1} 的关系，以及 Cuk 变换器的变压比 M。在 Cuk 变换器中电感 L_1、L_2 两端的电压 V_{L1}、V_{L2} 正负交替变化，电感电流周期性地增大、减小，电感绕组的磁链周期性地增加、减小。稳态工作时，在一个开关周期 T_S 内，电流的总增量应为零，磁链的总增量也应为零。

对 L_1，在 $T_{on}=DT_S$ 期间，$V_{L1}=V_1$；在 $T_{off}=(1-D)T_S$ 期间，$V_{L1}=V_{C1}-V_1$，故有

$$\int_0^{DT_S} V_S \mathrm{d}t = \int_0^{(1-D)T_S} (V_{C1} - V_S)\mathrm{d}t \tag{4.52}$$

实际 Cuk 电路 C_1 取值都较大，开关频率较高，稳态工作时在一个开关周期中 C_1 的电压可视为恒定值。因此有

$$V_S DT_S = (1-D)T_S(V_{C1} - V_1) \tag{4.53}$$

由此得到

$$D/(1-D) = (V_{C1} - V_S)/V_S \tag{4.54}$$

同样对于 L_2，在 $T_{on}=DT_S$ 期间，$V_{L2}=V_{C1}-V_O$；在 $T_{off}=(1-D)T_S$ 期间，$V_{L2}=V_O$，故有

$$\int_0^{DT_S} (V_{C1} - V_O)\mathrm{d}t = \int_0^{(1-D)T_S} V_O \mathrm{d}t \tag{4.55}$$

$$(V_{C1} - V_O)DT_S = V_O(1-D)T_S \tag{4.56}$$

由此得到

$$D/(1-D) = V_O/(V_{C1} - V_O) \tag{4.57}$$

式（4.54）表明，Cuk 变换器的前一部分将 V_S 变为 V_{C1}，相当于一个升压变压器（Boost 电路）；式（4.57）表明 Cuk 变换器的后一部分将 V_{C1} 变为 V_O，相当于一个降压变换器（Buck 电路），因此 Cuk 变换器变压比为

$$M = V_O/V_S = (V_O/V_{C1})(V_{C1}/V_S) = D/(1-D) \tag{4.58}$$

式（4.58）表明，Cuk 变换器相当于一个升压变换与其后的降压变换串联组合。

与升降压斩波电路相比，Cuk 斩波电路有一个明显的优点，其输入电源电流和输出负载电流都是连续的，没有阶跃变化，有利于对输入、输出进行滤波。

4.2 复合型变换电路

利用 4.1 节介绍的基本变换电路，将几个相同结构的基本变换器组合可以构成多相、多重 DC - DC 变换器，利用降压斩波（Buck）电路和升压斩波（Boost）电路组合也可以构成半桥型和全桥型 DC - DC 变换器。这些由相同的或不同的基本变换电路组合而成的 DC - DC 变换器，又称复合型直流变换器。复合型变换电路比单个基本变换电路具有更优良的技术特性，并且可以扩大单个变换器的输出容量，可使斩波电路的整体性能得到提高。

4.2.1 多相、多重斩波电路

把几个结构相同的基本变换器适当组合可以构成一种复合型 DC - DC 变换器，称为多相、多重 DC - DC 变换器。相数为一个控制周期中电源侧的电流脉波数；重数为负载电流脉波数。

图 4.9 为三相三重降压斩波电路及其工作波形。在电源和负载（如电动机 M）之间接入由 3 个相同的 Buck 降压斩波电路组成的复合变换器、3 个 Buck 电路各经一个电感后并联向负载供电，各个 Buck 电路输出的电压、电流分别为 V_{T1}、V_{T2}、V_{T3}及 i_1、i_2、i_3。若在一个开关周期 T_S中，3 个开关管的驱动信号如图 4.9（b）所示，3 个开关器件 VT1、VT2、

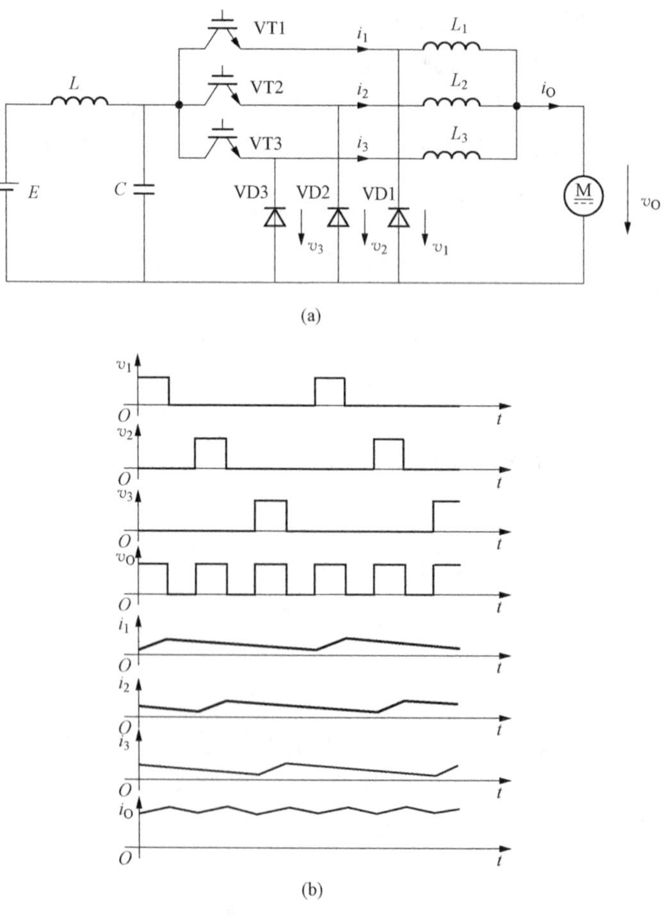

图 4.9 三相三重降压斩波电路及其工作波形

（a）电路图；（b）波形

VT3 依序各通断一次，3 个开关导通时间的占空比 D 相同，但它们导通时间的起点相差 $T_S/3$，那么 3 个 Buck 电路的输出电压 $v_1(t)$、$v_2(t)$、$v_3(t)$ 也应是脉宽相同、幅值相同，但相位相差 1/3 周期的 3 个电压方波，电流 $i_1(t)$、$i_2(t)$、$i_3(t)$ 也应是仅相位相差 1/3 周期、波形完全相同的脉动电流波。

在 VT1 导通期间，$v_1=V_S$时，$i_1(t)$ 上升；在 VT1 截止、i_1经二极管 VD1 续流的 T_{off} 期间，$v_1=0$，$i_1(t)$ 下降。VT1、VD1 就构成一个 Buck 降压变换器，只要 VT1 截止时 i_1 经 VD1 续流期间不断流，即电感电流连续，则 VT1 输出电压的直流平均值 V_1 是 $V_1=V_S T_{on}/T_S=DV_S(0\leqslant D\leqslant 1)$，同理 VT2、VT3 输出电压直流平均值 $V_2=V_3=V_1=DV_S$。

稳态时在一个周期 T_S 中电感电流的上升增量等于其下降量，电感 L 两端的直流电压平均值为零，因此负载电压 V_O的直流平均值 $V_O=DV_S$。

而负载电流 $i_O(t)$应是 $i_O(t)=i_1(t)+i_2(t)+i_3(t)$，总输出电流为 3 个斩波电路单元输出电流之和，如果 I_1、I_2、I_3为 $i_1(t)$、$i_2(t)$、$i_3(t)$ 在一个周期中的平均值电流，I_O为负载电流 $i_O(t)$平均值电流，那么 I_1、I_2、I_3应相等，且 $I_O=3I_1=3I_2=3I_3$，为单元输出电流平均值的 3 倍，在一个开关周期 T_S中负载电流脉动 3 次即 $m=3$，脉动频率 $f_O=mf_s=3f_s$，复合器应是三重变换器。

多相多重变换器中的各个基本变换电路还有互为备用功能，一个单元电路故障后其余单元还可继续工作，这又提高了变换器对负载供电的可靠性。

4.2.2　两象限、四象限 DC-DC 变换器

可逆轧机、龙门刨床等生产机械要求运动控制系统能够实现快速的正、反转，以提高产量与加工质量；开卷机、卷取机等虽然不需要正、反向运行，但需要快速制动，即电动机运行在Ⅰ、Ⅱ两个象限，电路结构如图 4.10 所示。当需要电动机进行正、反转，以及可电动又可制动的场合，就需要分别向电动机提供正向和反向电压，即电动机需要四象限运行，电路采用如图 4.11 所示的 H 桥结构。

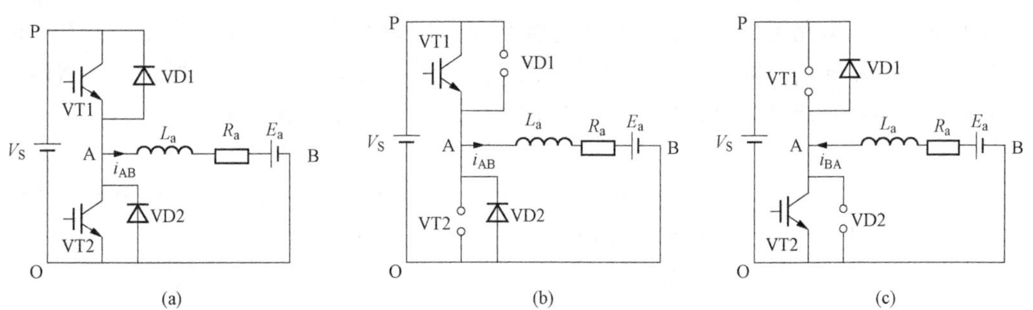

图 4.10　两象限 DC-DC 变换器

(a) 两象限 DC-DC 变换电路；(b) 降压变换电路；(c) 升压变换电路

1. 电流可逆斩波电路（两象限电路）

直流负载有电阻负载、电感负载和反电动势负载 3 类。当直流电源对直流电动机供电时（或对蓄电池充电时），负载就是图 4.10（a）所示的反电动势负载。其中，E_a是直流电动机的电枢反电动势，L_a、R_a为电路中的等效电感和电阻，通常 L_a较大（电动机的电枢绕组电感，或为了减小电流脉动而外加的平波电感），但 R_a很小。图 4.10（a）中 VT1、VT2 为全

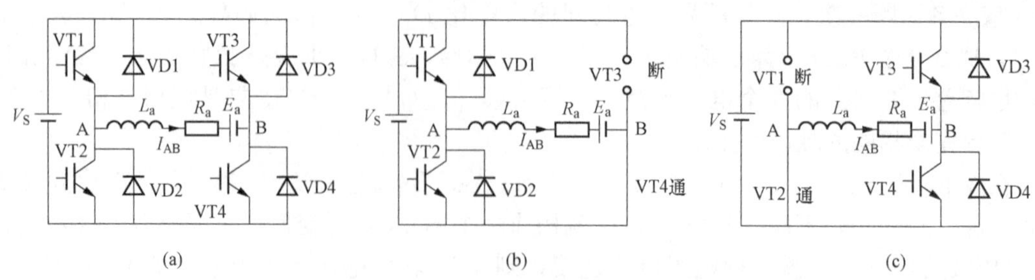

图 4.11 四象限 DC - DC 变换器

(a) 四象限 DC - DC 变换电路；(b) 第Ⅰ、第Ⅱ两象限变换电路；(c) 第Ⅲ、第Ⅳ两象限变换电路

控型开关器件，V_S为直流电源。

当斩波电路用于拖动直流电动机时，常要使电动机既可电动运行，又可再生制动。电流可逆斩波电路是将降压斩波电路与升压斩波电路组合形成的电路。其中，降压斩波电路能使电动机工作于第Ⅰ象限；升压斩波电路能使电动机工作于第Ⅱ象限；此电路电动机的电枢电流可正可负，但电压只能是一种极性，故其可工作于第Ⅰ象限和第Ⅱ象限。

在该电路中，VT1 和 VD2 构成降压斩波电路，由电源向直流电动机供电，电动机为电动运行，工作于第Ⅰ象限；VT2 和 VD1 构成升压斩波电路，把直流电动机的动能转变为电能反馈到电源，使电动机作再生制动运行，工作于第Ⅱ象限。

对图 4.10 所示的两象限电压变换器中的 VT1、VT2 作实时、适式的 PWM 控制，通过改变 V_{AB}的大小和 i_{AB}的大小和方向，调控电动机在正方向下旋转时的转速及电磁转矩 T_e的大小和方向，即可使电动机在电动状态下变速运行（VT1、VD2 构成降压变换器），也可使直流电动机在发电机制动状态下变速运行（VT2、VD1 构成升压变换器）。需要注意的是，必须防止 VT1 和 VT2 同时导通而导致的电源短路。

2. 桥式可逆斩波电路（四象限电路）

电流可逆斩波电路可使电动机的电枢电流可逆，实现电动机的两象限运行，但其所能提供的电压极性是单向的。当需要电动机进行正、反转及可电动又可制动的场合，须将两个电流可逆斩波电路组合起来，分别向电动机提供正向和反向电压，成为桥式可逆斩波电路，如图 4.11 所示。

当使 VT3 保持断态、VT4 保持通态时，电源向电动机提供正电压，可使电动机工作于第Ⅰ、Ⅱ象限，即正转电动和正转再生制动状态。

当使 VT1 保持断态、VT2 保持通态时，VT3、VD3 和 VT4、VD4 等效为又一组（电压反向）电流可逆斩波电路，向电动机提供负电压，可使电动机工作于第Ⅲ、Ⅳ象限。其中，VT3 和 VD4 构成降压斩波电路，向电动机供电使其工作于第Ⅲ象限即反转电动状态，而 VT4 和 VD3 构成升压斩波电路，可使电动机工作于第Ⅳ象限即反转再生制动状态。

4.3 带变压器隔离的 DC - DC 变换器

在大量的应用中，要实现变换器输入与输出的隔离，需要具有变压器隔离的变换器，由于 50Hz 工频变压器体积笨重，现在一般采用高频变压器直流变换技术。变压器的体积和质量与频率成反比，开关频率越高，体积可以显著减小。

当需要高的升压或降压变换比时，通过选择合适的变压器变换比，可以将施加在晶体管和二极管上的电压或电流应力最小化，从而提高效率和降低损耗。

目前存在多种变压器隔离 DC - DC 变换器的方式。如果按变压器绕组极性可分为反激式和正激式，前者一、二次绕组极性相反，后者则相同。如果按电路结构不同可分为单端、推挽和桥式电路等，所谓单端指仅含有单个有源功率器件，变压器中流过的是直流脉动电流，而双端电路中，变压器中的电流为正负对称的交流电流，正激电路和反激电路属于单端电路，半桥、全桥和推挽电路属于双端电路。

全桥、半桥、正激式、推挽变换器是通常的 Buck 变换器的隔离方案。反激式是 Buck - Boost 变换器的隔离方案。

4.3.1　单端正激式变换器（Forward Converter）

1. 结构及工作原理

单端正激式电路是 Buck 变换器的隔离方案，如图 4.12 所示，隔离变压器铁芯上有 3 个绕组：一次绕组 N_1、二次绕组 N_2 和磁通复位绕组 N_3，星号表示绕组感应电动势的同名端。

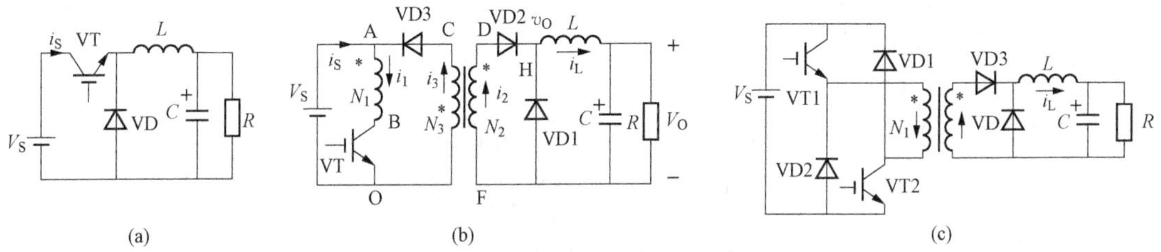

图 4.12　单端正激式 DC - DC 变换器

(a) Buck 变换器；(b) 单端正激 DC - DC 变换器；(c) 双管正激式变换器

对开关管 VT 周期性地通、断控制，在 VT 导通的 $T_{on}=DT_S$ 期间，电源电压 V_S 加在 N_1 上，电流 i_1 线性上升，铁芯磁通 Φ 线性增加，磁通增量为

$$\Delta\Phi = (V_S/N_1)T_{on} = (V_S/N_1)DT_S \tag{4.59}$$

这时由于 VT 导通，N_1 的感应电动势 $e_{AO}=N_1\cdot \mathrm{d}\Phi/\mathrm{d}t$，$N_2$ 的感应电动势 $e_{DF}=N_2\cdot \mathrm{d}\Phi/\mathrm{d}t=(N_2/N_1)V_S>0$，使 VD2 导电、VD1 截止，电感电流 $i_L=i_2$ 向负载供电。同时，N_3 的感应电动势 $e_{OC}=N_3\cdot \mathrm{d}\Phi/\mathrm{d}t>0$，使 VD3 截止。在 $T_{off}=(1-D)T_S$ 期间，VT 阻断，$i_S=0$，磁通 Φ 减小，这时 3 个绕组的感应电动势均反向：N_2 的感应电动势 $e_{DF}<0$，使 VD2 截止，i_L 经 VD1 续流；N_3 的感应电动势 $e_{OC}<0$，$e_{CO}>0$ 使 VD3 导电，i_3 将电源变压器励磁电流对应的磁能回送给电源 V_S，i_3 减小，磁通 Φ 减小。在 T_{off} 期间，如果 i_3 并未衰减到零，即在整个 T_{off} 期间 VD3 一直导电，N_3 两端电压恒为 V_S，则磁通的减少量有最大值，即

$$\Delta\Phi' = V_S\cdot T_{off}/N_3 = V_S(1-D)T_S/N_3 \tag{4.60}$$

在 T_{off} 期间，只要 i_L 不衰减到零，VD1 一直导电，则输出电压 $V_O=V_{HF}=0$。

在 T_{on} 期间，磁通 Φ 的增量 $\Delta\Phi$ 与占空比 D 成正比，如果在 T_{on} 期间磁通 Φ 的增量 $\Delta\Phi$ 大于 T_{off} 期间磁通 Φ 的最大可能额减小量 $\Delta\Phi'$，则由式（4.59）和式（4.60），令 $\Delta\Phi>\Delta\Phi'$ 可得

$$D > N_1/(N_1+N_3) = D_{max} \tag{4.61}$$

若 $D>D_{max}$，则 $\Delta\Phi>\Delta\Phi'$，那时在每个周期结束时，铁芯磁通都将增加 $\Delta\Phi-\Delta\Phi'$，这时铁芯将很快饱和而不能工作。如果 $D<D_{max}$，则 T_{on}期间磁通 Φ 的增量 $\Delta\Phi$ 将减小，T_{off}时间段增加，则在一个周期尚未结束时，磁通已减到零（复位），即 $i_3=0$，下一个周期中开关期间 VT 开始导通时磁通 Φ 及电流 i_1将从零上升，这时变换器能正常持续工作。因此，D_{max}是单端正激式变换器工作时的最大允许占空比，实际运行中必须 $D\leqslant D_{max}$。

只要在 T_{off}期间，i_L 经 VD1 续流不会下降到零，则在 T_{off}期间 $V_O=0$，因此变换器输出直流电压平均值为

$$V_O=\frac{e_{DF}T_{on}}{T_S}=\frac{N_2}{N_1}DV_S=MV_S \tag{4.62}$$

变压比 M 表达式为

$$M=\frac{V_O}{V_S}=\frac{N_2}{N_1}D \tag{4.63}$$

从电路结构、工作原理可以看出，它是带隔离变压器的 Buck 电路，其输出电压表达式也与 Buck 变换器类似。但是，匝数比 N_2/N_1不同时，输出电压平均值可以低于也可以高于电源电压。通常选择适当的输出电感 L，使最小负载时在关断期间 i_L 也不至于下降为零（电流连续），输出电压平均值由式（4.62）决定。

2. 开关管参数选择

在 VT 阻断、VD3 导电期间开关管 VT 两端的电压为

$$V_T=V_S+e_{BA}=V_S+\frac{N_1}{N_3}V_S=\frac{N_1+N_3}{N_3}V_S \tag{4.64}$$

式（4.64）中，通常取 $N_3=N_1$，故工作中的最大占空比 D_{max}为 0.5，这时开关管的最大电压为 $2V_S$。为了降低开关管在工作中承受的最大工作电压，可采用图 4.12（c）所示的双开关管单端正激式变换电路。这时 VT1 和 VT2 同时导通、同时阻断。VT1、VT2 阻断时，i_L 经 VD 续流，同时变压器绕组 N_1 励磁电流经 VD1－V_S－VD2 向电源返回磁能，使磁通复位为零。这种电路虽然多用了一个开关管，但其电压变为原来的 1/2，同时变压器少了一个磁通复位绕组。双开关管单端正激式变换电路常用于功率较大、电源与负载间需要隔离的 DC-DC 变换。

4.3.2 反激式变换器（Flyback Converter）

1. 结构及工作原理

同正激式电路不同，反激式电路中的变压器起着储能元件的作用，可以看作是一对相互耦合的电感。反激式是 Buck-Boost 变换器的隔离方案，电路结构如图 4.13 所示。

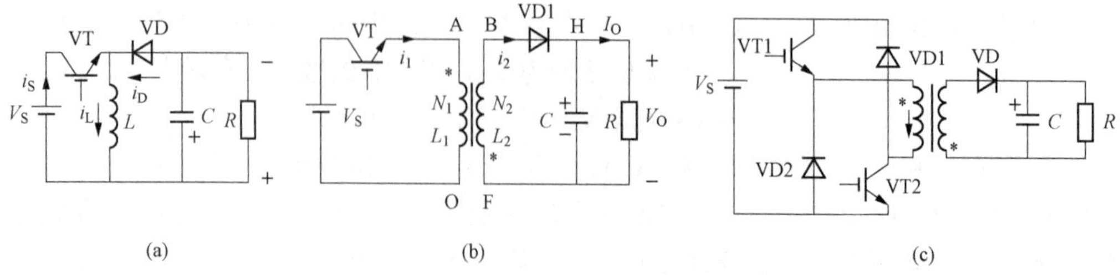

图 4.13 单端反激式 DC-DC 变换器

（a）Buck-Boost 变换器；（b）单端反激式变换器；（c）双管单端反激式变换器

在图4.13（b）所示的单端反激式DC-DC变换器中，变压器两个绕组的电感分别为L_1、L_2。开关管VT按PWM周期性地通、断转换。在VT导通的$T_{on}=DT_S$期间，电源电压V_S加至N_1绕组，电流i_1直线上升、磁通增加，电感L_1储能增加，二次绕组N_2的感应电动势由所标的绕组同名端可知$e_{BF}<0$，二极管VD截止，负载电流由电容C提供，C放电；在VT阻断的$T_{off}=(1-D)T_S$期间，N_1绕组的电流转移到N_2，电源停止对变压器供电，二次绕组电流i_2和磁通Φ从最大值减小，感应电动势$e_{BF}>0$（反向为正），使VD导电，将i_2所代表的变压器电感的磁能变为电能向负载供电并使电容C充电。该变换器在开关管VT导通时，并未将电源能量直送负载，仅在VT阻断的T_{off}期间，才将变压器磁能变为电能送至负载，故称为反激式变换器。此外，变压器磁通也只在单方向变化，故该电路被称为单端反激式DC-DC变换器。

反激式电路可以工作在电流连续和电流断续两种模式：

（1）如果当VT开通时，绕组N_2中电流尚未下降到零，则称电路工作与电流连续模式。

（2）如果VT开通前，绕组N_2中的电流已经下降到零，则称电路工作于电流断续模式。

当工作于电流连续模式时，在VT导通的$T_{on}=DT_S$期间，i_1、Φ均线性增大，则磁通增大量

$$\Delta\Phi=(V_S/N_1)T_{on}=(V_S/N_1)DT_S \tag{4.65}$$

在VT阻断的$(1-D)T_S$期间，VD导通时：$L_2\dfrac{di_2}{dt}=N_2\dfrac{d\Phi}{dt}=-V_O$，$i_1$、$\Phi$均线性减小，则磁通减小量

$$\Delta\Phi'=\frac{V_O}{N_2}(1-D)T_S \tag{4.66}$$

稳态运行时，在一个周期T_S中增加的磁通量$\Delta\Phi$应等于减少的磁通量$\Delta\Phi'$，由式（4.65）和式（4.66）可得到输出直流电压平均值V_O为

$$V_O=\frac{N_2}{N_1}\frac{D}{1-D}V_S \tag{4.67}$$

变压比

$$M=\frac{V_O}{V_S}=\frac{N_2}{N_1}\frac{D}{1-D}$$

当电路工作于断续模式时，输出电压高于式（4.67）的计算值，并随负载减小而升高。在负载为零的极限情况下，由于VT导通时储存在变压器电感中的磁能无处消耗，故输出电压将越来越高，$V_O\rightarrow\infty$，这将损坏电路中的元件，因此反激式电路不应工作于负载开路状态。

2. 开关管参数选择

同样，为了降低开关管VT所承受的最高电压，也可采用图4.13（c）所示的双管单端反激式变换器电路，这时两个开关管VT1、VT2同时导通、同时阻断。VT1、VT2同时阻断时，二极管VD1、VD2导通，使VT1、VT2只承受电源电压V_S。

由于在变换电路中插入了变压器，选择不同的变压比N_2/N_1，其输出V_O既可大于又可小于电源电压V_S。由于单端反激式变换器依靠变压器绕组电感在开关管VT阻断时释放存储的能量而对负载供电，磁通也只在单方向变化，因此通常仅用于100～200W以下的小容量DC-DC变换。因为电路简单且设置几个不同变比的二次绕组，可以同时获得几个不同的直流电压，所以在大功率的电力电子变换系统中，这种DC-DC变换器常被用作控制系统所需的辅助电源。

单端正激式、单端反激式DC-DC变换器，配以集成控制电路芯片而构成的小功率PWM开关型直流稳压电源已得到广泛的应用。

4.4 具有中间交流环节的变压器隔离型直流变换电路

4.3节介绍的隔离型Buck变换器（单端正激式变换器）、隔离型Buck-Boost变换器（单端反激式变换器），虽然将直流电源和负载隔离，但变压器磁通只在单方向变化，变压器铁芯利用率低，而且靠电感传输能量，也不适用于较大功率的DC-DC变换。图4.14～图4.16给出了3种具有中间交流环节（DC-AC逆变后再经AC-DC整流变换）的直流变换电源。它们有两个共同特点：

（1）经历了二级功率变换。先用高频逆变器将直流变为脉宽可控的高频方波交流，再用二极管不控整流将高频方波交流变为PWM直流方波V_O，最后经LC滤波器滤除高频分量而获得纹波很小的平稳直流电压。这种直流电源虽然经过了两级功率变换，但是逆变环节主电路结构不复杂，控制电路也简单，已有各种廉价的集成控制芯片可供选用。至于第二级AC-DC变换是不控整流，更简单。

（2）中间交流环节的变压器是高频变压器，其质量、体积都不大，电路中的LC滤波器也较小。

此外，主电路中的高频开关还可采用软开关以减小开关损耗。因此，虽有两级功率变换，但总体技术、经济指标仍然较高，已成为中小容量直流电源的主流方案。

4.4.1 半桥变换器

1. 结构及原理

半桥电路的结构如图4.14（a）所示，变压器一次侧的两端分别连接在电容C_1、C_2的中点和开关VT1、VT2的中点，选择$C_1=C_2$且数值足够大，两个全控型开关器件VT1、VT2以相同的占空比D交替地被驱动导通和阻断，可使变换器工作时$V_{C1}\approx V_{C2}=V_D/2$。半桥电路的工作波形如图4.14（b）～（f）所示。

在$t=0$开始的第一个半周期$T_S/2$中，在VT1导通的$T_{on}=DT_S$期间，C_1的电压加在变压器一次绕组N_1上，$V_{AB}=V_D/2$。二次绕组P点电位高于Q点，VD3导电，输出电压为

$$V_O=V_{PO}=\frac{N_{21}}{N_1}V_{AB}=\frac{N_2}{N_1}V_D/2 \tag{4.68}$$

电感电流i_L线性上升直到$t=DT_S$时VT1被关断为止。图4.14（b）中，在随后的Δ期间VT1、VT2都不导电，N_1与电源断开，电源电流$i_1=0$，电感电流i_L经负载R_L、C流至O点，然后经N_{21}、VD3和N_{22}、VD4流至D点续流。电感的磁能对负载供电，i_L下降。由于$N_{21}=N_{22}$，VD3、VD4同时导电，因此

$$i_{D3}=i_{D4}=\frac{1}{2}i_L \tag{4.69}$$

直到$t=T_S/2$时，VT2被触发导通，此后的DT_S期间C_2的电压加在N_1上，$V_{AB}=-V_{BA}=-V_D/2$使二次绕组Q点电位高于P点，VD4导电，输出电压为

$$V_O=V_{QO}=\frac{N_{22}}{N_1}V_{AB}=\frac{N_2}{N_1}\cdot V_D/2 \tag{4.70}$$

电感电流i_L又线性上升。因此，图4.14（a）中C_1、C_2、VT1(VD1)、VT2(VD2)构成一个半桥逆变器，将直流电压变为脉宽为DT_S的方波交流电压，再经VD3、VD4双半波整流为直流电压V_O。

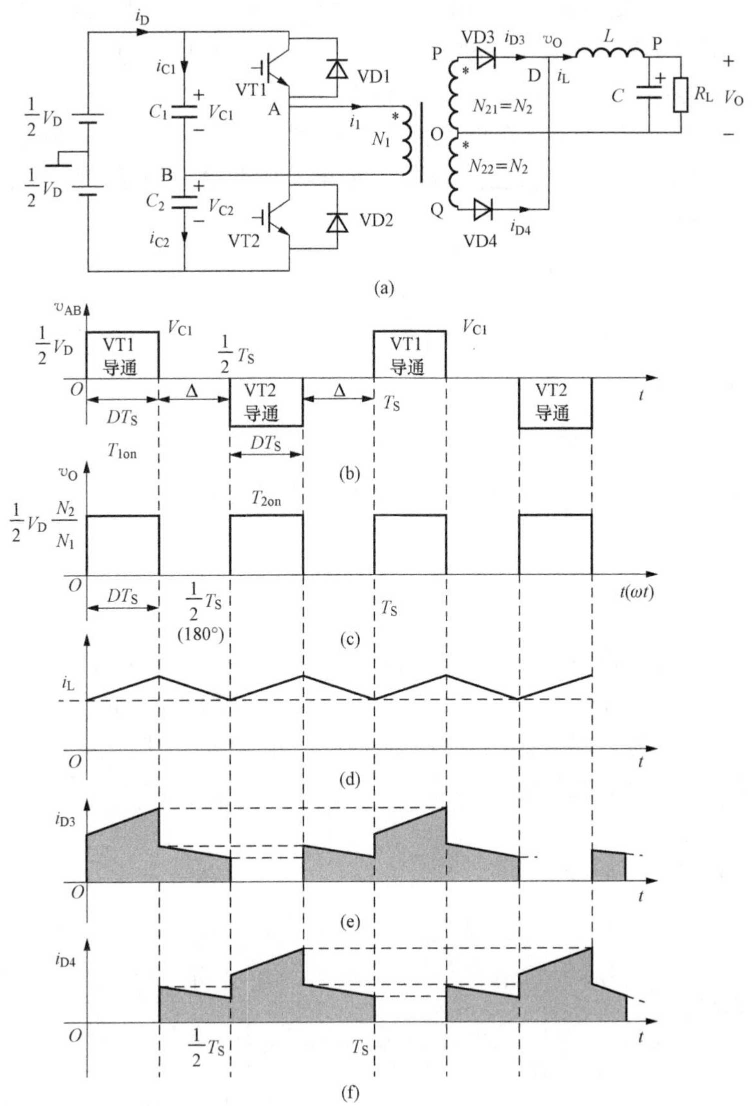

图 4.14　具有中间交流环节的半桥型直流电源

(a) 电器；(b) 逆变电压波形；(c) 输出电压；(d) i_L 波形；(e) i_{D3}波形；(f) i_{D4}波形

定义开关管导通占空比 $D=T_{on}/T_S$，则输出电压 V_O是周期为 $T_S/2$，脉宽为 DT_S的周期性直流 PWM 脉波，V_O经 L、C 滤波后得到其直流电压平均值 V_O为

$$V_O=\frac{N_2}{N_1}\frac{V_D}{2}\frac{T_{on}}{T_S/2}=\frac{N_2}{N_1}DV_D \tag{4.71}$$

选择适当的变压比 N_2/N_1，改变开关导通比 D，输出电压 V_O可在大于或小于电源电压 V_D时任意调控。

为了避免上下两开关在环流的过程中发生导通现象而造成短路，损坏开关，每个开关各自的占空比不能超过 50%，并应留有裕量。

2. 变压器磁通特性

在单相桥式逆变电路中，当每个桥臂上下两个开关管的导电时间不同时，逆变器输出电压正负半波的幅值相等，但脉宽不等，输出电压含有直流分量。但半桥电路即使 VT1、VT2 导通时间 T_{1on}、T_{2on}存在差异，加在变压器绕组 N_1上正、负两个电压波的宽度有差异时，由于两个电容中点 B 电位的浮动（$V_{C1} \neq V_{C2}$），会使 $V_{C1} T_{1on} = V_{C2} T_{2on}$，$T_{1on} > T_{2on}$时，$V_{C1} < V_{C2}$；$T_{1on} < T_{2on}$时，$V_{C1} > V_{C2}$，因而电路有自动平衡变压器电压伏秒值的作用，现证明如下：

在 VT1 导通的 T_{1on}期间，V_{C1}加在 N_1上，如果变压器磁通为 Φ，则 $V_{AB} = V_{C1} = N_1 \mathrm{d}\Phi/\mathrm{d}t > 0$，磁通增量 $\Delta\Phi_{m+}$为

$$\Delta\Phi_{m+} = \int_0^{T_{1on}} \frac{v_{AB}}{N_1} \mathrm{d}t = \frac{1}{N_1} \int_0^{T_{1on}} v_{C1} \mathrm{d}t \tag{4.72}$$

在 VT2 导通的 T_{2on}期间，V_{C2}反向加在 N_1 上，$V_{AB} = -V_{C2} = N_1 \mathrm{d}\Phi/\mathrm{d}t < 0$。在 V_{AB}负电压作用下，磁通 Φ 增量为 $\Delta\Phi_{m-}$为

$$\Delta\Phi_{m-} = \int_0^{T_{2on}} \frac{v_{AB}}{N_1} \mathrm{d}t = \frac{1}{N_1} \int_0^{T_{2on}} - v_{C2} \mathrm{d}t \tag{4.73}$$

电路处于周期性稳态运行时，V_{AB}为正期间磁通的增量 $\Delta\Phi_{m+}$ 和 V_{AB}为负期间磁通的增量 $\Delta\Phi_{m-}$之和应等于零。即

$$V_{C1} T_{1on} = V_{C2} T_{2on} \tag{4.74}$$

因此，当 $T_{1on} = T_{2on}$ 时，$V_{C1} = V_{C2}$。C_1、C_2 中点 B 电位 $V_{BO} = 0$。当 $T_{1on} \neq T_{2on}$ 时，$V_{C1} \neq V_{C2}$，$V_{BO} \neq 0$，即电容中点 B 电位浮动，使变压器绕组上正负半周中电压 - 时间积分值，即伏 - 秒正负平衡，这时尽管 $T_{1on} \neq T_{2on}$，V_{AB}正负电压的数值也不等，$V_{C1} \neq V_{C2}$，但正负半波中直流平均值为零，即 V_{AB}的两个幅值 $V_{C1} \neq V_{C2}$，作用时间 $T_{1on} \neq T_{2on}$的电压脉波不含直流分量，变压器无直流磁化电流。

4.4.2 全桥变换器

全桥电路的结构如图 4.15 所示。

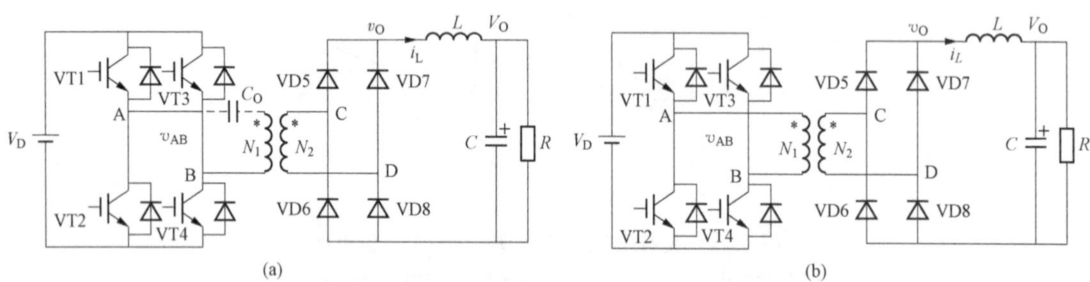

图 4.15 具有中间交流环节的全桥型直流电源

（a）有隔直流电容 C_O 的主电路；（b）无隔直流电容的主电路

逆变电路由 4 个开关组成，VT1、VT4 同时导通，VT2、VT3 同时导通，则将直流电压逆变成幅值为 V_D的交流电压，加在变压器一次侧，交流电压频率 $f_s = 1/T_S$。二次绕组感应的交流方波电压经 4 个二极管桥式整流后得到脉宽可控、幅值为 $V_D \cdot N_2/N_1$、频率为 $2f_s$ 的直流 PWM 方波，再经 LC 滤波后得到平稳的直流电压 V_O

$$V_O = \frac{N_2}{N_1} V_D \cdot \frac{T_{on}}{T_S/2} = 2\frac{N_2}{N_1} D V_D \left(0 < T_{on} \leqslant \frac{1}{2} T_S; 0 < D \leqslant 0.5\right) \tag{4.75}$$

如果开关器件 VT1、VT4 和 VT2、VT3 导通时间有差异，则加在 N_1上的交流电压 V_{AB}正、负半波电压幅值相等，但脉冲宽度不相等，V_{AB}中除交流分量外还将含有直流电压

分量，会在变压器 N_1 绕组中产生直流磁化电流，并可能造成磁路饱和而使变换器不能正常工作，因此通常在逆变器输出与变压器一次绕组 N_1 之间串入隔直电容［图 4.15（a）中的 C_O］，使 V_{AB} 中的直流分量电压（频率为 0、电容 C_O 容抗为无限大）降落在 C_O 上，V_{AB} 中的交流分量电压加到 N_1 上，避免变压器直流磁化。

和半桥电路相比，全桥 DC/AC - AC/DC 直流电源变换器中的开关器件承受的最高电压为电源电压。这种 DC/AC - AC/DC 二级变换电路适用于直流电源电压较高、输出功率较大，需要将负载与电源隔离的应用领域。

4.4.3　推挽变换器

推挽变换器的结构如图 4.16（a）所示，直流电源电压 V_D 经开关管 VT1、VT2 连接到中点抽头变压器 O、A、B 3 点，绕组匝数 $N_{AO}=N_{BO}=N_1$，二次绕组 $N'_{ao}=N'_{bo}=N_2$。

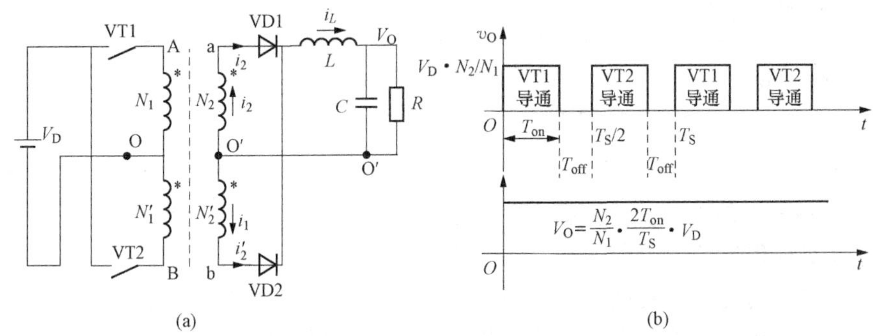

图 4.16　推挽电路的结构及工作波形

（a）DC/AC - AC/DC 直流电源主电路；（b）电压波形

在一个开关周期 T_S 中，控制 VT1、VT2 交替通断：VT1 导通、VT2 阻断的 T_{on} 期间，$v_{AO}=V_D$，$v_{ao'}=V_D\cdot N_2/N_1$，二极管 VD1 导通，输出电压 $v_O=V_{ao}=V_D\cdot N_2/N_1$；在 VT2 导通，VT1 阻断的 T_{off} 期间，$v_{BO}=V_D$，$v_{bo'}=V_D\cdot N_2/N_1$，二极管 VD2 导通，输出电压 $v_O=V_{bo}=V_D\cdot N_2/N_1$。在 VT1、VT2 都不导通时，电流 i_L 经 VD1、VD2 续流；i_L 流入 O′点，分两路经 N_2、VD1（电流为 i_2）和经 N'_2、VD2（电流为 i'_2），再经 L—负载 R 形成续流回路（$i'_2=i_2=i_L/2$）。这时由于二次绕组 N_2 和 N'_2 的电流 $i_2=i'_2$，在铁芯中的磁势安匝大小相等但方向相反，$\varphi_{ab}=0$，使 $v_{ab}=0$，$v_O=0$。图 4.16（b）表示出在半个周期 $T_S/2$ 中 T_{on} 期间 $v_O=V_D\cdot N_2/N_1$，和 Buck 电路一样在电感电流连续时整个 T_{off} 期间 $v_O=0$，因此输出电压直流平均值 V_O 为

$$V_O=V_D\cdot\frac{N_2}{N_1}\cdot\frac{T_{on}}{T_S/2}=\frac{N_2}{N_1}\cdot\frac{2T_{on}}{T_S}\cdot V_D \tag{4.76}$$

同样，为了避免两个开关同时导通，每个开关各自的占空比不能超过 50%，还要留有死区。

和 Buck 电路一样，当负载电流平均值小于临界电流 I_{OB} 时，电感电流 i_L 在 T_{off} 的末期将断流，这时输出电压平均值 V_O 高于式（4.76）的计算值，并随负载电流的减小而升高，负载电流为零的极限工作情况下输出电压将达到 $V_O=V_D\cdot N_2/N_1$。

4.5　小　　结

实现 DC - DC 变换有两种基本电路：Buck 电路和 Boost 电路。将 Buck 电路与 Boost 电

路串联成两级变换器就构成 Buck - Boost 降、升压电路及 Boost - Buck 升、降压电路或 Cuk 电路。Buck、Boost 和 Cuk 变换器在负载电流大于临界电流、连续导电工作情况时，其变压比分别是 D、$1/(1-D)$ 和 $D/(1-D)$。当负载电流小于临界电流时，变比不仅与占空比 D 有关，还随着负载电流的减小而增大，如表 4.1 所示。

表 4.1　不同电路中输出电压、变压比的计算

类型	输出电压	变压比（电流连续模式）
Buck 电路	$V_O=DV_S$	$M=D$
Boost 电路	$V_O=\frac{V_S}{1-D}$	$M=\frac{1}{1-D}$
Cuk 电路	$V_O=\frac{DV_S}{1-D}$	$M=\frac{D}{1-D}$
Buck - Boost 电路	$V_o=\frac{DV_s}{1-D}$	$M=\frac{D}{1-D}$

Buck 电路和 Boost 电路可以组合成两象限和四象限复合型 DC - DC 变换电路。四象限 DC - DC 变换电路的输出电压、电流可正、可负，因此对具有反电动势负载，如直流电动机供电时，可以实现负载的四象限运行。

将几个相同结构的基本变换器组合可以构成多重多相复合型 DC - DC 变换器，其输出电压、输入电流脉动频率比单个变换电路成倍提高，因而可以显著改善变换器的输入、输出特性，同时扩大变换器的输出容量。

在 Buck、Buck - Boost 变换器中插入隔离变压器，可以构成单端正激式、单端反激式 DC - DC 变换器。带隔离变压器的 DC - DC 变换器实现了电源和负载隔离，而且电压变换比更灵活，还可以同时获得几个不同数值的输出电压。但是，单端变换电路中的变压器磁通只能单方向变化，磁通利用率低，不适用于较大功率的 DC - DC 变换。在较大功率的 DC - DC 变换中，常采用有中间交流环节变压器隔离的 DC/AC - AC/DC 组合型半桥、全桥或推挽型变换器。

4.6　习题及思考题

1. Buck 变换器断流工作情况下的变压比 M 与哪些因素有关？试从物理上给以解释。

2. Buck 斩波电路电流连续模式与哪些因素有关？

3. 说明单端正激式、单端反激式 DC - DC 变换器的工作原理。

4. 多重多相直流 - 直流变换器中，多重、多相指的是什么？多重多相变换器的优点是什么？

5. Boost 变换器为什么不宜在占空比 D 接近于 1 的情况下工作？

6. DC - DC 四象限变换器的四象限指的是什么？直流电动机四象限运行中的四象限指的是什么？这两种四象限有什么对应关系？

7. 简单说明全桥式电源的工作原理。

8. 对比写出 Buck 电路、Boost 电路、Cuk 电路、带变压器隔离的全桥式直流电源的输出电压与占空比的关系式。

第 5 章　DC - AC 变流电路

DC - AC 电能变换称为逆变。本章论述 DC - AC 电能变换的基本原理，介绍方波运行模式下电压型和电流型逆变器的特性，输出电压波形的 PWM 控制基本原理，三相逆变器的空间矢量 PWM 控制，多电平逆变器、高压大容量逆变器的复合结构及逆变器的基本应用。

5.1　逆变器的类型

DC - AC 电功率变换是通过逆变器实现的。逆变器的输入是直流电，输出为交流电。交流输出电压基波频率和幅值都应能调节控制，输出电压中除基波成分外，还可能含有一定频率和幅值的谐波。

逆变器由主电路和控制系统两部分组成。图 5.1 为逆变器（逆变电路和输入、输出滤波器）主电路图。逆变器应用广泛，类型很多，其基本类型如下：

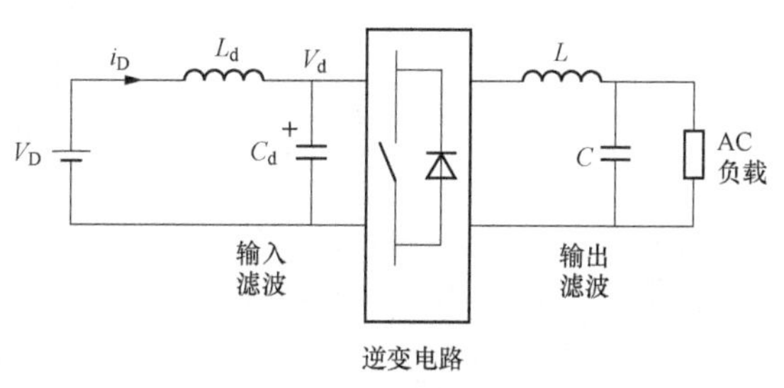

图 5.1　逆变器的主电路

(1) 依据直流电源的类型，逆变器可分为电压型逆变器和电流型逆变器。电压型逆变电路的输入为直流电压源，逆变器将输入的直流电压逆变转换为交流电压，因此又称它为电压源型逆变器（Voltage Source Inverter，VSI）；电流型逆变电路的输入端串接有大电感，形成平稳的直流电流源，逆变器将输入的直流电流逆变为交流电流输出，因此又称它为电流源型逆变器（Current Source Inverter，CSI）。图 5.1 为逆变器的主电路，直流电源经一个直流 L_d、C_d滤波环节向逆变电路供电，逆变电路的输出再通过一个交流滤波器对交流负载供电。其中，直流电容容量 C_d较大，电压稳定，因而构成了一个电压源；电感 L_d的主要作用是限制逆变电路输入电流中的高次谐波流入直流电源。设置电容 C_d是必要的，电感 L_d则不一定，在某些逆变器产品中取消了电感 L_d，这样可以减小逆变器的质量和体积，降低成本，但直流电源中含有较大的谐波电流。

(2) 依据输出交流电压的性质，逆变器可分为恒频恒压（Constant Voltage Constant Frequency）正弦波逆变器、方波逆变器、变频变压（Variable Voltage Variable Frequency）逆变器、高频脉冲电压（电流）逆变器。

(3) 依据逆变电路结构的不同，逆变器可分为单相半桥逆变器、单相全桥逆变器、推挽式逆变器、三相桥式逆变器。

(4) 依据开关器件及其关断（换流）方式的不同，逆变器可分为采用全控型开关的自关断换流逆变器和采用晶闸管半控型开关的强迫关断晶闸管逆变器两类。晶闸管逆变器可利用负载侧交流电源电压换流（又称有源逆变器）、负载反电动势换流或负载谐振换流。逆变器的输出可以做成任意多相。实际应用中多数采用单相或三相。早期，中高功率逆变器采用晶闸管开关器件，晶闸管一旦导通就不能自行关断，关断晶闸管需要设置强迫关断（换流）电路。强迫关断电路增加了逆变器的质量、体积和成本，降低了可靠性，也限制了开关频率。现今，绝大多数逆变器采用全控型电力半导体开关器件。中等功率逆变器多用 IGBT、IGCT，大功率多用 GTO，小功率则用 P-MOSFET，本章将只讨论全控型器件构成的逆变器。

5.2 电压型单相方波逆变电路工作原理

5.2.1 电压型单相半桥逆变电路

半桥电路是电压型逆变电路的基本单元。电压型单相半桥逆变电路如图 5.2（a）所示，令分压电容 C_{01}、C_{02} 足够大且 $C_{01}=C_{02}$，以致开关器件通、断状态改变时，电容电压保持为 $V_D/2$ 不变。全控型开关器件 VT1、VT2 交替地处于通、断状态，即 VT1、VT2 的电压驱动信号 V_{G1}、V_{G2} 互补：$V_{G1}>0$ 时，$V_{G2}=0$；$V_{G2}>0$，$V_{G1}=0$。

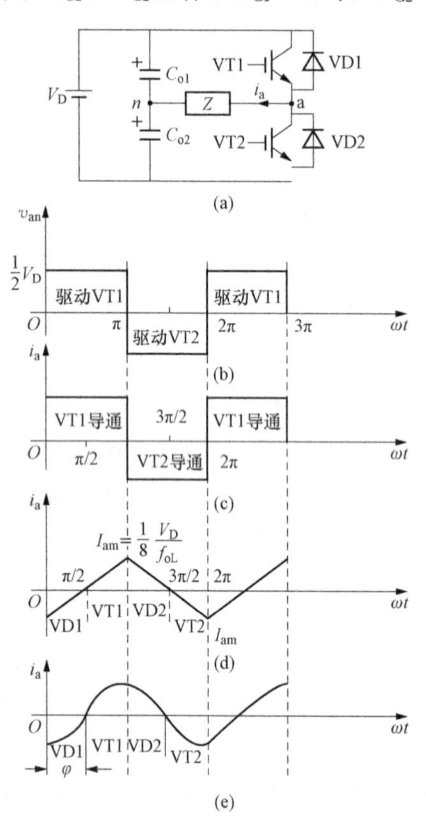

图 5.2 单相半桥逆变电路及电压电流波形

（a）电路；（b）电压波形；（c）电阻负载电流波形；（d）电感负载电流波形；（e）*RL* 负载电流波形

如果 $0\leqslant\omega t<\pi$ 期间，VT1 有驱动信号处于通态，VT2 截止，这时 $v_{an}=+V_D/2$；在 $\pi\leqslant\omega t<2\pi$ 期间，VT2 有驱动信号处于通态，VT1 截止，这时 $v_{an}=-V_D/2$。则逆变器输出电压 v_{an} 为 180°（π）的方波，幅值为 $V_D/2$，如图 5.2（b）所示。

输出电压有效值为

$$V_{an}=\left(\frac{2}{T}\int_0^{T/2}\frac{V_D^2}{4}dt\right)^{1/2}=\frac{V_D}{2}$$

输出电压瞬时值的傅里叶表达式为

$$v_{an}=\sum_{n=1,3,5\cdots}^{\infty}\frac{2V_D}{n\pi}\sin(n\omega t) \tag{5.1}$$

式中，ω——输出电压基波角频率，$\omega=2\pi f$，$f=1/T$。

当 $n=1$ 时，其基波分量的有效值为

$$V_1=\frac{\sqrt{2}V_D}{\pi}\approx 0.45V_D \tag{5.2}$$

半桥逆变电路输出电压幅值大小为全桥逆变电路的 1/2，波形完全相同，技术性能类似。

5.2.2 电压型单相全桥逆变电路

图 5.3 是电压型单相全桥逆变电路，其中，全控型开关器件 VT1、VT4 同时通、断；VT3、VT2 同时通、断。VT1（VT4）与 VT2（VT3）的驱动信号互补，即 VT1、VT4 有驱动信号时，VT3、VT2 无驱动信号，反之亦然。VT1、VT4 和 VT3、VT2 周期性地改变通、断状态，周期 T 对应 2π 弧度，输出电压 v_{ab} 的基波频率 $f=1/T$，角频率 $\omega=2\pi f$。如果在 $0\leqslant\omega t<\pi$ 期间，VT1、VT4 有门极驱动信号而同时处于通态，VT3、VT2 截止，则 $v_{ab}=+V_D$；在 $\pi\leqslant\omega t<2\pi$ 期间，VT3、VT2 有门极驱动信号而同时处于通态，VT1、VT4 截止，则 $v_{ab}=-V_D$。因此，

输出电压V_{ab}是如图 5.3（b）所示的 180°的方波电压，幅值为V_D。v_{ab}是一个半波对称的奇函数：$v_{ab}(\omega t)=-v_{ab}(\omega t+\pi)=-v_{ab}(-\omega t)$。

其傅里叶级数表达式为

$$v_{ab}=\frac{4}{\pi}V_D\left[\sin(\omega t)+\frac{1}{3}\sin(3\omega t)+\frac{1}{5}\sin(5\omega t)+\cdots\right] \tag{5.3}$$

$v_{ab}(\omega t)$基波幅值：$V_{1m}=\frac{4}{\pi}V_D=1.27V_D$。

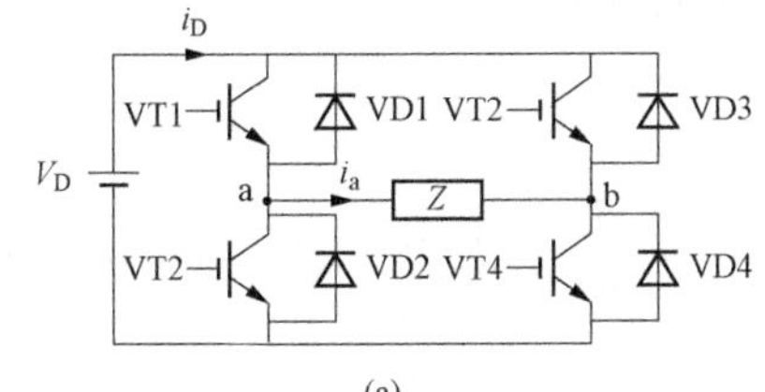

(a)

基波有效值：$V_1=\frac{2\sqrt{2}}{\pi}V_D=0.9V_D$。

n 次谐波幅值：$V_{nm}=\frac{1}{n}V_{1m}$。

负载电流 i_a的波形与负载性质有关：

（1）纯电阻负载时，电流 i_a是与电压 V_{ab}同相的方波，如图 5.3（c）所示。纯电阻负载时，二极管 VD1、VD2、VD3、VD4 任何时刻都不导电。

（2）纯电感负载时，电流 i_a近似为三角波，如图 5.3（d）所示。在 $0\leqslant\omega t<\pi$ 期间，$L\mathrm{d}i_a/\mathrm{d}t=v_{ab}=+V_D$，$i_a$ 线性上升；在 $\pi\leqslant\omega t<2\pi$ 期间，$L\mathrm{d}i_a/\mathrm{d}t=v_{ab}=-V_D$，$i_a$线性下降。在 $0\leqslant\omega t<\pi/2$ 期间，虽然 VT1、VT4 有驱动信号，VT2、VT3 阻断，但 i_a为负值，i_a只能经 VD1、VD4 流回电源。逆变电路中，与开关管反并联的二极管都是用于感性负载时为感性负载电流提供续流通道。在 $\omega t\geqslant\pi/2$、$i_a\geqslant0$ 以后，由于 VT1、VT4 仍有驱动信号，$L\frac{\mathrm{d}i_a}{\mathrm{d}t}=v_{ab}=+V_D$，$i_a$从零线性上升直到 $\omega t=\pi$ 期间，VT1、VT4 导电，所以 VT1、VT4 仅在 $\pi/2\leqslant\omega t<\pi$ 期间导电，这时电源向电感供电。同理，在 $\pi\leqslant\omega t<3\pi/2$ 期间是 VD2、VD3 导电；VT2、VT3 仅在 $3\pi/2\leqslant\omega t<2\pi$ 期间导电，如图 5.3（d）所示。

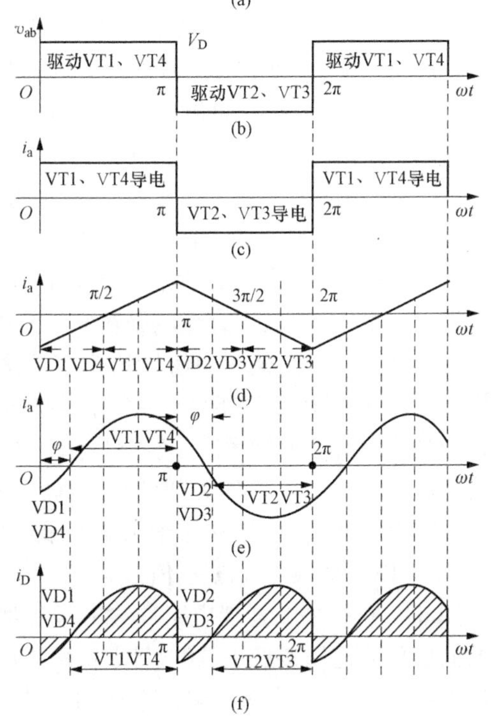

图 5.3　单相桥式逆变电路及电压、电流波形
（a）电路；（b）负载电压；（c）电阻负载电流波形；
（d）电感负载电流波形；（e）*RL* 负载电流波形；
（f）输入电流波形

纯电感负载时

$$V_D=L\frac{\mathrm{d}i_a}{\mathrm{d}t}=4fLI_{am}$$

式中，I_{am}——负载电流峰值，$I_{am}=V_D/4fL$。

（3）当负载为电阻、电感性负载时，瞬时负载电流 i_a的表达式为

$$i_a=\sum_{n=1,3,5\cdots}^{\infty}\frac{V_{1m}}{nZ_n}\sin(n\omega t+\varphi_n) \tag{5.4}$$

式中，V_{1m}——电压基波幅值，$V_{1m}=\frac{4}{\pi}V_D=1.27V_D$；

Z_n——n 次谐波阻抗，$Z_n=[R^2+(n\omega L)^2]^{\frac{1}{2}}$；

φ_n——相位角 $\varphi_n=\arctan\frac{n\omega L}{R}$。

基波电流 i_{a1} 为

$$i_{a1}=\frac{4}{\pi}\frac{V_D}{\sqrt{R^2+(\omega L)^2}}\sin(\omega t+\varphi_1) \tag{5.5}$$

式中，φ_1——基波电流 i_{a1} 滞后基波电压 V_{ab1} 的相位角，$\varphi_1=\arctan\frac{\omega L}{R}$。

图 5.3（e）画出了 RL 负载电流 i_a。感性负载电流 i_a 相位上滞后于负载电压 v_{ab}，在 $0\leqslant\omega t<\varphi$ 期间，VT1、VT4 有驱动信号，但 i_a 为负值，且 VT2、VT3 截止，因此 VD1、VD4 导电，$v_{ab}=+V_D$，故直流电源输入电流 i_D 为负值 $i_D=-|i_a|$；在 $\pi-\varphi\leqslant\omega t<\pi$ 期间，i_a 为正值，VT1、VT4 有驱动信号导通，$i_D=i_a$，$v_{ab}=+V_D$；在 $\pi\leqslant\omega t<\pi+\varphi$ 期间，VT2、VT3 有驱动信号；但此期间 i_a 仍为正值，且 VT1、VT4 截止，故 VD2、VD3 导通，$i_D=-i_a$，$v_{ab}=-V_D$，直到 $\omega t=\pi+\varphi$，$i_D=i_a=0$。然后在 $\pi+\varphi\leqslant\omega t<2\pi$ 期间，i_a 为负值，VT2、VT3 导通，$i_D=-i_a$，$v_{ab}=-V_D$。图 5.3（f）是 RL 负载时，直流电源输入电流 i_D 的波形，i_D 中除直流分量外还含有交流谐波电流。图 5.1 中，逆变电路的输入端设置直流输入滤波器 L_d、C_d 可以减小直流电源输入电流中的谐波电流。

改变开关管的门极驱动信号的频率，输出交流电压的频率 f 也随之改变。为保证电路正常工作，VT1 和 VT2 两个开关管不应同时处于通态，VT4、VT3 两管不应同时处于通态，否则将出现直流侧短路。实际应用中为避免上、下开关管直通，每个开关管的开通信号应略滞后于另一开关管的关断信号，即“先断后通”。同一桥臂上、下两管 VT1、VT2 或 VT3、VT4 关断信号与开通信号之间的间隔时间称为死区时间，在死区时间中，VT1、VT2 或 VT3、VT4 均无驱动信号。

图 5.3（a）中，逆变电路的输出通常要接 LC 滤波器，滤除逆变电路输出电压中的高次谐波而使负载电压接近正弦波。图 5.3（b）所示输出电压 v_{ab} 为 180°方波控制的缺点是，在直流电源电压 V_D 一定时，输出电压的基波大小不可控，且输出电压中谐波频率低、数值大（3 次谐波达 33%，5 次谐波达 20%）；直流电源电流 i_D 脉动频率低且脉动数值大。因此，为了使负载获得良好的输出电压波形和减小直流电源电流的脉动，必须采用较大的 LC 输出滤波器和 L_d、C_d 输入滤波器，这增加了逆变器的质量、体积并可能带来一些其他问题，而且对输出电压、输入电流波形的改善也很有限。改善逆变器技术特性的最佳途径是提高逆变器开关器件的通、断频率和调控、优化逆变电路输出电压的波形。

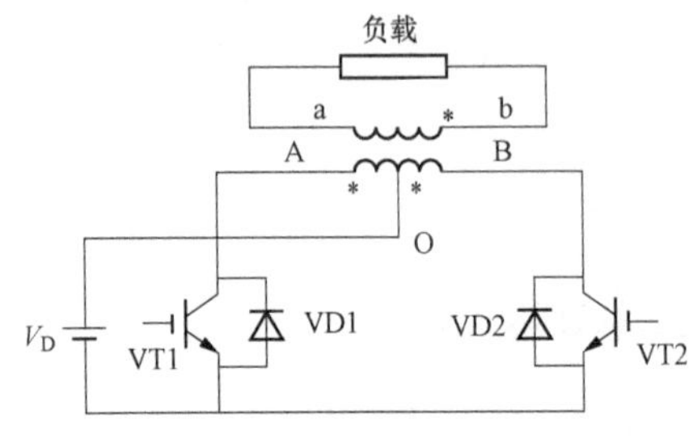

图 5.4 推挽式单相逆变电路

5.2.3 变压器中心抽头推挽式单相逆变电路

图 5.4 所示逆变电路输出变压器一次绕组有中心抽头，二次绕组输出接负载。交替地驱动两个开关器件 VT1、VT2：在 VT1 导通，VT2 截止的正半周期中，$V_{OA}=+V_D$，$V_{AO}=-V_D$，二次电压 V_{ab} 为正值方波；在 VT2 导通，VT1 截止的负半周期

中，$V_{OB}=+V_D$，$V_{BO}=-V_D$，此时二次电压 V_{ab} 为负值方波。因此，变压器输出电压为 180°宽的交流方波。图 5.4 中比图 5.3（a）少了两个开关器件，但是当开关器件截止时其承受的断态电压为 $2V_D$，比 4 个开关管的全桥式电路中开关管所承受的断态电压 V_D 高了一倍，而且必须采用带中心抽头的变压器。这种变压器中心抽头推挽式逆式单相逆变电路变电路，适用于低压小功率而又必须将直流电源与负载电气隔离的应用领域。

5.3　电压型单相逆变器电压和波形控制

5.2 节中各单相逆变电路输出电压均为 180°的方波交流电压。输出电压中基波电压数值仅由输入电压 V_D 唯一确定，而且输出电压中除基波外含有大量的谐波，对于其中的 3、5、7 等低阶次谐波，若采用 LC 滤波器去衰减，必须有 LC 数值很大的滤波器，因为要滤除 n 次谐波必须满足：$n\omega L \gg 1/n\omega C$，即滤波器谐振频率 $\omega_0=1/(LC) \ll n\omega$，$LC \gg 1/(n\omega)$，谐波阶次 n 低，要求 L、C 的谐振频率 ω_0 低，要求 L、C 数值很大。这不仅使滤波器庞大，而且负载电流流过过大的电感时，还会引起较大的基波电压降，过大的电容 C 又会使流入电容的基波电流较大，有可能增大逆变电路中开关管的电流。逆变器输出电压的控制就是要使输出电压的基波分量大小可控，输出电压波形中含有的谐波成分小且最低阶次的谐波阶次高。同时，还希望直流输入电流中的谐波电流小，脉动频率高。这样仅用较小的输入、输出 LC 滤波器即可起到很好的滤波效果。

在实际应用中，希望逆变器的输出电压（电流）、功率及频率能够得到有效和灵活的控制，以满足实际应用中各种各样的要求。逆变器输出电压的频率仅取决于开关管驱动信号频率，因此，逆变器频率控制比较简单，逆变器电压和波形控制则比较复杂，控制逆变器输出电压有 3 种基本方案可供选用。

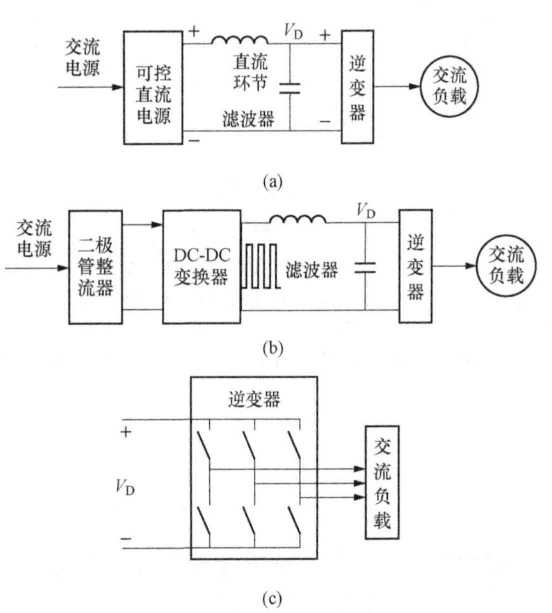

图 5.5　逆变器输出电压调节方案框图

（a）可控整流方案；（b）DC - DC 变换器调压方案；（c）逆变器自身控制方案

（1）可控整流方案：如果电源是交流电源，可采用晶闸管相控整流器改变整流器输出到逆变器的直流电压 V_D，调控逆变器的输出电压，如图 5.5（a）所示。

（2）DC - DC 变换器调压方案：如果前级是二极管不控整流电源或电池，则可通过 DC - DC 变换器改变逆变器的直流输入电压 V_D 调控逆变电路的输出电压，如图 5.5（b）所示。

（3）逆变电路自身调控方案：如图 5.5（c）所示，仅通过逆变电路内部开关器件的 PWM，调控输出电压中基波电压的大小、增大输出电压中最低次谐波的阶次并减小其谐波数值，达到调控其输出基波电压同时又改善输出电压波形的目的。逆变电路自身调控其输出电压大小和波形是一种先进的控制方案。本节将详述这种方案的控制原理。

5.3.1 单脉波 PWM

单相逆变电路的单脉波 PWM 原理及输出波形如图 5.6 所示，其特点是逆变器每半个周期改变一次开关状态，因而每半周只有一个矩形脉波电压输出，且通过改变这个单一的矩形电压的宽度 θ 来控制其输出电压的基波大小。逆变电路输出电压波形是由开关管的驱动脉冲信号确定的。图 5.6（a）中，VT1、VT2 的驱动信号互补，VT3、VT4 的驱动信号互补。如果在 $\omega t=0\to\pi$ 正半周期间，VT4、VT1 同时处于通态；在 $\omega t=\pi\to 2\pi$ 的负半周中，VT3、VT2 同时处于通态，则输出电压 v_{ab} 为 180°交流方波电压。如果驱动信号如图 5.6（b）、（c）所示，即整个正半周 VT4 处于通态，整个负半周 VT3 处于通态；而 VT1 仅在正半周期的 θ 期间与 VT4 同时处于通态，VT2 仅在负半周的 θ 期间与 VT3 同时处于通态，则输出电压 v_{ab} 为图 5.6（d）中所示的脉宽为 θ、幅值为 V_D 的交流方波。改变 VT1、VT2 驱动信号 V_{G1}、V_{G2} 的起点和终点，就能改变图 5.6（d）中输出电压 v_{ab} 的脉波宽度 θ，达到改变输出基波电压的目的。图 5.6 中，$\delta_1=(\pi-\theta)/2$，$\delta_2=\pi-\delta_1$。

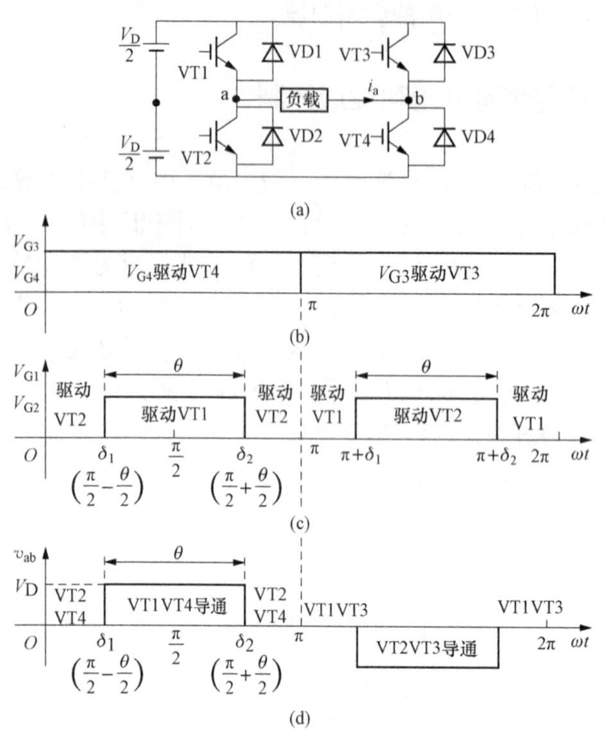

图 5.6 单相逆变电路的单脉波 DWM 原理及输出波形

（a）主电路；（b）VT3、VT4 驱动信号；（c）VT1、VT2 驱动信号；（d）输出电压

根据傅里叶分析，在图 5.6（d）所示时间坐标原点情况下，V_{ab} 是一个半波对称的奇函数：$v_{ab}(\omega t)=-v_{ab}(\omega t+\pi)=-v_{ab}(-\omega t)$，这个宽度为 θ，幅值为 V_D 的脉波（方波）电压其电压有效值为

$$V_{ab}=\left[\frac{2}{2\pi}\int_{(\pi-\theta)/2}^{(\pi+\theta)/2}V_D^2\mathrm{d}t\right]^{\frac{1}{2}}=V_D\sqrt{\frac{\theta}{\pi}} \tag{5.6}$$

瞬时值 $v_{ab}(\omega t)$ 的傅里叶级数表达式为

$$v_{ab}(\omega t)=\frac{4V_D}{\pi}\left(\sin\frac{\theta}{2}\sin\omega t-\frac{1}{3}\sin\frac{3\theta}{2}\sin 3\omega t+\frac{1}{5}\sin\frac{5\theta}{2}\sin 5\omega t-\frac{1}{7}\sin\frac{7\theta}{2}\sin 7\omega t\cdots\right) \tag{5.7}$$

基波（$n=1$）幅值 $V_{1m}=\frac{4}{\pi}V_D\sin\frac{\theta}{2}$，基波（$n=1$）有效值 $V_1=\frac{2\sqrt{2}}{\pi}V_D\sin\frac{\theta}{2}$。

n 次谐波幅值：$V_{nm}=\left|\frac{4}{n\pi}V_D\sin\frac{n\theta}{2}\right|=\frac{V}{n}$。

图 5.7 给出了输出电压的基波和 3、5、7 次谐波与脉宽角 θ 的关系，图中纵坐标为基波

电压幅值和各次谐波幅值的相对值（取 $\theta=\pi$ 时的基波电压幅值，即 $4V_D/\pi$ 为基准值）。由图 5.7 可知，改变脉宽 θ 可以有效地改变输出电压基波大小，但不能有效地减小（控制）谐波大小。$\theta=180°$时，3 次谐波相对值为 33%。$\theta=120°$时，无 3 次谐波，最低次谐波为 5 次，其相对值为 20%。

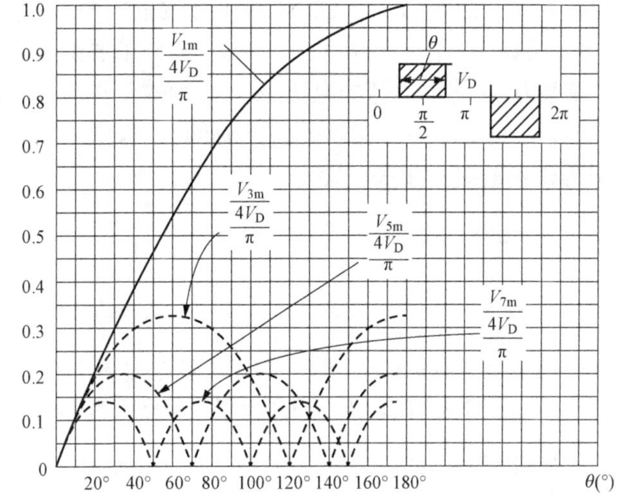

图 5.7　输出电压的基波和 3、5、7 次谐波与

5.3.2　SPWM 基本原理

逆变器理想的输出电压是如图 5.8（b）所示的正弦波 $v(t)=V_{1m}\sin\omega t$。将图 5.8（b）正弦波半个周期 π 均分 p 个相等的时区，图中 $p=6$，每个时区的时间 $T_S=T/(2\times6)$ 对应的时区宽度为 $\theta_S=\omega t_S=2\pi f T_S=\pi/p=\pi/6(30°)$，第 k 个时区 T_S 的终点时间为 kT_S，起点时间为 $(k-1)T_S$，第 k 个时区的中心点相位角 α_k 为

$$\alpha_k=\omega t_k=\omega\left(kT_S-\frac{1}{2}T_S\right)\quad(5.8)$$

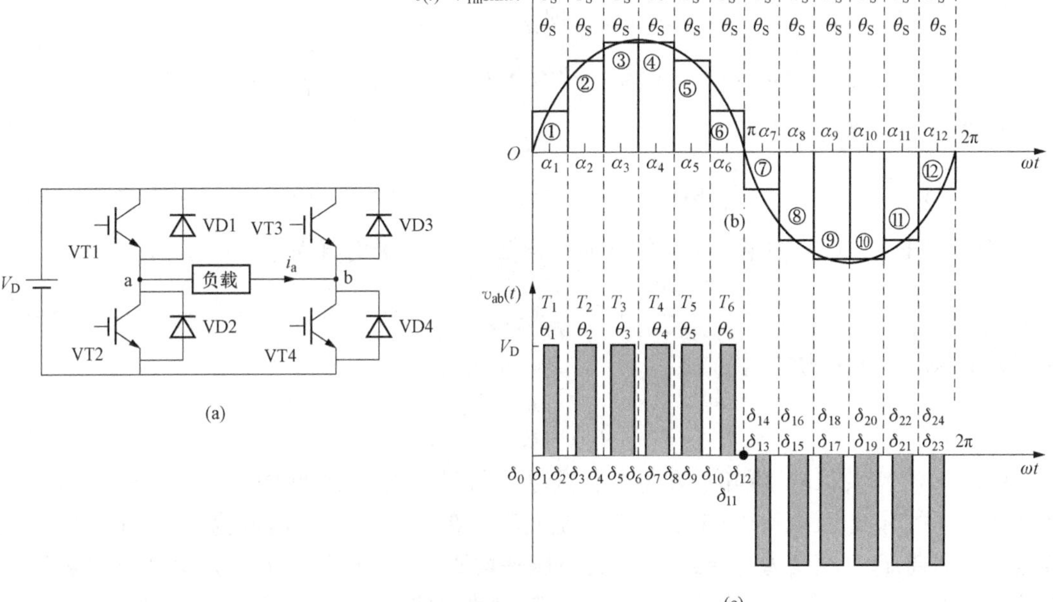

图 5.8　采用 SPWM 电压等效正弦电压

（a）逆变电路；（b）正弦电压；（c）SPWM 等效电压

图 5.8（b）中当时区数 p 很大时，正弦波 $v(t)=V_{1m}\sin\omega t$ 可以看作由正、负半波各有 p 个等宽（$\theta_S=\pi/p$）但不等高（高度为 $V_{1m}\sin\omega t$）的不连续脉波电压①、②、③、…组成。图 5.8（a）中逆变电路的输入电压是直流电压 V_D，依靠开关管的通、断状态变换，逆变电路只能直接输出 3 种电压值 $+V_D$、0、$-V_D$。对单相桥逆变器 4 个开关管进行实时、适式的

通、断控制，可以得到图 5.8（c）所示在半个周期中有多个脉波电压的交流电压 $v_{ab}(t)$。图 5.8（c）中正、负半周（π）范围也被分为 p 个（$p=6$）相等的时区，每个时区宽度为 $\pi/p=\pi/6=30°$，每个时区有一个幅值为 V_D、宽度为 θ_k 的电压脉波，相邻两脉波电压中点之间的距离相等（$\pi/p=\pi/6=30°$），6 个脉波电压的高度都是 V_D，但宽度不同，宽度分别为 θ_1、θ_2、θ_3、$\theta_4(=\theta_3)$、$\theta_5(=\theta_2)$、$\theta_6(=\theta_1)$。如果要图 5.8（c）中任何一个时间段 T_S 中的脉宽为 θ_k、幅值为 V_D 的矩形脉冲电压 $v_{ab}(t)$ 等效于图 5.8（b）中该时间段 T_S 中正弦电压 $v(t)=V_{1m}\sin\omega t$，首要的条件应该是在该时间段 T_S 中，两者电压对时间的积分值，即电压和时间乘积所相当的面积相等。即

$$\begin{aligned}V_D T_k &= \int_{(k-1)T_S}^{kT_S} V_{ab}(\omega t)\mathrm{d}t = \int_{(k-1)T_S}^{kT_S} V_{ab}(\omega t)\mathrm{d}t = \int_{(k-1)T_S}^{kT_S} v(t) = V_{1m}\sin\omega t\,\mathrm{d}t \\ &= \frac{V_{1m}}{\omega}[\cos\omega(k-1)T_S - \cos\omega kT_S] = \frac{2V_{1m}}{\omega}\sin\frac{\omega t_S}{2}\sin\omega\left(k-\frac{1}{2}\right)T_S\end{aligned} \tag{5.9}$$

由图 5.8（c）可知，式（5.9）左边为第 k 个逆变电压脉波的积分值，其电压幅值为 V_D、作用时间为 T_k，对应的脉波电压宽度 $\theta_k=\omega T_k$，$T_k=\theta_k/\omega$；式（5.9）右边的 $\omega\left(k-\frac{1}{2}\right)T_S$ 是式（5.8）的 α_k，即第 k 个时区中心点的相位角 α_k。因此，由式（5.9）可得

$$V_D T_k = V_D\frac{\theta_k}{\omega} = \frac{2}{\omega}\sin\frac{\omega T_S}{2}\cdot V_{1m}\sin\alpha_k \tag{5.10}$$

如果半个周期 $T/2$ 中脉波数 p 很多，即 $T_S \ll T$，则

$$\sin\left(\frac{1}{2}\omega T_S\right) = \sin\left(\frac{1}{2}\times 2\pi f\cdot T_S\right) = \sin\left(\pi\cdot\frac{T_S}{T}\right) \approx \pi\frac{T_S}{T}$$

则式（5.9）为

$$V_D T_k = V_D\frac{\theta_k}{\omega} = \frac{2}{\omega}\sin\frac{\omega t_S}{2}\cdot V_{1m}\sin\alpha_k \approx \frac{2}{\omega}\frac{\pi T_S}{T}\cdot V_{1m}\sin\alpha_k = T_S V_{1m}\sin\alpha_k \tag{5.11}$$

因此，图 5.8（c）中第 k 个脉波在时间段 T_S 中电压平均值为

$$\frac{T_S}{T_k}V_D = \frac{\theta_k}{\theta_S}V_D = V_{1m}\sin\alpha_k \tag{5.12}$$

或第 k 个脉波电压的占空比

$$D = \frac{T_S}{T_k} = \frac{\theta_k}{\theta_S} = \frac{V_{1m}\sin\alpha_k}{V_D} \tag{5.13}$$

由图 5.8（b）、（c）可知，在每个脉波电压周期 T_S 中，逆变器输出一个等高（V_D）但宽度 θ_k 不同的脉波电压。式（5.12）左边是宽度为 $\theta_k=\omega t_k$（存在时间为 T_k）、高度为 V_D 脉波电压在周期 T_S（宽度为 $\theta_S=\omega t_S$）中的电压平均值，式（5.12）右边是该脉波周期 T_S 中，脉波中心点位置角 α_k 处正弦电压 $V_{1m}\sin\omega t$ 的瞬时值，即 $V_{1m}\sin\alpha_k$，因此在任何一个脉波周期 T_S 中，只要等幅（V_D）不等宽（θ_k）的脉波电压的平均值等于该脉波中心点（α_k）处正弦电压的瞬时值，则等幅（V_D）不等宽的脉波电压就与该脉波周期 T_S 中的正弦电压等效。换句话说，只要对逆变电路的开关器件进行实时、适式的通、断控制，使每个脉波的平均电压、脉波宽度或占空比按式（5.12）、式（5.13）的正弦规律变化，则逆变电路输出的多脉波电压就能与正弦电压等效。采样控制理论有一个重要的原理——冲量等效原理：大小、波形不相同的窄脉冲变量，如电压 $v(t)$，作用于惯性系统（如 RL 电路）时，只要它们的冲量，即变量对时间的积分相等，其作用效果相同。大小、波形不同的两个窄脉冲电压［如图 5.8

(b) 在某一时间段 T_S 的正弦电压与图 5.8 (c) 中同一时间段的等幅不等宽的脉冲电压] 作用于 R、L 电路时，只要两个窄脉冲电压的冲量相等，则它们所形成的电流响应就相同。因此，要使图 5.8 (c) 的 PWM 电压波在每一时间段都与该时段中正弦电压等效，除每一时间段的面积相等外，每个时间段的电压脉冲还必须很窄，这就要求脉波数量 p 很多。脉波数越多，不连续地按正弦规律改变宽度而幅值相同的多脉波电压 $V_{ab}(t)$ 就越等效于连续的正弦电压。详细的分析结论：对开关器件的通、断状态进行实时、适式的控制，使多脉波的矩形脉冲电压宽度按正弦规律变化时，通过傅里叶分析可以得知，输出电压中除基波外仅含有与开关频率倍数相对应的某些高次谐波而消除了许多低次谐波，开关频率越高，脉波数越多，就能消除更多的低次谐波，使逆变电路的输出电压 $V_{ab}(t)$ 更近似于连续的正弦波。

如果按同一比例的正弦规律改变图 5.8 (c) 中所有矩形脉波的宽度 θ，则可成比例地调控输出电压中的基波电压数值。这种控制逆变器输出电压大小及波形的方法称为 SPWM。各种 PWM 控制策略，特别是 SPWM 控制已在逆变技术中得到广泛应用。在 DC-DC、AC-DC、AC-AC 变换中，PWM 控制技术也是一种很好的控制方案并已得到广泛的应用。

5.3.3　单极性倍频正弦脉冲宽度调制

单相桥式逆变电路如图 5.9 (a) 所示，其中，4 个开关器件 VT1～VT4 的驱动信号 V_{G1}、V_{G2}、V_{G3}、V_{G4} 由图 5.9 (b) 生成。图 5.9 (b) 中，A、B 为比较器，$\boxed{-1}$为反相器。$\overline{V}_A=-V_A$，$\overline{V}_B=-V_B$。VT1、VT2 的驱动信号 V_{G1}、V_{G2} 由正弦波 v_r 和三角波 v_c 的瞬时值相比较确定；VT3、VT4 的驱动信号 V_{G3}、V_{G4} 由瞬时值 v_r、v_c 之和 v_r+v_c 的正、负值确定。图 5.9 (c) 画出了正弦波 v_r 和三角波电压 v_c，其中，$v_r=V_{rm}\sin\omega t=V_{rm}\sin 2\pi f_r t=V_{rm}\sin(2\pi t/T_r)$，称为正弦参考电压，其幅值为 V_{rm}，频率 $f_r=1/T_r$，T_r 为其周期；三角波 v_c 称为高频三角载波，其最大值为 $\pm V_{cm}$，频率为 f_c。三角波与正弦波频率比值称为载波比 $N=f_c/f_r$（图 5.9 中 $N=6$），正弦波幅值与三角波幅值之比值称为调制比 $M=V_{rm}/V_{cm}$（$V_{rm}\leqslant V_{cm}$，$M\leqslant 1$）。由图 5.9 (b) 可知，v_r、v_c 的瞬时值决定了 4 个开关管的驱动信号及其通、断状态。当：

(1) $v_r>v_c$ 时，比较器 A 输出 V_A 为正值，VT1 被驱动处于通态；$\overline{V}_A=-V_A$ 为负值，VT2 截止。

(2) $v_r<v_C$ 时，比较器 A 输出 V_A 为负值，VT1 截止；$\overline{V}_A=-V_A$ 为正值，VT2 被驱动处于通态。

(3) $v_r+v_c>0$ 时，比较器 B 输出 V_B 为正值，VT4 被驱动处于通态；$\overline{V}_B=-V_B$ 为负值，VT3 截止。

(4) $v_r+v_c<0$ 时，比较器 B 输出 V_B 为负值，VT4 截止；$\overline{V}_B=-V_B$ 为正值，VT3 被驱动处于通态。

当 VT1、VT4 被同时驱动处于通态时，$v_{ab}=+V_D$；VT2、VT3 被同时驱动时，$v_{ab}=-V_D$；当 VT1、VT3 被同时驱动或 VT2、VT4 被同时驱动时，$v_{ab}=0$。

根据图 5.9 (c) 所示 v_c、v_r 波形及图 5.9 (b) 形成的驱动信号，可画出在正弦参考电压 v_r 一个周期 T_r 期间从 $\omega t=\delta_0=0$ 到 $\omega t=\delta_{24}$ 共 24 个时间段中，4 个开关管的通断状态及逆变器输出电压波形，如表 5.1 和图 5.9 (d) 所示。

表 5.1 单极倍频 SPWM 电路驱动信号及输出波形

序号	时间段	v_r、v_c	v_r+v_c	VT1	VT2	VT3	VT4	V_{ab}
1	$\delta_0 \to \delta_1$	$v_r<v_c$	>0	—	ON	—	ON	0
2	$\delta_1 \to \delta_2$	$v_r>v_c$	>0	ON	—	—	ON	$+V_D$
3	$\delta_2 \to \delta_3$	$v_r>v_c$	<0	ON	—	ON	—	0
4	$\delta_3 \to \delta_4$	$v_r>v_c$	>0	ON	—	—	ON	$+V_D$
5	$\delta_4 \to \delta_5$	$v_r<v_c$	>0	—	ON	—	ON	0
6	$\delta_5 \to \delta_6$	$v_r>v_c$	>0	ON	—	—	ON	$+V_D$
7	$\delta_6 \to \delta_7$	$v_r>v_c$	<0	ON	—	ON	—	0
8	$\delta_7 \to \delta_8$	$v_r>v_c$	>0	ON	—	—	ON	$+V_D$
9	$\delta_8 \to \delta_9$	$v_r<v_c$	>0	—	ON	—	ON	0
10	$\delta_9 \to \delta_{10}$	$v_r>v_c$	>0	ON	—	—	ON	$+V_D$
11	$\delta_{10} \to \delta_{11}$	$v_r>v_c$	<0	ON	—	ON	—	0
12	$\delta_{11} \to \delta_{12}$	$v_r>v_c$	>0	ON	—	—	ON	$+V_D$
13	$\delta_{12} \to \delta_{13}$	$v_r<v_c$	>0	—	ON	—	ON	0
14	$\delta_{13} \to \delta_{14}$	$v_r<v_c$	<0	—	ON	ON	—	$-V_D$
15	$\delta_{14} \to \delta_{15}$	$v_r>v_c$	<0	ON	—	ON	—	0
16	$\delta_{15} \to \delta_{16}$	$v_r<v_c$	<0	—	ON	ON	—	$-V_D$
17	$\delta_{16} \to \delta_{17}$	$v_r<v_c$	>0	—	ON	—	ON	0
18	$\delta_{17} \to \delta_{18}$	$v_r<v_c$	<0	—	ON	ON	—	$-V_D$
19	$\delta_{18} \to \delta_{19}$	$v_r>v_c$	<0	ON	—	ON	—	0
20	$\delta_{19} \to \delta_{20}$	$v_r<v_c$	<0	—	ON	ON	—	$-V_D$
21	$\delta_{20} \to \delta_{21}$	$v_r<v_c$	>0	—	ON	—	ON	0
22	$\delta_{21} \to \delta_{22}$	$v_r<v_c$	<0	—	ON	ON	—	$-V_D$
23	$\delta_{22} \to \delta_{23}$	$v_r>v_c$	<0	ON	—	ON	—	0
24	$\delta_{23} \to \delta_{24}$	$v_r<v_c$	<0	—	ON	ON	—	$-V_D$
1	$\delta_{24} \to \delta_1'$	$v_r<v_c$	>0	—	ON	—	ON	0

由图 5.9（c）、（d）可知，逆变电路输出电压 v_{ab}是一个多脉波、对称的交流电压，其基波周期 T 就是正弦参考波 v_r的周期 T_r，因此逆变电路输出电压的频率 $f=f_r$，同时 v_{ab}的起始相位角也就是正弦参考电压 V_r的起始相位角。此外，改变调制比 $M(V_{rm}/V_{cm})$，如固定三角波幅值 V_{cm}改变正弦波幅值 V_{rm}，将使各脉波宽度同时成比例改变，从而改变输出电压的大小，因此逆变器输出电压的大小、频率和相位（基波正弦电压的起始相位）都可由正弦参考电压 $v_r=V_{rm}\sin\omega t$ 控制。

图 5.9（c）、（d）中，V_c是正、负对称的三角波电压，在一个三角波周期 T_c区域中，形成两个等高（V_D）但宽度 θ 稍有不同的脉波，脉波周期 T_S（对应的相位角宽度 $\theta_S=\omega T_S$）为 $T_c/2$。图 5.9（c）、（d）中，载波比 $N=f_c/f_r=6$，v_r、v_c 的交点确定了在半个周期 T_r中有 $p=N=6$ 个等高的脉波电压。若第 k 个脉波电压的宽度相角为 θ_k，θ_k 所对应的时间为 T_k，则 $\theta_k=\omega T_k$，每个脉波的时区为 $T_S=1/2T_c=1/2\times1/6T_r=1/12T_r$，$T_S$ 对应的时区宽

度相角 $\theta_S=\omega T_S=2\pi f_r T_S=2\pi T_S/T_r=\pi/6$。

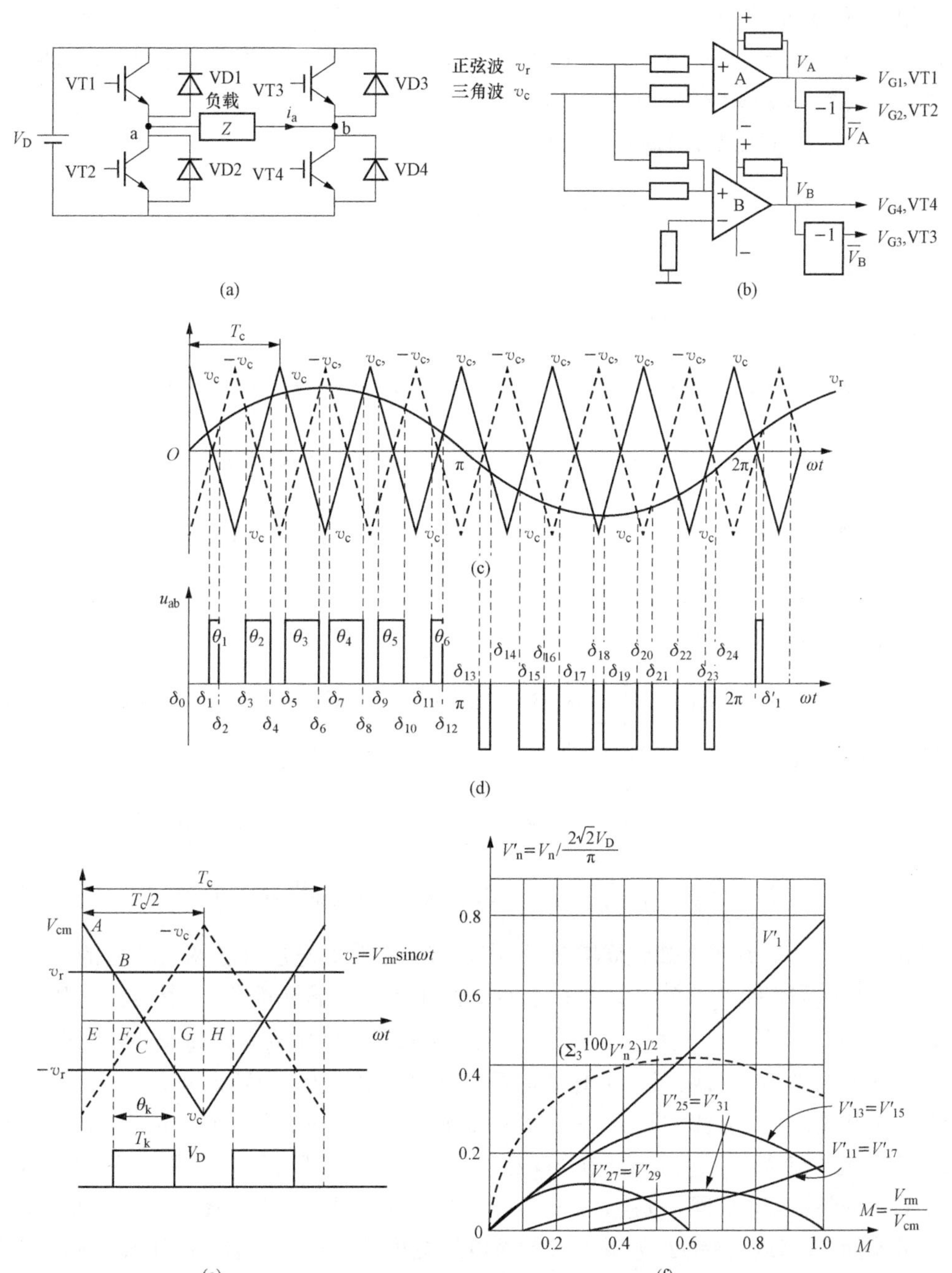

图 5.9　单极倍频正弦脉宽调制原理及输出波形

(a) 主电路；(b) 驱动信号形成电路；(c) $v_c v_r$ 交点确定开关点；(d) 输出电压 v_{ab} 的 SPWM 波形；(e) 脉波电压占空比及平均值；(f) $N=6$，$p=6$ 时，基波和谐波值

由于波形的对称性，6 个脉波电压的宽度相角分别是 θ_1、θ_2、θ_3、$\theta_4=\theta_3$、$\theta_5=\theta_2$、$\theta_6=\theta_1$。对应的脉波电压 V_D存在的时间分别是 T_1、T_2、T_3、$T_4=T_3$、$T_5=T_2$、$T_6=T_1$。若各

脉波的中心点相位角为 α_1、α_2、α_3、$\alpha_4=\pi-\alpha_3$、$\alpha_5=\pi-\alpha_2$、$\alpha_6=\pi-\alpha_1$，各脉波电压的起始和终止相位角为 δ_1、δ_2；δ_3、δ_4；δ_5、δ_6；δ_7、δ_8；δ_9、δ_{10}；δ_{11}、δ_{12}，其中，$\delta_{12}=\pi-\delta_1$；$\delta_{11}=\pi-\delta_2$；$\delta_{10}=\pi-\delta_3$；$\delta_9=\pi-\delta_4$；$\delta_8=\pi-\delta_5$；$\delta_7=\pi-\delta_6$，则图 5.9（d）的 v_{ab} 是一个半波对称的奇函数：$v_{ab}(\omega t)=-v_{ab}(\omega t+\pi)=-v_{ab}(-\omega t)$。

将 $v_{ab}(\omega t)$ 进行傅里叶分解，可以得到

$$v_{ab}(\omega t)=\sum_{n=1,3,5\cdots}^{\infty} b_n\sin(n\omega t) \tag{5.14}$$

式中

$$\begin{aligned}
b_n &= \frac{4}{\pi}\int_0^{\frac{\pi}{2}} v_{ab}(\omega t)\sin(n\omega t)\mathrm{d}(\omega t)\\
&= \frac{4}{\pi}\left[\int_{\delta_1}^{\delta_2} v_{ab}(\omega t)\sin(n\omega t)\mathrm{d}(\omega t)+\int_{\delta_3}^{\delta_4} v_{ab}(\omega t)\sin(n\omega t)\mathrm{d}(\omega t)+\int_{\delta_5}^{\delta_6} v_{ab}(\omega t)\sin(n\omega t)\mathrm{d}(\omega t)\right]\\
&= \frac{4}{n\pi}V_D(\cos n\delta_1-\cos n\delta_2+\cos n\delta_3-\cos n\delta_4+\cos n\delta_5-\cos n\delta_6)\ n=1,3,5\cdots
\end{aligned}$$

$$v_{ab}(\omega t)=\frac{4}{\pi}V_D\sum_{n=1,3,5\cdots}^{\infty}\frac{1}{n}(\cos n\delta_1-\cos n\delta_2+\cos n\delta_3-\cos n\delta_4+\cos n\delta_5-\cos n\delta_6)\sin(n\omega t) \tag{5.15}$$

n 次谐波有效值为

$$V_n=\frac{2\sqrt{2}}{n\pi}V_D(\cos n\delta_1-\cos n\delta_2+\cos n\delta_3-\cos n\delta_4+\cos n\delta_5-\cos n\delta_6) \tag{5.16}$$

基波电压有效值为

$$\begin{aligned}
V_1 &= \frac{2\sqrt{2}}{\pi}V_D(\cos\delta_1-\cos\delta_2+\cos\delta_3-\cos\delta_4+\cos\delta_5-\cos\delta_6)\\
&= \frac{4\sqrt{2}}{\pi}V_D\left(\sin\frac{\theta_1}{2}\sin\alpha_1+\sin\frac{\theta_2}{2}\sin\alpha_2+\sin\frac{\theta_3}{2}\sin\alpha_3\right)
\end{aligned} \tag{5.17}$$

图 5.9（c）中，每半个载波周期 $T_c/2$ 中，有一个脉波电压（脉宽 θ_k 存在的时间为 T_k，$\theta_k=\omega T_k$）即脉波周期 $T_S=T_c/2$，图 5.9（e）画出了一个脉波周期 T_S 中的脉波电压。由于脉波数 p 很多，脉波周期 T_S 很小，在一个 T_S 中正弦参考电压 $v_r=V_{rm}\sin\omega t$ 变化很小，若脉波中心点的相位角为 α_k，则在这个脉波周期 T_S 中可以认为 $v_r=V_{rm}\sin\alpha_k$ 不变。图 5.9（e）中，在一个脉波周期 T_S 中，即 ωt 在 $EFGH$ 区间：当 ωt 在 EF 区间，$v_r<v_c$，$v_r+v_c>0$，VT2、VT4 处于通态，$v_{ab}=0$；ωt 在 FG 区间，$v_r>v_c$，$v_r+v_c>0$，VT1、VT4 处于通态，$v_{ab}=+V_D$；ωt 在 GH 区间，$v_r>v_c$，$v_r+v_c<0$，VT1、VT3 处于通态，$v_{ab}=0$。因此，在一个脉波周期 T_S（或 $\theta_S=\omega T_S$）期间，脉波电压宽度 $\theta_k=\omega T_k$，脉波电压在该脉波周期 T_S 中的平均值为

$$V_D\frac{\theta_k}{\theta_S}=V_D\frac{T_k}{T_S} \tag{5.18}$$

图 5.9（e）中，三角形 AEC 的简单几何关系得

$$\frac{\theta_k/2}{\theta_S/2}=\frac{FC}{EC}=\frac{FB}{EA}=\frac{V_r}{V_{cm}}=\frac{V_{rm}\sin\alpha_k}{V_{cm}} \tag{5.19}$$

因此，第 k 个脉波电压的平均值

$$V_D\frac{\theta_k}{\theta_S}=V_D\frac{V_{rm}\sin\alpha_k}{V_{cm}} \tag{5.20}$$

第 k 个脉波电压的占空比

$$D=\frac{\theta_k}{\theta_S}=\frac{V_{rm}\sin\alpha_k}{V_{cm}} \tag{5.21}$$

当脉波数 p 很大，即当 $T_S \ll T$ 时，逆变电路输出电压将是很多个宽度很窄的不连续脉波电压的集合，脉波电压在一个很短周期 T_S 中的平均值可看作该周期 T_S 中的瞬时值。因此，由式（5.20）得到逆变电路采用 SPWM 时，其输出电压瞬时值为

$$v_{ab}(\omega t)=V_D\frac{\theta_k}{\theta_S}=V_D\frac{V_{rm}\sin\alpha_k}{V_{cm}}=V_D\frac{V_{rm}}{V_{cm}}\sin(\omega t)=MV_D\sin(\omega t) \tag{5.22}$$

所以，采用 SPWM 控制时，逆变器输出电压的基波幅值为

$$V_{1m}=V_D\frac{V_{rm}}{V_{cm}}=MV_D \tag{5.23}$$

基波电压的有效值为

$$V_1=\frac{M}{\sqrt{2}}V_D=0.707MV_D \tag{5.24}$$

由式（5.23），并根据图 5.9（e），SPWM 控制得到的占空比式

$$D=\frac{\theta_k}{\theta_S}=\frac{V_{1m}\sin\alpha_k}{V_D} \tag{5.25}$$

改变调制比 M，如固定三角波幅值 V_{cm} 但改变正弦参考波幅值 V_{rm}，即可调控输出基波电压值。SPWM 控制要求 $V_{rm} \leqslant V_{cm}$，即调制比 $M=V_{rm}/V_{cm} \leqslant 1$。因此，SPWM 控制的单相逆变电路输出的最大电压幅值为 V_D，最大的有效值为 $V_D/\sqrt{2} \approx 0.707V_D$。由式（5.22）还可看出输出电压的频率、相位就是正弦参考电压 V_r 的频率和相位，所以逆变器输出电压的幅值、频率和相位可由正弦参考电压的幅值、频率和相位调控。

5.3.2 节已经论述，如果要求逆变电路输出的恒幅（V_D）不等宽度 θ_k 的多脉波电压与正弦电压 $V_{1m}\sin\omega t$ 等效，脉波数 p 或载波比 $N=f_c/f_r$ 必须很大，且各脉波电压的宽度 θ_k 或占空比 D 应按式（5.13）确定。采用图 5.9（b）中三角波 v_c 与正弦波 v_r 的交点确定逆变电路 4 个开关器件的通、断状态时，得到的各脉波电压的占空比 D、各脉波电压宽度 θ_k 的式（5.25）正好就是式（5.13），即各脉波电压的宽度 θ_k、占空比 D 与该脉波中心点处相位角 α_k 的正弦函数成正比，或脉波电压的平均值等于正弦电压在中心点 α_k 处的瞬时值。

图 5.9（d）所示波形特点是输出电压的正半周中只有正值脉波电压 $+V_D$，负半周中只有负值脉波电压 $-V_D$，这种脉波电压称为单极性脉波电压。此外，在每个载波周期 T_c 中形成两个脉波电压。图 5.9（c）中，正、负半波各有 3 个载波周期 T_c，但正、负半波中各有 6 个单极性脉波电压，即载波比 $N=f_c/f_r=6$ 时，一个输出电压周期 T（2π）中共有 $2\times6=12$ 个正、负脉波，即正、负脉波数 $2p=2\times6=12$，比载波比 $N=6$ 高一倍，故称这种 SPWM 控制方式为单极性倍频 SPWM 控制。

已知正弦参考波电压 $v_r=V_{rm}\sin\omega t$ 和三角波频率 f_c、幅值 V_{cm} 后，可以确定图 5.9（c）中 v_r、v_c、$-v_c$ 的电压交点，即确定各脉波电压的起始和终止角 δ_1、δ_2、δ_3、δ_4、δ_5、δ_6，各脉波宽度 $\theta_1=\delta_2-\delta_1$，$\theta_2=\delta_4-\delta_3$，$\theta_3=\delta_6-\delta_5$，以及各脉波中心点位置角 $\alpha_1=(\delta_1+\delta_2)$，$\alpha_2=(\delta_3+\delta_4)$，$\alpha_3=(\delta_5+\delta_6)$；利用式（5.17）和式（5.16）即可计算出基波和各次谐波有效

值V_1、V_n，图 5.9（f）画出了载波比 $N=6$，每半周中有 $p=N=6$ 个脉波，不同调制比 $M=V_{rm}/V_{cm}$时，基波和谐波电压的相对值（取基准值为 $2\sqrt{2}V_D/\pi$－180°单脉波时的基波有效值）的计算结果。当调制比 $M=V_{rm}/V_{cm}\leqslant 1$ 时，逆变器输出电压 v_{ab}中的基波电压有效值 V_1与调制比 M 成正比，$M=1$ 时，由式（5.24）

$$V_1=\frac{1}{\sqrt{2}}MV_D\approx 0.707MV_D \tag{5.26}$$

如果输出电压半个周期 $T/2$ 中，有 p 个单极性电压，深入分析这种单极性 SPWM 控制的输出电压波形得知：除基波外，$v_{ab}(t)$ 还含有一系列高次谐波，其中最低次谐波阶次为 $2p-1$ 次。图 5.9（f）中 $p=6$，最低次谐波为 $2p-1=2\times 6-1=11$ 次，11 次以下的谐波全部消除，其中 25 次谐波数值最高超过 20%，虽然这比 180°方波的 25 次谐波电压幅值的相对值 1/25 要高得多［参考式（5.3）］，然而逆变电路输出端通常接感性负载，25 次谐波电压产生的谐波电流幅值将为基波电流的 $1/25^2$，实际产生的危害很小。由式（5.4）可知，经电感和电容值较小的 LC 滤波器滤波后，25 次谐波在负载端的电压畸变是很小的。

将式（5.16）、式（5.17）所示的 SPWM 波的基波和谐波与 180°宽单个矩形波的基波和谐波相比较可知：

（1）采用单极性 SPWM 控制后，消除了 $2p-1$ 以下的谐波，最低次谐波为 $2p-1$ 次谐波。

（2）采用 SPWM 控制后，基波最大的有效值 V_1（在 $M=V_{rm}/V_{cm}=1$ 时）为 $V_{1m}/\sqrt{2}=V_D/\sqrt{2}\approx 0.707V_D$，它与 180°矩形波的基波有效值 $2\sqrt{2}/\pi V_D$ 的比值为 0.7854。因此，采用 SPWM 控制在消除低次谐波、改善输出波形的同时输出电压（即直流电压利用率）小了 21.46%。

（3）采用 SPWM 控制后尚存的高次谐波数值比 180°宽的矩形波可能大些。例如，180°宽矩形波中 11 次谐波为基波的 1/11，即 9%。而在 SPWM 控制时，图 5.9（f）中，11 次谐波还大于基波的 9%，但其接感性负载产生的谐波电流幅值为基波电流的 $1/11^2$，实际不会带来严重的后果，经 LC 滤波后，其在负载端的电压畸变率还是很小的。

5.3.4 双极性 SPWM

图 5.9（d）所示的输出电压正半周中只有正脉波，负半周中只有负脉波，故称为单极性 SPWM 控制。本节介绍双极性 SPWM 控制。

图 5.10 中调制参考波仍为幅值为 V_{rm}的正弦波 v_r，其频率 f_r就是输出电压基波频率 f_1。高频载波三角波 v_c幅值为 V_{cm}，频率为 f_c。这里采用与 5.3.4 节图 5.9（b）不同的驱动信号形成电路图 5.10（b），这时无论在 v_r 的正半周还是负半周，当瞬时值 $v_r>v_c$时，图 5.10（b）中的比较器输出电压 V_G为正值，以此作为 VT1、VT4 驱动信号 V_{G1}、V_{G4}，由于 $V_{G1}>0$，$V_{G4}>0$，VT1、VT4 同时处于通态。同时，正值 V_G反向后为负值，使 V_{G2}、V_{G3}为负值，VT2、VT3 截止，于是逆变器输出电压 $v_{ab}=+V_D$。当瞬时值 $v_r<v_c$时，图 5.10（b）中的比较器输出电压 V_G为负值，使 VT1、VT4 截止，这时 V_G反向后输出 VT2、VT3 的驱动信号 V_{G2}、V_{G3}为正值，VT2、VT3 同时处于通态，于是逆变器输出电压 $v_{ab}=-V_D$。

利用图 5.10（b）简单的硬件电路逻辑关系（或改用计算机软件）可以获得 4 个开关器件的驱动信号，从而得到图 5.10（c）中的输出电压 v_{ab}，它由多个不同宽度的双极性脉冲电压方波组成。载波比 $N=f_c/f_r=f_c/f_1$，则每半个周期中正脉波和负脉波共有 N 个。若固

定三角载波频率 f_c，改变 f_r，即可改变输出交流电压基波的频率 $f_1(f_1=f_r)$。固定三角载波电压幅值 V_{cm}，改变正弦调制参考波 v_r的幅值 V_{rm}，即改变调制比 $M(M=V_{rm}/V_{cm}$，$V_{rm}=MV_{cm})$，则将改变 v_r与 v_c瞬时电压的交点，从而改变每个脉波电压的宽度，改变 v_{ab}中基波和谐波的数值。由于图 5.10（c）中输出电压在正、负半周中都有多个正、负脉波电压，故称这种 SPWM 控制为双极性 SPWM。

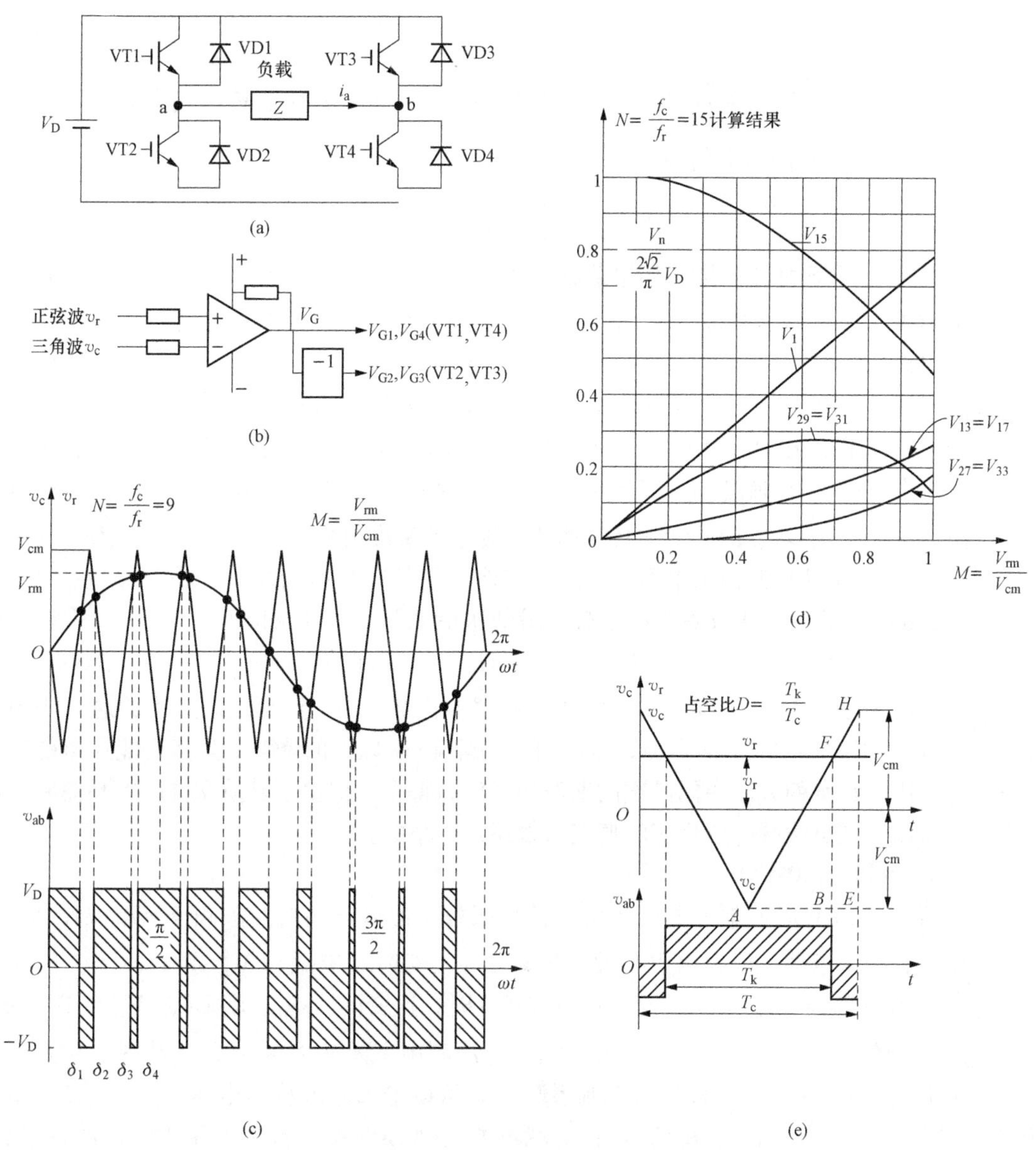

图 5.10　双极性正弦脉宽调制原理及输出波形

（a）电路；（b）驱动信号生成电路；（c）电压波形；（d）$N=15$，基波和谐波值；（e）脉波电压占空比平均值

图 5.10（e）示出了在一个载波周期 T_c中，在 $v_r>v_c$的 T_k期间，VT1、VT4 处于通态，$v_{ab}=+V_D$；在其余（T_c-T_k）期间，$v_r<v_c$，VT2、VT3 处于通态，$v_{ab}=-V_D$。由图 5.10

(e) 中简单的几何关系可得到 VT1、VT4 同时处于通态的占空比

$$D=\frac{T_k}{T_c}=\frac{T_k/2}{T_c/2}=\frac{AB}{AE}=\frac{BF}{EH}=\frac{V_{cm}+v_r}{2V_{cm}}=\frac{1}{2}\left(1+\frac{v_r}{V_{cm}}\right) \tag{5.27}$$

即

$$2D-1=\frac{v_r}{V_{cm}}$$

在 T_c期间，v_{ab}的平均值

$$V_{ab}=\frac{T_k V_D-(T_c-T_k)V_D}{T_c}=\left(2\frac{T_k}{T_c}-1\right)V_D=(2D-1)V_D=\frac{v_r}{V_{cm}}V_D \tag{5.28}$$

当 $v_r=V_{rm}$时，v_{ab}的最大值为

$$V_{abmax}=\frac{V_{rm}}{V_{cm}}V_D=MV_D$$

与单极性 SPWM 脉波一样，如果载波比 N 足够大，调制比 $M\leqslant1$，则 SPWM 脉波的基波电压幅值 $V_{1m}\approx MV_D=V_D V_{rm}/V_{cm}$，输出电压基波最大时，其有效值只能达到 $V_D/\sqrt{2}\approx0.707V_D$，即 $V_{1m}=V_D(M=1)$，这与单极性 SPWM 控制是一样的。对比 180°的方波交流电压的基波有效值，由式（5.3）可知为 $V_1=0.9V_D$，可见双极性 SPWM 改善输出电压波形的代价也是牺牲了直流电压利用率，即输出电压的基波电压有效值从 $V_1=0.9V_D$ 减小到 $0.707V_D$。图 5.10（d）画出 $N=15$ 时，双极性 SPWM 控制的基波和各次谐波的相对值随电压调制系数 $M=V_{rm}/V_{cm}$而改变的特性曲线，纵坐标基准值取为 $2\sqrt{2}V_D/\pi$。深入地分析计算得知双极性 SPWM 控制输出电压中，除基波外还含有第 N 次谐波，以及 $N\pm2$ 次、$2N\pm1$ 次、$2N\pm3$ 次、$2N\pm5$ 次及更高次谐波，最低次谐波为 $N-2$ 次谐波，$N-2$ 以下谐波全部消除，第 N 次谐波数值最大。例如，$N=15$ 时，最低次谐波为 $N-2=13$ 次谐波。15 次谐波最大，$V_{15}=2\sqrt{2}V_D/\pi=0.9V_D$。如果逆变器输出频率 $f_1=50\text{Hz}$，开关的通、断频率 $f_k=2.55\text{kHz}$，则 $N=2550/50=51$，这时可以消除 49 次以下的谐波。虽然可能存留的高次谐波相对值比 180°宽的方波中同阶次的谐波相对值高得多，但由于其阶次高，容易滤除，经输出滤波器以后在负载端电压相应的畸变系数还是很小的。

5.3.5 改进型 SPWM

逆变器采用 SPWM 控制时其输出电压波形很好，但需较高的开关频率（载波比 N 大）且直流电压利用率不高。因为输出基波电压幅值 $V_{1m}\leqslant V_D$，有效值 $V_1\leqslant V_D/\sqrt{2}\approx0.707V_D$，直流电压利用率 $V_1/V_D\leqslant0.707$。而 180°方波逆变时，逆变电压基波幅值可达 $V_{1m}=4V_D/\pi=1.27V_D$，有效值 $V_1=2\sqrt{2}V_D/\pi=0.9V_D$，直流电压利用率为 $V_1/V_D=0.9$。从图 5.9（c）可知，增大调制参考电压 V_{rm}，即增大调制系数 M，可以增大基波输出电压 V_1，但 M 值不能超过 1，$M=V_{rm}/V_{cm}\leqslant1$，$V_{rm}\leqslant V_{cm}$，否则就不能实现 SPWM，输出电压中的谐波将增加。为了实现 SPWM，v_r的绝对值在任何时刻都应小于 V_{cm}。从图 5.9（c）可知，增大调制波 v_r 的幅值 V_{rm}，可以增加输出半周内各驱动脉冲的宽度，从而增加各处对应的输出电压脉波宽度，增大输出电压，但中间处的脉波宽度变化不显著。为此，可采取以下改进办法，既提高直流电压利用率又确保输出电压正弦性变化不大。

（1）图 5.11 中，只在半周的前 60°和后 60°期间内发出 $M>1$，$V_{rm}>V_{cm}$的正弦载波，而在中间 60°范围内令调制波 v_r的瞬时值等于三角形载波幅值 $v_r=V_{cm}$，因此，在中间 60°期间

开关器件一直导通，输出电压 $|v_{ab}|=V_D$。这种控制方式可使每周期中开关次数减少，开关损耗降低，既增大输出电压又不会使输出电压畸变增加很多。

(2) 将正弦调制波改为阶梯波，在 0°～60°范围内 v_r 线性上升到 V_{cm}，在 60°～120°范围内 $v_r=V_{cm}$，在 120°～180°范围内 v_r 从 V_{cm} 线性下降到零。

(3) 在基波正弦调制参考波 v_{r1} 中附加一个 3 次谐波分量 v_{r3}，取

$$v_r(\omega t)=v_{r1}(\omega t)+v_{r3}(\omega t)=V_{r1m}\sin\omega t+V_{r3m}\sin3\omega t \tag{5.29}$$

且令正弦调制基波的幅值 V_{r1m} 大于三角载波的幅值 V_{cm}，但 v_{r1}、v_{r3} 的瞬时值总和 $v_r(\omega t)$ 不超过 V_{cm}，这时在 $0°<\omega t<60°$ 范围内和在 $120°<\omega t<180°$ 范围内，由于 $V_{r3m}\sin3\omega t$ 为正值，所以 v_r 瞬时值比 $V_{r1m}\sin\omega t$ 要大，使脉宽加大，提高了输出电压。但在 $60°<\omega t<120°$ 范围内，由于 $V_{r3m}\sin3\omega t$ 为负值，v_r 瞬时值又比 $V_{r1m}\sin\omega t$ 要小，不致出现瞬时值 $v_r(\omega t)/V_{cm}>1$ 的过调制情况。由于正弦波在60°～120°范围内其数值随相位角变化不大，因此在此段范围内加入负值的 3 次谐波对 SPWM 控制效果损害不大，既可使谐波数值增加很少，又可使正弦基波调制波的幅值 V_{r1m} 选得超过 V_{cm}，增大基波电压输出。

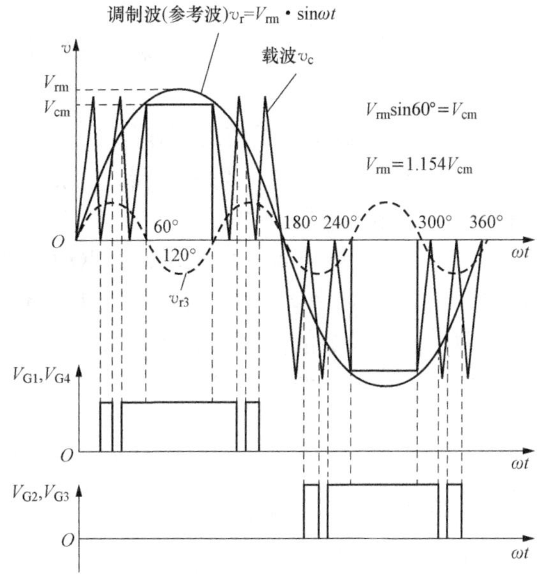

图 5.11　改进型 SPWM 控制原理及输出电压波形

以上简介的改进型 SPWM 虽然提高了输出电压的基波数值，提高了直流电压利用率，但同时使输出电压中的谐波有所增加，特别是频率较低、数值较大的 3 次谐波。但是，由于三相逆变器各相基波电压相差 120°，3 个相的 3 次谐波电压大小相等、方向相同，所以三相逆变器输出线电压中不含 $3N$（3、9、15 等）次谐波，故这种改进型 SPWM 控制策略更适用于三相逆变器。

5.3.6　基波移相控制

如果逆变器的输出电压 v_O 由逆变器 A 和逆变器 B 的输出电压 v_A 和 v_B 串联而成，则 $v_O=v_A+v_B$，如果 v_A 的基波 v_{A1} 与 v_B 的基波 v_{B1} 相差 φ_1 角，v_O 的基波电压 $v_1=v_{A1}+v_{B1}$，则

$$|V_1|=\sqrt{V_{A1}^2+V_{B1}^2+2V_{A1}\cdot V_{B1}\cdot\cos\varphi_1} \tag{5.30}$$

v_O 的第 n 次谐波

$$v_{On}=v_{An}+v_{Bn} \tag{5.31}$$

改变 φ_1 角可以调控逆变器的基波输出电压，这就是逆变器基波移相控制的基本原理，同时设置适当的相差角 φ_1，又可能使逆变器输出电压中消除某次特定谐波。例如，两个相差 60°的方波电压相加（或相差 120°相减）时，就消除了 3 次谐波。

如果逆变器的输出由很多不同相位差、不同电压值的电压合成，根据以上原理，有可能使逆变器输出电压既能调控其基波电压，又能有效地消除某些特定的低次谐波，这也是高压大容量逆变器复合结构的基本原理。

5.4 三相逆变电路工作原理

5.4.1 电压型三相逆变工作原理

三相交流负载需要三相逆变器，三相逆变器有两种电路结构，其一为由 3 个单相逆变器组成一个三相逆变器，如图 5.12（a）所示，每个单相逆变器可以是半桥式电路也可以是全桥式电路。3 个单相逆变器的开关管驱动信号之间互差 120°，三相输出电压 v_A、v_B、v_C大小相等，相差 120°，构成一个对称的三相交流电源，通常变压器的二次绕组都接成星形以便消除负载端的 3 倍数的谐波（$n=3$，6，9…），采用这种结构的三相逆变电路所用元器件比较多，适用于高压大容量的逆变器。

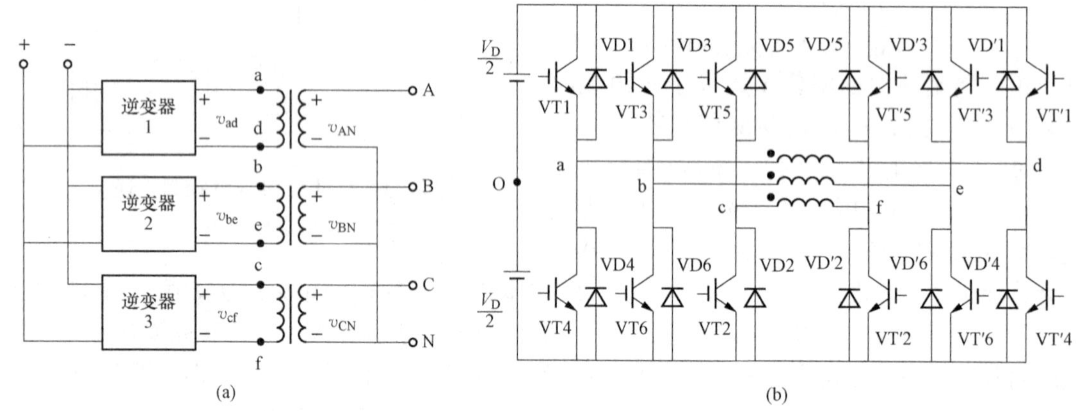

图 5.12 3 个单相逆变器构成的三相逆变器

（a）框图；（b）电路图

三相逆变器的另一种电路结构是图 5.13（a）所示的三相桥式逆变电路。三相桥式逆变电路实际应用很广泛，图 5.13（a）是电压型三相桥式逆变电路。同一桥臂上、下两个开关管互补通、断，如 A 相桥臂上管 VT1 导通时，下管 VT4 截止；VT4 导通时，VT1 截止。当 VT1（VD1）导通时，节点 A 接于直流电源正端，$v_{AO}=V_D/2$；当 VT4（VD4）导通时，节点 A 接于直流电源负端，$v_{AO}=-V_D/2$。同理，B 和 C 点也是根据上、下管导通情况决定其电位。请读者特别留意图 5.13（a）所示三相桥式逆变电路 A、B、C 各相输出电压，只可能是$\pm V_D/2$而不可能为电源中点 O 的电位。按图 5.13（b）中依序标号的开关器件，其驱动信号彼此间相差 60°。若每个开关管的驱动信号持续 180°，如图 5.13（a）所示，则在任何时刻都有 3 个开关管同时导通，并按 1、2、3，2、3、4，3、4、5，4、5、6，5、6、1，6、1、2 顺序导通，从而能获得图 5.13（b）所示的宽度为 120°、幅值为 V_D、彼此相差 120°的输出线电压 v_{AB}、v_{BC}、v_{CA}波形

$$\begin{cases} v_{AB} = v_{AO} - v_{BO} \\ v_{BC} = v_{BO} - v_{CO} \\ v_{CA} = v_{CO} - v_{AO} \end{cases}$$

逆变器的三相负载可按星形或三角形联结。当负载为图 5.13（c）所示三角形联结时，负载相电压等于线电压，很容易求得相电流 $i_{AB}=v_{AB}/R$，那么逆变器输出电流 $i_A=i_{AB}-i_{CA}$

也就知道了。当负载为图 5.13（d）所示星形联结时，必须先求出负载的相电压 v_{AN}，才能求出逆变器输出电流 $i_A=v_{AN}/R$。现以电阻负载接成星形为例说明如下。

由图 5.13 中波形图可知，在输出半周内，逆变器有下述 3 种工作模式（开关状态）：

（1）模式 1（$0\leqslant\omega t<\pi/3$），VT5、VT6、VT1 有驱动信号。三相桥的 A、C 两点接正端 P，B 点接负端 Q。由图 5.13（e）可知，等效电阻

$$R_E=R+\frac{R}{2}=\frac{3R}{2}$$

$$i_1=\frac{V_D}{R_E}=\frac{2V_D}{3R}$$

$$v_{AN}=v_{CN}=V_D/3$$

$$v_{BN}=-i_1R=-2V_D/3 \tag{5.32}$$

（2）模式 2（$\pi/3\leqslant\omega t<2\pi/3$），VT6、VT1、VT2 有驱动信号。A 点接正端 P，B、C 接负端 Q。由图 5.13（f）可知，等效电阻

$$R_E=R+\frac{R}{2}=\frac{3R}{2}$$

$$i_2=\frac{V_D}{R_E}=\frac{2V_D}{3R}$$

$$v_{AN}=i_2R=2V_D/3$$

$$v_{BN}=v_{CN}=-i_2R/2=-V_D/3 \tag{5.33}$$

（3）模式 3（$2\pi/3\leqslant\omega t<\pi$），VT1、VT2、VT3 有驱动信号。A、B 点接正端 P，C 点接负端 Q。由图 5.13（g）可知，等效电阻

$$R_E=R+\frac{R}{2}=\frac{3R}{2}$$

$$i_2=\frac{V_D}{R_E}=\frac{2V_D}{3R}$$

$$v_{AN}=v_{BN}=i_3R/2=V_D/3$$

$$v_{AN}=-i_3R=-2V_D/3 \tag{5.34}$$

根据上述分析，星形负载电阻上的相电压 v_{AN}、v_{BN}、v_{CN} 波形是图 5.13（b）所示的阶梯波，如果时间坐标起点取在阶梯波的起点，纵坐标为图中实线 Oy 所示。利用傅里叶分析，则图 5.13 中 A 相电压的瞬时值为

$$v_{AN}(t)=\frac{2}{\pi}V_D\left(\sin\omega t+\frac{1}{5}\sin5\omega t+\frac{1}{7}\sin7\omega t+\frac{1}{11}\sin11\omega t+\frac{1}{13}\sin13\omega t+\cdots\right) \tag{5.35}$$

基波幅值为 $V_{1m}=2/\pi V_D$，无 3 次谐波，只含 5、7、11、13 等高阶奇次谐波，n 次谐波幅值为基波幅值的 $1/n$。

同一个 A 相电压阶梯波，若将时间坐标的起点取在阶梯波的中点 M，如图 5.13（b）中纵坐标 y 位于 v_{AN} 波形的 M 点上，则该阶梯波的瞬时值为

$$v_{AN}(t)=\frac{2}{\pi}V_D\left(\cos\omega t+\frac{1}{5}\cos5\omega t+\frac{1}{7}\cos7\omega t+\frac{1}{11}\cos11\omega t+\frac{1}{13}\cos13\omega t+\cdots\right) \tag{5.36}$$

将式（5.35）中的 ωt 用 $\omega t+90°$ 代入也能直接得到式（5.36）。

如图 5.13（b）所示，线电压为 120°宽、幅值为 V_D 的方波，如果线电压 v_{AB} 时间坐标的零点取在 N 点，纵坐标为 Ny，则 120°宽方波电压 v_{AB} 的傅里叶分析结果为

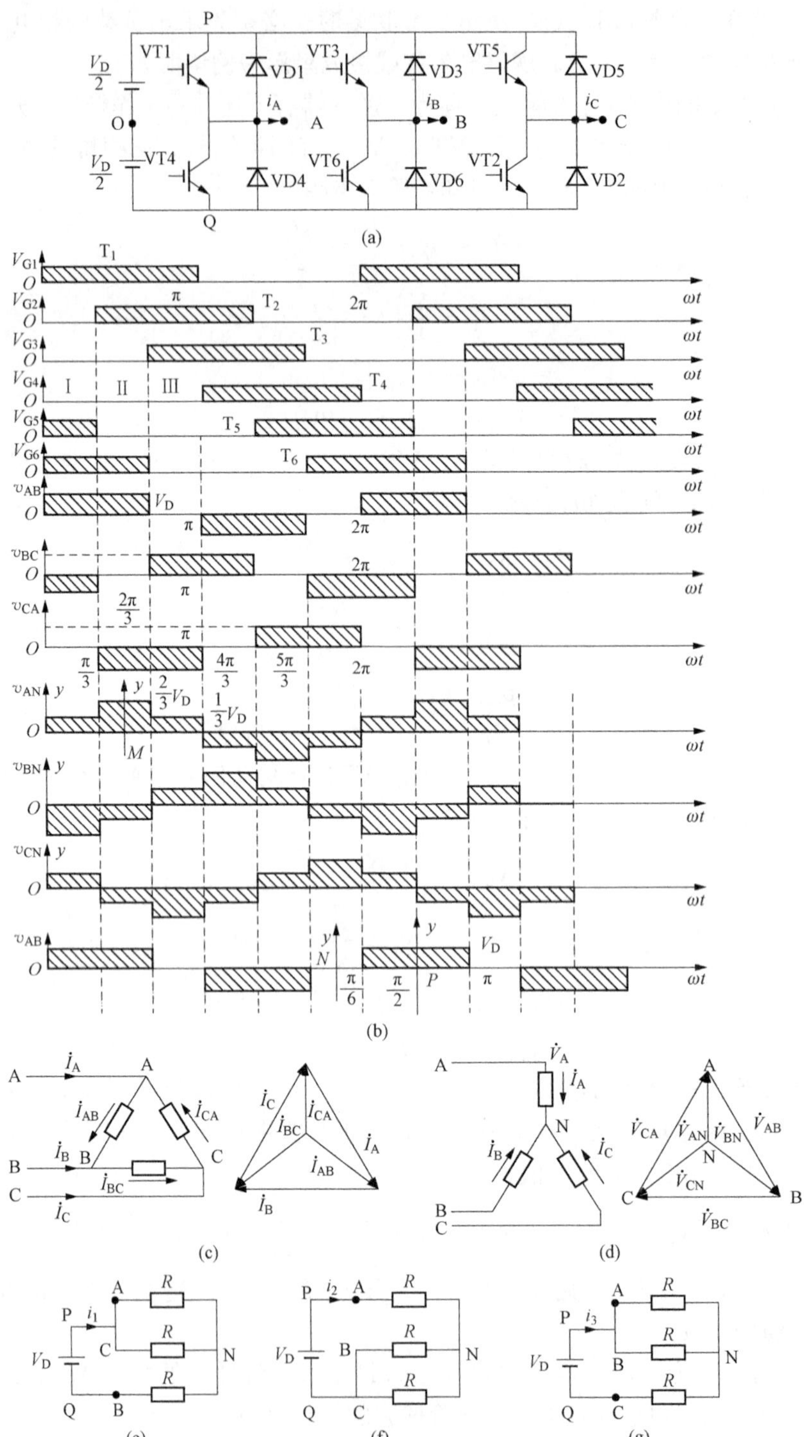

图 5.13 电压型三相桥式逆变电路及其波形

(a) 三相桥式逆变主电路；(b) 180°导电波形；(c) 三角形负载；(d) 星形负载；
(e) VT5、VT6、VT1 导通等效电路；(f) VT6、VT1、VT2 导通等效电路；
(g) VT1、VT2、VT3 导通等效电路

$$v_{AB}(t)=\frac{2\sqrt{3}}{\pi}V_D\left(\sin\omega t-\frac{1}{5}\sin5\omega t-\frac{1}{7}\sin7\omega t+\frac{1}{11}\sin11\omega t+\frac{1}{13}\sin13\omega t+\cdots\right) \tag{5.37}$$

线电压基波幅值

$$V_{1m}=\frac{2\sqrt{3}}{\pi}V_D\approx1.1V_D$$

线电压基波有效值

$$V_{1m}=\frac{\sqrt{6}}{\pi}V_D\approx0.78V_D$$

无 3 次谐波，仅有 5、7、11 等高阶奇次谐波，n 次谐波的幅值为基波幅值的 $1/n$。如果 120°宽的方波 v_{AB}时间坐标的零点取在图 5.13（b）方波电压 v_{AB}的中点 P 上，纵坐标为 Py，则其傅里叶分析结果是

$$v_{AB}(t)=\frac{2\sqrt{3}}{\pi}V_D\left(\cos\omega t-\frac{1}{5}\cos5\omega t+\frac{1}{7}\cos7\omega t-\frac{1}{11}\cos11\omega t+\frac{1}{13}\cos13\omega t+\cdots\right) \tag{5.38}$$

将式（5.37）中的 ωt 用 $\omega t+90°$代入也能直接得到式（5.38）。同一个电压波形，时间坐标原点取得不同时，其傅里叶级数表达式不同，但基波、谐波数值特性是一样的。

5.4.2　电流型三相逆变工作原理

图 5.14（a）是电流型三相桥式逆变电路，逆变器的供电电源是电流源（图中的电感 L 很大，使 i_D近似恒流，故称为电流型逆变器），负载电阻为星形联结或三角形联结。开关管的驱动信号 V_G宽度为 120°，彼此依序相差 60°。各开关器件驱动信号波形如图 5.14 所示，每个周期导通 120°，则任何时刻只有两个开关管同时导通，在 $0\leqslant\omega t<\pi/3$ 期间，VT6、VT1 导通，此后按 1、2，2、3，3、4，4、5，5、6，6、1 顺序导通，则能获得图 5.14 所示输出电流（i_A、i_B、i_C）波形，i_A、i_B、i_C是 120°宽的方波电流，幅值为 I_D，彼此相差 120°。

负载可能是星形或三角形联结：

（1）当负载为星形联结时，已知 i_A、i_B、i_C后，很容易求得负载相电压，如 $v_{AN}=Ri_A$，图 5.14（a）中，线电压 $v_{AB}=v_{AN}-v_{BN}=R(i_A-i_B)$，于是线电压也就知道了。

（2）当负载为图 5.14（c）所示的三角形联结时，可仿照前面电压型三相逆变器 3 种开关状态工作模式的分析方法，应先求得负载相电流 i_{AB}、i_{BC}、i_{CA}。负载相电流与负载电阻的乘积就是相电压，$v_{AB}=R\cdot i_{AB}$，三角形联结时，线电压也就是相电压。例如：

模式 1：在 $0\leqslant\omega t<\pi/3$ 期间 VT6、VT1 导通，图 5.14（a）中，C 点与三相桥断开，$i_A=I_D$经等效电路电阻 $R_E=2/3R$，从 B 点流出 $i_{AB}=V_{AB}/R=I_D/3$。

模式 2：在 $\pi/3\leqslant\omega t<2\pi/3$ 期间，VT1、VT2 导通，图 5.14（c）中，B 点与三相桥断开，$i_A=I_D$经等效电路电阻 $R_E=2/3R$，从 C 点流出，$i_{AB}=V_{AB}/R=I_D/3$。

模式 3：在 $2\pi/3\leqslant\omega t<\pi$ 期间，VT2、VT3 导通，图 5.14（c）中，A 点与三相桥断开，$i_B=I_D$经等效电路电阻 $R_E=2/3R$，从 C 点流出，$i_{AB}=V_{AB}/R=-I_D/3$。

按以上分析，图 5.14 中画出了负载三角形联结时的相电流 i_{AB}阶梯波，i_{BC}、i_{CA}与 i_{AB}波形相同但滞后 $2\pi/3$ 和 $4\pi/3$。线电压 $v_{AB}=R\cdot i_{AB}$，线电压 v_{AB}与 i_{AB}一样是阶梯波。图 5.14（a）电流型逆变电路中的直流输入电感数值很大才能构成一个电流源，使 I_D恒定，因此电

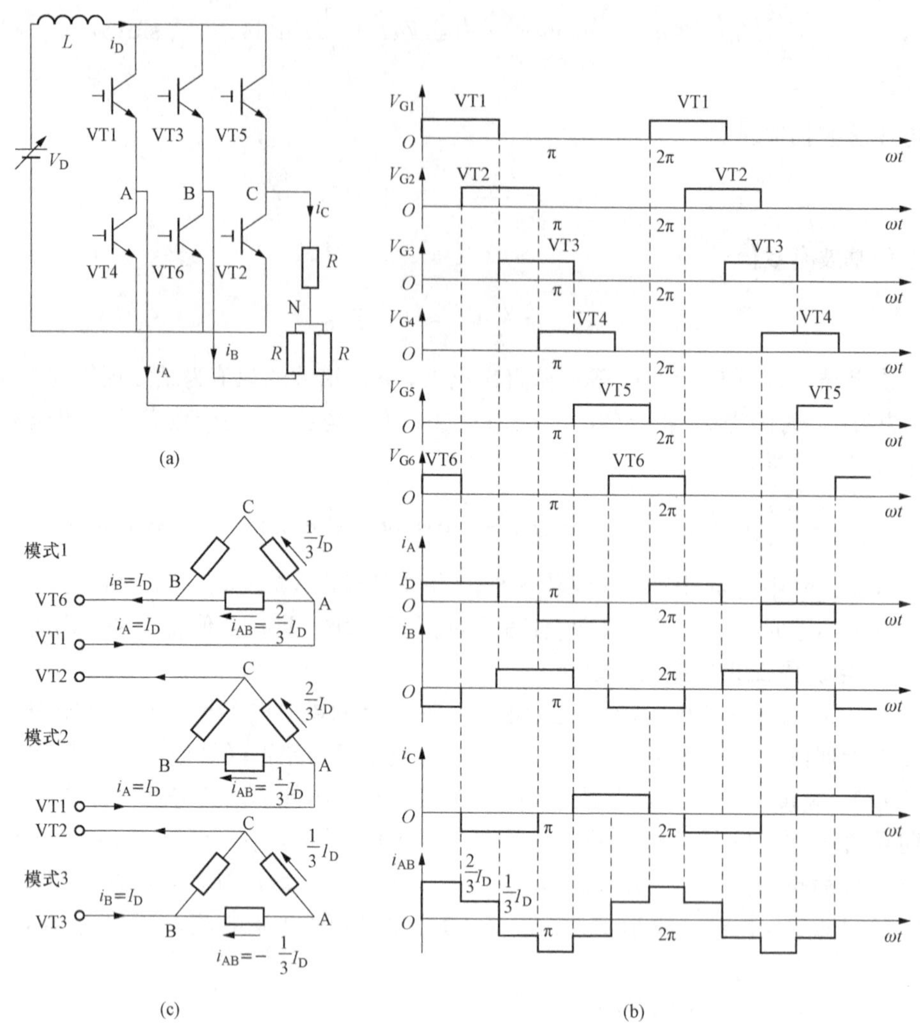

图 5.14 电流型三相桥式逆变电路及其波形

(a) 电路：星形负载；(b) 波形（120°导电类型）；(c) 三角形负载工作模式

感器的质量、体积都很大，这是电流型逆变器使用不广泛的一个重要原因。

DC-AC 逆变器与 DC-DC 直流变换器一样，供电电源是直流电，不像交流电源电压那样周期性过零反向，有可能利用电源反向电压关断已导通的半控型开关晶闸管，因此现今绝大多数逆变器采用能自关断的全控型开关器件。低压、小功率选用 P-MOSFET，中、大功率则用 IGBT、IGCT，对于大容量（几千千瓦至几万千瓦）交流电动机变频调速用逆变器，目前仍采用 GTO 三相逆变器或交流-交流变频器（AC-AC 变换器）。采用晶闸管 SCR 的三相逆变器虽然电压、电流容量可以做得很大，以往也有广泛应用，但由于晶闸管不能自关断，必须有强迫关断电路，因此可靠性低、特性也差，现今仅用于自控频率、同步电动机（靠电动机反电动势换相关断晶闸管）的变频启动、调速，某些负载谐振换流式逆变器及直流输电系统中的有源逆变器（由交流电源电压反向关断晶闸管）。虽然 GTO 逆变器特性不如 IGBT，但目前自关断器件中在电压和电流容量上只有 GTO 能满足高压特大容量变换器的要求。三相 GTO 逆变器主电路结构、工作原理、特性和 IGBT、IGCT 逆变器没什么区别，只是其驱动电路比较复杂而已。

5.5　三相逆变器输出电压和波形的 SPWM 控制

5.4 节介绍的电压型三相逆变器每个开关器件在一个开关周期中仅通、断状态转换一次，输出线电压每半周中仅一个脉波电压（120°方波），负载星形联结时，负载相电压为阶梯波，逆变器输出电压中的基波仅取决于直流电压 V_D 的大小而不能调节控制，最低谐波阶次为 5，且谐波含量大，这种情况相当于单相逆变器的单脉波脉宽 $\theta=120°$ 导电方式。对于三相逆变器也可以采用 5.3 节中单相逆变器的多脉波 PWM 控制或 SPWM 控制方式。在输出电压的每一个周期中，各开关器件通、断转换多次，实现既可调节、控制输出电压的大小，又可消除低次谐波改善输出电压波形。

图 5.15（b）和图 5.15（c）中三角形高频载波 V_c 幅值为 V_{cm}、频率为 f_c，三相调制参考信号正弦电压 v_{ar}、v_{br}、v_{cr} 为

$$\begin{cases} v_{ar}(t) = V_{rm}\sin\omega_r t \\ v_{br}(t) = V_{rm}\sin(\omega_r t - 120°) \\ v_{cr}(t) = V_{rm}\sin(\omega_r t - 240°) \end{cases}$$

式中，ω_r——调制参考波 v_r 的角频率，$\omega_r=2\pi f_r=2\pi f_1$，$f_r$ 为正弦调制参考电压的频率，f_1 为输出电压基波频率，$f_1=f_r$；

V_{rm}——调制参考波电压幅值。

图 5.15（b）引入了逆变器输出电压 V_1 的闭环反馈调节控制系统。V_1^* 为输出电压的指令值，V_1 为输出电压的实测反馈值。电压偏差 $\Delta V_1=V_1^*-V_1$，经电压调节器 VR 输出正弦调制参考电压波的幅值 V_{rm}。正弦调制参考波的幅值 V_{rm} 与调制参考波的频率 f_r（f_r 决定了输出电压基波频率 f_1，$f_1=f_r$）共同产生三相调制参考波正弦电压 $v_{ar}(t)$、$v_{br}(t)$、$v_{cr}(t)$。$v_{ar}(t)$、$v_{br}(t)$、$v_{cr}(t)$ 再与频率 f_c 和幅值 V_{cm} 都固定的双极性三角载波电压 $v_c(t)$ 相比较产生驱动信号 V_{G1}、V_{G4}、V_{G3}、V_{G6}、V_{G5}、V_{G2}，控制 VT1、VT4、VT3、VT6、VT5、VT2 6 个全控型开关器件的通、断状态，从而控制逆变器输出的三相交流相电压（各相输出端对电源中点 O 的电压）$v_{AO}(t)$、$v_{BO}(t)$、$v_{CO}(t)$ 的瞬时值。

图 5.15（b）中，$v_{ar}(t)$ 与载波电压 $v_c(t)$ 相比较：当 $v_{ar}>v_c$ 时，V_{G1} 为正值，VT1 导通，图 5.15（a）中，$v_{AO}=+V_D/2$ 为正脉波电压；当 $v_{ar}<v_c$ 时，V_{G1} 为负值，VT1 截止，VT4 导通，$V_{AO}=-V_D/2$ 为负脉波电压。因此，逆变电路输出的相电压 v_{AO} 与驱动信号 V_{G1} 波形相同，如图 5.15（c）所示。v_{AO} 是一个与驱动信号 V_{G1} 波形相同的双极性脉波电压。

同理，当 $v_{br}>v_c$ 时，V_{G3} 为正值，VT3 导通，v_{BO} 为正脉波电压，$v_{BO}=+V_D/2$；当 $v_{br}<V_c$ 时，V_{G3} 为负值，VT3 截止，VT6 导通，v_{BO} 为负脉波电压，$v_{BO}=-V_D/2$。v_{BO} 也是一个与驱动信号 V_{G3} 波形相同的双极性电压，v_{BO} 比 v_{AO} 滞后 120°。

同理，v_{CO} 也是一个与驱动信号 V_{G5} 波形相同的双极性电压，v_{CO} 比 v_{AO} 滞后 240°。

三相电压型逆变电路任何时刻一个桥臂只有一个开关管（如 A 桥臂的 VT1 或 VT4）被驱动导通，上、下开关管驱动信号互补。因此，三相桥电压型逆变器任何时刻都有 3 个开关管同时被驱动导通，根据图 5.15（c）中 6 个驱动信号的波形可以列出三相逆变电路，这 6 个开关管中处于同时导通状态的 3 个开关管，如图 5.15（c）所示，由此可画出线电压 v_{AB}

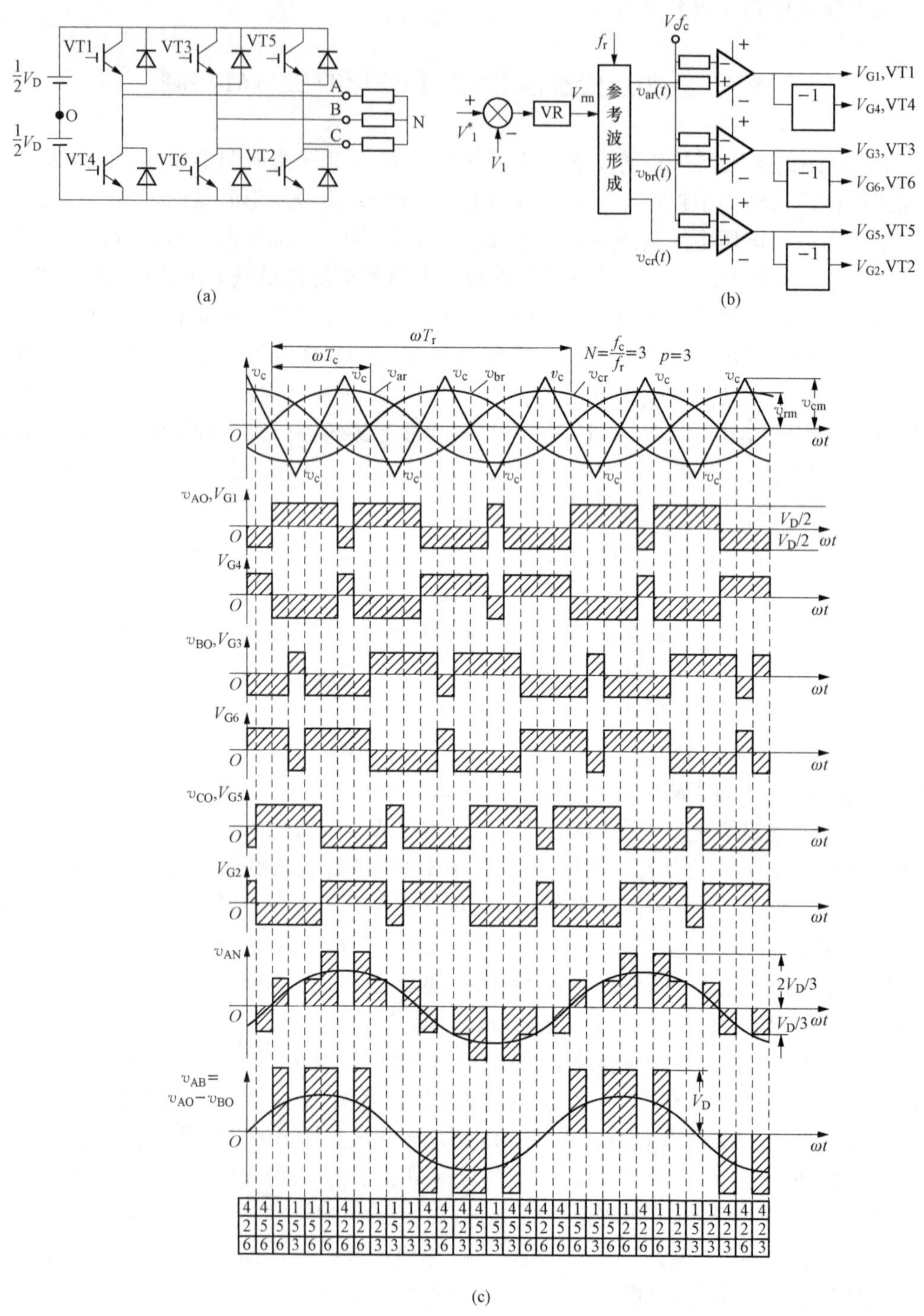

图 5.15　三相逆变器 SPWM 控制原理及波形图

（a）主电路；（b）驱动信号；（c）驱动电压 V_G 及输出电压波形

及负载星形联结时负载相电压 v_{AN} 等的波形。例如，在 VT4、VT5、VT6 3 个开关管导通期间，图 5.15（a）中，$v_{AB}=v_{AO}-v_{BO}=0$。在 VT1、VT5、VT6 导通期间 $v_{AB}=v_{AO}-v_{BO}=$

$1/2V_D-(-1/2V_D)=V_D$，类似地分析，可画出图 5.15（c）中线电压 v_{AB}的波形——单极性 PWM 脉波。同样的分析可知，线电压 v_{BC}、v_{CA}与 v_{AB}一样也都是单极性脉波电压，且互差 120°。当负载为星形联结时，如果负载中点为 N，则当 VT1、VT5、VT6 同时导通时，A、C 两点接电源正端，B 点接电源负端，若负载各相阻抗相等，则 $v_{AN}=\frac{V_D}{\frac{R}{2}+R}\frac{R}{2}=\frac{V_D}{3}$，当 VT1、VT5、VT3 同时导通时，A、B、C 3 点都连在一起，故 $v_{AN}=0$。类似地分析，可以画出图 5.15（c）所示的负载星形联结时负载相电压 v_{AN}的波形。类似地分析得知，v_{BN}、v_{CN}与 v_{AN}一样都是单极性脉波电压而且互差 120°。

图 5.15（c）中，调制比 $M=V_{rm}/V_{cm}\leqslant 1$、载波比 $N=f_c/f_r=3$、输出线电压 v_{AB}是半周中有 $p=3$ 的单极性脉波的 SPWM 脉波电压，除基波外其最低次谐波频率为 $2p-1=5$ 次谐波，输出电压 v_{AO}是 $p=3$ 的双极性 SPWM 波，幅值为 $V_D/2$。若调制比 $M=V_{rm}/V_{cm}$，则输出相电压 v_{AO}的基波幅值

$$V_{AO1m}=\frac{M}{2}V_D \tag{5.39}$$

输出线电压 v_{AB}的基波幅值

$$V_{AB1m}=M\frac{\sqrt{3}}{2}V_D=0.866MV_D \tag{5.40}$$

输出线电压 v_{AB}的基波有效值

$$V_{AB1}=M\frac{\sqrt{6}}{4}V_D=0.612MV_D \tag{5.41}$$

所以，三相 SPWM 逆变电路直流电压利用率 $V_{AB1}/V_D=0.612M$。当三相逆变电路开关管 180°导电、线电压 v_{AB}为 120°脉宽时，线电压基波有效值 V_{AB1}为$\sqrt{6}/\pi V_D\approx 0.78V_D$，这时直流电压最高的利用率为 $V_{AB1}/V_D=0.78>0.612M$，因此三相 SPWM 逆变器在改善输出电压波形的同时其直流电压利用率仅为 120°方波逆变器的 78.5%（0.612/0.78≈0.785），120°方波逆变器能获得的交流基波电压比 SPWM 逆变器至少要大 27%（0.78/0.612≈1.27）。三相逆变器实际应用中常取载波比 $N=6k-3$，式中，k 为正奇数，N 为正奇数，如当 $f_r=50$Hz 时，若取三角波频率 $f_c=2.55$kHz，这时 $N=f_c/f_r=2550/50=51$，$k=9$。逆变电路输出的相电压 v_{AO}、v_{BO}、v_{CO}为双极性脉波电压，深入地数学分析得知，这时电压谐波将聚集在以 N 及其整数倍次谐波为中心所形成的双边频带上，其中最严重的是 N 次谐波电压，以及 $N\pm 2$、$2N\pm 1$、$2N\pm 3$、$2N\pm 5$ 等高次谐波。如果选择 N 为 3 的倍数（$f_r=$ 50Hz，$f_c=2.55$kHz，$N=51$，51/3=17），则由于 A、B、C 三相基波相差 120°，即 A、B、C 三相的 N 次谐波相位将相差 $3\times N\times 120°=360°N$，而 A、B、C 三相的 N 次谐波大小相等相位相同，因此线电压中不再含 N 次谐波，线电压中仅含 $2N\pm 1=102\pm 1=101$，103；$2N\pm 5=107$，97 等高次谐波，由于三相逆变器输出线电压中无 N 次谐波，最低次谐波的中心频率提高为 $2N$（±1），这就显著地改善了逆变电路输出电压波形的正弦性，并大大减小了所需的 LC 滤波器重量和体积。

图 5.15（a）中，输出电压基波大小与调制系数 $M=V_{rm}/V_{cm}$成正比。当实际输出电压基波 V_1小于指令值 V_1^*，即 $V_1<V_1^*$ 时，电压偏差 $\Delta V_1=V_1^*-V_1>0$，电压调节器 VR 输出的 V_{rm}增大，M 值增大，使输出电压各脉波加宽，输出电压 V_1增大到等于给定指令值 V_1^*；

反之，当$V_1>V_1^*$时，$\Delta V_1<0$，V_{rm}减小，M减小，使输出电压V_1减到V_1^*。如果电压调节器 VR 为比例 - 积分型（Proportional - integral，PI）调节器（无静差），则可使稳态时保持$V_1=V_1^*$，即当电源电压V_D改变或负载改变（使变换器主电路中各串联环节电压降改变）而引起输出电压V_1偏离指令值V_1^*时，通过电压闭环控制可使输出电压V_1跟踪并保持为指令值V_1^*。图 5.15（b）所示控制原理及驱动信号的形成既可由专用集成电路芯片硬件实现，又可采用通用微处理器或数字信号处理器实现。

5.3.5 节中介绍的改进型 SPWM 控制，如在正弦调制参考波中注入一个 3 次谐波［式(5.9)］，常用于三相逆变器中提高直流电压利用率，而在输出线电压中又无 3 次及 3 的整数倍次谐波。

5.6 三相逆变器电压 SVPWM 控制

设三相交流系统各相电压为

$$\begin{cases} v_{AN}(\omega t) = V_{plm}\cos\omega t \\ v_{BN}(\omega t) = V_{plm}(\cos\omega t - 120°) \\ v_{BN}(\omega t) = V_{plm}(\cos\omega t - 240°) \end{cases} \tag{5.42}$$

式中，V_{plm}——相电压基波幅值；

ω——角频率，$\omega=2\pi f$，f为基波电压频率。

式（5.42）的 3 个相电压瞬时值可以用图 5.16 中的一个以角速度$\omega=2\pi f$在空间旋转的电压矢量V($\mathbf{V}=V_d+jV_q$）在 A、B、C 各相轴线上的投影表示，V的大小为相电压幅值V_{plm}。V以角速度ω逆时针方向旋转。在任意瞬间t，V的相位角为$\theta=\omega t$。由于$V_d=V_{plm}\cos\omega t$，$V_q=V_{plm}\cos\omega t$，则

$$\begin{cases} v_{AN}(\omega t) = V_{plm}\cos\omega t = V_d \\ v_{BN}(\omega t) = V_{plm}(\cos\omega t - 120°) = -\dfrac{1}{2}V_d + \dfrac{\sqrt{3}}{2}V_q \\ v_{BN}(\omega t) = V_{plm}(\cos\omega t - 240°) = -\dfrac{1}{2}V_d - \dfrac{\sqrt{3}}{2}V_q \end{cases}$$

即

$$\begin{bmatrix} v_{AN}(\omega t) \\ v_{BN}(\omega t) \\ v_{CN}(\omega t) \end{bmatrix} = \begin{bmatrix} 1 & 0 \\ -1/2 & \sqrt{3}/2 \\ -1/2 & -\sqrt{3}/2 \end{bmatrix} \begin{bmatrix} V_d \\ V_q \end{bmatrix} \tag{5.43}$$

由式（5.42）可知，$v_{AN}+v_{BN}+v_{CN}=0$，由式（5.43）可得

$$\begin{bmatrix} V_d \\ V_q \end{bmatrix} = \frac{2}{3} \begin{bmatrix} 1 & -\dfrac{1}{2} & -\dfrac{1}{2} \\ 0 & \sqrt{3}/2 & -\sqrt{3}/2 \end{bmatrix} \begin{bmatrix} v_{AN} \\ v_{BN} \\ v_{CN} \end{bmatrix} \tag{5.44}$$

式（5.43）表明，三相负载相电压v_{AN}、v_{BN}、v_{CN}可以用一个空间电压矢量$\mathbf{V}$或其两个分量V_d、V_q，$\mathbf{V}=V_d+jV_q$代替。式（5.43）则是两相变量 d、q 变为三相 A、B、C 变量的变换式。式（5.44）是三相 A、B、C 变量变成两相 d、q 变量的变换式。

图 5.16（a）中，三相桥式逆变器由 A、B、C 三相桥臂组成。图 5.16（a）中定义 P 点

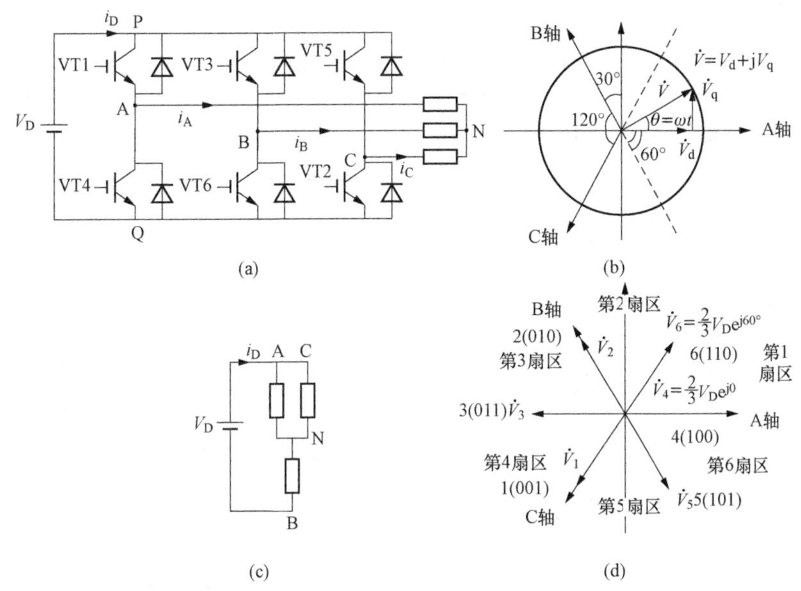

图 5.16　三相两电平逆变器电压矢量图

(a) 电路；(b) 空间矢量$\dot{\boldsymbol{V}}$；(c) 矢量$\dot{V}_{5(101)}$的电路；(d) 6 个特定矢量

电位为 V_D，Q 点电位为零。每一桥臂的上、下两个开关器件的驱动信号都是互补的，即 VT1 有门极驱动信号 V_{G1}时，VT4 的门极驱动信号 $V_{G4}=0$，VT1 导通，这时 $v_{AQ}=V_D$。当 VT4 有门极驱动信号 V_{G4}时，VT1 的门极驱动信号 $V_{G1}=0$，VT4 导通，这时 $v_{AQ}=0$。如果引入 A、B、C 桥臂的开关变量为 S_a、S_b、S_c，定义 $S_a=v_{AQ}/V_D$，$S_b=v_{BQ}/V_D$，$S_c=v_{CQ}/V_D$，则

$v_{AQ}=S_aV_D$，当 VT1（VD1）导通，VT4（VD4）截止时 $S_a=1$，这时 $v_{AQ}=S_aV_D=V_D$；当 VT4（VD4）导通，VT1（VD1）截止时 $S_a=0$，这时 $v_{AQ}=S_aV_D=0$。

$V_{BQ}=S_bV_D$，当 VT3（VD3）导通，VT6（VD6）截止时 $S_b=1$，这时 $v_{BQ}=S_bV_D=V_D$；当 VT6（VD6）导通，VT3（VD3）截止时 $S_b=0$，这时 $v_{BQ}=S_bV_D=0$。

$V_{CQ}=S_cV_D$，当 VT5（VD5）导通，VT2（VD2）截止时 $S_c=1$，这时 $v_{CQ}=S_bV_D=V_D$；当 VT2（VD2）导通，VT5（VD5）截止时 $S_c=0$，这时 $v_{CQ}=S_bV_D=0$。

于是，逆变器每个桥臂输出端的电压可用各桥臂的开关变量和电源电压 V_D的乘积表示，整个三相逆变器的输出电压则由 A、B、C 三相桥臂的开关变量 S_a、S_b、S_c共同组合确定。用（S_a、S_b、S_c）表示三相逆变器的开关状态，由于 S_a、S_b、S_c各有两种状态：0 或 1，因此整个三相逆变器共有 $2^3=8$ 种开关状态，即（S_a、S_b、S_c）为 0（000）、1（001）、2（010）、3（011）、4（100）、5（101）、6（110）、7（111）8 种开关状态。把以上 8 种开关状态分别称为状态 0、状态 1、状态 2、状态 3、状态 4、状态 5、状态 6、状态 7。每一种开关状态对应一组确定的 A、B、C 各相电压和线电压瞬时值。例如，处于状态 5、（S_a、S_b、S_c）=(101) 时，$S_a=1$ 表示 A 桥臂上管 VT1（VD1）导通，$S_b=0$ 表示 B 桥臂下管 VT6（VD6）导通，$S_c=1$ 表示 C 桥臂的上管 VT5（VD5）导通，这时的等效电路如图 5.16（c）所示，因此，$v_{AB}=V_D$，$v_{BC}=-v_{CB}=-V_D$，$v_{CA}=0$。负载相电压 $v_{AN}=v_{CN}=V_D/3$，$v_{BN}=-v_{NB}=-2V_D/3$。这时，对应于图 5.16（d）中的矢量 $\boldsymbol{V}=\boldsymbol{V}_5$。其他 7 种开关状态时的等效电路、线电压、相电压瞬时值可同样求得，表 5.2 给出 8 种开关状态时的开关变量 S_a、

S_b、S_c及线电压、相电压。

表 5.2 开关状态及逆变器输出电压

逆变器状态 输出电压矢量	$S_aS_bS_c$	v_{AB}/V_D	v_{BC}/V_D	v_{CA}/V_D	v_{AN}/V_D	v_{BN}/V_D	v_{CN}/V_D
0 态 $\boldsymbol{V}_0$	000	0	0	0	0	0	0
1 态 $\boldsymbol{V}_1$	001	0	−1	1	−1/3	−1/3	2/3
2 态 $\boldsymbol{V}_2$	010	−1	1	0	−1/3	2/3	−1/3
3 态 $\boldsymbol{V}_3$	011	−1	0	1	−2/3	1/3	1/3
4 态 $\boldsymbol{V}_4$	100	1	0	−1	2/3	−1/3	−1/3
5 态 $\boldsymbol{V}_5$	101	1	−1	0	1/3	−2/3	1/3
6 态 $\boldsymbol{V}_6$	110	0	1	−1	1/3	1/3	−2/3
7 态 $\boldsymbol{V}_7$	111	0	0	0	0	0	0

在以上 8 种开关状态中，0（000）、7（111）两种开关状态分别为下管 VT4（VD4）、VT6（VD6）、VT2（VD2）同时导通和上管 VT1（VD1）、VT3（VD3）、VT5（VD5）同时导通，在这两种开关状态时，三相逆变器输出电压全为零，称为零态。零态对应的矢量 $\boldsymbol{V}_0$（000）及 $\boldsymbol{V}_7$（111），称为零矢量 $\boldsymbol{V}_0=\boldsymbol{V}_7=0$，其他 6 种称为非零状态，分别对应 6 个非零矢量 $\boldsymbol{V}_1$、$\boldsymbol{V}_2$、$\boldsymbol{V}_3$、$\boldsymbol{V}_4$、$\boldsymbol{V}_5$ 和 $\boldsymbol{V}_6$。根据开关变量的定义，图 5.16（a）中有

$$\begin{cases} v_{AQ} = S_a V_D \\ v_{BQ} = S_b V_D \\ v_{CQ} = S_c V_D \end{cases} \tag{5.45}$$

则

$$\begin{cases} v_{AB} = (S_a - S_b) V_D \\ v_{BC} = (S_b - S_c) V_D \\ v_{CA} = (S_c - S_a) V_D \end{cases}$$

即线电压与开关函数的关系为

$$\begin{bmatrix} v_{AB} \\ v_{BC} \\ v_{CA} \end{bmatrix} = V_D \begin{bmatrix} 1 & -1 & 0 \\ 0 & 1 & -1 \\ -1 & 0 & 1 \end{bmatrix} \begin{bmatrix} S_a \\ S_b \\ S_c \end{bmatrix} \tag{5.46}$$

图 5.16（a）中负载相电压、线电压关系为

$$\begin{cases} v_{AB} = v_{AN} - v_{BN} \\ v_{BC} = v_{BN} - v_{CN} \\ v_{CA} = v_{CN} - v_{AN} \end{cases}$$

又由于 $v_{AN}+v_{BN}+v_{CN}=0$ 故有

$$\begin{bmatrix} v_{AN} \\ v_{BN} \\ v_{CN} \end{bmatrix} = \frac{1}{3} \begin{bmatrix} 1 & 0 & -1 \\ 0 & 1 & -1 \\ -1 & 0 & 1 \end{bmatrix} \begin{bmatrix} v_{AB} \\ v_{BC} \\ v_{CA} \end{bmatrix} \tag{5.47}$$

由式（5.46）和式（5.47）可得到负载相电压与开关函数的关系式

$$\begin{bmatrix} v_{AN} \\ v_{BN} \\ v_{CN} \end{bmatrix} = \frac{V_D}{3} \begin{bmatrix} 2 & -1 & -1 \\ -1 & 2 & -1 \\ -1 & -1 & 2 \end{bmatrix} \begin{bmatrix} S_a \\ S_b \\ S_c \end{bmatrix} \tag{5.48}$$

图 5.16（a）中，当 $S_a=1$，VT1(VD1) 导电时，A 相电流 i_A 由直流正电源电流 i_D 提供；当 $S_a=0$ 时，VT4(VD4) 导通，i_D 不提供 A 相电流，因此，逆变器输入直流电流 i_D 可表达为

$$i_D = S_a i_A + S_b i_B + S_c i_C \tag{5.49}$$

按式（5.49），图 5.17 中画出了逆变器直流输入电流 i_D 的波形。直流输入电流 i_D 为六倍频的脉动电流，脉动周期为 π/3。如果负载相电流为正弦，相电流比相电压落后 30°，如图 5.17 中所示，i_C 比 V_{CN} 滞后 30°。图 5.17 中，在 $\omega t=0\to\pi/3$ 时期中，$S_a=S_b=0$，$S_c=1$，$i_D=S_c i_C=i_C$，$i_C=I_{pm}\sin(\omega t+30°)$。在 $\omega t=0$ 时，$i_C=I_{pm}\sin 30°=I_{pm}/2$；在 $\omega t=\pi/3=60°$ 时，$i_C=I_{pm}$，因此，在 π/3 周期中，i_D 将在图 5.17 中所示的 $I_{pm}/2\sim I_{pm}$ 之间脉动。

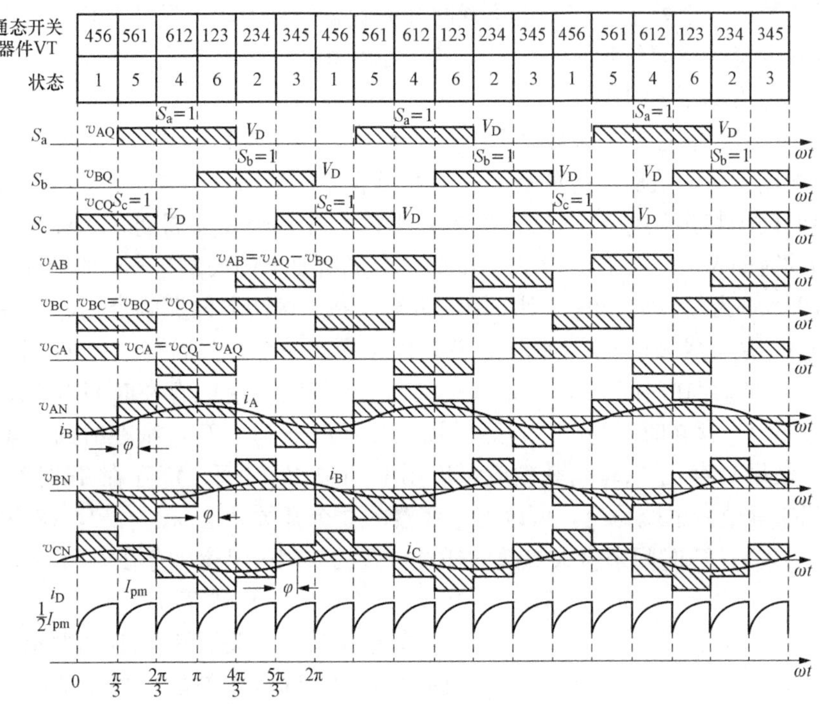

图 5.17　状态、状态变量及电压电流波形

已知开关变量 S_a、S_b、S_c，可由式（5.47）、式（5.48）直接求得线电压和相电压，如果 S_a、S_b、S_c 为图 5.17 所示，则线电压为 120°方波，相电压为阶梯波，这与前面利用不同开关状态时的等效电路所求结果是完全相同的。

三相逆变器具有也只可能有 6 种非零开关状态，由表 5.2 和图 5.16（d）可知，状态 4（100）时，$S_a=1$，$S_b=S_c=0$，相当于空间矢量 $\mathbf{V}$ 处于 $\omega t=0°$ 的位置，即 $\mathbf{V}$ 位于 A 相轴线上，如果取 $|\mathbf{V}|=2V_D/3=V_{plm}$，由式（5.48），这时 $v_{AN}=V_{plm}=2V_D/3$，$v_{BN}=v_{CN}=-V_D/3=-1/2\times 2V_D/3=-V_{plm}/2$。这正好是式（5.42）中三相正弦交流相电压在 $\omega t=0°$ 时的瞬时值。

同理，当开关状态为 6（110）、2（010）、3（011）、1（001）和 5（101）时，由式（5.48）所得到的各相电压的数值正好是式（5.42）中三相正弦交流电压在 $\omega t=60°$，120°、180°、240°和 300°时的瞬时值，因此三相逆变器处于 6 种开关状态：4（100）、6（110）、2（010）、3（011）、1（001）及 5（101）时，等效于它产生了图 5.16（d）中的 6 个电压矢量 $\boldsymbol{V}_4$、$\boldsymbol{V}_6$、$\boldsymbol{V}_2$、$\boldsymbol{V}_3$、$\boldsymbol{V}_1$ 和 $\boldsymbol{V}_5$，这 6 个矢量分别位于 $\theta=\omega t=0°$、60°、120°、180°、240°及 300°的空间位置上，这 6 个特定位置的矢量称为逆变器的开关状态非零矢量，另外两个零开关状态，0（000）及 7（111）对应零电压矢量 $\boldsymbol{V}_Z=\boldsymbol{V}_0=0$、$\boldsymbol{V}_Z=\boldsymbol{V}_7=0$。

改变开关变量 S_a、S_b、S_c，可以获得而且也只能获得 $\boldsymbol{V}_4$、$\boldsymbol{V}_6$、$\boldsymbol{V}_2$、$\boldsymbol{V}_3$、$\boldsymbol{V}_1$ 和 $\boldsymbol{V}_5$ 共 6 个特定矢量（特定位置分别在 $\theta=\omega t=0°$、60°、120°、180°、240°、300°，且大小由直流电源电压 V_D 确定而不能调控）及 $\boldsymbol{V}_0$、$\boldsymbol{V}_7$ 两个零矢量 $\boldsymbol{V}_Z$，无法直接获得任意相位角 $\theta(\omega t)$ 且绝对值可控的任意矢量 $\boldsymbol{V}$，但是在逆变器运行中要求输出三相交流电压的幅值可控、相位角 $\theta=\omega t$ 能连续变化，这就要求电压矢量 $\boldsymbol{V}$ 大小可控且相位角 $\theta=\omega t$ 是连续变化的任意值。为此，可采用从逆变器的 6 个处于空间特定位置的开关状态矢量中，选择两个相邻的矢量与零矢量合成一个等效的旋转空间矢量 $\boldsymbol{V}$，调控 $\boldsymbol{V}$ 的大小和相位，实现三相逆变器输出电压的调控，这种控制原理称为电压 SVPWM。

把图 5.16（d）中的 360°区域划分为 6 个扇区，每个扇区为 60°，如果某瞬间要求逆变器输出的各相电压瞬时值所对应的空间矢量 $\boldsymbol{V}$ 处在第一扇区：$0°<\theta<60°$，那么可以选用第一扇区边界的两个特定矢量 $\boldsymbol{V}_4$ 和 $\boldsymbol{V}_6$ 及零矢量 $\boldsymbol{V}_Z$，在一个开关周期 T_S 中，$\boldsymbol{V}_4$、$\boldsymbol{V}_6$ 和 $\boldsymbol{V}_Z$ 分别存在不同的时间 VT4、VT6、VT0，由此来合成所要求的矢量 $\boldsymbol{V}$。一般情况下，如果要求 $\boldsymbol{V}$ 的相位角 $\theta=\omega t$ 为任意指令值，则可用矢量 $\boldsymbol{V}$ 所在扇区边界的那两个相邻的特定矢量 $\boldsymbol{V}_x$ 和 $\boldsymbol{V}_y$ 及零矢量 $\boldsymbol{V}_Z$ 来合成矢量 $\boldsymbol{V}_Z$。如果 T_S 为时间很短的一个开关周期，在 T_S 期间，令开关状态 x 即特定矢量 $\boldsymbol{V}_x$ 存在时间为 T_x，令开关状态 y 即特定矢量 $\boldsymbol{V}_y$ 存在时间为 T_y，令开关状态 0 或 7 即零矢量 $\boldsymbol{V}_Z$ 存在时间为 T_0，开关周期 $T_S=T_x+T_y+T_0$，则在时间很短的一个开关周期 T_S 中，矢量 $\boldsymbol{V}$ 存在 T_S 时间其效应可以用 $\boldsymbol{V}_x$ 存在 T_x 时间、$\boldsymbol{V}_y$ 存在 T_y 时间及零矢量 $\boldsymbol{V}_Z$ 存在 T_0 时间来等效。也就是说，可以用逆变器的 3 个开关状态 x、y、0，在一个周期 T_S 中各自存在 T_x、T_y、T_0 时间来合成等效的任意位置的空间矢量 $\boldsymbol{V}$（存在时间为 T_S），即

$$\boldsymbol{V}_x T_x+\boldsymbol{V}_y T_y+\boldsymbol{V}_Z T_0=\boldsymbol{V}(T_x+T_y+T_0) \tag{5.50}$$

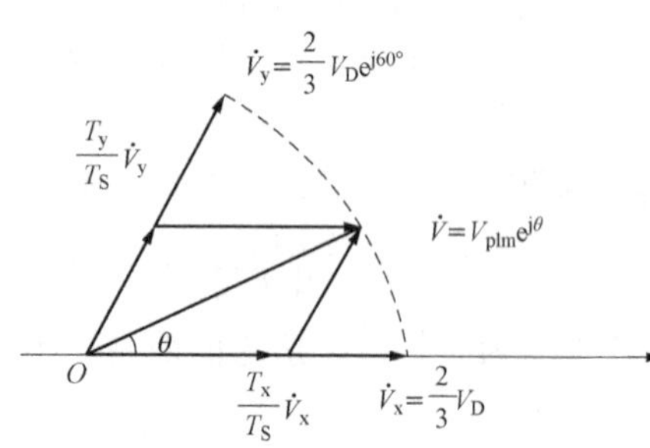

图 5.18 扇区Ⅰ中矢量合成

如果在某一开关周期 T_S 期间要求三相电压瞬时值所对应的空间电压矢量 $\boldsymbol{V}$ 处于第一扇区，即 $\boldsymbol{V}$ 的大小为 $|\boldsymbol{V}|$，相位角为 θ（$0°\leqslant\theta\leqslant60°$），如图 5.18 所示，则可得

$$\begin{cases}\boldsymbol{V}_x=\dfrac{2}{3}V_D\\ \boldsymbol{V}_y=\dfrac{2}{3}V_D e^{j60°}\\ \boldsymbol{V}_Z=0\end{cases} \tag{5.51}$$

如果所要求的合成矢量 $\boldsymbol{V}$ 幅值为 V_{plm}，相位角为 θ，即

$$\boldsymbol{V}=V_{plm}e^{j\theta} \tag{5.52}$$

式中，$\theta=\omega t$ 为矢量 $\boldsymbol{V}$ 的相位角。

把式（5.51）、式（5.52）代入式（5.50）得

$$\frac{2}{3}V_D T_x + \frac{2}{3}V_D e^{60^\circ} T_y = V_{plm} e^{j\theta} T_S \tag{5.53}$$

由式（5.53）得

$$\begin{cases} \dfrac{T_x}{T_S} = \dfrac{\sqrt{3}V_{plm}}{V_D}\sin(60^\circ - \theta) \\ \dfrac{T_y}{T_S} = \dfrac{\sqrt{3}V_{plm}}{V_D}\sin\theta \\ T_0 = T_S - T_x - T_y \end{cases} \tag{5.54}$$

已知电源直流电压 V_D 和选定的开关周期 T_S，在 T_S 时期中有 3 个开关状态 x、y、0 存在，如果开关状态 x、y、0 的存在时间 T_x、T_y、T_0 按式（5.54）确定，那么在周期 T_S 时间段中，3 种开关状态的合成效果，即三相逆变器输出的 3 个特定位置的矢量作用的效果，相当于相位角为 $\omega t=\theta$，长度为 V_{plm} 的空间矢量 $\mathbf{V}$ 所产生的三相交流电压瞬时值。换言之，如果需要三相逆变器输出一个 A 相相位角为 $\theta=\omega t$，相电压幅值为 V_{plm} 的三相交流电压，在一定的 V_D 和所选定的开关周期 T_S 情况下，只要让三相逆变器在 T_S 时间段中存在 3 种开关状态 x、y 和 0，其各自存在的时间 T_x、T_y、T_0 按式（5.54）确定就可以了。

在一个开关周期 T_S 中设置零矢量的作用时间 T_0，可以调控输出电压的大小。V_D 一定时，T_0 大，输出电压将减小，一定的 T_x、T_y、T_0 决定了输出电压 $\mathbf{V}$ 具有一定的相位角和相应的输出电压大小。最大的输出电压对应于 $T_0=0$，令 $T_0=0$，由式（5.54）可得到采用 SVPWM 控制时最大可能输出的相电压幅值 $V_{plm\,max}$ 为

$$V_{plm\,max} = \frac{1}{\sqrt{3}}V_D\frac{1}{\cos(30^\circ - \theta)}$$

线电压幅值

$$V_{1m} = V_D\frac{1}{\cos(30^\circ - \theta)} \geqslant V_D(0^\circ < \theta < 60^\circ)$$

线电压基波有效值

$$V_1 = \frac{V_{1m}}{\sqrt{2}} = \frac{1}{\sqrt{2}}\frac{V_D}{\cos(30^\circ - \theta)} > \frac{V_D}{\sqrt{2}} \approx 0.707V_D \tag{5.55}$$

所以，三相逆变电路采用 SVPWM 控制时直流电压利用率为 $V_1/V_D\approx 0.707V_D$。

三相逆变电路采用 SVPWM 控制时输出相电压基波幅值由式（5.39）为 $V_{AO1m}=MV_D/2\leqslant V_D/2$，线电压基波有效值：$V_{AB1}=3V_{AO1m}/2=3MV_D/2\times 1/\sqrt{2}=0.612MV_D\leqslant 0.612V_D$。

直流电压利用率

$$\frac{V_{AB1}}{V_D} = 0.612$$

三相逆变电路采用开关管 180°导通，输出线电压为脉宽 120°方波时，由式（5.37），线电压基波有效值

$$V_{AB1} = \frac{\sqrt{6}V_D}{\pi} \approx 0.78V_D$$

直流电压利用率

$$\frac{V_{AB1}}{V_D}=0.78$$

因此，三相逆变电路采用开关管 180°导通、线电压为 120°宽单脉波时，输出波形最差，但开关频率低，开关损耗小，输出电压高，且直流电压利用率（0.78）高；采用 SPWM 控制时，输出波形好，但开关频率高开关损耗大，且直流电压利用率低（0.612）。而采用 SVPWM 控制时在不是很高的开关频率时也能较显著地改善输出电压波形，并能保持较高的直流电压利用率（0.707）。

为了得到一定的输出电压，在一个开关周期 T_S中，无论 3 种开关状态的切换顺序如何，只要 3 个开关状态存在时间的分配关系满足式（5.54）就可以了，对于 3 个开关状态先后顺序并无限制，这就为减少开关动作次数的优化控制提供了可能性。例如，为了使逆变器从一个开关状态转到另一个开关状态时，只改变一个桥臂的开关状态，以减少三相逆变器中 6 个开关器件的开通、关断的总次数，可以按表 5.2 安排各个扇区中开关状态的变换顺序。这时在第一扇区中，开关状态 4（100）（矢量 $\boldsymbol{V}_4$）过渡到开关状态 6（110）（矢量 $\boldsymbol{V}_6$），只需改变 S_b，即 B 相桥臂由下管 VT6 导通变为上管 VT3 导通，A、C 相桥臂开关 VT1、VT4、VT5、VT2 不必改变通、断状态。从开关状态 6（110）过渡到零状态时，应选用 $\boldsymbol{V}_7$（111）而不选 $\boldsymbol{V}_0$（000），这就可以只改变 C 相桥臂的开关状态，否则，如选用 $\boldsymbol{V}_0$（000）则必须同时改变 A、B 两桥臂两组开关的通、断状态。采用电压 SVPWM 控制，通过精心安排适当的零矢量次序，可以免除不必要的开关动作，降低开关频率，减少开关损耗。

如果三相逆变器输出频率为 $f=50\text{Hz}$，则每个扇区的时间应是 1/300s。表 5.3 中，在每一个扇区中安排了两个开关周期 T_S，如扇区Ⅰ中，第一个 T_S中是 4、6、7 这 3 个开关状态，第二个 T_S中是 6、4、0 这 3 个开关状态。因此，每个开关状态的周期 $T_S=1/300\times1/2\text{s}=1/600\text{s}\approx1.667\text{ms}$。在每个扇区中［1/6 周期，$1/(50\times6)\text{s}=1/300\text{s}=3.33\text{ms}$］各相桥臂的开关都只动作两次，故开关频率 $f_k=600\text{Hz}$。在表 5.3 的第一扇区，第一个开关状态周期 T_S（1.667ms）中，3 个开关状态（S_a、S_b、S_c）分别为（100），（110），（111）。由式（5.46）和式（5.48）可以得到这时的输出电压，这 3 个开关状态存在的时间分别是 T_x、T_y、T_0。如果为了提高输出电压最低次谐波的频率而将开关器件的开关频率再提高 8 倍，$f_k=600\times8\text{Hz}=4.8\text{kHz}$，则每个扇区中就有 $2\times8=16$ 个开关周期 T_S，每个开关周期的时间为 $T_S=1/50\times1/6\times1/16\text{s}=208\mu\text{s}$。在 $T_S=208\mu\text{s}$ 时间内选择相邻的两个开关状态矢量 $\boldsymbol{V}_x$、$\boldsymbol{V}_y$及某一零矢量 $\boldsymbol{V}_Z$（$\boldsymbol{V}_0$或 $\boldsymbol{V}_7$），分别作用 T_x、T_y、T_0时间，$T_x+T_y+T_0=T_S$，即可将输出电压调控为所需的数值。同时，由于开关频率增加了 8 倍，最低次谐波的频率也提高了 8 倍，只需较小的 LC 滤波器就能获得较好的滤波效果。如果采用 IGBT 做开关器件，开关频率可选为 5～20kHz。如果选用 P-MOSFET 做开关器件，开关频率还可以更高，采用很小的 LC 滤波器就能使逆变器输出的负载端电压成为畸变系数很小的正弦波。

表 5.3 扇区、开关变量，特定电压矢量及开关状态变换顺序

扇区	1						2						3						4						5						6					
	←T_S→			←T_S→			←T_S→			←T_S→			←T_S→			←T_S→			←T_S→			←T_S→			←T_S→			←T_S→			←T_S→			←T_S→		
开关状态及矢量	4	6	7	6	4	0	2	6	7	6	2	0	2	3	7	3	2	0	1	3	7	3	1	0	1	5	7	5	1	0	4	5	7	5	4	0

续表

扇区		1						2						3						4						5						6					
		$\leftarrow T_S \rightarrow$			$\leftarrow T_S \rightarrow$			$\leftarrow T_S \rightarrow$			$\leftarrow T_S \rightarrow$			$\leftarrow T_S \rightarrow$			$\leftarrow T_S \rightarrow$			$\leftarrow T_S \rightarrow$			$\leftarrow T_S \rightarrow$			$\leftarrow T_S \rightarrow$			$\leftarrow T_S \rightarrow$			$\leftarrow T_S \rightarrow$			$\leftarrow T_S \rightarrow$		
状态变量	a	1	1	1	1	1	0	0	1	1	1	0	0	0	0	1	0	0	0	0	0	1	0	0	0	0	1	1	1	0	0	1	1	1	1	1	0
	b	0	1	1	1	0	0	1	1	1	1	1	0	1	1	1	1	1	0	0	1	1	1	0	0	0	0	1	0	0	0	0	0	1	0	0	0
	c	0	0	1	0	0	0	0	0	1	0	0	0	0	1	1	1	0	0	1	1	1	1	1	0	1	1	1	1	1	0	0	1	1	1	0	0

电压 SVPWM 控制三相逆变器，通过合理地选择、安排开关变量（开关器件的通断状态）的转换顺序和通、断持续时间，利用 6 个特定位置的电压空间矢量和零矢量合成任意空间矢量，可以调控三相输出电压的大小和相位。与 SPWM 控制相比，其直流电压利用率要高一些，在获得相同的输出电压波形质量的情况下，开关器件的工作频率也可以低一些，开关损耗也要小一些。

三相逆变器 SVPWM 的优化控制比较复杂，控制系统核心可由微处理器、微型计算机或数字信号处理器构成，这种数字化的控制系统非常适合于三相逆变器电压 SVPWM 优化控制。同样的三相桥式主电路及相应的数字化控制系统，不仅可以用于三相电压型逆变器电压 SVPWM 优化控制，还适用于三相电压型高频整流器，用于实现高质量、高性能的四象限双向 AC - DC 变换。

5.7　多电平逆变电路

图 5.19（a）、（b）、（c）重画了 5.4.1 节已介绍的电压型三相桥式逆变电路，可能产生的空间电压矢量及开关管 180°导电模式时的电压波形。这种逆变电路的输出端 A、B、C 交替地接到直流电源的正端 P 和负端 Q。因此，A、B、C 点对电源中点 O 的电位 v_{AO}、v_{BO}、v_{CO}瞬时值只能是$+V_D/2$ 或$-V_D/2$ 两者之一而不可能 $v_{AO}=0$、$v_{BO}=0$、$v_{CO}=0$，线电压 v_{AB}、v_{BC}、v_{CA}是 120°宽的方波。三相负载星形联结时负载相电压 v_{AN}、v_{BN}、v_{CN}是有两个电平（两个电压台阶，$V_D/3$ 和 $2V_D/3$）的阶梯波，这种逆变器被称为两电平逆变器。两电平逆变器的 3 个桥臂 6 个开关器件通、断状态不同组合时，可以产生 6 个非零电压矢量 $\boldsymbol{V}_1$～$\boldsymbol{V}_6$及两个零电压矢量 $\boldsymbol{V}_0$、$\boldsymbol{V}_7$，即开关变量（S_a、S_b、S_c）为 0（000）、1（001）、2（010）、3（011）、4（100）、5（101）、6（110）及 7（111）。两电平 180°导电方式时输出电压中含有 20%（1/5）的 5 次谐波、14.3%（1/7）的 7 次谐波，由于谐波频率低而数值又不小，采用 LC 滤波时质量、体积大且特性差，此外基波电压仅由直流电压 V_D唯一确定，而不能任意调控。如果三相逆变电路的结构做些改变使输出端 A、B、C 对电源中点相电压可以为零，即可使 $v_{AO}=0$、$v_{BO}=0$、$v_{CO}=0$，令输出端对电源中点 O 的电压 v_{AO}如图 5.19（d）所示，v_{BO}、v_{CO}波形与 v_{AO}相同但滞后 120°、240°，则线电压 v_{AB}及三相星形负载时的相电压 v_{AN}将是图 5.19（d）所示波形。这种逆变器的 v_{AN}、v_{BN}、v_{CN}是有 3 个电平（3 个电压台阶 $V_D/3$、$V_D/2$ 和 $2V_D/3$）的阶梯波，称为三电平逆变器。

近年来，多电平逆变器的研究受到广泛重视，并得到了一定应用。多电平逆变器输出端可以有更多级（大于 2）的输出电压波形，谐波含量小，波形更接近正弦，逆变器性能更好，更适用于高压大容量的电力电子变换，缺点是电路结构比较复杂，控制比较困难。

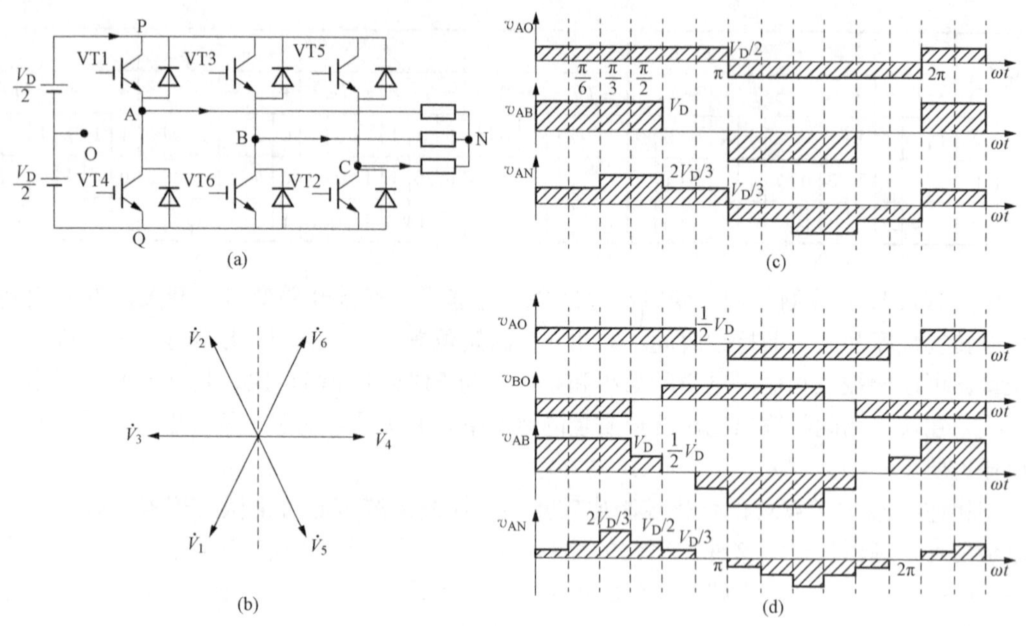

图 5.19　二电平、三电平电压波形比较

(a) 三相二电平逆变电路；(b) 三相二电平逆变电路电压矢量；(c) 三相二电平逆变电路电压波形；(d) 三相三电平逆变电路电压波形

图 5.20 (a) 是一种实用的三相三电平中点钳位式逆变器的电路结构。逆变器每相桥臂有 4 个半导体电力开关管 VT1、VT2、VT3、VT4，4 个续流二极管 VD1～VD4 和 2 个钳位二极管 VD5～VD6。三相桥两电平逆变器每个桥臂只有两个开关器件，每个桥臂只有两种状态。例如，A 相桥臂，上管导通、下管截止时称为 1 态，这时 A 桥臂的开关变量 $S_a=1$；下管导通、上管截止称为零态，$S_a=0$。而图 5.20 (a) 的三电平逆变器每桥臂有 4 个开关器件，每个桥臂可以安排 3 种开关状态，若用 S_a、S_b、S_c表示 A、B、C 各桥臂的开关状态，则 S_a、S_b、S_c应是三态开关变量，每个桥臂的 3 种组合开关状态分别称为零态、1 态和 2 态。用变量 S_a表示 A 相桥臂开关状态：

若 VT1、VT2 关断，VT3、VT4 导通，图 5.20 (a) 电路变为图 5.20 (b)，定义这种状态为零态，$S_a=0$。

若 VT1、VT4 关断，VT2、VT3 导通，图 5.20 (a) 电路变为图 5.20 (c)，定义这种状态为 1 态，$S_a=1$。

若 VT3、VT4 关断，VT1、VT2 导通，图 5.20 (a) 电路变为图 5.20 (d)，定义这种状态为 2 态，$S_a=2$。

(1) 零态，$S_a=0$ 说明：图 5.20 中，当 i_A 为正值时，电流 i_A从电源负端 Q 经 VD4、VD3 流入负载 A 点；当电流 i_A为负值时，电流 i_A从 A 端经 VT3、VT4 流至 Q 端，因此，无论 i_A为何值，A 端都接到 Q 点，故 $v_{AO}=v_{QO}=-V_D/2$，这时 VT4 (VD4) 虽导通，但 VD6 防止了 (阻断) 电容 C_2被开关器件 VT4 (VD4) 短接。

(2) 1 态，$S_a=1$ 说明：图 5.20 (c) 中，当 i_A为正值时，电流 i_A从 O 点经 VD5、VT2 流至负载 A 点；当 i_A为负值时，电流 i_A从 A 端经 VT3、VD6 流至 O 点，因此，无论 i_A为

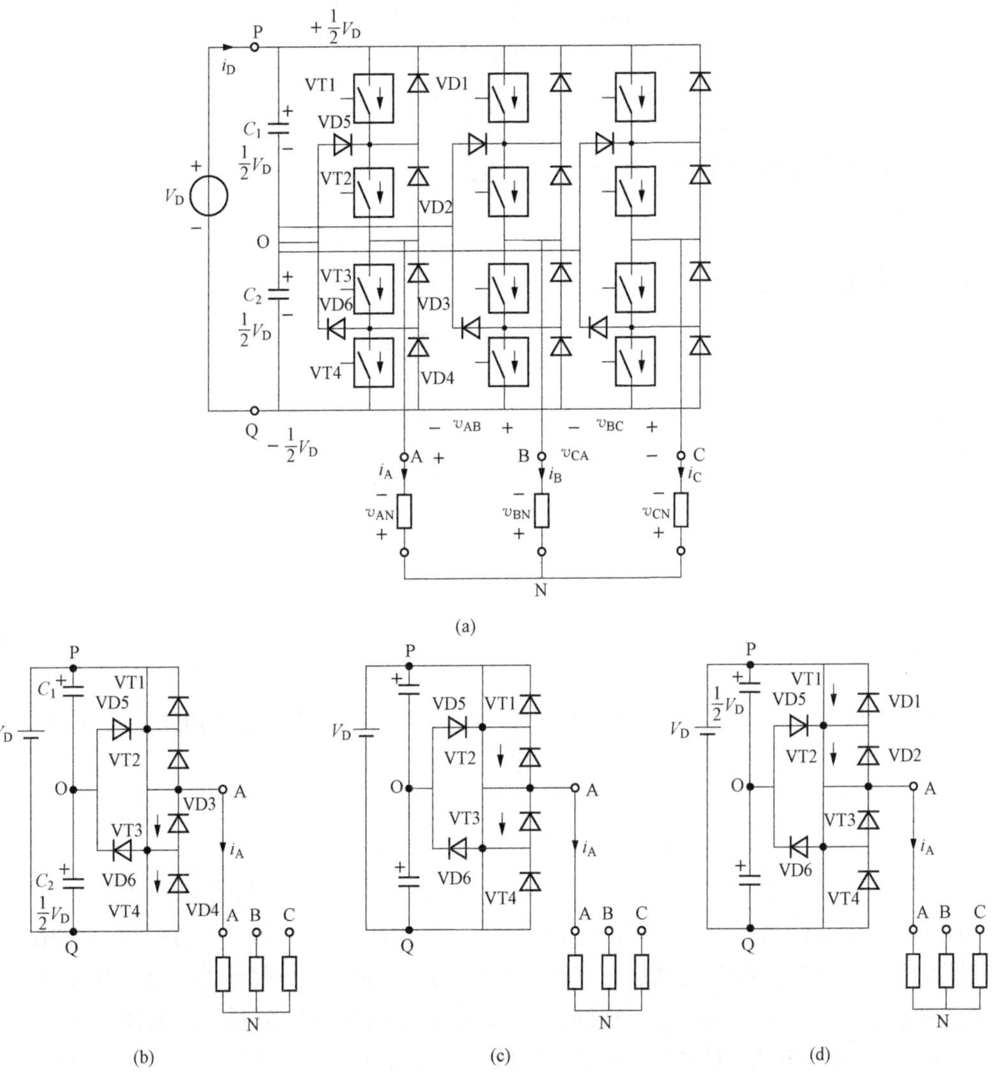

图 5.20　中点钳位三相三电平逆变器

(a) 电路结构；(b) 零态，$S_a=0$，VT3、VT4 导通、VT1、VT2 截止；

(c) 1 态，$S_a=1$，VT2、VT3 导通、VT1、VT4 截止；(d) 2 态，$S_a=2$，VT1、VT2 导通、VT3、VT4 截止

何值，A 点都接至 O 点，故 $v_{AO}=0$。

(3) 2 态，$S_a=2$ 说明：图 5.20 (d) 中，当 i_A为正值时，电流 i_A从 P 点经 VT1、VT2 流至负载 A 点；当 i_A为负值时，电流 i_A从 A 点经 VD2、VD1 流至 P 点，因此，无论 i_A为何值，A 点都接至 P 点，故 $v_{AO}=v_{PO}=+V_D/2$，这时 VT1 (VD1) 导通，但 VD5 防止了 (阻断) 电容 C_1被开关器件 VT1 (VD1) 短接。

由图 5.20 (b)、(c)、(d) 的说明可知，A 相输出端 A 对电源中点 O 的电压 v_{AO}可以用 A 相开关变量 S_a结合输入直流电压 V_D 来表示

$$v_{AO}=\frac{S_a-1}{2}V_D \tag{5.56}$$

$S_a=0$、1、2 时

$$v_{AO}=-V_D/2, 0, +V_D/2$$

同理，逆变器输出B相对电源中点O的电压为

$$v_{BO}=\frac{S_b-1}{2}V_D \tag{5.57}$$

同理，逆变器输出C相对电源中点O的电压为

$$v_{CO}=\frac{S_c-1}{2}V_D \tag{5.58}$$

输出线电压可表示为

$$\begin{cases} v_{AB}=v_{AO}-v_{BO}=\dfrac{1}{2}V_D(S_a-S_b) \\ v_{BC}=v_{BO}-v_{CO}=\dfrac{1}{2}V_D(S_b-S_c) \\ v_{CA}=v_{CO}-v_{AO}=\dfrac{1}{2}V_D(S_c-S_a) \end{cases}$$

故有

$$\begin{bmatrix} v_{AB} \\ v_{BC} \\ v_{CA} \end{bmatrix}=\frac{V_D}{2}\begin{bmatrix} 1 & -1 & 0 \\ 0 & 1 & -1 \\ -1 & 0 & 1 \end{bmatrix}\begin{bmatrix} S_a \\ S_b \\ S_c \end{bmatrix} \tag{5.59}$$

利用式（5.47），逆变器三相输出端对星形联结的负载中点N的相电压可表示为

$$\begin{bmatrix} v_{AN} \\ v_{BN} \\ v_{CN} \end{bmatrix}=\frac{V_D}{6}\begin{bmatrix} 2 & -1 & -1 \\ -1 & 2 & -1 \\ -1 & -1 & 2 \end{bmatrix}\begin{bmatrix} S_a \\ S_b \\ S_c \end{bmatrix} \tag{5.60}$$

A、B、C每个桥臂都有3种开关状态$S_a=0$、1、2，$S_b=0$、1、2，$S_c=0$、1、2，故整个三相三电平逆变器共有$3^3=27$种开关状态。与三相两电平逆变器相仿，对于三相三电平逆变器可以定义逆变器的开关状态为$(S_aS_bS_c)_3$。逆变器的每一种开关状态（$S_aS_bS_c$）都对应一组确定的v_{AO}、v_{BO}、v_{CO}，从而对应于一个确定的电压空间矢量$\boldsymbol{V}$，因此三电平三相逆变器共有27种开关状态的特定空间电压矢量$\boldsymbol{V}_0$、$\boldsymbol{V}_1$、$\boldsymbol{V}_2$、…、$\boldsymbol{V}_{26}$。定义矢量$\boldsymbol{V}(S_aS_bS_c)$的$\boldsymbol{V}_0$为（000），$\boldsymbol{V}_1$为（001），$\boldsymbol{V}_2$为（002），$\boldsymbol{V}_3$为（010），$\boldsymbol{V}_4$为（011），$\boldsymbol{V}_5$为（012），$\boldsymbol{V}_6$为（020），$\boldsymbol{V}_7$为（021），$\boldsymbol{V}_8$为（022），$\boldsymbol{V}_9$为（100），…，$\boldsymbol{V}_{26}$为（222）。其中，$\boldsymbol{V}_0$（000）矢量对应的开关状态为$S_a=S_b=S_c=0$，这时三相输出端A、B、C对电源中点O的电压为$v_{AO}=v_{BO}=v_{CO}=-V_D/2$。

同理，$\boldsymbol{V}_{13}$（111）矢量的开关状态所对应的电压$v_{AO}=v_{BO}=v_{CO}=0$。

同理，$\boldsymbol{V}_{26}$（222）矢量的开关状态所对应的电压$v_{AO}=v_{BO}=v_{CO}=V_D/2$。

因此，在$\boldsymbol{V}_0$（000）、$\boldsymbol{V}_{13}$（111）、$\boldsymbol{V}_{26}$（222）这3种开关状态时，逆变器输出线电压均为0，故$\boldsymbol{V}_0$、$\boldsymbol{V}_{13}$、$\boldsymbol{V}_{26}$为3个零矢量，其他24个矢量为非零矢量。以$\boldsymbol{V}_{20}$（202）为例，这时$S_a=2$，表示A相桥VT1、VT2导通，使A点接到正端P点，$v_{AO}=+V_D/2$；$S_b=0$表示B相桥VT3、VT4导通，使B点接到负端Q点，$v_{BO}=-V_D/2$；$S_c=2$表示C相桥VT1、VT2导通，使C点接到正端P点，$v_{CO}=+V_D/2$。

由此得到$\boldsymbol{V}_{20}$（202）开关状态时的三相电路图（图5.21），这时，由图5.21或由式（5.59）、式（5.60）都可得到$v_{AB}=+V_D$，$v_{BC}=-V_D$，$v_{CA}=0$。

$$\begin{cases} v_{AN}=\dfrac{V_D}{3}=\dfrac{2V_D}{3}\cos(-60°)=\dfrac{2V_D}{3}\cos(\omega t)\mid_{\omega t=-60°} \\ v_{BN}=-\dfrac{2V_D}{3}=\dfrac{2V_D}{3}\cos(-180°)=\dfrac{2V_D}{3}\cos(\omega t-120°)\mid_{\omega t=-60°} \\ v_{BN}=-\dfrac{V_D}{3}=\dfrac{2V_D}{3}\cos(-300°)=\dfrac{2V_D}{3}\cos(\omega t-240°)\mid_{\omega t=-60°} \end{cases}$$

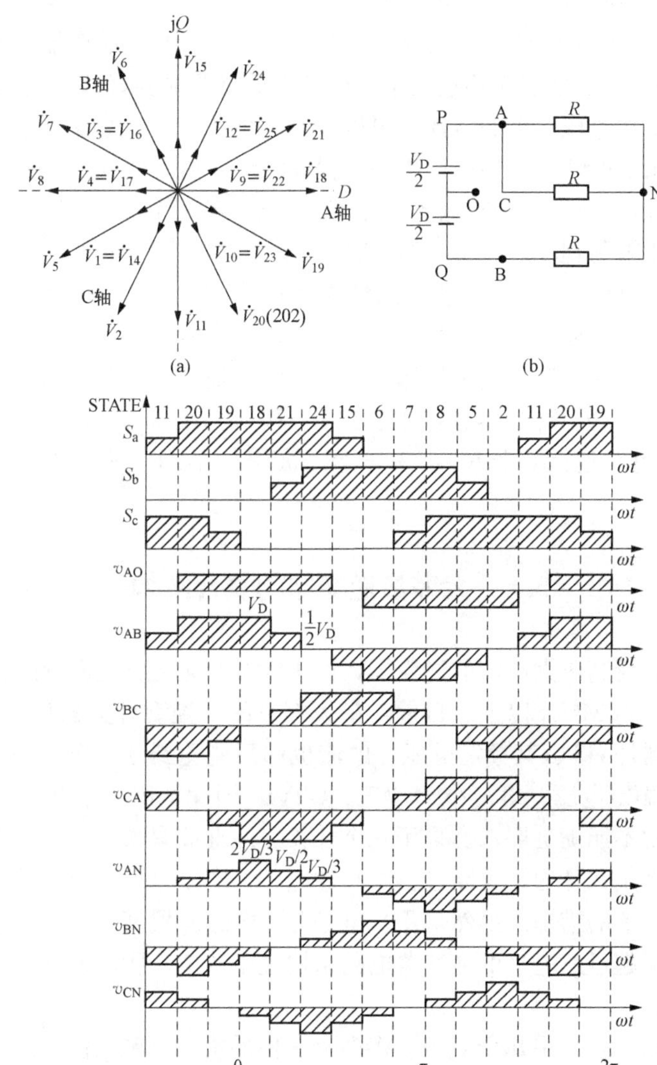

图 5.21　中点钳位三相三电平逆变器电压空间矢量和波形图

(a) 矢量图；(b) $\dot{V}_{20}$(202) 开关状态的电路图；(c) 输出电压波形图

这时负载的相电压瞬时值可以看作幅值为 $2V_D/3$、相角为 $\omega t=-60°$ 的矢量 $\mathbf{V}_{20}$ 在 A、B、C 轴上的投影，如图 5.21 (a) 所示。

类似地，由不同的 S_a、S_b、S_c 组合值可以求出其他开关状态所对应的电压空间矢量 $\mathbf{V}_1$ ~ $\mathbf{V}_{25}$，以及相对应的相电压、线电压。图 5.21 (c) 给出了三相三电平逆变器按状态

$\boldsymbol{V}_{11}$（102）→$\boldsymbol{V}_{20}$（202）→$\boldsymbol{V}_{19}$（201）→$\boldsymbol{V}_{18}$（200）→$\boldsymbol{V}_{21}$（210）→$\boldsymbol{V}_{24}$（220）→$\boldsymbol{V}_{15}$（120）→$\boldsymbol{V}_{6}$（020）→$\boldsymbol{V}_{7}$（021）→$\boldsymbol{V}_{8}$（022）→$\boldsymbol{V}_{5}$（012）→$\boldsymbol{V}_{2}$（002）→$\boldsymbol{V}_{11}$（102）顺序周期运行时的开关变量及输出电压波形，且每一状态持续时间为 1/12 周期（30°）。这里只选用了 12 种开关状态，对其他的开关状态及每种开关状态持续时间不是 30°时，可类似地分析得到相应的电压波形。

对图 5.21（c）中线电压阶梯波进行傅里叶分析得知：三电平逆变器线电压最大的基波幅值与直流电压 V_D之比值为 $V_{1mmax}/V_D=1.065$，稍低于二电平逆变器的比值 $2\sqrt{3}/\pi\approx1.1$ [见式（5.37)]，但是三电平逆变器输出电压的波形质量明显要好些。图 5.19（c）、（d）画出了二电平和三电平相电压波形的对比，可以看出三电平逆变器负载电压的波形大为改善。对三电平逆变器采用 PWM 技术还可以进一步提高波形质量。此外，在三电平逆变器中直流电压 V_D由两个开关器件分担，分压电容 C_1、C_2 的电压各为 $V_D/2$，钳位二极管 VD5、VD6 把开关器件的端电压限制到不超过 $V_D/2$，所以相对于二电平逆变器而言，三电平逆变器开关器件的额定电压值可以降为 1/2，或者同样额定电压值的开关器件用于三电平逆变器时直流电压可以高一倍，因而输出功率也可大一倍。所以，多电平逆变器尤其适合大功率、高电压场合。当然，三电平逆变器所用半导体开关器件较多是一个缺点，如上述的一台三相三电平逆变器要用到 30 个开关器件（包括 12 个 IGBT 和 18 个二极管），而一台三相二电平逆变器只需 12 个开关器件（包括 6 个 IGBT 和 6 个二极管）。此外，三电平逆变器的控制也比较困难。

5.8 大容量逆变器的复合结构

有些应用领域需要高压大电流的逆变器，如 10MVA 甚至更大容量的逆变器，船舶推进变频器容量甚至达到 40MVA 以上。目前，最大容量的半控型开关器件晶闸管 SCR 和最大容量的全控型开关器件 GTO 其额定电压、电流也都只能达到 6～7kV、3000～6000A。IGBT、IGCT、GTR 额定电压、电流小于 SCR、GTO。因此，用 6 个开关组成的三相桥逆变电路其输出功率常常不能满足要求。采用几个开关器件直接串联、并联，由于难以确保各开关器件工作中（特别是在开通、关断过程中）的电压、电流分配完全一致，因此也不是扩大逆变器输出容量最有效的措施。虽然采用多电平开关电路能提高直流输入工作电压从而扩大逆变器输出功率，但超过三电平的逆变器电路结构过于复杂，所以也不是一个扩大逆变器输出容量的最好途径。

在大容量的应用中，采用几个变压器将多个三相桥式（或单相桥式）逆变器组成一个复合结构，对扩大逆变器的输出容量是一个有效途径。特别是在需要高压交流输出（或需要很大电流很低电压输出）的应用中，由于必须要有升压或降压变压器匹配直流输入电压和交流输出电压，这种利用变压器的复合结构的逆变器是扩大逆变器输出容量最有效的技术措施。对逆变器的两个基本技术要求是输出电压可以调控，输出电压波形中的谐波含量在允许值以内。通过对全控型开关器件的多脉波 PWM 控制，或 SPWM 控制，或采用电压空间矢量控制都可以由逆变器内部实现输出电压的调控，并使输出电压中的低阶次谐波消失，剩余的高阶次谐波只需较小的滤波器即可滤去大部分高次谐波，使负载电压中的谐波被控制在允许值以下。但是，多脉波的 SPWM 控制要求开关器件能在高频下工作，高压、大电流高频应用时开关损耗大，发热温升问题严重。如果大容量逆变器的负载是交流电动机（高压大功率交流电动机是大容量逆变器最主要的负载类型），电动机的绕组电感通常可以对较高阶次的谐波电流起滤波作用，使绕组电流中的谐波电流被限制在允许值以内，这时逆变器的输出电压就不一定非要采用高频多脉波SPWM控制。当单个三相桥式逆变电路输出容量不足以满足负载要求时，如果采用2个、4个或8个三相桥式逆变电路，每个三相桥式逆变电路都以图5.13中180°导通方式工作（每周波中每个开关只通、断一次），每个三相桥式逆变电路输出线电压都是120°的方波，若令各个三相桥式逆变器的同一相（如A相）的输出电压彼此相差一定的相位角，通过几个变压器将各个三相逆变器的输出电压复合相加后输出一个总逆变电压，适当地设计各个逆变变压器的变比和变压器二次电压的连接方式，适当地安排各逆变器输出电压的相差角，就可以消除总输出电压中的3、5、7、11、13等低次谐波，并调控总输出电压中的基波电压大小。这种逆变器称为复合结构逆变器。

5.8.1 12阶梯波逆变器

图5.22（a）中，两个三相桥式逆变器Ⅰ、Ⅱ的输出分别接到两个三相变压器的一次绕组。两个变压器的一次绕组匝数为N_P，变压器Ⅰ的二次绕组匝数为N_S、变压器Ⅱ二次侧每相有两个相同的绕组，其匝数都是$N_S/3$。逆变器Ⅰ、Ⅱ都按180°导电方式工作，因此各变压器的一次线电压都是120°交流方波，幅值为V_D。若变压器Ⅰ的二次侧a_1相绕组与一次绕组A_1B_1共一个铁芯柱，则二次电压$\dot{V}_{a1}$与一次电压$\dot{V}_{A1B1}$同相，$\dot{V}_{a1}=\sqrt{3}N_S/N_P\cdot\dot{V}_{A1B1}$。令变压器Ⅱ的二次侧$A_2$相电压$\dot{V}_{a2}$与其一次电压$\dot{V}_{A2B2}$同相，则$\dot{V}_{a2}=\sqrt{3}N_S/N_P\cdot\dot{V}_{A2B2}$。若控制逆变器Ⅱ的各相开关器件的通、断时间起始点比逆变器Ⅰ各相开关器件延迟30°，则逆变器Ⅱ在相位上比逆变器Ⅰ滞后30°，即$\dot{V}_{A2B2}$比$\dot{V}_{A1B1}$滞后30°，那么二次电压$\dot{V}_{a2}$也应比$\dot{V}_{a1}$滞后30°。将变压器Ⅰ的二次电压$\dot{V}_{a1}$变压器Ⅱ的二次电压$\dot{V}_{a2}$相加，再与变压器Ⅱ的二次电压$\dot{V}_{b2}$相减构成A相输出电压，如图5.22所示。则

$$\dot{V}_A=\dot{V}_{a1}+\dot{V}_{a2}-\dot{V}_{b2}$$

同理，令

$$\dot{V}_B=\dot{V}_{b1}+\dot{V}_{b2}-\dot{V}_{c2}$$

$$\dot{V}_C=\dot{V}_{c1}+\dot{V}_{c2}-\dot{V}_{a2}$$

图5.22（d）中画出了v_{a1}、v_{a2}、v_{b2}的波形。v_{a1}为120°方波，幅值为$N_S/N_P\cdot V_D$，v_{a2}也是120°方波，但幅值为$N_S/(\sqrt{3}N_P)\cdot V_D$，$\dot{V}_{a2}$比$\dot{V}_{a1}$滞后30°。变压器Ⅱ的B相电压$\dot{V}_{b2}$应比其A相电压$\dot{V}_{a2}$滞后120°。由图5.22（c）的矢量图可知$-\dot{V}_{b2}$超前$\dot{V}_{a1}$30°。图5.22（d）画出了$v_A=v_{a1}+v_{a2}-v_{b2}$的波形图，在所取坐标原点情况下由120°方波的式（5.38）得

$$v_{a1}=\frac{2\sqrt{3}}{\pi}V_D\times\frac{N_S}{N_P}\left(\cos\omega t-\frac{1}{5}\cos5\omega t+\frac{1}{7}\cos7\omega t-\frac{1}{11}\cos11\omega t+\frac{1}{13}\cos13\omega t+\cdots\right)$$

$\dot{V}_{a2}$应比$\dot{V}_{a1}$滞后30°，故有

$$v_{a2}=\frac{2\sqrt{3}}{\pi}V_D\times\frac{N_S}{\sqrt{3}N_P}\Big[\cos(\omega t-30°)-\frac{1}{5}\cos5(\omega t-30°)+\frac{1}{7}\cos7(\omega t-30°)-\frac{1}{11}\cos11(\omega t-30°)+\frac{1}{13}\cos13(\omega t-30°)+\cdots\Big]$$

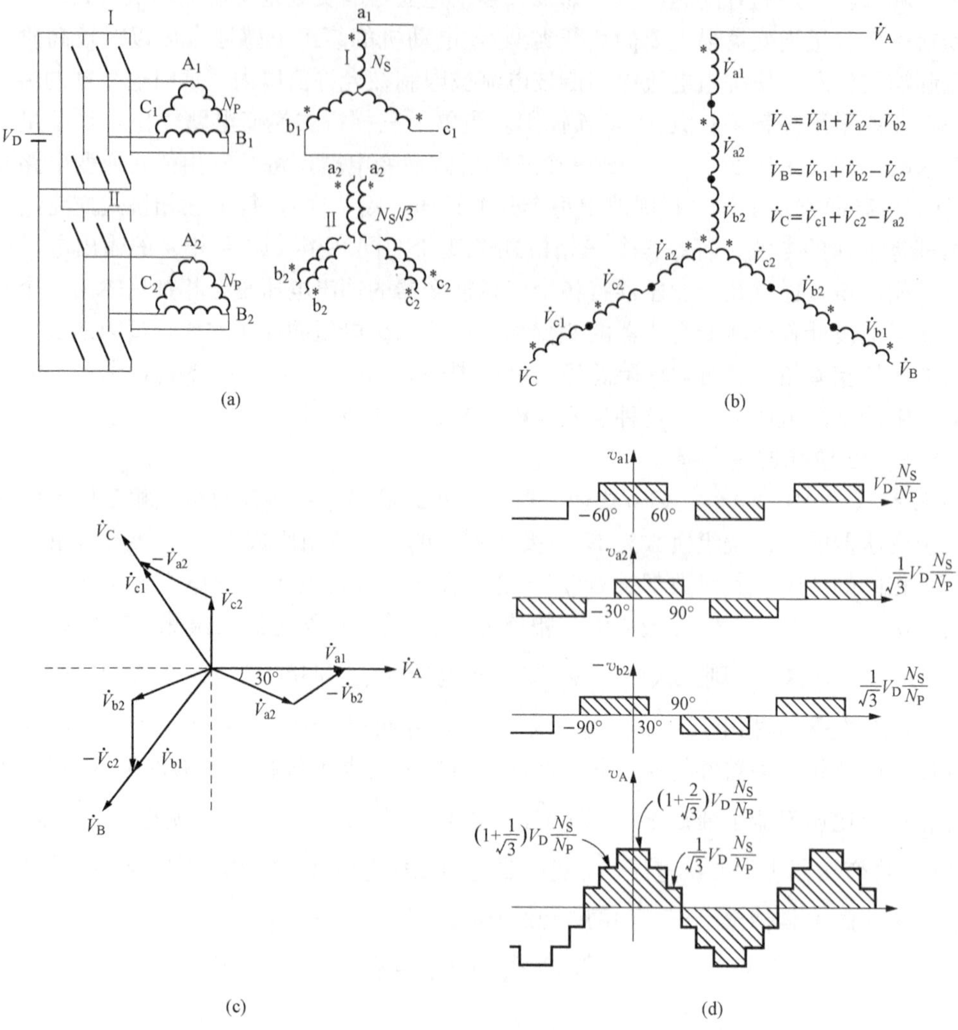

图 5.22 阶梯波复合逆变器

(a) 电路；(b) 输出电压合成；(c) 矢量图；(d) 电压波形合成

$-\dot{V}_{b2}$ 比 $\dot{V}_{a1}$ 超前 30°，故有

$$-v_{b2}=\frac{2\sqrt{3}}{\pi}V_D\times\frac{N_S}{\sqrt{3}N_P}\Big[\cos(\omega t+30°)-\frac{1}{5}\cos5(\omega t+30°)+\frac{1}{7}\cos7(\omega t+30°)-\frac{1}{11}\cos11(\omega t+30°)+\frac{1}{13}\cos13(\omega t+30°)+\cdots\Big]$$

由于 $\cos(x+y)=\cos x\cos y-\sin x\sin y$，则

$$v_A=v_{a1}+v_{a2}-v_{b2}=\frac{4\sqrt{3}}{\pi}V_D\times\frac{N_S}{N_P}\Big(\cos\omega t-\frac{1}{11}\cos11\omega t+\frac{1}{13}\cos13\omega t-\frac{1}{23}\cos13\omega t+\frac{1}{25}\cos15\omega t+\cdots\Big)\tag{5.61}$$

因此，采用图 5.22 (a) 中两个三相逆变器Ⅰ和Ⅱ，通过两个变压器的二次绕组复合联

结，只要变压器Ⅱ的变比是变压器Ⅰ变比的 1/3，且逆变器Ⅱ比逆变器Ⅰ滞后 30°，那么复合联结后输出电压中就消去了 5 次和 7 次谐波。图 5.22（d）所示的 v_A 波形每 1/4 周期中有 3 个电压台阶，一个整周期中有 4×3=12 个台阶，故称为 12 阶梯波，除基波外仅含 $12K\pm1$ 次谐波（K=1，2，3，…）。

180°方波中含有 3、5、7、9 等奇次谐波。两个相差 60°的 180°方波叠加时，变成一个 120°宽的方波，其中不再含 3 次谐波。这两个 180°方波的基波相差 60°，故 3 次谐波相差 180°，即两个 3 次谐波大小相等、方向相反，相互抵消，故叠加后的波形中不再有 3 次谐波。同理，两个 120°的方波（其中都含 5 次 7 次等谐波）若相差 36°，则它们的 5 次谐波相差 5×36°=180°，因此叠加后不再含 5 次谐波。若两个 120°方波相差 180°/7≈25.7°，则它们的 7 次谐波相差 180°而互相抵消。因此，两个 120°方波不经过变压器变比变换而直接叠加时，选定适当的相差角只能消除一个谐波。但是，像图 5.22（a）那样采用变压器复合输出电压，若第一个变压器变比为 N_S/N_P，适当地选择第二个变压器的变比（$\sqrt{3}N_S/N_P$）和电压复合方式（变压器Ⅱ有两个二次绕组），在相差角为 30°情况下，可以同时消除 5 次和 7 次谐波。其输出电压为式（5.61），其中最低次谐波为 11 次。

5.8.2　24 阶梯波逆变器

图 5.23（a）示出 4 个三相桥式逆变电路，它们的输出接 4 个变压器，每个三相桥逆变电路的开关器件都按 180°导电方式工作，因此其输出的线电压都是 120°矩形波，4 个逆变器的驱动信号依次相差 15°，即Ⅰ超前Ⅱ15°，Ⅱ超前Ⅲ15°，Ⅲ又比Ⅳ超前 15°。因此，变压器Ⅰ的各绕组一次、二次电压应比变压器Ⅱ各相一次、二次电压分别超前 15°，各个变压器各相一次电压 $\dot{V}_{A1}$、$\dot{V}_{B1}$、$\dot{V}_{C1}$，$\dot{V}_{A2}$、$\dot{V}_{B2}$、$\dot{V}_{C2}$，$\dot{V}_{A3}$、$\dot{V}_{B3}$、$\dot{V}_{C3}$，$\dot{V}_{A4}$、$\dot{V}_{B4}$、$\dot{V}_{C4}$对应的二次电压为 $\dot{V}_{a1}$、$\dot{V}_{b1}$、$\dot{V}_{c1}$，$\dot{V}_{a2}$、$\dot{V}_{b2}$、$\dot{V}_{c2}$，$\dot{V}_{a3}$、$\dot{V}_{b3}$、$\dot{V}_{c3}$，$\dot{V}_{a4}$、$\dot{V}_{b4}$、$\dot{V}_{c4}$，二次侧各绕组电压的矢量相位关系如图 5.23（b）所示。将 4 个变压器的 12 个二次绕组联结成图 5.23（c）所示电路输出三相电压，即三相输出电压为

$$\begin{cases}\dot{V}_{AB}=\dot{V}_{b2}+\dot{V}_{b1}+\dot{V}_{b3}+\dot{V}_{b4}-\dot{V}_{a1}-\dot{V}_{a2}\\ \dot{V}_{BC}=\dot{V}_{c2}+\dot{V}_{c1}+\dot{V}_{c3}+\dot{V}_{c4}-\dot{V}_{b1}-\dot{V}_{b2}\\ \dot{V}_{CA}=\dot{V}_{a2}+\dot{V}_{a1}+\dot{V}_{a3}+\dot{V}_{a4}-\dot{V}_{c1}-\dot{V}_{c2}\end{cases}\tag{5.62}$$

各变压器的一次、二次电压都是 120°宽的矩形波，其相位差关系如图 5.23 所示，依此可画出 v_{b1}、v_{b2}、v_{b3}、v_{b4}和$-v_{a1}$、$-v_{a2}$的波形如图 5.23（d）所示，再按式（5.62）即可画出输出电压 v_{AB}。v_{AB}是一个在一个周期中有 24 个区段（每个区段 15°）的阶梯波，因此又称为 24 阶梯波。如果变压器Ⅰ、Ⅱ二次电压幅值为 m，变压器Ⅲ、Ⅳ二次电压的幅值为 n（m、n 分别由变压器的变比决定），那么 v_{AB}的各台阶电压分别是 0、$2m$、$2m+n$、$2m+2n$、$3m+2n$ 和 $4m+2n$。选择适当的变压器变比可以同时消除 23 次以下的谐波。输出电压中最低次谐波是 23 次和 25 次，其含量约为 4.35%和 4%。如果负载为交流电动机，谐波含量在 5%以下的 23、25 次谐波电压在电动机绕组中所形成的谐波电流对电动机的运行是允许的，因此一般不必再加滤波器。对于要求总谐波电压不超过 5%，单次谐波电压不超过 3%限定值的通用恒频恒压电源逆变器负载，由于 23、25 次谐波阶次已较高，故仅用很小的 LC 滤波器就能把负载上的谐波电压衰减到允许值以内。这样不必采用高频开关器件，不用高频

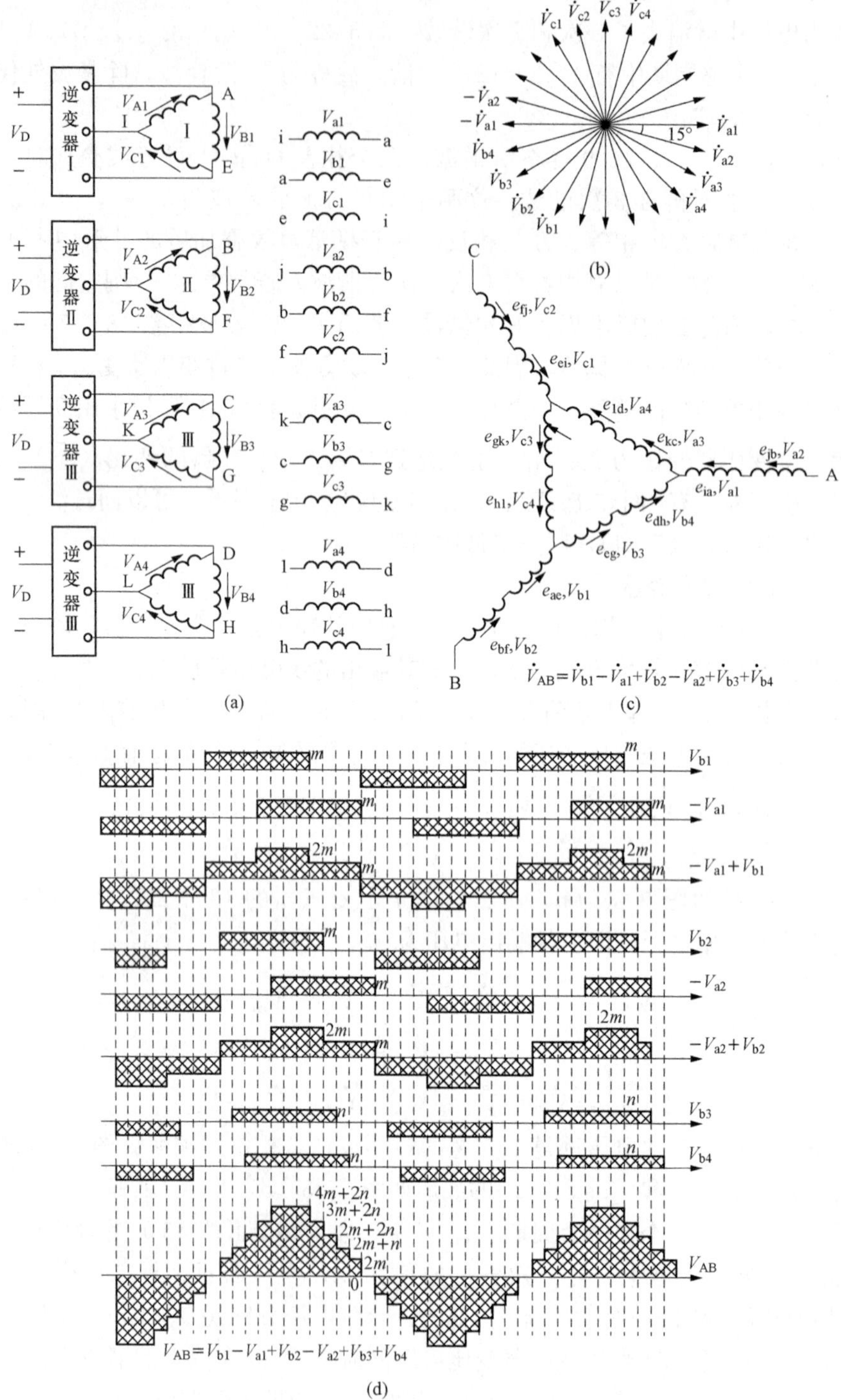

图 5.23 阶梯波逆变器的波形形成

(a) 电路；(b) 绕组电压矢量；(c) 输出电压合成；(d) 输出电压波形合成

PWM 控制也能获得较好的输出波形。

注意：以上介绍的两种逆变器通过变压器的复合结构得到 12 阶梯波或 24 阶梯波，其输出电压的基波电压大小是不能调节控制的。在大容量逆变器应用中通常采用两组上述结构的 12 阶梯或 24 阶梯逆变器组，将它们的输出电压叠加后再输出，控制这两组（12 阶梯或 24 阶梯）逆变器输出电压之间的相位差来调控输出电压。这种控制方式就是 5.3.6 节介绍的基波移相控制。例如，第一组 24 阶梯逆变器输出基波电压为 V_1，第二组 24 阶梯逆变器输出基波电压为 V_2，它们之间相位差为 φ_1 角，则叠加后的输出基波电压 V 为

$$\begin{cases}\dot{V}=\dot{V}_1+\dot{V}_2 \\ |V|=\sqrt{V_1^2+V_2^2+2V_1V_2\cos\varphi_1}\end{cases}$$

当 $\varphi_1=0$ 时，$\dot{V}=\dot{V}_1+\dot{V}_2=2\dot{V}_1$；当 φ_1 增大时，$\dot{V}$ 减小。这样两个 24 阶梯波的逆变器组合成复合结构逆变器，就能通过这种移相控制调控其输出电压的大小，而输出电压中无 23 次以下的谐波电压。当然，这种复合结构共有 8 个三相桥逆变器，结构比较复杂，但是对于大功率的逆变器，当逆变功率超过最大开关器件所能实现的三相桥逆变器容量 3～5 倍时，这种复合结构逆变器是最好的实现方案。

5.9 小　结

在电力电子变换和控制领域中，逆变器的应用非常广泛，不仅变频变压、变速传动的交流电动机，恒频恒压交流负载等需要逆变器供电，很多直流电源变换系统中，如通信系统中广泛应用的直流开关电源（先将 50Hz 交流不控整流为直流，再经高频逆变、高频变压器隔离变压，最后整流成直流），其中间变换环节通常有一个高频逆变器。至于风力发电、太阳能电池、燃料电池、超导磁体储能等新能源系统中及直流输电系统中，逆变器也是其中的重要环节。逆变器类型很多，常用的是单相桥式逆变器和三相桥式逆变器。除有源逆变和负载换流逆变器外，逆变器中的开关器件现在都采用全控型开关器件。目前，功率最大的逆变器采用 GTO，其次是 IGCT、IGBT、MCT、SIT，小功率则用 P-MOSFET。要求开关频率高则采用 P-MOSFET、SIT，其次是 IGBT、IGCT、MCT，最低是 GTO。逆变器的重要特性是输出电压大小可控（控制频率很简单）和输出电压波形质量好。开关电路只能输出数值为正、负电源电压值的矩形波电压，其中含有大量谐波，为了获得正弦波输出可采用 LC 滤波器，但对于低阶次的谐波，LC 滤波器因质量、体积太大而不适用。对于中等功率和小功率的逆变器，采用每半个周期中多个脉波的各种 PWM 控制，既能调节输出电压的大小，又能消除一些低阶次谐波。对于高压大容量逆变器，通常采用多个三相桥（也可以用单相桥）式逆变器通过变压器适当地组合输出，这时每个三相桥（或单相桥）式逆变器的开关器件，每周期中仅通、断一次，每个开关导电 180°，也可获得消除 3、5、7、11、13 等低次谐波的输出电压。直流电压较高，开关器件额定电压不够时可以采用三电平或五电平逆变器。采用电压空间矢量控制策略，以微处理器和数字信号处理器为基础，可以构成特性优良的逆变器控制系统，在开关频率不高而电压利用率较高的情况下改进输出电压波形。采用全控型开关器件的逆变器已广泛应用各种 PWM 技术控制输出电压基波和谐波。各国厂商已能提供单相逆变器和三相逆变器控制系统所需的各种专用和通用集成电路控制芯片、微处理器和数字信号处理器，供设计者选用。

5.10 习 题

1. 对比分析电压型逆变器和电流型逆变器在电路结构和输出波形的不同之处。

2. 为什么逆变电路中晶闸管 SCR 不适于用作开关器件？

3. 图 5.3（a）和图 5.2（a）中的二极管起什么作用，在一个周期中二极管和晶体管导电时间由什么因素决定？在什么情况下可以不用二极管 VD？纯感性负载时，负载电流为什么是三角形？

4. 哪些方法可以调控逆变器的输出电压？

5. 图 5.6（d）所示脉宽为 θ 的单脉波矩形波输出电压 v_{ab} 的表达式为式（5.7）。如果横坐标轴即时间（相位角）的起点改在正半波脉宽 θ 的中点，试证明，此时 v_{ab} 的表达式应为

$$v_{ab}(t)=\sum_{n=1,3,5,\cdots}^{\infty}\frac{4V_D}{n\pi}\sin\frac{n\theta}{2}\cos(n\omega t)$$

6. SPWM 的基本原理是什么？载波比 n、电压调制系数 m 的定义是什么？在高频载波电压幅值 V_{cm} 和频率 f_c 恒定不变时，改变调制参考波电压幅值 V_{rm} 和频率 f_r 为什么能改变逆变器交流输出基波电压 V_1 的大小和基波频率 f_1？

7. 既然 SPWM 控制能使逆变器输出畸变系数很小的正弦波，为什么有时又要将调制参考波 V_r 从正弦波改为图 5.11 所示的调制波形，或改为阶梯波，或取式（5.29）所示的附加 3 次谐波分量的调制参考波？

8. 请解释图 5.17 中输入直流电流 i_D 的波形。

9. 试说明三相电压型逆变器 SPWM 输出电压闭环控制的基本原理。

10. 三相逆变器的 8 种开关状态中有 6 种开关状态对应 6 个空间位置固定、相差 60°的非零电压空间矢量，另两个为数值为零的矢量。6 个开关的三相桥式逆变器只能产生这 6 个非零空间矢量。但三相正弦交流电压任意时刻的瞬时值是由一个以角速度 ω 在空间旋转的矢量产生的。6 个开关器件的三相逆变器只能产生 6 个特定位置（$\omega t=0°$，60°，120°，180°，240°，300°）的空间矢量。如何用两个相差 60°的非零特定空间矢量和零矢量的合成效果去等效任意相位角 ωt 时的空间矢量 V？当直流电压 V_D 一定时，如何调控输出电压的大小和相位？

11. 三相三电平逆变器中 12 个开关器件的通、断控制可以获得多少个特定的电压空间矢量？图 5.20 中二极管 VD5、VD6 起什么作用？如果直流电源电压为 V_D，在断态时，开关器件所承受的反压是多大？

12. 复合结构逆变器消除低阶次谐波的基本原理是什么？图 5.22（d）中 12 阶梯波输出电压的半周由 6 段组成，每段 30°，高度分别为 $\frac{N_S}{\sqrt{3}N_P}V_D$、$1+\frac{N_S}{\sqrt{3}N_P}V_D$ 和 $1+\frac{2N_S}{\sqrt{3}N_P}V_D$，已知图 5.6 所示的脉宽为 θ 的矩形波电压 V 的傅里叶级数表达式为 $V(t)=\sum_{n=1,3,5,\cdots}^{\infty}\frac{4V_D}{n\pi}\sin\frac{n\theta}{2}\cos(n\omega t)$［时间坐标（相位角）的起点选在正半波脉宽 θ 的中点，参见本章习题 5］，利用这个傅里叶级数表达式求 12 阶梯波的傅里叶级数表达式。

13. 逆变器有哪些类型？其基本的应用领域有哪些？

第 6 章　AC - DC 变流电路

根据整流电路的基本工作原理，分析了不同性质负载时整流电路直流输出电压和交流输入电流的波形，说明了各种整流电路的特点和应用范围。采用二极管作为开关器件只能实现不控整流；采用半控型开关晶闸管可实现相控整流；采用自关断开关器件实现高频 PWM 整流，可以显著地改善整流电路技术性能。本章主要介绍二极管不控整流电路、晶闸管相控整流电路及大容量相控整流的复合结构，并介绍单相和三相高频 PWM 整流电路。

6.1　整流器的类型

利用半导体电力开关器件的通、断控制，将交流电能变为直流电能称为整流。实现整流的电力半导体开关电路连同其辅助元器件和系统称为整流器。整流器的类型很多，可归纳分类如下：

(1) 按交流电源电流的波形可分为半波整流、全波整流。

(2) 按交流电源的相数的不同可分为单相整流、三相整流。

(3) 按整流电路中所使用的开关器件及控制能力的不同可分为不控整流、半控整流、全控整流。

(4) 按控制原理的不同可分为相控整流、高频 PWM 整流。

在不控整流电路中，若将不控整流电路中的二极管改换为半控型开关器件晶闸管，则可实现相控整流。若采用全控型开关器件，则可实现高频 PWM 整流。

对 AC - DC 变换最基本的性能要求是：输出的直流电压可以调控（交流输入电压变化时或负载变化时输出的直流电压可保持为任意指令值），输出直流电压中的交流分量即谐波电压被控制在允许值范围以内；交流电源侧电流中的谐波电流也在允许值以内。此外，交流电源供电的功率因数、整流器的效率、质量、体积、成本、电磁干扰（Electromagnetic Interference，EMI）和电磁兼容性（Electromagnetic Compatibility，EMC），以及对控制指令的响应特性等也都是评价整流器的重要指标。

6.2　不控整流电路

在交流电源与直流负载之间插入二极管或二极管电路，利用二极管的单向导电性可以实现 AC - DC 电能变换。

二极管被施加正向电压时，它处于自然导通状态，交流电源可通过二极管将电源电压 V_S 施加到负载上，使负载电压 $V_D=V_S$；当二极管受到反向电压作用时，它立即截止转为断态，阻断交流电源，这是分析二极管电路的一个基本原则。

6.2.1　单相半波不控整流

单相半波不控整流如图 6.1 所示。图 6.1 (a) 中，当电源电压 $v_S=\sqrt{2}V_S\sin\omega t$ 为正半周时

($\omega t=0\sim\pi$)，VD1 承受正向电压导通，使 $v_D=v_S=\sqrt{2}V_S\sin\omega t$，电源电流 $i_S=i_D$（负载电流）。

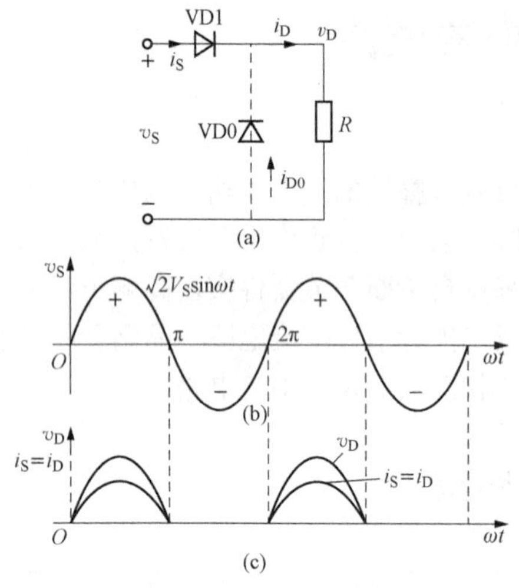

图 6.1 单相半波不控整流

（a）电路；（b）电源电压；（c）整流电压、电流

在电源负半周，$v_S<0$，VD1 受反向电压截止，阻断电路，$v_D=0$，$i_S=0$。如果负载有电感，这时 i_D可通过 VD0 续流。因此，在一个周期 $T_S(2\pi)$ 中电源只有正半波电流 i_S，仅正半周有整流电压 v_D输出，在电源一个周期 T_S中 V_D仅一个电压脉波（脉波数 $m=1$），其直流平均值

$$V_D=\frac{1}{2\pi}\int_0^{\pi}\sqrt{2}V_S\sin(\omega t)\mathrm{d}(\omega t)=\frac{\sqrt{2}}{\pi}V_S\approx 0.45V_S \tag{6.1}$$

V_D 的大小只与 V_S有关而不能被调控，因此这种整流电路是单相半波不控整流电路。由于单相半波不控整流输出电压 V_S脉动大，脉动频率（$f=f_s$）低而难以滤波，特别是交流电源电流 i_S中含有很大的直流分量会给交流电网中的变压器、发电机等造成危害，故不太实用。

6.2.2 两相半波不控整流（或双半波不控整流）

带变压器中心抽头的两相半波（双半波）不控整流如图 6.2 所示。图 6.2（a）是通过变压器中心抽头得到两相电压的两相半波不控整流电路。A 相电压 $v_{AO}=\sqrt{2}V_S\sin\omega t$，B 相电压 $v_{BO}=\sqrt{2}V_S\sin(\omega t-180°)=-\sqrt{2}V_S\sin\omega t$。在 $\omega t=0\sim\pi$、V_{AO}为正半波，$V_{AO}>V_{BO}$，VD1 导电，VD2 截止，整流电压 $v_D=v_{AO}=\sqrt{2}V_S\sin\omega t$，$i_A=i_D$，若变压器变比为 1，则 $i_S=i_D$；在 $\omega t=\pi\sim 2\pi$、V_{BO}为正半波，VD2 导电，VD1 截止，整流电压 $v_D=v_{AO}=\sqrt{2}V_S|\sin\omega t|$，$i_B=i_D$，$i_S=-i_D$。由于在电源周期 T_S中，V_D脉波数 $m=2$，脉动频率高了一倍而易于滤波，正负半波均有 V_D 输出，V_D提高了一倍

$$V_D=\frac{1}{\pi}\int_0^{\pi}\sqrt{2}V_S\sin(\omega t)\mathrm{d}(\omega t)=\frac{2\sqrt{2}}{\pi}V_S\approx 0.9V_S \tag{6.2}$$

交流电源电流 i_S为正、负对称的交流电流无直流分量，这种两相半波或称单相双半波的不控整流特性优于单相半波不控整流。

6.2.3 单相桥式不控整流

单相桥式不控整流如图 6.3 所示。图 6.3（a）是单相桥式不控整流电路。在电源电压 V_S正半波，VD1、VD4 受正向电压导电，一旦 VD1、VD4 导

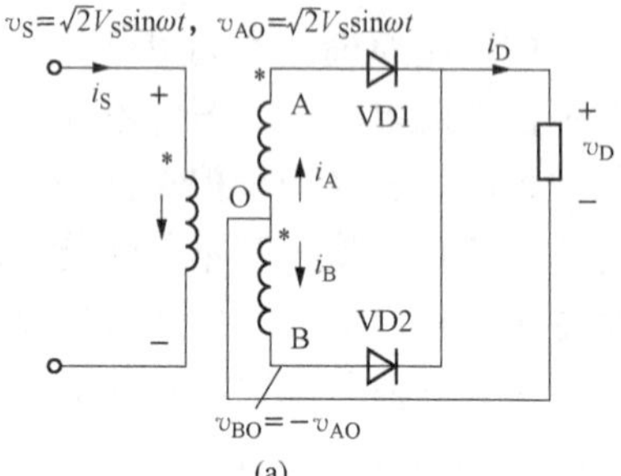

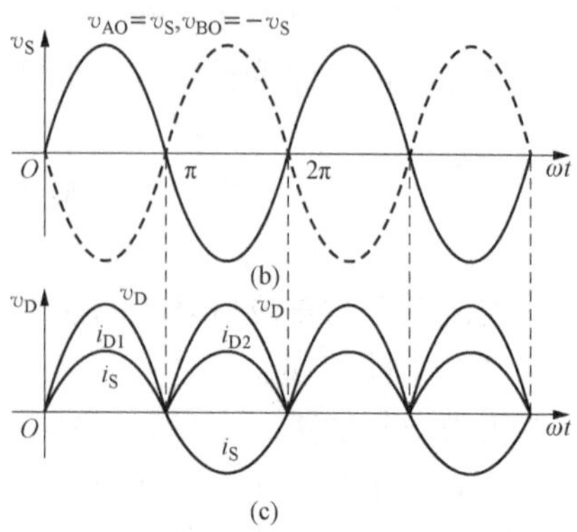

图 6.2 带变压器中心抽头的两相半波（双半波）不控整流

（a）电路；（b）电源电压；（c）整流电压、电流

电，VD2、VD3 受反压截止，整流电压 $v_D=v_S=\sqrt{2}V_S\sin\omega t$，电源电流 $i_S=i_D$；在电源电压 v_S 负半波，VD2、VD3 受正向电压导电，VD1、VD4 截止，$v_D=-v_S=\sqrt{2}V_S\sin|\omega t|$，$i_S=-i_D$。因此，这种单相桥式不控整流电路输出电压 V_D、交流电源电流 i_S 的波形特性与两相半波不控整流相同。单相桥式整流电路与两相半波电路相比仅多用了两个二极管，但可不用有中心抽头的变压器，故在中小容量的不控整流领域应用广泛。

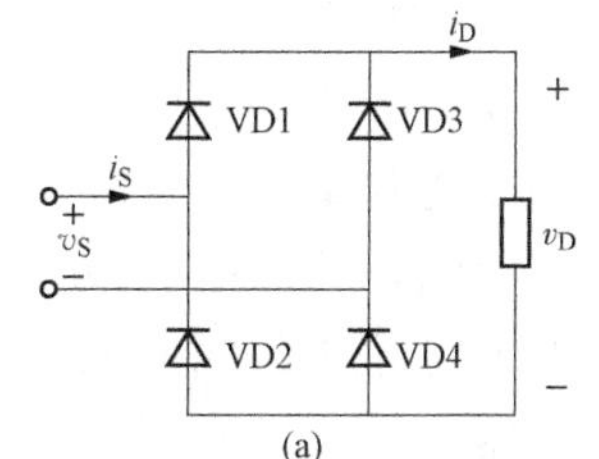

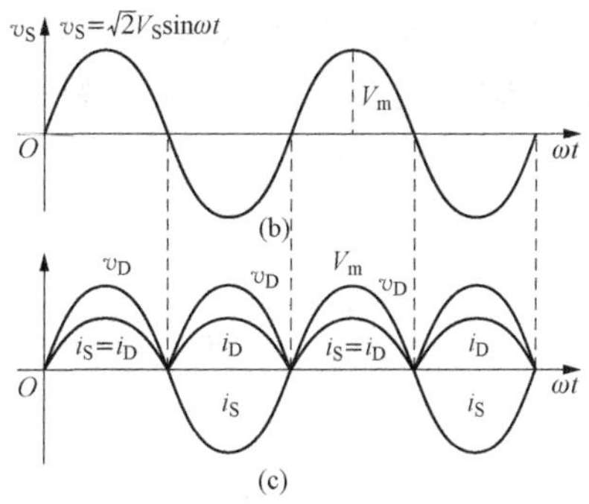

图 6.3　单相桥式不控整流

(a) 电路；(b) 电源电压；(c) 整流电压、电流

6.2.4　三相半波不控整流

三相半波不控整流如图 6.4 所示。图 6.4 (a) 为三相半波不控整流电路，三相交流电压 v_A、v_B、v_C 相差 120°，如图 6.4 (b) 所示。在 $\omega t=\omega t_1\sim\omega t_3$ 的 120° 时区，v_A 正电位最高，A 相 VD1 导电，$v_D=v_A=\sqrt{2}V_S\sin\omega t$ (ωt 从 30°→150°)；一旦 VD1 导电，$v_P=v_A>v_B$ 使 VD3 反压截止，同时，$v_P=v_A>v_C$，使 VD5 反压截止，所以在 $\omega t=\omega t_1\sim\omega t_3$ 的 120° 时区中，A 相 VD1 导电，$v_D=v_A$，电源电流 $i_A=i_D$；在 $\omega t=\omega t_3\sim\omega t_5$ 的 120° 时区，v_B 正电位最高，B 相 VD3 导电，VD1、VD5 截止，使 $v_P=v_D=v_B$，B 相导电，$i_B=i_D$；同理，在 $\omega t=\omega t_5\sim\omega t_7$ 的 120° 期间，v_C 正电位最高，C 相 VD5 导电，VD1、VD3 截止，使 $v_P=v_D=v_C$，C 相导电，$i_C=i_D$。因此，在一个电源周期 T_S 中，A 相 VD1、B 相 VD3、C 相 VD5 依序各导电 120°，i_A、i_B、i_C 为 120° 脉宽的直流，而整流输出电压 v_D 由 3 个相同的脉波组成（脉波数 $m=3$），其直流平均值 V_D 为

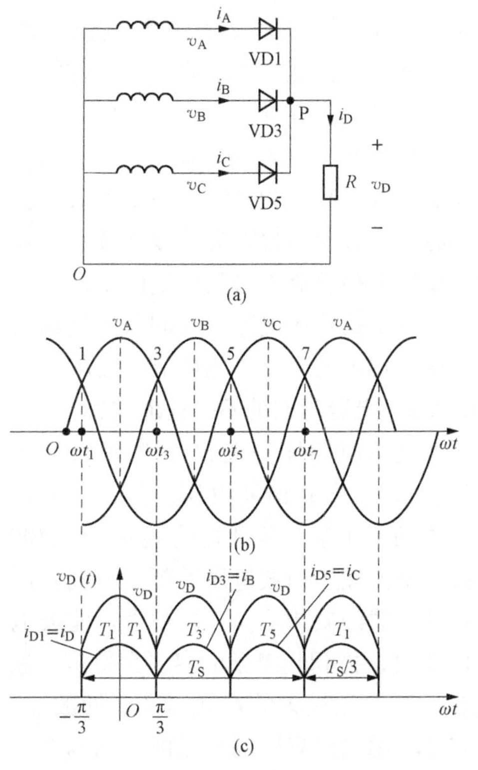

图 6.4　三相半波不控整流

(a) 电路；(b) 电源电压；(c) 整流电压、电流

$$V_D=\frac{1}{2\pi/3}\int_{\frac{\pi}{6}}^{\frac{5\pi}{6}}\sqrt{2}V_S\sin(\omega t)\mathrm{d}(\omega t)=\frac{3\sqrt{6}}{2\pi}V_S\approx 1.17V_S \tag{6.3}$$

对于三相半波整流电路，虽然整流电压 v_D 脉动较小，脉动频率为 $3f_s$（电源频率 f_s），V_D 数值也较高，但由于电源电流 i_S 中含有很大的直流分量（$i_S=i_D$）而较少使用。

6.2.5　三相桥式不控整流

三相桥式不控整流如图 6.5 所示。图 6.5 (a) 为三相桥式不控整流电路，三相交流电压 v_A、v_B、v_C 相差 120°；6 个线电压 $v_{AB}=v_A-v_B$、$v_{AC}=v_A-v_C$、$v_{BC}=v_B-v_C$、$v_{BA}=v_B-v_A$、$v_{CA}=v_C-v_A$、

$v_{CB}=v_C-v_B$依次相差 60°；VD1、VD3、VD5 这 3 个二极管共阴极，VD4、VD6、VD2 共阳极。在图 6.5（b）的 $\omega t=\omega t_1\sim\omega t_2$ 的 60°时区Ⅰ中，v_A正电位最大，因此 A 相 VD1 导电，同时由于 v_B负电位最大，B 相 VD6 导电（电流 i_D经 VD6 流向最低电位的 B 点），故在Ⅰ区 P 点电位 $v_P=v_A$，N 点电位 $v_N=v_B$。整流电压 $v_D=v_{PN}=v_P-v_N=v_A-v_B=v_{AB}$，即 VD1、VD6 导电把正值最大的线电压 v_{AB}加到负载上。同理，在随后的Ⅱ、Ⅲ、Ⅳ、Ⅴ、Ⅵ区中，依序是线电压 v_{AC}（VD1、VD2 导电）、v_{BC}（VD2、VD3 导电）、v_{BA}（VD3、VD4 导电）、v_{CA}（VD4、VD5 导电）、v_{CB}（VD5、VD6 导电）最大，因此，在一个电源周期 T_S中，v_D由 6 个相同的脉波组成（$m=6$），每个脉宽 60°（$\pi/3$，$T_S/6$），其直流平均值 V_D为

$$
\begin{aligned}
V_D&=\frac{1}{\pi/3}\int_{\frac{\pi}{6}}^{\frac{\pi}{2}}v_{AB}\mathrm{d}(\omega t)=\frac{3}{\pi}\int_{\frac{\pi}{6}}^{\frac{\pi}{2}}\sqrt{3}\times\sqrt{2}V_S\sin\left(\omega t+\frac{\pi}{6}\right)\mathrm{d}(\omega t)\\
&=\frac{3\sqrt{6}}{\pi}V_S=\frac{3\sqrt{2}}{\pi}V_L\approx 2.34V_S=1.35V_L
\end{aligned}
\tag{6.4}
$$

式中，V_L——线电压有效值；

V_S——相电压有效值。

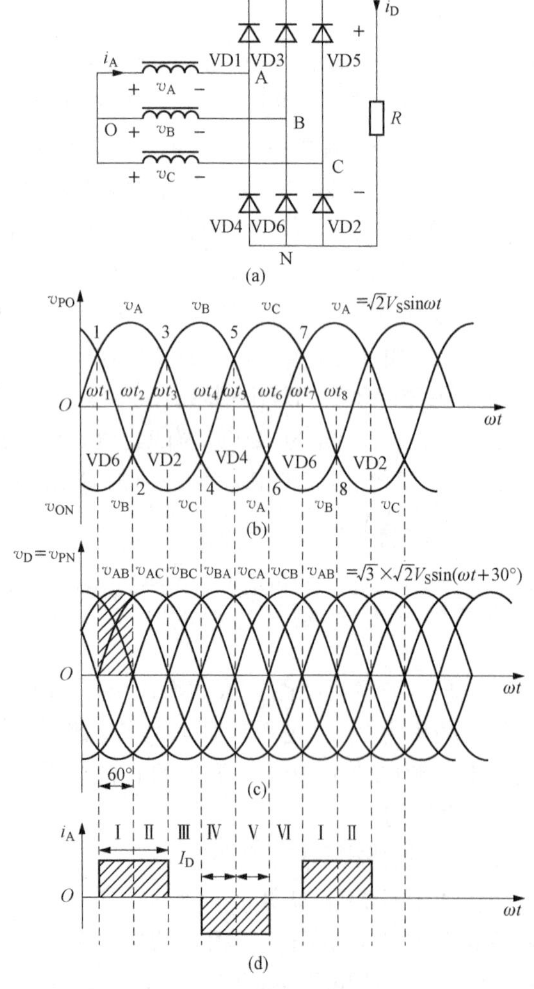

图 6.5 三相桥式不控整流

（a）电路；（b）电源电压；（c）整流电压；（d）电流波形

图 6.5（b）、（c）中在 $\omega t=\omega t_1\sim\omega t_3$ 的时区Ⅰ和Ⅱ共 120°期间，v_A为正，A 相 VD1 导电，$i_A=i_D$；在 $\omega t=\omega t_4\sim\omega t_6$ 的时区Ⅳ和Ⅴ共 120°期间，v_A为负，A 相 VD4 导电，$i_A=-i_D$，因此，交流电源电流为图 6.5（d）所示的脉宽为 120°且正负对称的交流电流，不含直流分量。由于三相桥式不控整流有输出电压高，在每个电源周期 T_S中脉动 6 次，脉动频率为 $6f_s$ 而易于滤波，且交流电源电流 i_S中不含直流分量等优点，在较大功率的不控整流中得到广泛应用。

二极管不控整流电路的共同缺点是输出直流电压平均值的大小不能调节、控制。

6.2.6 电容滤波的不控整流电路

不控整流电路输出电压 v_D中除直流平均值 V_D外，还含有谐波电压。为此，须在整流电路的输出端与负载之间接入 LC 滤波器。由于整流输出谐波电压的频率不高，因此要有较好滤波效果必须 LC 很大，滤波电感 L 的质量、体积相对于电容要大得多。通常取较小的 L 和较大的 C 组成 LC 滤波器，甚至完全不用电感只用电容滤波。图 6.6 示出带电容滤波的单相桥式不控整流电路及其波形图。图 6.6（a）中 R 为负载等效电阻，直流滤波电容 C 取得较大，以使电容 C 两

端的电压 v_C（也就是负载电压 v_D）脉动不大。图 6.6（b）中，在电源交流电压正半波，仅在电源电压的瞬时值 $v_S(t)$ 大于 $v_C(v_D)$ 时，二极管 VD1、VD4 导电，将 v_S加到电容和负载，即 $v_D=v_S$。当 $v_S<v_C=v_D$时，二极管 VD1、VD4 截止，电容 C 对 R 放电。在 $v_S(t)$ 负半周，仅在绝对值 $|v_S(t)|$ 大于 $v_C(v_D)$ 时二极管 VD2、VD3 导通。在 $|v_S(t)|<v_C(v_D)$ 时二极管 VD2、VD3 截止，电容 C 对 R 放电。图 6.6（b）中，时间坐标的零点取在正半周交流电源电压 v_S与 $v_C(v_D)$ 的交点 K 处，这时 $\omega t=0$，VD1、VD4 开始导电，如果 $v_S(t)$ 的初相角为 δ，则

$$v_S(t)=\sqrt{2}V_S\sin(\omega t+\delta)=v_D=v_C=V_{C0}+\frac{1}{C}\int_0^t i_C\mathrm{d}t$$

$\omega t=0$ 时：$V_{S0}=V_{C0}=V_{D0}=\sqrt{2}V_S\sin\delta$。

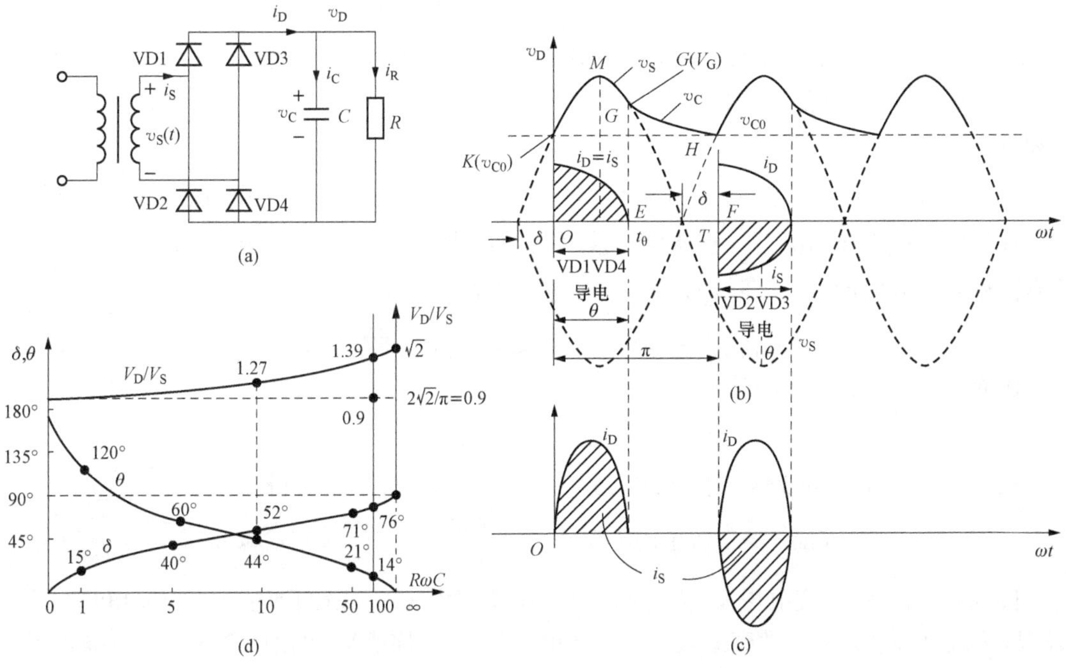

图 6.6　电容滤波的单相桥不控整流电路及其波形图

（a）电路；（b）整流电压 v_D 电流 i_D 和 i_S；（c）考虑变压器漏感及滤波电感时电流波形；（d）δ、θ、V_D/V_S 与 $R\omega C$ 的函数关系

电容电流

$$i_C(t)=C\frac{\mathrm{d}v_C}{\mathrm{d}t}=C\frac{\mathrm{d}v_S}{\mathrm{d}t}=\sqrt{2}V_S\omega C\cos(\omega t+\delta)$$

负载电流

$$i_R=\frac{V_D}{R}=\frac{v_S}{R}=\frac{\sqrt{2}V_S}{R}\sin(\omega t+\delta)$$

流经二极管的直流输出电流 i_D为

$$i_D=i_C+i_R=\sqrt{2}V_S\omega C\cos(\omega t+\delta)+\frac{\sqrt{2}V_S}{R}\sin(\omega t+\delta) \tag{6.5}$$

图 6.6（b）中，$\omega t=0$ 时，$v_S=\sqrt{2}V_S\sin\delta=V_{C0}$。此后，$V_S$ 继续增大，二极管 VD1、VD4 开始导电，输出电流 $i_D=i_C+i_R$，$i_C>0$，使 C 充电，$v_C(v_D)$ 随 v_S 上升，到达峰值 $\sqrt{2}V_S$（M 点）后，$v_D=v_S$ 下降，i_D 减小，如果到达 E 点时 i_D 下降为零，VD1、VD4 断流，从 $\omega t=0$ 到 $\omega t=\theta$ 期间二极管导电，令式（6.5）中 $i_D=0$，可求得二极管持续导电角 θ 与起始相位角 δ 的函数关系为

$$\tan(\delta+\theta)=-R\omega C \tag{6.6}$$

故有

$$\theta=\pi-\delta-\arctan(R\omega C) \tag{6.7}$$

$$\sin(\delta+\theta)=R\omega C/\sqrt{1+(R\omega C)^2} \tag{6.8}$$

$$\cos(\delta+\theta)=-\frac{1}{1+(R\omega C)^2} \tag{6.9}$$

在 $\omega t=\theta$、$t=\theta/\omega=t_\theta$ 时，$i_D=0$，二极管 VD1、VD4 截止，这时 $v_C=v_D=v_G=\sqrt{2}V_S\sin(\delta+\theta)$。此后，$\omega t>\theta$ 仅电容 C 向负载 R 供电，$v_C(v_D)$ 从 $t=\theta/\omega=t_\theta$ 时的瞬时值 v_G 开始按指数规律下降

$$v_C(t)=v_D(t)=V_G e^{-\frac{t-t_\theta}{RC}}=V_G e^{-\frac{t-\theta/\omega}{RC}}=\sqrt{2}V_S\sin(\delta+\theta)e^{-\frac{\omega t-\theta}{R\omega C}} \tag{6.10}$$

在电路稳态工作情况下，整流电压波形的周期为 π，当 $\omega t=\pi$、$t=\pi/\omega$ 时，$v_C(v_D)$ 应该衰减到 $\omega t=0$ 时的 v_{C0}，即 $v_C(t)=V_{C0}=\sqrt{2}V_S\sin\delta$，因此

$$v_D=v_{C0}(t=\pi/\omega)=\sqrt{2}V_S\sin(\delta+\theta)e^{-\frac{\pi-\theta}{R\omega C}}=\sqrt{2}V_S\sin\delta$$

故有

$$\sin\delta=\sin(\delta+\theta)e^{-\frac{\pi-\theta}{R\omega C}} \tag{6.11}$$

把式（6.8）的 $\sin(\delta+\theta)$ 代入式（6.11），再由式（6.7），可得

$$\sin\delta=\sin(\delta+\theta)e^{-\frac{\pi-\theta}{R\omega C}}=\frac{R\omega C}{1+(R\omega C)^2}e^{-\frac{\arctan(R\omega C)}{R\omega C}}e^{-\frac{\delta}{R\omega C}} \tag{6.12}$$

图 6.6（b）中整流电压 V_D 为 $KMGH$，其周期为 π。KMG 段为正弦交流电压 $v_S(t)$，GH 段为式（6.10）的指数衰减电压。直流电压 V_D 的平均值 V_D 可由图 6.6（b）中面积 $OKMGE$ 和 $EGHF$ 求得

$$\begin{aligned}V_D&=\frac{1}{\pi}\int_0^\theta\sqrt{2}V_S\sin(\omega t+\delta)d(\omega t)+\int_\theta^\pi\sqrt{2}V_S\sin(\omega t+\delta)e^{-\frac{\omega t-\theta}{R\omega C}}d(\omega t)\\&=\frac{2\sqrt{2}}{\pi}V_S\sin\frac{1}{2}\theta\left[\sin\left(\delta+\frac{\theta}{2}\right)+R\omega C\cos\left(\delta+\frac{\theta}{2}\right)\right]\end{aligned} \tag{6.13}$$

再利用式（6.8）、式（6.9）可得

$$V_D=\frac{2\sqrt{2}}{\pi}V_S\left(\sin\frac{\theta}{2}\right)^2\sqrt{1+(R\omega C)^2} \tag{6.14}$$

已知 $R\omega C$，可由式（6.11）和式（6.6）求出起始导电角 δ 和持续导电角 θ，再由式（6.14）即可求出导电起始角为 δ、导电角为 θ 时的整流电压平均值 V_D。表 6.1 和图 6.6（d）给出了不同 $R\omega C$ 时的 δ、θ 和 V_D/V_S 函数关系。

表 6.1　　起始导电角 δ、导电角 θ、V_D/V_S 与 $R\omega C$ 的函数关系

$R\omega C\left(R/\frac{1}{\omega C}\right)$	0($C=0$，电阻负载)	1	5	10	40	100	500	∞(空载)
起始导电角 δ (°)	0	14.5	40.3	51.7	69	75.3	83.5	90
持续导电角 θ (°)	180	120.5	61	44	22.5	14.3	6.4	0
V_D/V_S	0.9	0.96	1.18	1.27	1.36	1.39	1.4	$\sqrt{2}$

当 $R\omega C$ 从零增大到无限大时，起始导电角 δ 从零增大到 90°，持续导电角 θ 从 180°减小到零，V_D从 0.9V_S增大到$\sqrt{2}V_S$。对于一定的 ωC，空载时（$R=\infty$），$\delta=90°$，$\theta=0$，$V_D=\sqrt{2}V_S$，随着负载电流的增大（R 减小，C 放电快，$R\omega C$ 减小），V_D减小。通常，根据负载 R 的大小选择电容 C，使 C 放电的时间常数 $RC\geqslant(1.5\sim2.0)T_S$，$T_S$ 为交流电源周期，$\omega=2\pi f_S=2\pi/T_S$，$T_S=2\pi/\omega$，故 $RC\geqslant(1.5\sim2.0)2\pi/\omega$，$R\omega C=R\Big/\frac{1}{\omega C}=R/X_C\geqslant(1.5\sim2.0)2\pi\approx10$，这时 $V_D=1.27V_S$，$\delta\approx52°$，$\theta\approx44°$。

图 6.6（b）中按式（6.5）画出了 i_D及相应的交流电流 i_S的波形。如果在数学分析中考虑电源变压器漏感 L_S或直流侧电感 L，则 i_D将如图 6.6（c）所示，i_D将是逐渐上升到最大值，再逐渐下降到零。$\mathrm{d}i_D/\mathrm{d}t>0$ 时，电感感应电动势使 i_C、v_D缓慢上升，$\mathrm{d}i_D/\mathrm{d}t<0$ 时，电感感应电动势阻止电流下降使 i_D、v_D下降变缓。因此，实际应用中，为了抑制电流冲击，加宽导电角，常在直流侧串入一个较小的电感，构成 LC 滤波电路。

图 6.7 给出带电容滤波的三相桥式不控整流电路及其波形图。在分析图 6.5（a）所示三相桥式不控整流电路时已经得知，任何时候有两个二极管同时导电，在线电压 v_{AB}、v_{AC}、v_{BC}等为最大正值的各 $\pi/3$ 区段内，VD6 和 VD1、VD1 和 VD2、VD2 和 VD3 等依序同时导电，把线电压瞬时值加到负载上，直流输出电压 v_D是周期为 $\pi/3$ 线电压脉波，如图 6.5（b）中的从 1 点到 2 点之间的 v_{AB}。交流电源电流 i_S是 $2\pi/3$ 的脉波。图 6.7（a）中接入滤波大电容 C 以后，当电源最高线电压瞬时值 $v_{AB}>v_C=v_D$时，如从图 6.7（b）中的 K 点，二极管 VD1、VD6 导电，$v_D=v_{AB}$，经历导电期 θ 到达 G 点以后，即在 $\omega t\geqslant\theta$ 时，$v_{AB}<v_C$，VD6、VD1 停止导电后，电容 C 对 R 放电，$v_C(v_D)$ 从 V_G按指数规律从 G 点下降。

直到 $\omega t=\pi/3$ 的 H 点，交流电源线电压 v_{AC}高于该时刻 v_C 的电压 v_{C0}后，VD1、VD2 开始同时导通，因此有了电容 C 以后，图 6.7（b）中，在 $\pi/3$(60°) 期间的整流电压将不再是 v_{AB}在 1、2 点之间的电压而是 KGH 点的电压。

类似于电容滤波单相不控整流电路的数学分析，对于电容滤波的三相桥式不控整流电路，可以求得与单相桥式电路电容滤波相同的式（6.6）、式（6.7）。

电容滤波的三相桥式不控整流电路图 6.7（a）、（b）所示中整流电压周期为 $\pi/3$［图 6.5（a）、（b）所示单相桥式不控整流时为 π］，类似于式（6.12），三相桥式不控整流电容滤波时

$$\sin\delta=\sin(\delta+\theta)\mathrm{e}^{-\frac{\frac{\pi}{3}-\theta}{R\omega C}}=\frac{R\omega C}{1+(R\omega C)^2}\mathrm{e}^{-\frac{\frac{\pi}{3}-\theta}{R\omega C}} \tag{6.15}$$

由图 6.7（b），在 $\omega t=0$ 到 $\pi/3$ 期间，电容滤波的三相桥式不控整流直流电压平均值为

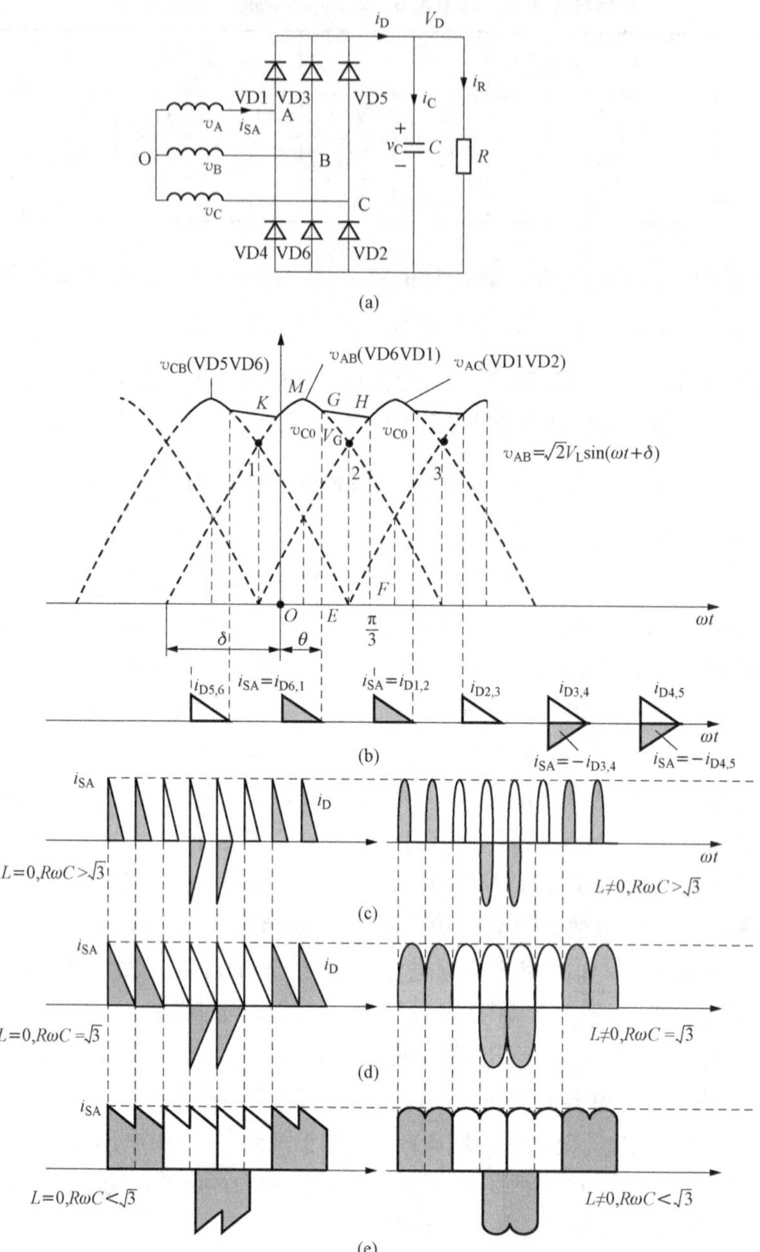

图 6.7 带电容滤波的三相桥式不控整流电路及其波形图

(a) 电路；(b) 电源电压及电流波形；(c) 波形，$R\omega C>\sqrt{3}$；(d) 波形，$R\omega C=\sqrt{3}$；(e) 波形，$R\omega C<\sqrt{3}$ [横坐标上方为 i_D，阴影面积为 i_{SA}]

$$
\begin{aligned}
V_D &= \frac{1}{\pi/2}\int_0^{\theta} v_{AB}\,d(\omega t) + \int_{\theta}^{\frac{\pi}{3}} V_G e^{-\frac{\omega t-\theta}{R\omega C}}\,d(\omega t) \\
&= \frac{6\sqrt{6}}{\pi}V_S\left(\sin\frac{\theta}{2}\right)^2\sqrt{1+(R\omega C)^2} = \frac{6\sqrt{2}}{\pi}V_L\left(\sin\frac{\theta}{2}\right)^2\sqrt{1+(R\omega C)^2}
\end{aligned}
\tag{6.16}
$$

已知 $R\omega C$，可由式（6.6）、式（6.15）求得起始导电角 δ 和持续导电角 θ，再由式

(6.16) 可求得直流电压平均值 V_D。

三相桥式不控整流中整流电压周期为 $\pi/3$，导电角 θ 最大为 $\pi/3$。如果 $\theta=\pi/3$ 时正好 $i_D=0$，则6个二极管依次轮流、连续不停地周期性导电，任何时刻都有两个二极管同时导电不断流，使输出直流电压 V_D 是完整的线电压，这时图6.7 (b) 中，导电起始角 $\delta=\pi/3$，导电角 $\theta=\pi/3$，$\theta+\delta=2\pi/3$，因而，式 (6.6) 为 $R\omega C=-\tan(2\pi/3)=\sqrt{3}$，所以当 $R\omega C=\sqrt{3}$ 时，电容滤波的三相桥式整流处于临界工作情况：i_D 为脉宽 $\pi/3$ 的直角三角波，$\delta=\pi/3$，$\theta=\pi/3$，如图6.7 (d) 所示，这时输出直流电压为图6.7 (b) 中线电压在最高60°期间的波形，换相点为1、2、3，平均值为式 (6.13) 或式 (6.16) 的 $V_D=1.35V_L=0.955\times\sqrt{2}V_L=0.955V_{Lm}$。当负载电流从临界值减少 ($R$ 增大)，$R\omega C>\sqrt{3}$ 时，C 的放电电流小了，V_D 要高一些，因而导电起始角 δ 从图6.7 (b) 线电压波形 v_{AB} 的自然换相点1 ($\delta=\pi/3$) 推迟，$\delta>\pi/3$，$\theta<\pi/3$，这时 i_D 为脉宽小于 $\pi/3$ 的直角三角波，如图6.7 (b)、(c) 所示。在极限情况下，当 $R=\infty$、$R\omega C=\infty$、空载时，电容 C 完全不放电，电容 C 充电并保持为线电压最大值 $V_{Lm}=\sqrt{2}V_L$，使 $V_D=V_{Lm}$。当负载电流从临界值增大 (R 减小)，$R\omega C<\sqrt{3}$ 时，在 $\omega t=0$ 时刻 i_D 的初始值比临界导电时的初始值更大，VD6、VD1导电 $\pi/3$ 后，$\omega t=\pi/3$ 时刻 i_D 并未衰减到零，又因VD1、VD2同时导电而增大到 i_{D0}。因此 $R\omega C<\sqrt{3}$ 时，整流输出电压仍为线电压，输出直流电压平均值 V_D 仍为 $1.35V_L$ ($0.955V_{Lm}$)，这时 i_D 及电源交流电流 i_S 的波形如图6.7 (e) 所示。

以上分析中均未考虑实际电路中存在的交流电流侧电感，以及直流侧外串的滤波电感的情况。考虑上述电感后，i_D 和相应的 i_S 的上升、下降将不再是突变的，而是逐渐上升到最大值再逐渐下降，图6.7 (c)、(d)、(e) 右边分别示出 $L\neq0$、轻载 $R\omega C>\sqrt{3}$、临界情况 $R\omega C=\sqrt{3}$ 和重载 $R\omega C<\sqrt{3}$ 时的电流波形，有电感时波形较平缓，随着负载的增大，交流电流在正、负半周中的两个脉波连接在一起，近似为一个脉宽120°的平滑脉波。负载增大时，输出的整流电压平均值从空载时的 V_{Lm} 减小，至 $R\omega C=\sqrt{3}$，i_D 进入连续后输出整流电压波形成为完整的线电压包络线，其平均值为 $0.955V_{Lm}$。因此，带电容滤波器的三相桥式不控整流电路无须质量、体积大的滤波电感，只要选择 $R\omega C\leqslant\sqrt{3}$，即可使二极管连续导电 ($\theta=60°$)，整流输出电压为线电压在最高的60°期间的波形，空载时整流电压平均值 V_D 也只从电流连续时的 $0.955V_{Lm}$ 上升至 V_{Lm} (线电压峰值)，V_D 变化并不大。考虑到交流回路总是有一定的等效电感，即使不采用直流滤波电感也能获得较好的整流特性，故这种带电容滤波的三相桥式不控整流电路得到了广泛的应用。

6.3 单相桥式晶闸管相控整流电路

二极管整流电路是不控整流电路。晶闸管是半控开关器件，当它承受了外加正向电压，且又同时受到触发脉冲作用时才能被触发开通——从断态转为通态；已处于导通的晶闸管一旦受到反压作用时则立即被强迫关断——从通态转入断态，因此将不控整流电路中的二极管改换为晶闸管，控制晶闸管被施加触发脉冲的时刻 (即相位角)，就能控制晶闸管开通电路把电源电压整流后送至负载的起始时刻，从而控制送至负载的整流电压，实现可控 (相控) 整流。

将图6.1 (a) ～图6.5 (a) 中的二极管改换为晶闸管可以得到5种相控整流电路。整流电路的结构不同、负载的性质不同，整流电路的工作情况也不一样。

6.3.1 单相桥式全控整流电路

在分析相控整流电路时，与前面章节分析逆变电路一样，认为开关器件为理想开关器件，即开关管导通时其管压降等于零，阻断时其漏电流等于零。除非特意研究开关器件的开通、关断过程，否则，一般认为其开通与关断过程瞬时完成。

1. 电阻负载

图 6.8（a）为单相桥式全控整流电路，晶闸管 VT1、VT2 和 VT3、VT4 组成 a、b 两个桥臂，整流器由变压器供电，变压器二次电压 v_S 接在桥臂输入点 a、b 上，$v_S=V_m\sin\omega t=\sqrt{2}V_S\sin\omega t$，$R$ 为负载电阻。

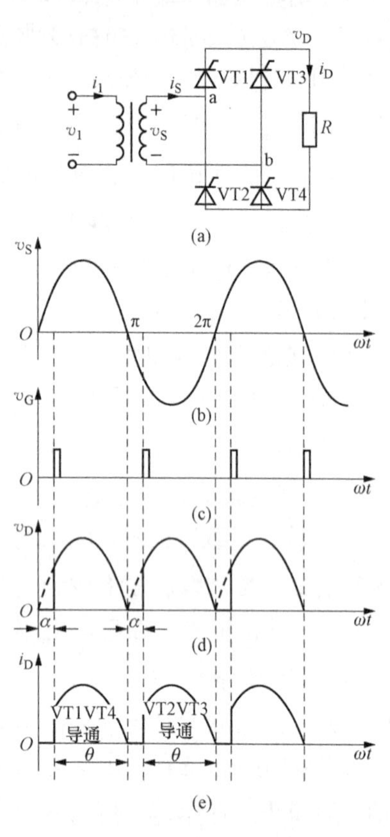

图 6.8 单相桥式全控整流电路电阻负载时的波形

当交流电源电压 v_S 进入正半周时，a 端电位高于 b 端电位，晶闸管 VT1、VT4 同时承受正向电压。如果此时门极无触发信号，则两个晶闸管仍处于正向阻断状态，负载端电压 $v_D=0$。如果在 $\omega t=0$ 和 $\omega t=\pi$ 时分别给 VT1、VT4 和 VT2、VT3 施加触发脉冲 v_G，则 v_S 正半波时经 VT1、VT4 加至负载，$v_D=v_S$；v_S 为负半波时，经 VT2、VT3 反向后加至负载端 $v_D=-v_S$，这时单相桥式晶闸管相控整流电路的工作特性与采用二极管不控整流时（图 6.3）完全相同。如果延迟触发晶闸管，如在 $\omega t=\alpha$ 时，给 VT1 和 VT4 同时加触发脉冲则两晶闸管立即触发导通，电源电压 v_S 将通过 VT1、VT4 加在负载电阻 R 上，负载 R 两端的整流电压 v_D 就是正半周的电源电压 v_S。负载电流 i_D 从电源 a 端经 VT1、电阻 R、VT4 回到电源 b 端。当电源电压 v_S 降到零时，电流 i_D、i_S 也降为零，VT1 和 VT4 自然地关断。在 v_S 正半周期，VT2、VT3 均承受反向电压而处于阻断状态。

在 v_S 的负半周，b 端电位高于 a 端电位，VT3、VT2 承受正向电压。在 $\omega t=\pi+\alpha$ 时，同时给 VT2、VT3 加触发脉冲使其导通，电流从 b 端经 VT3、负载电阻 R、VT2 回到电源 a 端，在负载 R 两端获得与 v_S 正半周相同波形的整流电压和电流，这期间 VT1 和 VT4 均承受反向电压而处于阻断状态。当 $\omega t=2\pi$，v_S 过零变正时，VT2、VT3 关断，v_D、i_D 又降为零。v_S 过零变正后，VT1、VT4 又承受正压并在相应时刻 $\omega t=2\pi+\alpha$ 被触发导通，如此循环工作。可控整流的晶闸管触发信号 v_G、输出整流电压 v_D 及电流 i_D 的波形如图 6.8（c）、（d）、（e）所示。在交流电源 v_S 的正、负半周里，VT1、VT4 和 VT2、VT3 两组晶闸管轮流触发导通，将交流电转变成脉动的直流电。

改变施加触发脉冲的时刻，即改变 α 角的大小，v_D、i_D 的波形相应变化，其直流平均值也相应改变。在 VT2 和 VT3 导通、VT1 和 VT4 阻断时，VT1、VT4 两个晶闸管承受的最大反向电压为 $V_m=\sqrt{2}V_S$（V_S 为电源基波电压有效值）。

结合上述电路工作原理，定义以下几个名词术语。

（1）控制角 α：以晶闸管开始承受正向电压的自然导通点为起点到施加触发脉冲使其导通的瞬间，这段时间所对应的电角度定义为控制角 α，α 又称触发延迟角或相控角。

（2）导通角 θ：晶闸管在一个周期内持续导通的时间所对应的电角度。在图 6.8 电路中，$\theta=\pi-\alpha$。

（3）移相：改变施加触发脉冲的起始时刻，即改变控制角 α 的大小，称为移相。改变控制角 α 的大小，使输出整流平均电压 V_D 值发生变化称为移相控制，简称相控。

（4）移相范围：改变 α 角使输出整流电压平均值从最大值降到最小值（零或负最大值），控制角 α 的变化范围就是触发脉冲 v_G 的移相范围。单相桥式全控整流电路接电阻性负载时，其移相范围为 180°。

（5）同步：使触发脉冲与可控整流电路的交流电源电压之间保持频率和相位的协调关系称为同步。使触发脉冲与电源电压保持同步是整流电路正常工作必需的条件。

（6）换相（换流）：在可控整流电路中，从一个晶闸管导通电流变换为另一个晶闸管导通电流的过程称为换相，又称换流。

可控整流电路中最基本的变量是控制角 α，α 与各电压、电流之间的关系决定了可控整流的基本特性。

（1）电阻负载时输出直流电压平均值 V_D：设电源电压 $v_S=V_m\sin\omega t=\sqrt{2}V_S\sin\omega t$，由图 6.8（d）负载 R 两端直流电压波形 V_D 可求得直流电压平均值 V_D

$$\begin{aligned} V_D &= \frac{1}{\pi}\int_{\alpha}^{\pi}\sqrt{2}V_S\sin(\omega t)\mathrm{d}(\omega t) = \frac{\sqrt{2}}{\pi}V_S(1+\cos\alpha) \\ &\approx 0.9V_S\frac{1+\cos\alpha}{2} = V_{D0}\frac{1+\cos\alpha}{2} \end{aligned} \tag{6.17}$$

变压比：$\frac{V_D}{V_S}\approx 0.9\frac{1+\cos\alpha}{2}$。

不控整流时，二极管在电压开始为正时自然导电，即 $\alpha=0°$ 时，整流电压直流平均值

$$V_{D0}=\frac{2\sqrt{2}}{\pi}V_S\approx 0.9V_S \tag{6.18}$$

取 V_{D0} 为相控整流电压 V_D 的基准值，则标幺值

$$V_D^*=\frac{V_D}{V_{D0}}=\frac{1+\cos\alpha}{2} \tag{6.19}$$

由式（6.17）可知，直流平均电压 V_D 是控制角 α 的函数；α 越大 V_D 越小，当 $\alpha=0°$ 时，$V_D=V_{D0}=0.9V_S$ 为最大值；$\alpha=\pi$ 时，$V_D=0$，故移相范围为 180°。V_D/V_S 随控制角 α 的变化曲线如图 6.9 所示。

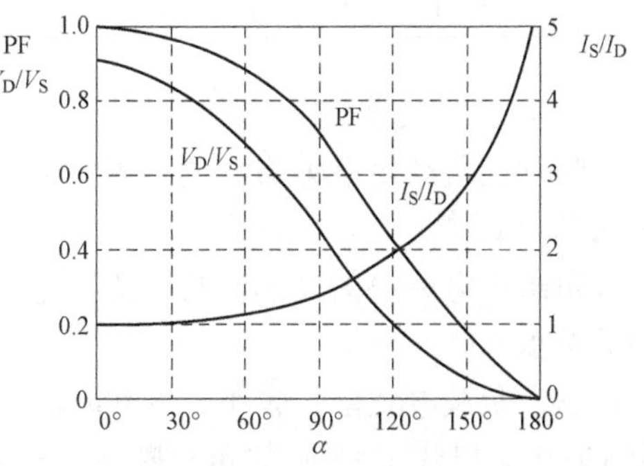

图 6.9　单相桥式全控整流电路电阻负载时 V_D/V_S，功率因数 PF，I_S/I_D 与 α 的关系

（2）输出直流电流平均值 I_D

$$I_D=\frac{V_D}{R}\approx 0.9\frac{V_S}{R}\frac{1+\cos\alpha}{2} \tag{6.20}$$

（3）晶闸管电流有效值 I_T：两组晶闸管 VT1、VT4 和 VT2、VT3 在正、负半个周期中轮流导通，故流过每个晶闸管的电流有效值

（方均根值）

$$I_{\mathrm{T}}=\sqrt{\frac{1}{2\pi}\int_{\alpha}^{\pi}\left(\frac{\sqrt{2}V_{\mathrm{S}}}{R}\sin\omega t\right)^{2}\mathrm{d}(\omega t)}=\frac{V_{\mathrm{S}}}{\sqrt{2}R}\sqrt{\frac{\sin2\alpha}{2\pi}+\frac{\pi-\alpha}{\pi}} \tag{6.21}$$

（4）变压器二次绕组电流有效值 I_{S}和负载电流有效值 I_{L}：两组晶闸管轮流导通，变压器二次绕组正负半周均流过电流，交流电源电流有效值 I_{S}为

$$I_{\mathrm{S}}=\sqrt{\frac{1}{\pi}\int_{\alpha}^{\pi}\left(\frac{\sqrt{2}V_{\mathrm{S}}}{R}\sin\omega t\right)^{2}\mathrm{d}(\omega t)}=\frac{V_{\mathrm{S}}}{R}\sqrt{\frac{\sin2\alpha}{2\pi}+\frac{\pi-\alpha}{\pi}}=\sqrt{2}I_{\mathrm{T}} \tag{6.22}$$

由式（6.20）和式（6.22）得到交流电源电流有效值与直流负载电流平均值之比

$$\frac{I_{\mathrm{S}}}{I_{\mathrm{D}}}=\frac{I_{\mathrm{L}}}{I_{\mathrm{D}}}=\frac{\sqrt{\pi\sin2\alpha+2\pi(\pi-\alpha)}}{2(1+\cos\alpha)} \tag{6.23}$$

（5）负载电阻上电压有效值 V_{rms}

$$V_{\mathrm{rms}}=\sqrt{\frac{1}{\pi}\int_{\alpha}^{\pi}(\sqrt{2}V_{\mathrm{S}}\sin\omega t)^{2}\mathrm{d}(\omega t)}=V_{\mathrm{S}}\sqrt{\frac{\sin2\alpha}{2\pi}+\frac{\pi-\alpha}{\pi}} \tag{6.24}$$

（6）功率因数 PF：交流电源输入电流中除基波电流外还含有谐波电流，基波电流与基波电压（即电源交流输入正弦电压）一般不同相，因此交流电源视在功率 S 要大于有功功率 P。忽略晶闸管损耗，电源所供给的有功功率就是负载有功功率 $P=RI_{\mathrm{L}}^{2}=V_{\mathrm{rms}}I_{\mathrm{L}}=V_{\mathrm{rms}}I_{\mathrm{S}}$，而电源的视在功率 $S=V_{\mathrm{S}}I_{\mathrm{S}}$，将电源供给的有功功率与电源的视在功率之比定义为功率因数 PF

$$\mathrm{PF}=\frac{P}{S}=\frac{V_{\mathrm{rms}}I_{\mathrm{S}}}{V_{\mathrm{S}}I_{\mathrm{S}}}=V_{\mathrm{rms}}I_{\mathrm{L}}=V_{\mathrm{rms}}I_{\mathrm{S}}=\sqrt{\frac{\sin2\alpha}{2\pi}+\frac{\pi-\alpha}{\pi}} \tag{6.25}$$

功率因数 PF 是控制角 α 的函数，因此相控整流在输出电压较低时（被称为深控），因 α 值较大使功率因数 PF 很低，交流电源的利用率很低，这是相控整流的一大缺点。图 6.9 画出了式（6.17）、式（6.21）、式（6.25）中的 $V_{\mathrm{D}}/V_{\mathrm{S}}$、$I_{\mathrm{S}}/I_{\mathrm{D}}$及功率因数 PF 与控制角 α 的函数曲线。表 6.2 为其计算值。

表 6.2 单相全波整流的电压、电流比值和功率因数与控制角的关系

控制角 α/°	0°	30°	60°	90°	120°	150°	180°
$V_{\mathrm{D}}/V_{\mathrm{S}}$	0.9	0.84	0.676	0.45	0.226	0.006	0
$I_{\mathrm{S}}/I_{\mathrm{D}}$	1.11	1.17	1.33	1.57	1.97	2.80	—
功率因数 PF	1	0.985	0.898	0.707	0.427	0.17	0

2. 阻感性负载

阻感性负载由电感与电阻组成。例如，各种电动机的励磁绕组，整流输出端接有平波电抗器的负载等。

负载中电感量的大小不同，整流电路的工作情况及输出电压 v_{D}、电流 i_{D}的波形具有不同的特点。

（1）负载电感量 L 较小，负载阻抗角 φ（$\varphi=\arctan\omega L/R$）较小，若晶闸管延迟触发控制角 α 较大，以致 $\alpha>\varphi$ 时的负载断流工作情况：图 6.10（b）在 v_{S}的正半周 $\omega t=\alpha$ 时刻触发 VT1、VT4 使其导通，v_{S}立即加到负载两端，由于电感的作用，负载电流 i_{D}从零开始逐渐上升，电感线圈两端电压 $v_{L}=v_{\mathrm{BA}}=L(\mathrm{d}i_{\mathrm{D}}/\mathrm{d}t)>0$，$v_{L}$ 的实际极性如图 6.10（a）中的 v_{BA}，v_{L} 阻

止电流 i_D的增长，电感的磁场能量增加。当图 6.10（e）中由于 v_S减小 i_D经过最大值下降时，v_L极性改变，图 6.10（a）中的 v_L有阻止电流减小的作用，电感释放能量。当 v_S下降到零（$\omega t=\pi$）时，电感电流继续经 VT1、VT4 流动，因 $\omega t>\pi$，电源电压反向，i_D下降时产生的反电动势令 A 为正，B 为负，使 $i_D=i_{T1}=i_{T4}$下降，但晶闸管 VT1、VT4 继续保持导通，此时输出电压 $v_D=v_S$变为负值。应注意到现在电流 i_D方向没有变化，而电源电压 v_S方向已反向，所以电感所释放磁场能量除供电阻 R 消耗外，还反馈给电网。当 $\omega t=\alpha+\theta$ 时，电感储能释放到零，负载电流 i_D降到零，VT1、VT4 阻断。在电源 v_S的负半周当 $\omega t=\pi+\alpha$ 时，VT2、VT3 被触发导通，i_D从零上升，在 $\omega t=\pi+\alpha+\theta$ 时，i_D下降到零，VT2、VT3 阻断。

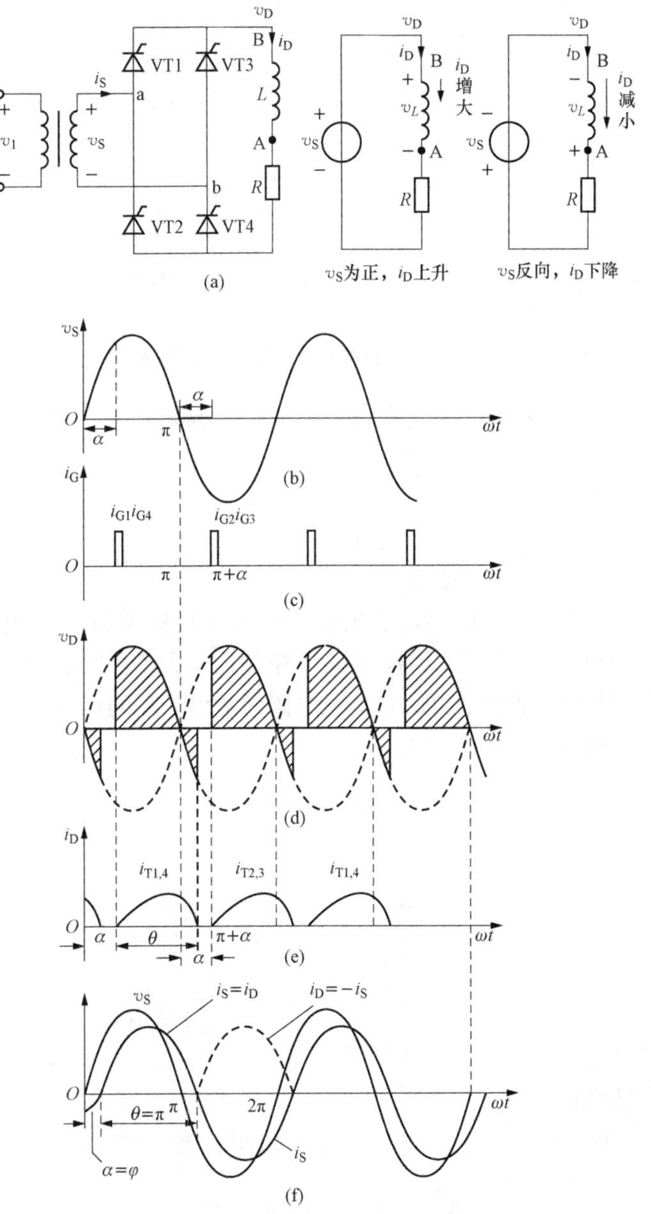

图 6.10　单相桥式全控整流电路电感性负载时的电路及波形

从上述分析可知，由于负载中电感的存在，输出电压 v_D 波形出现负值，如图 6.10（d）所示。

当 L 值较小而 α 较大时，电感承受电源正电压使电流上升的时间不长，电感储能较少，在 i_D 下降过程中，电感释放的能量不足以维持晶闸管 VT1、VT4 导通到 VT2、VT3 触发导通时刻 $\omega t=\pi+\alpha$，负载电流就已下降到零，如图 6.10（d）所示，故 $\alpha+\theta<\pi+\alpha$，因此导通角 $\theta<\pi$，电流 i_D 波形出现断流。

这种工作情况称为电流断流或不连续。

电流不连续时，导电角 $\theta<\pi$，交流电源电压瞬时值 $v_S=\sqrt{2}\sin\omega t$，可求得图 6.10（d）中输出整流电压平均值

$$V_D=\frac{1}{\pi}\int_{\alpha}^{\alpha+\theta}\sqrt{2}V_S\sin\omega t\,\mathrm{d}(\omega t)=\frac{2\sqrt{2}V_S}{\pi}\times\frac{1}{2}[\cos\alpha-\cos(\alpha+\theta)] \tag{6.26}$$

不控整流相当于 $\alpha=0°$，$\theta=\pi$，这时的整流电压平均值 $V_{D0}=2\sqrt{2}V_S/\pi$，以 V_{D0} 为基准值时相控整流输出电压 V_D 的相对值 V_D^* 为

$$V_D^*=\frac{V_D}{V_{D0}}=\frac{V_D}{2\sqrt{2}V_S/\pi}=\frac{1}{2}[\cos\alpha-\cos(\alpha+\theta)] \tag{6.27}$$

由于电感电压 $v_L=L\frac{\mathrm{d}i_L}{\mathrm{d}t}$，正常稳态工作时在一个周期内，电感电流的增量应为零，即 $\Delta i_L=\frac{1}{T}\int_0^T\frac{v_L}{L}\mathrm{d}t=0,\int_0^T v_L\mathrm{d}t=0$，因此电感两端电压在一个周期中的平均值 $\Delta V_L=\frac{1}{T}\int_0^T v_L\mathrm{d}t=0$，整流电压平均值 $V_D=\Delta V_L+RI_D$，负载电流平均值 I_D 的计算与电阻性负载一样，即 $I_D=V_D/R$。

负载电流直流平均值

$$I_D=\frac{V_D}{R}=\frac{\sqrt{2}V_S}{R\pi}[\cos\alpha-\cos(\alpha+\theta)] \tag{6.28}$$

由式（6.27）和式（6.28）可知，输出整流电压平均值 V_D 和平均电流 I_D 均与控制角 α 及导通角 θ 有关。负载电路的参数 L、R 不同，控制角 α 大小不同，则晶闸管的导通角 θ 也不一样，晶闸管的导通角 θ 是控制角 α 和负载电路参数 R、L 的函数。

晶闸管导通后，电路电压方程式为

$$\sqrt{2}V_S\sin\omega t=L\frac{\mathrm{d}i_D}{\mathrm{d}t}+Ri_D \tag{6.29}$$

式（6.29）的解为

$$\begin{gathered}i_D=\frac{\sqrt{2}V_S}{Z}\sin(\omega t-\varphi)+A\mathrm{e}^{-\frac{R}{L}t}\\ Z=\sqrt{(\omega L)^2+R^2},\varphi=\arctan\frac{\omega L}{R}\end{gathered} \tag{6.30}$$

式中，Z——负载阻抗；

φ——负载阻抗角。

由于 $\omega t=\alpha$ 时，$i_D=0$，代入式（6.28）求得常数 A 为

$$A=-\frac{\sqrt{2}V_S}{Z}\sin(\alpha-\varphi)\mathrm{e}^{\frac{R\alpha}{\omega L}}$$

将 A 值代入式得

$$i_D=\frac{\sqrt{2}V_S}{Z}\left[\sin(\omega t-\varphi)-\sin(\alpha-\varphi)e^{-\frac{R}{\omega L}(\omega t-\alpha)}\right] \tag{6.31}$$

$\omega t=\alpha$ 晶闸管开始导通，当 $\omega t=\alpha+\theta$，$t=(\alpha+\theta)/\omega$ 时，晶闸管阻断，$i_D=0$，代入式（6.31），则有

$$i_D=\frac{\sqrt{2}V_S}{Z}\left[\sin(\alpha+\theta-\varphi)-\sin(\alpha-\varphi)e^{-\frac{\theta}{\tan\varphi}}\right]=0$$

故有

$$\sin(\alpha+\theta-\varphi)=\sin(\alpha-\varphi)e^{-\frac{\theta}{\tan\varphi}} \tag{6.32}$$

或

$$\tan(\alpha-\varphi)=\frac{\sin\theta}{e^{-\frac{\theta}{\tan\varphi}}-\cos\theta} \tag{6.33}$$

式（6.32）和式（6.33）是导电角 θ 与负载阻抗角 φ 和触发控制角 α 的函数关系。

由式（6.32）可知，如果 $\alpha>\varphi$，则式（6.32）右边为正值，左边 $\sin(\alpha+\theta-\varphi)$ 也应为正值，必定是 $(\alpha+\theta-\varphi)<\pi$。故导电角 $\theta<\pi-(\alpha-\varphi)$，$\theta<\pi$。因此，当负载电感 L 小，阻抗角 φ 小而触发控制角 $\alpha>\varphi$ 时，导电角 $\theta<\pi(180°)$，电流断流。

式（6.32）或式（6.33）是一个超越方程，不能直接求解。采用数字解法可算出一定的负载阻抗角 φ 和触发控制角 α 时的导电角 θ，将算得的 θ 值和 α 值代入式（6.27）即可得到整流电压直流平均值 V_D^*（V_D/V_{D0}）。

（2）$\alpha=\varphi$ 电流临界连续工作情况：正弦交流电压加在 R、L 负载上时，稳态情况下，电流为正弦波，电流在相位上滞后电压的角度是阻抗角 φ，如图 6.10（f）所示。

由式（6.32），当图 6.10（a）中晶闸管触发延迟角 $\alpha=\varphi$ 时，$\sin(\alpha+\theta-\varphi)=\sin\theta=0$，因此，导电角 $\theta=\pi(180°)$。这时，在 $\omega t=\alpha=\varphi$ 时，图 6.10（a）中，VT1、VT4 开始导电，电流 i_D 从零上升，到达最大值后，i_D 又开始减小。当导电半个周期 180°（π）后到达 $\omega t=\pi+\alpha=\pi+\varphi$ 时，i_D 应下降为零。

正好这时 VT2、VT3 被触发导通，i_D 又从零上升，再下降，到 $\omega t=2\pi+\alpha$ 时又降为零。这种工作情况与交流电源不用晶闸管直接对 R、L 供电是相同的。也就是说，交流电源电流 i_S 为正弦波，而负载电流 i_D 为双正半波，持续导电角 $\theta=\pi$，整流电压的直流平均值由式（6.26）可得

$$V_D=V_{D0}\cos\alpha=\frac{2\sqrt{2}}{\pi}V_S\cos\alpha\approx 0.9V_S\cos\alpha \tag{6.34}$$

$$V_D^*=V_D/V_{D0}=\cos\alpha \tag{6.35}$$

（3）负载电感较大、φ 较大，当触发延迟角 α 较小以致 $\alpha<\varphi$ 时，电流连续工作情况：在 $\alpha=\varphi$ 的电流临界连续情况下，$\omega t=\alpha$ 时，$i_D=0$，此后 i_D 上升、下降，在 $\omega t=\pi+\alpha$ 时，i_D 也降为零，i_D 的初值、终值都是零，导电角 $\theta=\pi(180°)$。当触发控制角 α 从 φ 值减小时，晶闸管提前导通。交流电源正电压 v_S 更早地接到负载上，图 6.10（d）中负载上的正电压面积更大，负电压面积减小，使负载直流电压平均值 v_D 增高。同时，电流平均值也加大，$\omega t=\alpha$、$\omega t=\pi+\alpha$ 时晶闸管起始导电时电流初值、终值不再像电流临界连续时那样为零，而导电角 θ 仍像电流临界连续时一样 $\theta=\pi(180°)$。这时，整流电压直流平均值 V_D 也是由式（6.26）计算得到的，令 $\theta=\pi$，同样可得

$$V_D = V_{D0}\cos\alpha = \frac{2\sqrt{2}}{\pi}V_S\cos\alpha \approx 0.9V_S\cos\alpha$$

这时，电流 i_D不是电流临界连续时那样的“正弦正半波”，任何时刻 i_D都大于零。

图 6.11（a）是按式（6.33）画出的以负载阻抗角 φ 为参变量的导电角 $\theta=f(\alpha)$ 函数关系（见表 6.3）。无论 φ 为何值，当 $\alpha\leqslant\varphi$ 时，电流连续 $\theta=180°$。当 $\alpha>\varphi$ 时，α 增大，θ 减小。无论 φ 为何值，$\alpha=180°$时，$\theta=0°$。

图 6.11（b）是按式（6.33）、式（6.27）、式（6.35）画出的整流电压直流平均值 V_D^* 与参变量 φ 角、α 角的函数关系，它们被称为控制特性。图 6.11 中曲线 $APKQD$ 是 $\varphi=0°$，即电阻负载的 $V_D^*=f(\alpha)$，即式（6.19）：整流电压标幺值 $V_D^*=V_D/V_{D0}=(1+\cos\alpha)/2$。$V_{D0}$ 是 $\alpha=0°$，即不控整流时的直流电压平均值，$2\sqrt{2}V_S/\pi$。图 6.11（b）中曲线 $ACFHM$ 是按 $V_D^*=V_D/V_{D0}=\cos\alpha$ 画出的连续导电时的整流电压（$\theta=180°$）。其他曲线分别是 $\varphi=30°$、45°、60°、90°时的 $V_D^*=f(\alpha)$。当 $\alpha\leqslant\varphi$ 时，由于电流连续 $\theta=\pi$，V_D^* 与 $\theta=\pi(180°)$ 时的 $V_D^*=\cos\alpha$ 曲线重合；在 $\alpha>\varphi$ 时，由于电流断流，$\theta<\pi(180°)$，这时对于一个给定的 φ 值，如 $\varphi=30°$，由式（6.33）可以得到 α 从 $\alpha=\varphi=30°$到 $\alpha=180°$所对应的 θ 角，再由式（6.33）可得到这时的 V_D^* 值，如图 6.11（b）中的曲线 CED，而在 $\alpha<\varphi=30°$区域电流连续，$\theta=180°$。整流电压为曲线 AC，即式（6.35），$V_D^*=\cos\alpha$，所以 $\varphi=30°$时的整流电压为 $ACED$ 曲线。

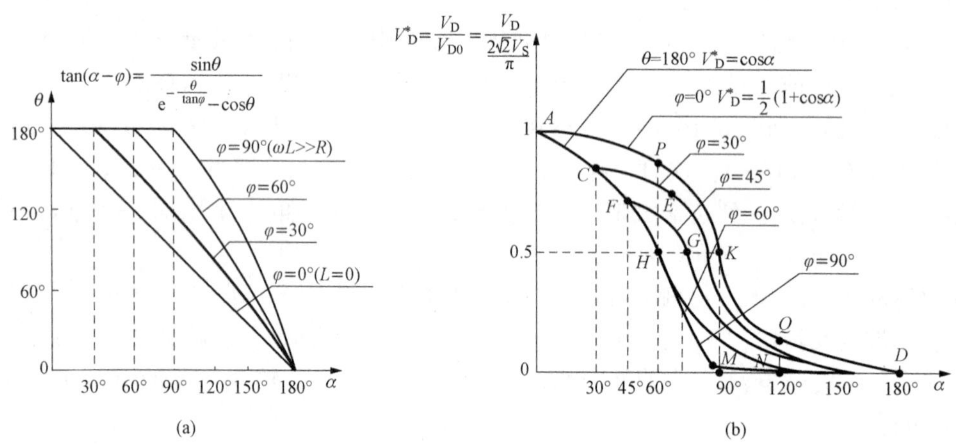

图 6.11 单相桥式全控整流电路控制特性

（a）导通角 θ 与 φ、α 函数关系；（b）整流电压与 φ、α 函数关系

表 6.3 **$\alpha=f(\varphi,\theta)$ 函数关系**

θ / φ / α	θ	30°	60°	90°	120°	150°	180°
30°	α	163°	141°	116°	88°	60°	30°
60°	α	164°	147°	128°	106°	85°	60°
90°	α	165°	150°	135°	120°	105°	90°

（4）电感量很大，$\omega L\gg R$，$\varphi=\arctan(\omega L/R)$很大，$\alpha<\varphi$，电流连续且忽略 i_D脉动时的

工作情况：单相桥式全控整流电路大电感负载时的波形如图6.12所示。在许多实际应用中整流负载的$\omega L \gg R$，因此负载电流i_D的脉动很小，其电流波形近似于一条平行于横坐标的直线，流过晶闸管的电流i_T为180°的单方向矩形波，交流电源电流则为180°的正、负矩形波，如图6.12（h）所示。如果负载电流为I_D，$I_D=V_D/R$，V_D由式（6.34）确定，则晶闸管电流有效值I_T为

$$I_T=\frac{1}{2\pi}\int_{\alpha}^{\alpha+\pi}I_D^2 dt=\frac{1}{\sqrt{2}}I_D \tag{6.36}$$

变压器二次交流电流有效值I_S为

$$I_S=\frac{1}{\pi}\int_{\alpha}^{\alpha+\pi}I_D^2 dt=I_D=\sqrt{2}I_T \tag{6.37}$$

图6.12（h）所示幅值为I_D、脉宽$\theta=180°$的交流方波电流i_S的傅里叶级数为

$$i_S=\frac{4}{\pi}I_D\left(\sin\omega t+\frac{1}{3}\sin 3\omega t+\frac{1}{5}\sin 5\omega t+\frac{1}{7}\sin 7\omega t+\cdots\right) \tag{6.38}$$

180°方波电流i_S的基波电流有效值I_{S1}为

$$I_{S1}=\frac{4}{\pi}I_D\frac{1}{\sqrt{2}}=\frac{2\sqrt{2}}{\pi}I_D=\frac{2\sqrt{2}}{\pi}I_S \tag{6.39}$$

应注意到由图6.12（h）的i_S波形可知，电源基波电流i_{S1}的相位角滞后电源电压v_S的角度，即基波功率因数角φ_1正是晶闸管触发延迟角α。所有相控整流电路中交流电源电流i_S的基波电流功率因数角φ_1都是相控角α，因此，α越大，V_D越小，$\cos\varphi_1$越小。

由图6.12（h）可知，由于基波电流i_{S1}滞后交流电源电压v_S的相位角就是触发延迟角α，因此电源功率因数

$$PF=\frac{V_S I_{S1}\cos\alpha}{V_S I_S}=\frac{I_{S1}\cos\alpha}{I_S}=\frac{2\sqrt{2}}{\pi}\cos\alpha \tag{6.40}$$

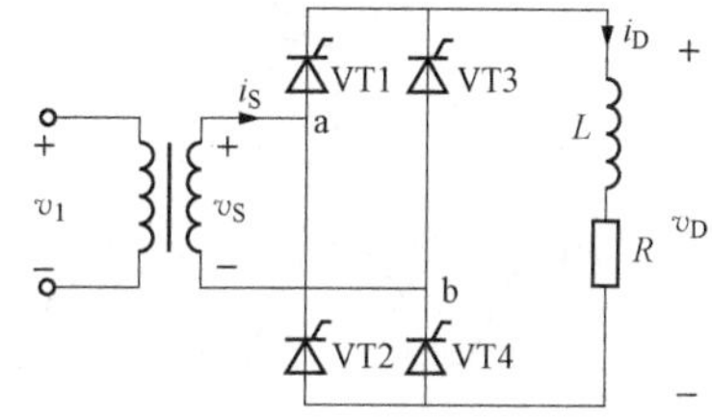

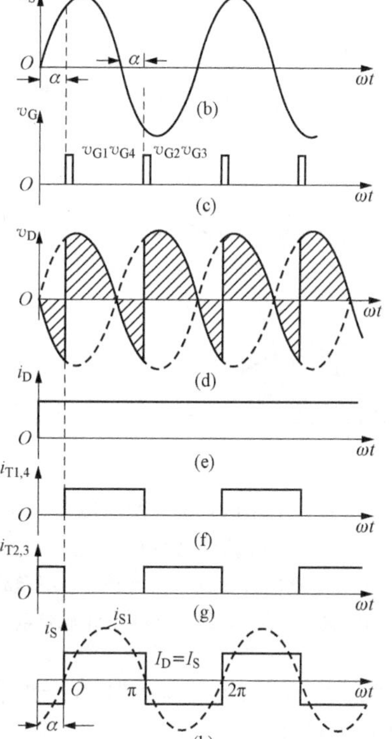

图6.12　单相桥式全控整流电路大电感负载时的波形

3. 反电动势负载

被充电的蓄电池、电容器、正在运行的直流电动机的电枢（电枢旋转时产生感应电动势E）等负载本身是一个直流电压源，对于可控整流电路来说，它们是反电动势负载，其等效电路用电动势E、电感L和内阻R表示，负载电动势的极性如图6.13（a）所示。

整流电路接有反电动势负载时，如果整流电路中电感L为零，则图6.13（a）中仅在电源电压v_S的瞬时值大于反电动势E时，晶闸管才会有正向电压，才能触发导通。$v_S<E$时，晶闸管承受反压阻断，因此反电动势负载时晶闸管导电角θ较小。在晶闸管导通期间，输出整流电压$v_D=E+i_D R$。在晶闸管阻断期间，负载端电压保持为原有电动势E，故整流输出电压即负载端直流平均电压比电阻、电感性负载时（电感负载时直流平均值有负电压）要高一些。整流电流波形出现断流、导通角$\theta<\pi$时，其波形如图6.13（b）、（c）所示，图中的δ称为停止导电角

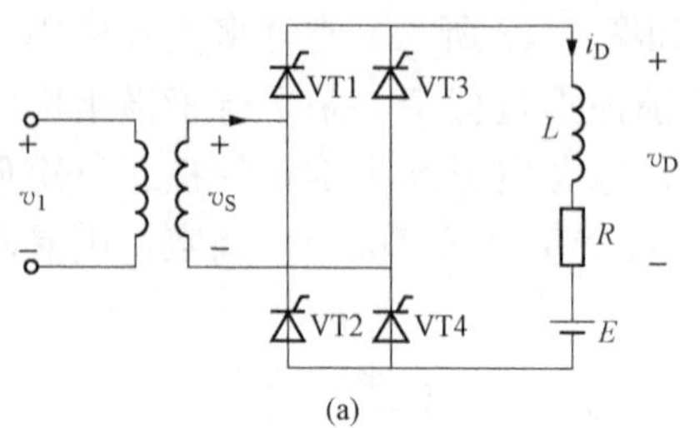

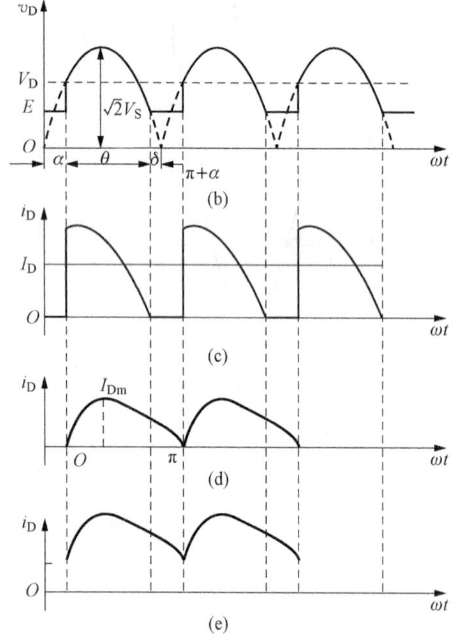

图 6.13　单相桥式全控整流电路接反电动势负载时电路及其波形

(a) 电路；(b) v_D 波形；(c) 电感 $L=0$，负载 i_D 波形；(d) 感性负载 i_D 波形；(e) 大电感负载 i_D 波形

$$\delta=\arcsin\frac{E}{\sqrt{2}V_S} \tag{6.41}$$

整流电路输出端直流电压平均值

$$V_D=E+\frac{1}{\pi}\int_{\alpha}^{\pi-\delta}(\sqrt{2}V_S\sin\omega t-E)\mathrm{d}\omega t \tag{6.42}$$

$$=E+\frac{1}{\pi}\left[\sqrt{2}V_S(\cos\delta+\cos\alpha)-E(\pi-\delta-\alpha)\right]$$

$$=\frac{\sqrt{2}V_S}{\pi}(\cos\delta+\cos\alpha)+\frac{\delta+\alpha}{\pi}E$$

晶闸管导通后，电路电压平衡方程式为

$$v_S=\sqrt{2}V_S\sin\omega t=E+Ri_D$$

$$i_D=\frac{v_S-E}{R}=\frac{\sqrt{2}V_S\sin\omega t-E}{R}$$

整流电流平均值

$$I_D=\frac{1}{\pi}\int_{\alpha}^{\pi-\delta}i_D\mathrm{d}\omega t=\frac{1}{\pi}\int_{\alpha}^{\pi-\delta}\frac{\sqrt{2}V_S\sin\omega t-E}{R}\mathrm{d}\omega t$$

$$=\frac{1}{\pi R}\left[\sqrt{2}V_S(\cos\delta+\cos\alpha)-E\theta\right] \tag{6.43}$$

整流输出直接接反电动势负载时，由于晶闸管导通角小，电流断流，而负载回路中的电阻又很小，当输出同样的平均电流时，峰值电流大，因而电流有效值将比平均值大许多倍。这样，对于直流电动机来说，将使其整流换向电流加大，易产生火花。对于交流电源，则因电流有效值大，要求电源的容量大，功率因数低。因此，一般反电动势负载回路中常串联平波电抗器，增大时间常数，延长晶闸管的导电时间，使电流连续；导电角 $\theta=\pi$，减小电流的脉动，使输出电流波形变得连续平直，从而改善了整流装置及电动机的工作条件。

若负载反电动势为 E，等效电感为 L，电阻为 R，电枢电流连续（导电角 $\theta=\pi$），如果在图 6.13（b）中取晶闸管导电起始点（α 处）为时间坐标的零点，则 v_S 可表达为 $v_S=\sqrt{2}V_S\sin(\omega t+\alpha)$。图 6.13（a）的电路电压平衡方程为

$$L\frac{\mathrm{d}i_D}{\mathrm{d}t}+Ri_D=\sqrt{2}V_S\sin(\omega t+\alpha)-E \tag{6.44}$$

设 I_D 为 i_D 的直流平均值，由于电阻压降通常远小于 $E+L\frac{\mathrm{d}i_D}{\mathrm{d}t}$，故式（6.44）中可近似取 $Ri_D=RI_D$，得

$$L\frac{\mathrm{d}i_D}{\mathrm{d}t}=\sqrt{2}V_S\sin(\omega t+\alpha)-(E+RI_D) \tag{6.45}$$

当电流连续、导电角 $\theta=\pi$ 时，整流电路输出的直流电压平均值 $V_D=\frac{2\sqrt{2}V_S}{\pi}\cos\alpha$。

整流电路输出的直流电压平均值 V_D 应等于一个周期中 L、R 压降平均值与 E 之和。在一个周期中电感 L 压降平均值为零，故有

$$V_D = E + RI_D = \frac{2\sqrt{2}V_S}{\pi}\cos\alpha \tag{6.46}$$

由式（6.45）得

$$L\frac{di_D}{dt} = \sqrt{2}V_S\sin(\omega t + \alpha) - \frac{2\sqrt{2}V_S}{\pi}\cos\alpha \tag{6.47}$$

如果串接电感以后，使电流 i_D 处于临界连续工作情况，如图 6.13（d）所示，取晶闸管导电起始点（α 处）为时间坐标的零点，即图 6.13（a）中的 VT1、VT4 在 $\omega t=0°$ 被触发导通时，i_D 从零上升至 I_{Dm}（当瞬时值 $v_D=v_S=Ri_D+E$ 时，$L\dfrac{di_D}{dt}=0$，$i_D=I_{Dm}$），然后 i_D 开始下降，到 VT2、VT3 被触发导通的 $\omega t=\pi$ 时，i_D 正好降为零。这时由式（6.47）可得到临界电流连续时的电流 $i_D(t)$ 为

$$\begin{aligned} i_D(t) &= \int_0^{i_D} di_D = \frac{\sqrt{2}V_S}{\omega L}\int_0^{\omega t}\sin(\omega t + \alpha)d\omega t - \int_0^{\omega t}\frac{2}{\pi}\cos\alpha d(\omega t) \\ &= \frac{\sqrt{2}V_S}{\omega L}[\cos\alpha - \cos(\omega t + \alpha)] - \frac{2}{\pi}\cos\alpha\omega t \end{aligned} \tag{6.48}$$

电流临界连续时，直流电流平均值 I_{Dmin} 为 $I_D = \dfrac{1}{\pi}\displaystyle\int_0^{\pi} i_D(\omega t)d(\omega t)$，由式（6.48）的 i_D 可求得

$$I_{Dmin} = \frac{2\sqrt{2}V_S}{\pi\omega L}\sin\alpha \tag{6.49}$$

式（6.49）表明，处于临界电流连续时的负载电流平均值 I_{Dmin} 与控制角 α 及电感 L 有关，当实际负载电流 $i_D > I_{Dmin}$ 时电流连续，$\theta=\pi$。当实际负载电流 $i_D < I_{Dmin}$ 时，负载电流 $i_D(t)$ 断流，导电角 $\theta<\pi$。为了使电流在任何 α 值时都连续，负载电流的平均值 I_D 应大于式（6.49）中令 $\alpha=90°$ 的 I_{Dmin}，即

$$I_D \geqslant \frac{2\sqrt{2}V_S}{\pi\omega L} \tag{6.50}$$

由此得到单相桥式相控带感性负载时整流电流连续条件是

$$L \geqslant \frac{2\sqrt{2}V_S}{\pi\omega I_{Dmin}}\sin\alpha \tag{6.51}$$

式中，$\omega=2\pi f=2\pi\times50\approx314$；$V_S$ 为相电压有效值；电感 L 应是电动机电枢自身电感 L_a 与外加串接电感 L_e 之和。

式（6.51）说明负载电流越小，必须有较大的电感才能使电流连续（$\theta=\pi$）。通常取电动机额定电流的 5%～10% 为最小负载电流 I_D 计算电感 L，外串电感 $L_e=L-L_a$。

单相桥式整流电压 $v_D(t)$ 在一个电源周期中有两个电压脉波（脉波数 $m=2$）称为两脉波整流；单相半波整流电压 $v_D(t)$ 在一个周期中仅一个电压脉波（$m=1$）；三相半波整流电路输出电压 v_D 在每个周期中有 3 个电压脉波 $m=3$；三相全桥整流电路 $m=6$，每周期有 6 个脉波。类似以上的数学分析可以求得 3 脉波、6 脉波整流电路带反电动势负载时电流临界连续的电感量 L 为

图 6.4 所示三相半波整流时

$$L = 1.46 \times 10^{-3} \frac{V_S}{I_D}(\text{H}) \tag{6.52}$$

图 6.5 所示三相桥式全控整流时

$$L = 0.693 \times 10^{-3} \frac{V_1}{I_D} = 1.2 \times 10^{-3} \frac{V_S}{I_D}(\text{H}) \tag{6.53}$$

式（6.52）和式（6.53）中，V_S为相电压有效值；V_1为线电压有效值。

6.3.2 单相桥式半控整流电路

将单相桥式全控整流电路中一对晶闸管 VT2、VT4 换成两个二极管 VD2、VD4，即构成了单相桥式半控整流电路，如图 6.14（a）所示。与单相全控桥相比，半控整流比较经济，触发装置也简单一些。

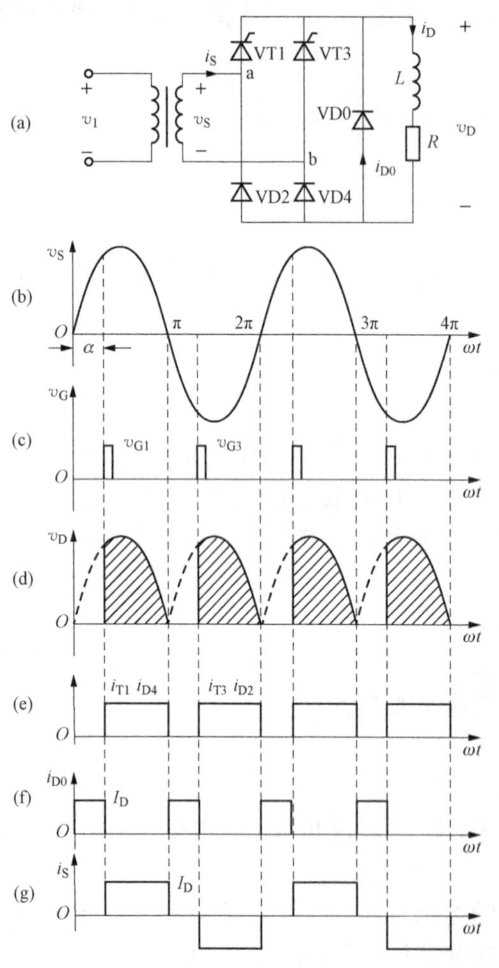

图 6.14 单相桥式半控整流电路及其波形

单相桥式半控整流电路的工作特点是晶闸管触发导通，而整流二极管在阳极电压高于阴极电压时自然导通。

假定负载中电感足够大，负载电流 i_D连续并近似为一条直线，在 v_S的正半周 $\omega t=\alpha$ 时刻触发晶闸管 VT1，则 VT1、VD4 导通，电流从电源 a 端经 VT1、负载、VD4 回到 b 端，负载两端整流电压 $v_D=v_S$。当 v_S在 $\omega t>\pi$ 进入负半周，而 v_G尚未到来时，电感上电流 i_D经续流二极管 VD0 续流。当 $\omega t=\pi+\alpha$ 时，触发 VT3 使其导通，续流二极管 VD0 受反压关断，负载电流从电源 b 端经 VT3、负载、VD2 回到 a 端，负载两端得到整流电压 v_D。同样，当 v_S在 $\omega t>2\pi$ 进入正半周，而 v_G尚未到来时，电感电流 i_D又经续流二极管 VD0 续流，如此循环工作。电源电压 v_S的过零点 0，π，2π，3π，…称为整流二极管的自然换相点，也是该电路计算控制角 α 的起点。输出整流电压 v_D的波形如图 6.14（d）所示。移相范围为 180°，晶闸管导通角 $\theta=\pi-\alpha$。输出电压平均值

$$V_D = \frac{1}{\pi}\int_{\alpha}^{\pi}\sqrt{2}V_S\sin\omega t\,\mathrm{d}\omega t = 0.9V_S\frac{1+\cos\alpha}{2} \tag{6.54}$$

单相桥式半控整流电路在 $\alpha=0°\sim180°$范围内移相控制时，v_D只能为正值，而全控整流电路 v_D在 $\alpha>90°$时可为负值。

类似于式（6.51）的推论可以得到单相桥式半控整流电路负载电流连续的条件是

$$L \geqslant 3.25 \times 10^{-3} \frac{V_S}{I_D}(\text{H})$$

6.4　三相半波相控整流电路

图 6.15（a）是三相半波相控整流电路。它是由 3 个单相半波相控整流电路通过 3 个晶闸管共阴极接法构成的。3 个晶闸管的触发脉冲互差 120°（$2\pi/3$）。在三相电路中，通常规定，自然换相点即相对应的二极管不控整流时的换相点［如图 6.15（b）中的 1、3、5 点］为触发控制角 α 的零点，即规定图 6.15（b）交流电源波形中，$\omega t=\pi/6$ 时的 1 点为 a 相晶闸管 VT1 延迟触发控制角 α 的零点，$\omega t=\pi/6+2\pi/3=5\pi/6$ 的 3 点和 $\omega t=5\pi/6+2\pi/3=3\pi/2$ 的 5 点分别为 b 相、c 相晶闸管 VT3、VT5 触发控制角 α 的零点。三相相控整流的负载通常串接电感使负载电流连续。如果电感很大，则 i_D 可视为恒定直流 I_D。

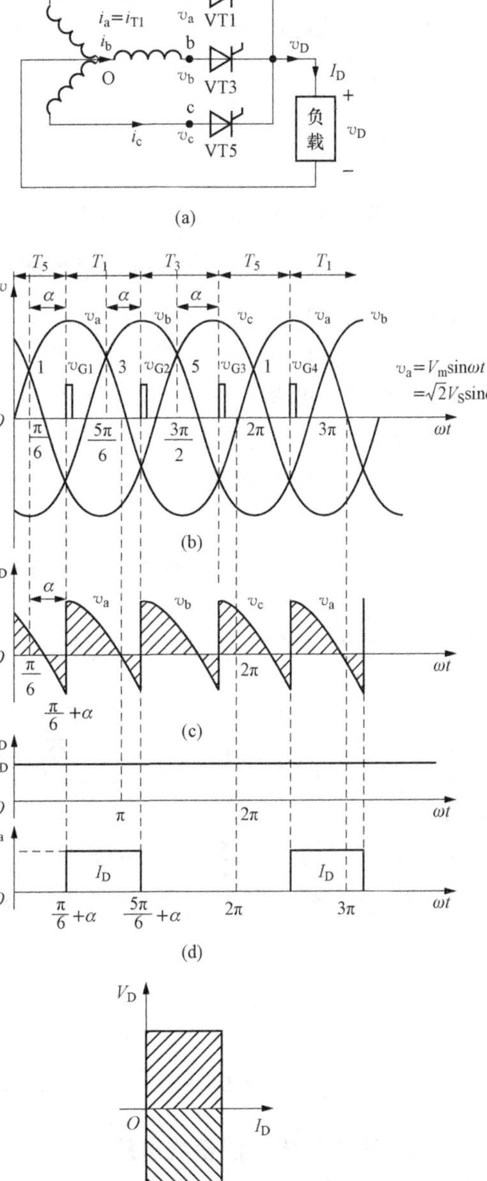

图 6.15　三相半波可控整流电路及其波形

（a）电路；（b）电源电压；（c）整流电压；（d）电流波形（$\omega L \gg R$）；（e）工作象限

在图 6.15（b）中，在 $\omega t=\pi/6+\alpha$ 时刻（图中 $\alpha=60°$），对 VT1 施加触发脉冲 v_{G1} 使 a 相晶闸管 VT1 导通，a 相电压 v_a 加到负载上，VT1 在 $2\pi/3$ 期间流过负载电流 I_D。VT1 导通一直持续到 $\omega t=\pi/6+\alpha+2\pi/3=5\pi/6+\alpha$ 时刻，b 相晶闸管 VT3 被触发为止。在 $\omega t=5\pi/6+\alpha$ 时刻，触发 b 相晶闸管 VT3，一旦 VT3 导通，$v_D=v_b>v_a$，VT1 立即承受反向电压（$v_{ab}=v_a-v_b$）而关断，负载电流也就立即从 a 相 VT1 转到 b 相 VT3，负载被施加 b 相电压。这种情况一直持续到 $\omega t=5\pi/6+\alpha+2\pi/3=3\pi/2+\alpha$ 时刻，c 相晶闸管 VT5 被触发为止。在 $\omega t=3\pi/2+\alpha$ 时刻，触发 c 相晶闸管 VT5，VT3 立即承受反向电压（$v_{bc}=v_b-v_c$）而关断，负载电流也就立即转移到 VT5。c 相电压加到负载上，直到 a 相晶闸管 VT1 再一次被触发为止。

在稳态工作情况下，电路重复上述过程，不断地进行下去。整流电压 v_D 波形如图 6.15（c）所示。从上述分析可知：

（1）在负载电流连续情况下，每个晶

闸管的导电角均为 2π/3（120°），如图 6.15（d）所示。

（2）在电源交流电路中不存在电感情况下，晶闸管之间的电流转移是瞬间完成的。

（3）负载上出现的电压波形 v_D 是相电压波形的一部分，如图 6.15（c）所示。

（4）晶闸管处于截止状态时所承受的电压是线电压而不是相电压。

（5）整流输出电压的脉动频率为 $3f$（脉波数 $m=3$）。

若交流电源相电压 $v_a=V_m\sin\omega t=\sqrt{2}V_S\sin\omega t$，电流连续，每个晶闸管导电 120°时，输出直流电压平均值为

$$V_D=\frac{3}{2\pi}\int_{\frac{\pi}{6}+\alpha}^{\frac{5\pi}{6}+\alpha}V_m\sin\omega t\,d(\omega t)=\frac{3\sqrt{3}V_m}{2\pi}\cos\alpha=\frac{3\sqrt{6}V_S}{2\pi}\cos\alpha\approx1.17V_S\cos\alpha \tag{6.55}$$

当 $\alpha=0°$ 时，$V_D=V_{D0}=\frac{3\sqrt{6}}{2\pi}V_S\approx1.17V_S$。

当 $0°\leqslant\alpha<90°$ 时，输出直流电压平均值 V_D 为正值。

当 $\alpha=90°$ 时，$V_D=0$。

当 $90°<\alpha\leqslant180°$ 时，输出直流电压平均值 V_D 为负值。

与三相半波不控整流一样，当负载电感很大时，交流侧电流是单方向 120°宽的矩形波电流［图 6.15（d）］，交流侧只有单方向电流，其中含有数值很大的直流分量（$I_D/3$），这是所有半波整流电路的共同缺点。

6.5 三相桥式相控整流电路

图 6.16 是常用的 3 种三相桥式整流电路：不控整流、全控整流和半控整流。

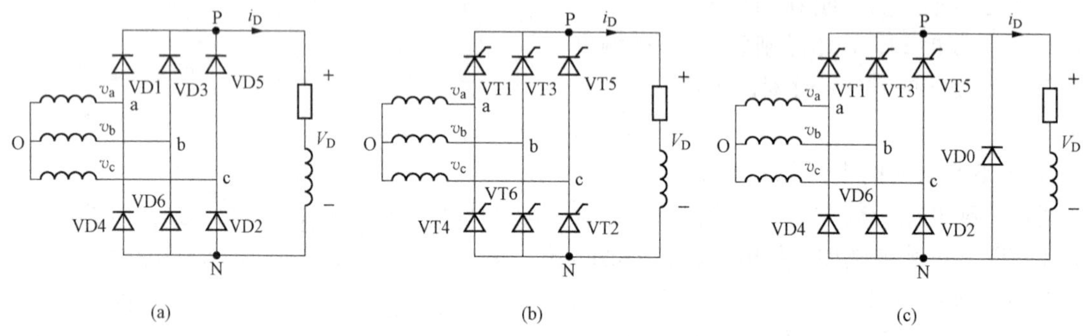

图 6.16 三相桥式整流电路

（a）三相桥式不控整流电路；（b）三相桥式全控整流电路；（c）三相桥式半控整流电路

6.5.1 三相桥式全控整流电路

1. 基本工作原理

将三相桥式不控整流电路［图 6.16（a）］中的 6 个二极管改换成 6 个晶闸管，就构成了三相桥式相控（全控）整流电路［图 6.16（b）］。图 6.16（b）中 3 个上管 VT1、VT3、VT5 共阴极，其输出端 P 接负载正端；3 个下管 VT4、VT6、VT2 共阳极，其输出端 N 接负载负端。负载端整流电压 $v_D=v_{PN}=v_P-v_N$。若三相交流电源相电压有效值为 V_S，幅值为 $V_m=\sqrt{2}V_S$；线电压有效值 $V_l=\sqrt{3}V_S$，线电压幅值为 $V_{lm}=\sqrt{6}V_S$。若交流电源频率为 f_s，周

期为 T_S，角频率 $\omega=2\pi f_S=2\pi/T_S$，三相交流相电压为

$$\begin{cases} v_a = \sqrt{2}V_S\sin\omega t \\ v_b = \sqrt{2}V_S\sin(\omega t - 120^\circ) \\ v_c = \sqrt{2}V_S\sin(\omega t - 240^\circ) \end{cases} \tag{6.56}$$

则线电压

$$\begin{cases} v_{ab} = -v_{ba} = v_a - v_b = V_{lm}\sin(\omega t + 30^\circ) \\ v_{bc} = -v_{cb} = v_b - v_c = V_{lm}\sin(\omega t - 90^\circ) \\ v_{ca} = -v_{ac} = v_c - v_a = V_{lm}\sin(\omega t - 210^\circ) \end{cases} \tag{6.57}$$

相电压 v_a、v_b、v_c依序相差 120°，6 个线电压依序相差 60°，如图 6.17（a）、(c) 所示。

二极管是不可控开关器件，当它承受正向电压作用时立即自然地导通，承受反向电压作用时立即阻断电路，所以图 6.17（a）三相不控整流时，v_a、v_b、v_c三相电压瞬时值最正的那一相上管自然导通，换相点为 1、3、5，三相电压瞬时值最负的那一相下管自然导通，换相点为 2、4、6，任何时刻上、下各有一个二极管导通，把线电压最大的瞬时值接至负载。整流电压 v_D为图 6.17（c）中粗线所示各段线电压。

晶闸管是可控（半控）开关器件，开通晶闸管（从通态转为断态）必须同时具备两个条件：①阳极 - 阴极之间外加正向电压。②门极（控制极）与阴极之间被施加触发电流脉冲。三相桥式全控整流电路［图 6.16（b）］中，仅在 3 个上管（VT1、VT3、VT5）和 3 个下管（VT2、VT4、VT6）中上、下各有一个晶闸管处于通态时才能将某个线电压接通至负载，形成整流电压 v_D。如果图 6.17（a）中在 6 个自然换相点 1、2、3、4、5、6 的 $\omega t=\omega t_1$、ωt_2、ωt_3、ωt_4、ωt_5、ωt_6 时刻，对 VT1、VT2、VT3、VT4、VT5、VT6 施加触发脉冲，这时触发脉冲的起始时刻就是自然换相点，延迟触发角（或相控角）$\alpha=0°$。从 ωt_1开始 v_a为正值最大，VT1 承受正向电压，从 ωt_1 开始 VT1 又被施加触发脉冲，在此后的Ⅰ、Ⅱ时区共 120°期间，v_a正电位最高，VT1 导通；从 ωt_2开始 v_c为负，VT2 承受正向电压，从 ωt_2开始 VT2 又被施加触发脉冲，在此后的Ⅰ、Ⅱ时区共 120°期间，v_c电位为负值最大，VT2 导通。所以，在第Ⅱ时区 a 相上管 VT1 与 c

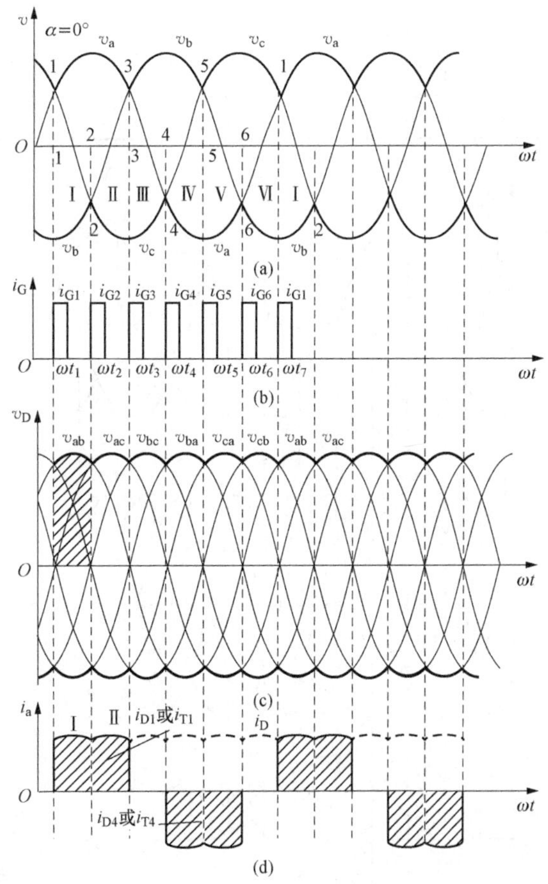

图 6.17　三相桥式不控整流和三相桥式全控整流电路带电阻负载 $\alpha=0°$时的波形

（a）相电压波形；（b）触发电流；（c）线电压、整流电压；（d）电流

相下管 VT2 同时导通，故整流电压 $v_D=v_{PN}=v_a-v_c=v_{ac}$（线电压）。通过类似地分析可以得知，6 个晶闸管在 6 个时区中的通、断状态及整流电压 v_D，如表 6.4 所示，这时 6 个开关管的通、断状态及整流电压 v_D 波形与三相桥式不控整流时完全相同，即图 6.17（c）中各段线电压粗线所示。如果 6 个晶闸管的施加触发脉冲的时刻都从各自然换相点 ωt_1、ωt_2、ωt_3、ωt_4、ωt_5、ωt_6 延迟一个控制角 α，如 $\alpha=30°$，如图 6.18（a）、(b）所示，那么在 $\omega t=\omega t_1+30°$，VT1 被触发之前的时区Ⅵ中，VT5、VT6 已在导电，$v_D=v_{cb}$。从 ωt_1 开始，尽管 v_a 最正，但延迟触发角 $\alpha=30°$时，在 $\omega t_1\sim\omega t_1+\alpha(\omega t_1+30°)$ 期间，VT1 未被触发而仍处于断态，因此 VT5、VT6 仍继续导通，这时的整流电压仍为线电压 v_{cb} 而不是 v_{ab}，由于这期间 $v_{cb}<v_{ab}$，因此 $\alpha\neq0°$时，将使整流电压平均值 v_D 减小。改变触发延迟角（或相控角）α 的大小，即可控制整流电压平均值 v_D。这时，整流电压 v_D 将是图 6.18（b）中粗线所示各段线电压波形。

表 6.4　三相桥式全控整流电路在 $\alpha=0°$时或三相桥式不控整流时的工作情况

时区段	Ⅰ ($\omega t_1\to\omega t_2$)	Ⅱ ($\omega t_2\to\omega t_3$)	Ⅲ ($\omega t_3\to\omega t_4$)	Ⅳ ($\omega t_4\to\omega t_5$)	Ⅴ ($\omega t_5\to\omega t_6$)	Ⅵ ($\omega t_6\to\omega t_7$)
导通的共阴极上管	VT1	VT1	VT3	VT3	VT5	VT5
导通的共阳极下管	VT6	VT2	VT2	VT4	VT4	VT6
整流输出电压 $v_D=v_P-v_N$	$v_{ab}=v_a-v_b$	$v_{ac}=v_a-v_c$	$v_{bc}=v_b-v_c$	$v_{ba}=v_b-v_a$	$v_{ca}=v_c-v_a$	$v_{cb}=v_c-v_b$

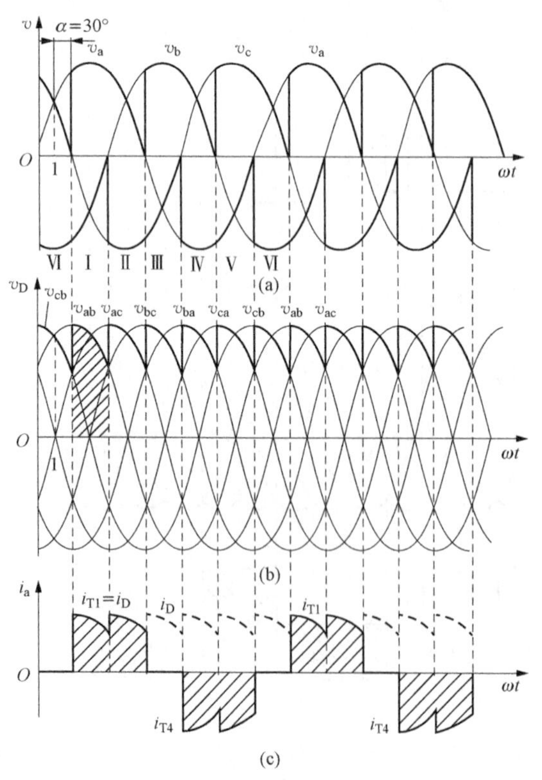

图 6.18　三相桥式全控整流电路带电阻负载 $\alpha=30°$时的波形

2. 电阻负载时三相桥式全控整流特性

相控整流特性不仅与相控角 α 有关，还与负载性质有关。负载为电阻 R 时，负载电流 $i_D=v_D/R$，i_D 与整流电压 v_D 波形完全相同。

（1）延迟触发相控角 $\alpha=0°$时（图 6.17）：即从各自然换相点开始对各晶闸管施加触发脉冲。在一个电源周期中，从 $\omega t_1\sim\omega t_7$ 6 个时区中，整流电压 v_D 是 6 个宽 60°的波形相同的线电压 v_{ab}、v_{ac}、v_{bc}、v_{ba}、v_{ca}、v_{cb} 脉波相连而成的。整流电压 v_D 与三相不控整流时的整流电压完全相同。

i_D 与 v_D 波形相同。VT1 导电的Ⅰ、Ⅱ时区的 120°期间交流电源 a 相电流 $i_a=i_{T1}=i_D$；VT4 导电的Ⅳ、Ⅴ时区的 120°期间 $i_a=-i_{T4}=-i_D$。

（2）延迟触发相控角 $\alpha=30°$时（图 6.18）：VT1 推迟到 $\omega t=\omega t_1+30°$（60°）时被触发导通。在 $\omega t=\omega t_1+30°$（60°），VT1 被触发导通之前，仍是 VT5、VT6 导

通，$v_D=v_{cb}$。从 $\omega t=\omega t_1+30°$（60°）到 $\omega t=\omega t_1+30°+60°=120°$ 的 60°时区Ⅰ中，VT6、VT1 导电，$v_D=v_{ab}$。此后，各 60°时区中 v_D 依序是 v_{ac}、v_{bc}、v_{ba}、v_{ca}、v_{cb}。6 个导电区都向后延 $\alpha=30°$，v_D 的平均值 V_D 减小。

（3）延迟触发控制角 $\alpha=60°$ 时（图 6.19）：时区Ⅰ（60°）中整流电压 $v_D=v_{ab}$ 的起点为 $\omega t=\omega t_1+60°=90°$ 处的 v_{ab}，终点 $\omega t=\omega t_1+60°+60°=150°$ 处，$v_D=v_{ab}=0$。6 个脉波都向后延 $\alpha=60°$，导电到终点时，整流电压瞬时值都为零，电流瞬时值也为零。

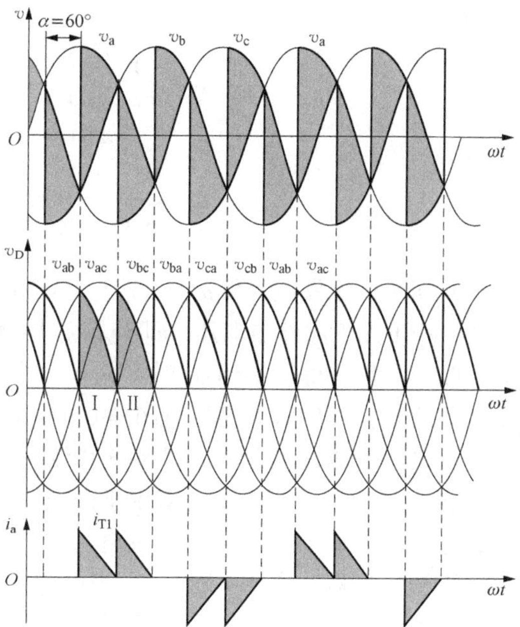

图 6.19　三相桥式全控整流电路带电阻负载 $\alpha=60°$ 时的波形

（4）延迟触发控制角 $\alpha=90°$ 时（图 6.20）：由于从 $\alpha=0°$ 到 $v_{ab}=0$ 的角度是 120°，$\alpha<60°$ 时，每个脉波导电宽度为 60°；$\alpha>60°$ 后 a、b 导电脉波只能导电到 $v_{ab}=0$，所以导电宽度只能是 $120°-\alpha$。例如，图 6.20 中 $\alpha=90°$，VT1 从 $\omega t=\omega t_1+90°=120°$ 时开始导电，VT1 导电 30°（$120°-\alpha$）后，$\omega t=\omega t_1+90°+30°=150°$ 时，$v_D=v_{ab}=0$，电阻负载时 $i_D=v_D/R=0$，此后 v_{ab} 为负值，故从 $\omega t=150°$ 开始，VT6、VT1 截止，使 $v_D=0$。$v_D=0$ 延续 30°以后到 $\omega t=\omega t_2+\alpha=90°+90°=180°$ 时，VT2 被触发导通，VT1、VT2 同时导电，使 $v_D=v_{ac}$ 进入时区Ⅱ。在 VT6、VT1 导电的时区Ⅰ，$v_D=v_{ab}$ 起点为 $\omega t=\omega t_1+\alpha$，终点为 $\omega t\equiv 150°$（$v_{ab}=0$），$v_D=v_{ab}=0$，因此电阻负载 $\alpha>60°$ 时，每个导电时区宽度为 $120°-\alpha<60°$，v_D、i_D 不连续，这时整流直流电压平均值 v_D 为

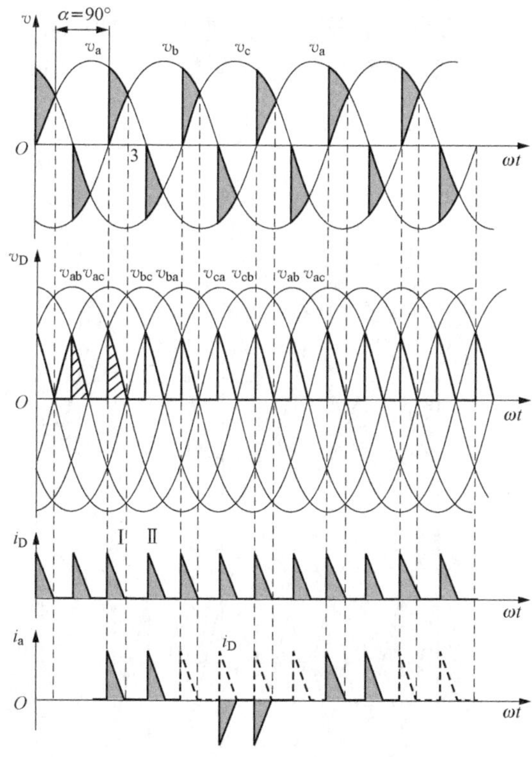

图 6.20　三相桥式全控整流电路带电阻负载 $\alpha=90°$ 时的波形

$$
\begin{aligned}
V_D&=\frac{1}{\pi/3}\int_{\omega t_1+\alpha}^{150°}v_{ab}\,\mathrm{d}(\omega t)\\
&=\frac{3}{\pi}V_{lm}\int_{30°+\alpha}^{150°}\sin(\omega t+30°)\,\mathrm{d}(\omega t)\\
&=\frac{3}{\pi}V_{lm}[1+\cos(60°+\alpha)]
\end{aligned}
\tag{6.58}
$$

电阻负载，当 $\alpha<60°$ 时，每个导电时区宽度为 60°，v_D、i_D 连续，整流电压平均

值 V_D 为

$$V_D = \frac{1}{\pi/3}\int_{\omega t_1+\alpha}^{\omega t_1+\alpha+60^\circ} v_{ab}\,d(\omega t) = \frac{3}{\pi}\int_{30^\circ+\alpha}^{30^\circ+\alpha+60^\circ} V_{lm}\sin(\omega t + 30^\circ)\,d(\omega t) = \frac{3}{\pi}V_{lm}\cos\alpha \tag{6.59}$$

（5）当延迟触发控制角 $\alpha=120^\circ$ 时：VT1 被触发的起始点 $\omega t=\omega t_1+120^\circ=150^\circ$，这时 $v_{ab}=0$，VT1 无正向外加电压，即使被施加触发脉冲也不可能被触发导通。因此，$v_D\equiv 0$，由式（6.58）也可得知 $\alpha=120^\circ$ 时，$v_D=0$。因此，三相桥式全控整流电路在电阻负载时，改变 α 角调控 V_D，α 的有效移相范围是 0°～120°。

3. 感性负载时三相桥式全控整流特性

三相桥式相控整流电路大多用于向电阻-电感（RL）性负载或反电动势、电阻、电感负载供电（如对直流电动机电枢供电）。负载中有电感存在，电流 i_D 通常是连续的（电流 i_D 瞬时值不会为零，负载不断流）。当电感值 L 比较大以致负载 RL 电路时间常数 $T_l=L/R$ 远比电流脉动周期大时，甚至可以忽略在每个时区中 i_D 的脉动，而把 i_D 看作一个恒值电流 I_D。

在电流连续情况下，相控角 α 在 0°～180°变化时，一个电源周期 T_S（2π，360°）中，整流电压 v_D 是 6 个相同的、连续的、脉宽都是 60°的脉波。$\alpha\leqslant 60^\circ$ 时，如 $\alpha=0^\circ$、$\alpha=30^\circ$、$\alpha=60^\circ$ 时，v_D 的波形与电阻负载时的（图 6.22～图 6.24）相同。整流电压平均值 v_D 为式（6.59）。$\alpha\geqslant 60^\circ$ 时，v_D 的波形如图 6.21～图 6.24 所示。整流电压的平均值 v_D 表达式仍为

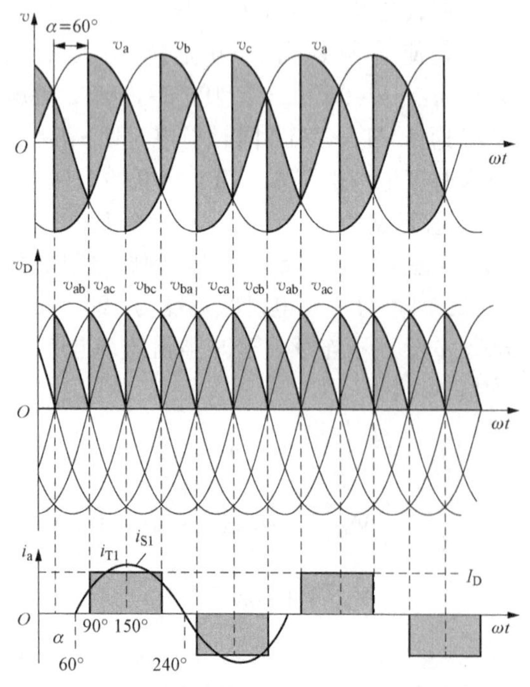

图 6.21　三相桥式全控整流电路带感性负载 $\alpha=60^\circ$ 时的波形

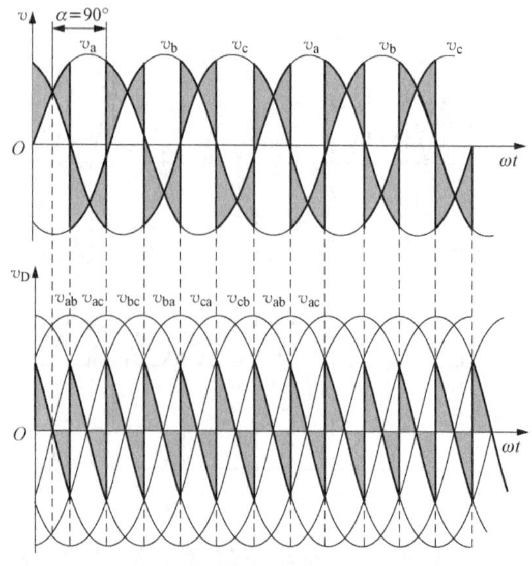

图 6.22　三相桥式全控整流电路带感性负载 $\alpha=90^\circ$ 时的波形

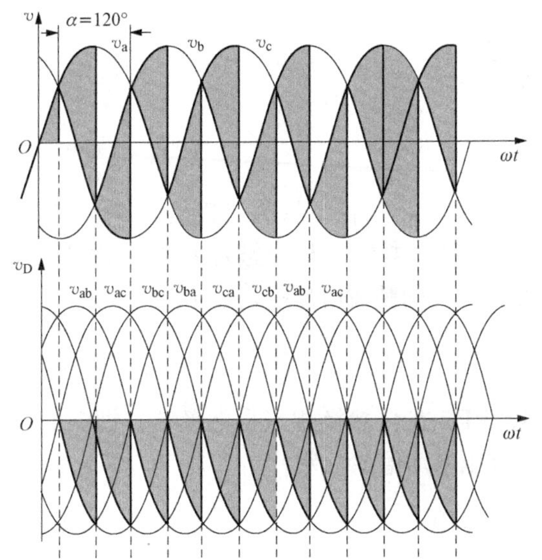

图 6.23　三相桥式全控整流电路带感性负载 $\alpha=120°$时的波形

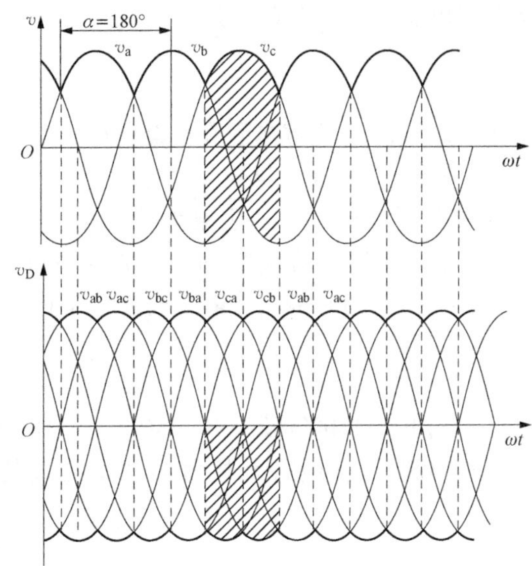

图 6.24　三相桥式全控整流电路带感性负载 $\alpha=180°$时的波形

$$
\begin{aligned}
V_D &= \frac{1}{\pi/3}\int_{\omega t_1+\alpha}^{\omega t_1+\alpha+60°} v_{ab}\,d(\omega t) = \frac{3}{\pi}\int_{30°+\alpha}^{30°+\alpha+60°} V_{lm}\sin(\omega t+30°)\,d(\omega t) \\
&= \frac{3}{\pi}V_{lm}\cos\alpha = \frac{3\sqrt{2}}{\pi}V_1\cos\alpha = \frac{3\sqrt{6}}{\pi}V_S\cos\alpha \\
&\approx 0.955V_{lm}\cos\alpha = 1.35V_1\cos\alpha = 2.34V_S\cos\alpha
\end{aligned}
\tag{6.60}
$$

式中，V_{lm}——交流电源线电压最大值；

V_1——线电压有效值；

V_S——相电压有效值。

当 $\alpha<90°$时，V_D为正值；当 $\alpha=90°$时，$V_D=0$；当 $\alpha>90°$时，V_D为负值。

三相桥式整流输出电压 v_D脉动频率是交流电源频率的 6 倍。因此，v_D中的谐波阶次应是 $n=6K(K=1, 2, 3, \cdots)$，最低次谐波为 6 次谐波。

交流电源电流为图 6.21 所示的幅值为 I_D、120°脉宽的方波。其傅里叶级数表达式为

$$
i_a = \frac{2\sqrt{3}}{\pi}I_D\left(\sin\omega t - \frac{1}{5}\sin5\omega t - \frac{1}{7}\sin7\omega t + \frac{1}{11}\sin11\omega t + \frac{1}{13}\sin11\omega t + \cdots\right) \tag{6.61}
$$

i_a中除基波外，还含有 $6K\pm1(K=1, 2, 3, \cdots)=5, 7, 11, 13, \cdots$等次谐波。

应注意：图 6.21 中示出的交流电源 a 相电流 i_a波形中，晶闸管相控角为 α 时，120°宽方波电流 i_a的起点是 $\omega t=\omega t_1+\alpha=30°+\alpha$，$i_a$的基波 i_{S1}的起点是 $\omega t_1+\alpha-30°=30°+\alpha-30°=\alpha$。因此，a 相电流基波 i_{S1}的起点比 a 相电压 v_a滞后 α 角。与单相相控整流时一样，三相相控整流时，交流电源基波功率因数 $\cos\varphi_1=\cos\alpha$。

4. 反电动势、电阻、电感负载时三相桥式全控整流特性

三相桥式全控整流电路接反电动势、电阻、电感负载时，在负载电感使负载电流 i_D连续的情况下，整流电路工作情况与电感电阻性负载时相似。电路中各电压、电流波形均相同，

但负载电流直流平均值 I_D 为

$$I_D=\frac{V_D-E}{R} \tag{6.62}$$

式中，R、E——负载电阻及反电动势。

6.5.2 三相桥式半控整流电路

图 6.16（c）中三相上管为晶闸管 VT1、VT3、VT5，三相下管为二极管 VD4、VD6、VD2。这种可控整流电路称为三相桥式半控整流电路。类似三相半波相控整流对 VT1、VT3、VT5 进行相控，在电流连续时 VT1、VT3、VT5 的整流电压平均值 V_{PO} 为

$$V_{PO}=\frac{3\sqrt{6}}{2\pi}V_S\cos\alpha \tag{6.63}$$

三相下管为共阳极的不控整流，VD4、VD6、VD2 在自然换相点自然换流，即三相半波不控整流，或相当于相控角 $\alpha=0°$，因此其整流电压平均值 V_{NO} 为

$$V_{NO}=-V_{ON}=-\frac{3\sqrt{6}}{2\pi}V_S \tag{6.64}$$

负载端总的整流电压平均值为

$$V_D=V_{PN}=V_{PO}-V_{NO}=\frac{3\sqrt{6}}{\pi}V_S\frac{1+\cos\alpha}{2} \tag{6.65}$$

当 VT1、VT3、VT5 的相控角 $\alpha=0°$ 时，$V_D=3\sqrt{6}/\pi\cdot V_S$；$\alpha>0°$ 时，V_D 为正值；$\alpha=180°$ 时，V_D 为零。α 的移相控制范围为 0°～180°。整流电压平均值 V_D 不可能为负值。

6.6 交流电路中电感对整流特性的影响

以上各节分析整流输出电压 v_D 波形时，都没有考虑交流电源电路中电感 L_S 的影响，认为 $L_S=0$。本节以 m 相半波整流电路为例，分析交流电路电感 L_S 对换流过程及输出电压平均值 V_D 的影响。图 6.25（a）示出了考虑交流电源电路的等效电感 L_S 后的三相（$m=3$）半波相控整流电路。图 6.25（b）中画出了 a、b 两相交流电压波形。如果交流电源一个周期 2π 中整流电压 v_D 有 m 个脉波（单相桥式整流和两相半波整流时 $m=2$，三相半波整流时 $m=3$，三相桥式整流时 $m=6$），则每个脉波宽度为 $2\pi/m$。图 6.25（b）中 E 点为 a、b 两相电压的自然换相点。在自然换相点 E 之前 $v_a>v_b$，a 相 VT1 导电。在 E 点之后，即 $\omega t>0°$，则 $v_b>v_a$。如果是感性负载、电流连续，控制角为 α，则在 $\omega t=\alpha$，VT2 被触发之前 a 相 VT1 一直导电，VT2 截止。这时，$i_a=I_D$（负载电流），整流电压 $v_D(t)=v_a$，直到图 6.25（b）中 $\omega t=\alpha$ 的 F 点，VT2 被触发导通时为止。如果 $L_S=0$，一旦 VT2 导通，$v_D(t)=v_b(t)>v_a(t)$，VT1 立即受反压截止，负载电流 I_D 立即从 a 相的 VT1 转到 b 相的 VT2，换相（或换流）过程瞬时完成。这时，整流电压 $v_D(t)$ 应是图 6.25（b）中的 $PEFQHME'$ 曲线。如果 $L_S\neq0$，由于电感的储能不能突变为零，原来导电的 a 相电流 i_a 不能从 I_D 突降为零而必须经历一个瞬态过程，历时 t_γ（对应的相位角 $\gamma=\omega t_\gamma$ 称为换相重叠角）使 I_D 降为零。在此过程中，a 相 VT1、b 相 VT2 同时导通，$i_a+i_b=I_D$，i_a 从 I_D 降为零、$i_b=I_D-i_a$ 从零上升到 I_D，如图 6.25（c）所示。在 γ 时期中，由于 VT1、VT2 同时导电故称为换相重叠期。在换相重叠期 t_γ 中，假定负载电流 I_D 恒定不变，$i_a(t)$、$i_b(t)$ 及整流电压 $v_D(t)$ 可求得

$$i_a + i_b = I_D \tag{6.66}$$

$$L_S \frac{di_a}{dt} = -L_S \frac{di_b}{dt} \tag{6.67}$$

又
$$v_D = v_b - L_S \frac{di_b}{dt} = v_a - L_S \frac{di_a}{dt}$$

$$v_b - v_a = L_S \frac{di_b}{dt} - L_S \frac{di_a}{dt} = 2L_S \frac{di_b}{dt} \tag{6.68}$$

由式（6.67）和式（6.68）有

$$v_D = v_b - \frac{1}{2}(v_b - v_a) = \frac{1}{2}(v_a + v_b) \tag{6.69}$$

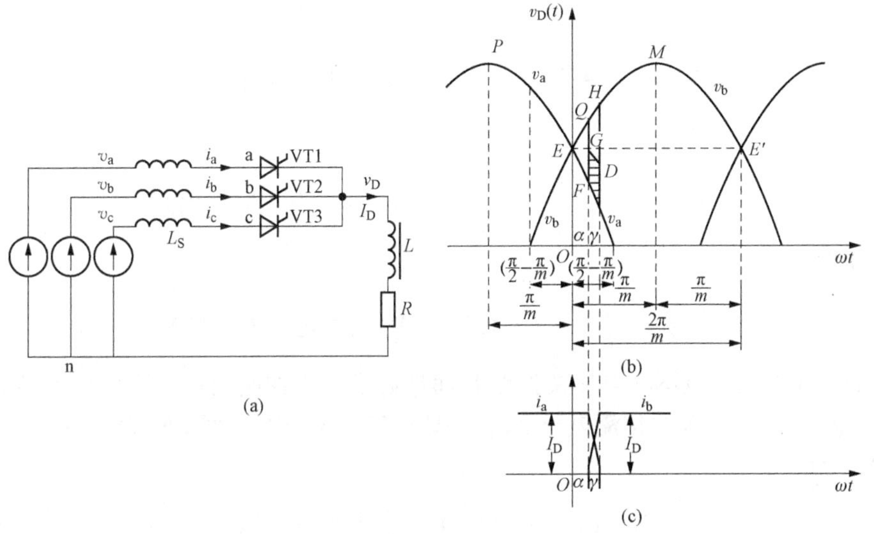

图 6.25　$L_S \neq 0$ 时整流电路换流的电路及波形

（a）电路；（b）电压波形；（c）电流换相波形

换相前整流电压 $v_D = v_a$，换相结束后 $v_D = v_b$，由式（6.69）可知，在换相期间 γ，整流电压 v_D 是 v_a 和 v_b 的平均值，即图 6.25（b）中的 GD 线段。由于 $L_S \neq 0$，换相期间整流电压 $v_D < v_b$，因此 $L_S \neq 0$，使输出电压平均值减小。

如果在交流电源一个周期中，整流电压 v_D 有 m 个脉波，相邻脉波电压的相位差 $2\pi/m$，电流连续，每个脉波对应的导电角 $\theta = 2\pi/m$。换相前 a 相的 VT1 导电，换相后 b 相的 VT2 导电。图 6.25（b）中令 V 表示交流电源电压的有效值（在单相和三相半波整流 $m=2$、$m=3$ 时，V 为相电压有效值 V_S，三相全桥整流 $m=6$ 时，V 应为线电压有效值 V_l），在图 6.25（b）所取时间坐标情况下

$$\begin{cases} v_b = \sqrt{2}V\cos(\omega t - \pi/m) \\ v_a = \sqrt{2}V\cos(\omega t + \pi/m) \end{cases} \tag{6.70}$$

因此

$$v_b - v_a = 2\sqrt{2}V\sin\frac{\pi}{m}\sin\omega t \tag{6.71}$$

$$v_D = \frac{1}{2}(v_a + v_b) = \sqrt{2}V\cos\frac{\pi}{m}\cos\omega t \tag{6.72}$$

在换相期间 γ，整流电压 v_D是式（6.72）所示的 v_a和 v_b平均值，即图 6.25（b）中的曲线段 GD。因此，考虑换流重叠情况后，在一个脉波期 $2\pi/m$ 中，整流电压应是图 6.25（b）中的 $EFGDHME'$。整流电压平均值 V_D可计算如下。

（1）若为不控整流或 $\alpha=0°$，且 $L_S=0$，则整流电压为曲线 $EQHME'$的面积平均值 V_{D0}

$$V_{D0} = \frac{m}{2\pi}\int_0^{\frac{2\pi}{m}} v_b \mathrm{d}(\omega t) = \frac{m}{2\pi}\int_0^{\frac{2\pi}{m}} \sqrt{2}V\cos(\omega t - \pi/m)\mathrm{d}(\omega t)$$

$$V_{D0} = \frac{\sqrt{2}V}{\pi} m\sin\frac{m}{\pi} \tag{6.73}$$

$m=2$ 时

$$V_{D0} = \frac{2\sqrt{2}V_S}{\pi} \approx 0.9V_S(V_S \text{ 为相电压有效值}) \tag{6.74}$$

$m=3$ 时

$$V_{D0} = \frac{3\sqrt{6}V_S}{2\pi} \approx 1.17V_S(V_S \text{ 为相电压有效值}) \tag{6.75}$$

$m=6$ 时

$$V_{D0} = \frac{3\sqrt{2}V_1}{\pi} \approx 1.35V_1(V_1 \text{ 为相电压有效值}) \tag{6.76}$$

（2）如果换相起始点不在自然换相点 E 而推迟了一个控制角 α，但 $L_S=0$，则整流电压为曲线 $EFQHME'$，损失的整流电压 ΔV_α 为图 6.25（b）中的面积 EFQ。

利用式（6.71）

$$\begin{aligned}\Delta V_\alpha &= \frac{1}{2\pi/m}\int_0^\alpha (v_b - v_a)\mathrm{d}(\omega t) = \frac{m}{2\pi}\int_0^\alpha 2\sqrt{2}V\sin\frac{\pi}{m}\sin\omega t\,\mathrm{d}(\omega t) \\ &= \frac{m}{\pi}\sqrt{2}V\sin\frac{\pi}{m}(1-\cos\alpha) = V_{D0}(1-\cos\alpha)\end{aligned} \tag{6.77}$$

因此，$L_S=0$、$\alpha\neq0°$时，整流电压 $V_{D\alpha}=V_{D0}-\Delta V_\alpha$，由式（6.73）和式（6.77）得

$$V_{D\alpha} = V_{D0} - \Delta V_\alpha = \frac{\sqrt{2}V}{\pi} m\sin\frac{\pi}{m}\cos\alpha = V_{D0}\cos\alpha \tag{6.78}$$

（3）当 $L_S\neq0$ 时，换相重叠所引起的整流电压损失 ΔV_S又称换相压降，ΔV_S为图 6.25（b）中的面积 $QGDH$，利用式（6.71）可得

$$\begin{aligned}\Delta V_S &= \frac{1}{2\pi/m}\int_\gamma^{\alpha+\gamma}\frac{1}{2}(v_b - v_a)\mathrm{d}(\omega t) = \frac{m}{2\pi}\sqrt{2}V\int_\gamma^{\alpha+\gamma}\sin\frac{\pi}{m}\sin\omega t\,\mathrm{d}(\omega t) \\ &= \frac{\sqrt{2}V}{\pi} m\sin\frac{\pi}{m}\,\frac{\cos\alpha - \cos(\alpha+\gamma)}{2}\end{aligned} \tag{6.79}$$

所以，$\alpha\neq0°$（相控整流），且 $L_S\neq0$（换相重叠角 $\gamma\neq0°$）时的整流电压 $V_D=V_{D0}-\Delta V_\alpha-\Delta V_S$，由式（6.78）和式（6.79）相减得

$$\begin{aligned}V_D &= \frac{\sqrt{2}V}{\pi} m\sin\frac{\pi}{m}\left[\cos\alpha - \frac{\cos\alpha - \cos(\alpha+\gamma)}{2}\right] \\ &= \frac{\sqrt{2}V}{\pi} m\sin\frac{\pi}{m}\,\frac{\cos\alpha + \cos(\alpha+\gamma)}{2}\end{aligned}$$

$$= \frac{\sqrt{2}V}{\pi} m\sin\frac{\pi}{m}\cos\frac{\gamma}{2}\cos\left(\alpha + \frac{\gamma}{2}\right) \tag{6.80}$$

由式（6.68）可得

$$\mathrm{d}i_{\mathrm{b}} = \frac{1}{2L_{\mathrm{S}}}(v_{\mathrm{b}} - v_{\mathrm{a}})\mathrm{d}t = \frac{1}{2\omega L_{\mathrm{S}}}(v_{\mathrm{b}} - v_{\mathrm{a}})\mathrm{d}(\omega t)$$

$\omega t = \alpha$ 时，$i_{\mathrm{b}} = 0$，$\omega t = \alpha + \gamma$ 时，$i_{\mathrm{b}} = I_{\mathrm{D}}$，故由上式得

$$\begin{aligned} I_{\mathrm{D}} &= \int_{\alpha}^{\alpha+\gamma}\mathrm{d}i_{\mathrm{b}} = \int_{\alpha}^{\alpha+\gamma}\frac{1}{2\omega L_{\mathrm{S}}}(v_{\mathrm{b}} - v_{\mathrm{a}})\mathrm{d}(\omega t) = \frac{1}{\omega L_{\mathrm{S}}}\int_{\alpha}^{\alpha+\gamma}\frac{1}{2}(v_{\mathrm{b}} - v_{\mathrm{a}})\mathrm{d}(\omega t) \\ &= \frac{1}{\omega L_{\mathrm{S}}} 2\sqrt{2}V\sin\frac{\pi}{m}\frac{\cos\alpha - \cos(\alpha + \gamma)}{2} \end{aligned} \tag{6.81}$$

利用式（6.79），式（6.81）变为

$$I_{\mathrm{D}} = \int_{\alpha}^{\alpha+\gamma}\mathrm{d}i_{\mathrm{b}} = \int_{\alpha}^{\alpha+\gamma}\frac{1}{2\omega L_{\mathrm{S}}}(v_{\mathrm{b}} - v_{\mathrm{a}})\mathrm{d}(\omega t) = \frac{2\pi}{\omega L_{\mathrm{S}} m}\Delta V_{\mathrm{S}}$$

$$\Delta V_{\mathrm{S}} = m\frac{\omega L_{\mathrm{S}}}{2\pi} I_{\mathrm{D}}$$

换相重叠所引起的电压降 ΔV_{S}与 I_{D}的比值称为换相电阻 R_{S}，故有

$$R_{\mathrm{S}} = \frac{\Delta V_{\mathrm{S}}}{I_{\mathrm{D}}} = \frac{m\omega L_{\mathrm{S}}}{2\pi}$$

$$\Delta V_{\mathrm{S}} = \frac{m\omega L_{\mathrm{S}}}{2\pi} I_{\mathrm{D}} = R_{\mathrm{S}} I_{\mathrm{D}} \tag{6.82}$$

由式（6.79）和式（6.82）得到由于换相重叠所引起的整流电压损失

$$\Delta V_{\mathrm{S}} = \frac{\sqrt{2}V}{\pi} m\sin\frac{\pi}{m}\frac{\cos\alpha - \cos(\alpha + \gamma)}{2} = \frac{m\omega L_{\mathrm{S}}}{2\pi} I_{\mathrm{D}} \tag{6.83}$$

$$\cos\alpha - \cos(\alpha + \gamma) = 2\sin\left(\alpha + \frac{\gamma}{2}\right)\sin\frac{\gamma}{2} = \frac{\omega L_{\mathrm{S}}}{\sqrt{2}V\sin\frac{\pi}{m}} I_{\mathrm{D}} \tag{6.84}$$

已知负载电流 I_{D}，可由式（6.82）求出换相压降 ΔV_{S}，由式（6.84）求出不同控制角 α 时的换相重叠角 γ。换相压降 ΔV_{S}只与 R_{S}、I_{D}有关而与 α 角无关，但换相重叠角 γ 与 α 有关。

整流电压平均值 V_{D}可由式（6.80）改写为

$$\begin{aligned} V_{\mathrm{D}} &= \frac{\sqrt{2}V}{\pi} m\sin\frac{\pi}{m}\frac{\cos\alpha + \cos(\alpha + \gamma)}{2} \\ &= \frac{\sqrt{2}V}{\pi} m\sin\frac{\pi}{m}\cos\frac{\gamma}{2}\cos\left(\alpha + \frac{\gamma}{2}\right) \\ &= \frac{\sqrt{2}V}{\pi} m\sin\frac{\pi}{m}\cos\alpha - \frac{m\omega L_{\mathrm{S}}}{2\pi} I_{\mathrm{D}} \end{aligned} \tag{6.85}$$

已知 V、m、ωL_{S}、负载电流 I_{D}及触发控制角 α，可由式（6.85）求出整流电压平均值 V_{D}。

三相桥式相控整流（$m=6$）应用最为广泛，这时

$$V_{\mathrm{D}} = \frac{3\sqrt{2}V_1}{\pi}\cos\frac{\gamma}{2}\cos\left(\alpha + \frac{\gamma}{2}\right) \tag{6.86}$$

$$V_{\mathrm{D}} = \frac{3\sqrt{2}}{\pi} V_1\cos\alpha - \frac{3\omega L_{\mathrm{S}}}{\pi} I_{\mathrm{D}} \tag{6.87}$$

$$\cos\alpha-\cos(\alpha+\gamma)=2\sin\frac{\gamma}{2}\sin\left(\alpha+\frac{\gamma}{2}\right)=\frac{2\omega L_S}{\sqrt{2}V_1}I_D \tag{6.88}$$

式中，V_1——交流电源线电压有效值。

应特别注意：以上分析换流过程时，图 6.25（b）中的交流电源电感 L_S的电流 i_a、i_b是从 I_D下降至零或从零上升至 I_D，即电感电流变化量为 I_D，但对图 6.12（a）所示单相桥式整流电路，换流过程中电感电流是从 I_D变为$-I_D$，即电流变化量为 $2I_D$，所以单相桥式整流（$m=2$）时换相压降 ΔV_S应比两相半波（也是 $m=2$）时大一倍，考虑了这一点后由式（6.82）和式（6.84），列出了各种整流电路换相压降 ΔV_S和换相重叠角的计算公式，如表 6.5 所示。

表 6.5　各种相控整流电路换相压降和换相重叠角的计算

（V_S、V_1分别为相电压、线电压有效值）

电路形式	m 脉冲整流电路	单相桥式（$m=2$）	两相半波（$m=2$）	三相半波（$m=3$）	三相全桥（$m=6$）
换相压降	$\frac{m}{2\pi}\omega L_S I_D$	$\frac{2}{\pi}\omega L_S I_D$	$\frac{1}{\pi}\omega L_S I_D$	$\frac{3}{2\pi}\omega L_S I_D$	$\frac{3}{\pi}\omega L_S I_D$
$\cos\alpha-\cos(\alpha+\gamma)$	$\frac{\omega L_S}{\sqrt{2}V\sin\frac{\pi}{m}}I_D$	$\frac{2}{\sqrt{2}\omega V_S}\omega L_S I_D$	$\frac{\omega L_S}{\sqrt{2}V_S}I_D$	$\frac{2}{\sqrt{6}V_S}\omega L_S I_D$	$\frac{2}{\sqrt{2}V_1}\omega L_S I_D$

$L_S\neq0$ 时，在换相过程中由 $L_S\mathrm{d}i/\mathrm{d}t\neq0$，如图 6.25（a）所示，在 i_a减小、i_b上升的过程中，a、b 两相共同输出 I_D。此外，在换相重叠期 γ 中，a、b 两相处于经电感 $2L_S$短接状态，使整流电路的交流输入端电压波形也要发生畸变，电压波形上出现短时的突降和突升毛刺，同时也会影响晶闸管截止时端电压波形。这种波形畸变有可能对自身的控制电路及其他设备的正常工作产生不良的影响，因此，实际的整流电源装置的输入端有时加滤波器以消除这种畸变波形的影响。

6.7　相控有源逆变电路工作原理

6.7.1　有源逆变原理

第 5 章中研究的 DC-AC 逆变器将直流电能变为交流电能输出至负载。这种逆变电路中处于导通状态的开关器件的关断（换流或换相）是靠自关断器件（又称全控器件）本身驱动信号的撤除来实现的。如果逆变电路中开关器件采用无自关断能力的晶闸管（半控器件），则必须在电路中附加换相（换流）电路，关断已处于导通状态的晶闸管。如果逆变器将直流电能变为交流电能输出给交流电网，依靠交流电网电压周期性的反向变负使逆变电路中处于通态的开关器件承受反向电压而关断。那么，这种逆变电路中的开关器件就可以不用自关断器件而用无自关断能力的晶闸管。这种逆变——把直流电能变为交流电能输出给交流电网——称为有源（有交流电源）逆变。有源逆变是从晶闸管相控整流发展、伸延出来的，所以把它放在 AC-DC 整流变换这一章介绍。

图 6.26（a）是一个三相半波相控整流电路，若控制角（从自然换相点 E_1、E_2、E_3算起的触发滞后角）为 α，则整流电压平均值 $V_D=3\sqrt{6}/(2\pi)V_S\cos\alpha=V_{D0}\cos\alpha$。图 6.26（b）、

(c) 分别示出了 $\alpha=60°(<90°)$、$\alpha=120°(>90°)$ 两种触发控制角时整流电压瞬时值波形。三相半波相控整流时的自然换相点为图 6.26 中的 E_1、E_2、E_3，在 $E_3\rightarrow E_1$ 期间 v_c 瞬时正值最高，故图 6.26 (a) 中 VT3 可以被触发导通；在 $E_1\rightarrow E_2$ 期间，v_a 瞬时正值最高，故 VT1 可以被触发导通。图 6.26 (b)、(c) 分别示出换相重叠角 $\gamma=0°$ 时的整流电压波形。在一个脉波时期中 ($2\pi/m=120°$)，图 6.26 (b) 中，$\alpha<90°$，整流电压 $v_D(t)$ 为曲线电压。图 6.26 (c) 中，$\alpha=120°$，$\alpha>90°$ 时，整流电压 $v_D(t)$ 为 PDE_5Q 曲线电压。显而易见，图 6.26 (b) 中，$\alpha<90°$，整流电压 $v_D(t)$ 的正面积大于负面积，如果负载电流为恒定直流 I_D，则功率平均值 $P_D=V_DI_D=I_DV_{D0}\cos\alpha$ 为正值，变换器将交流电能变为直流电能，向直流负载供电，实现整流变换。而图 6.26 (c) 中，$\alpha>90°$，整流电压 $v_D(t)$ 的负面积大于正面积，故直流平均电压 V_D 和功率平均值均为负值，变换器将直流电能变为交流电能送至交流电源，实现有源逆变。

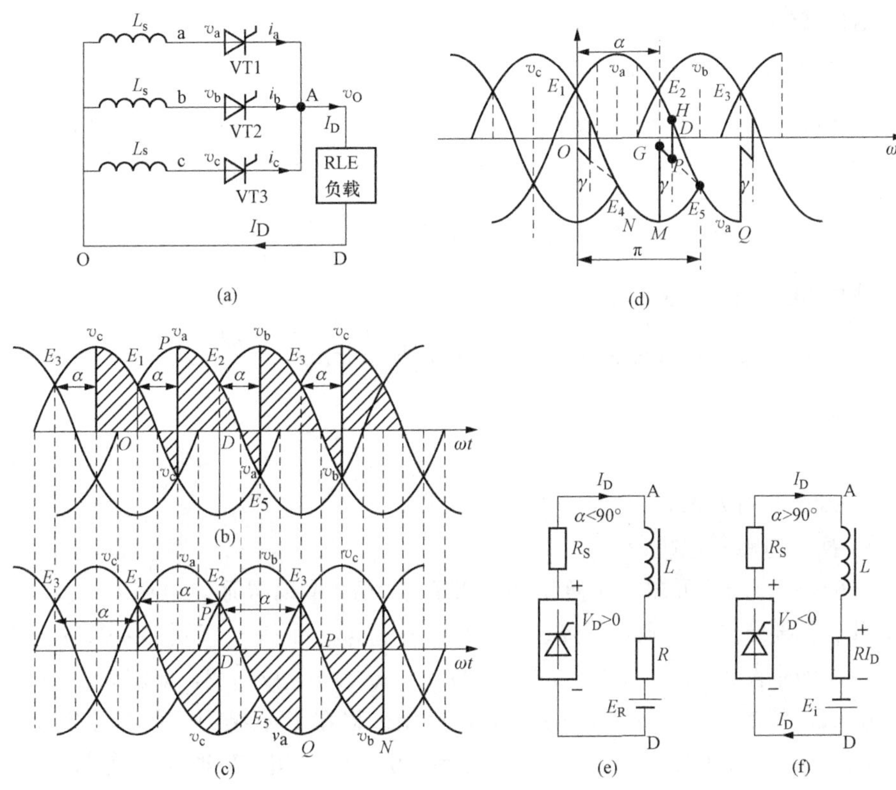

图 6.26　三相半波整流-有源逆变电路原理图

(a) 电路；(b) $\alpha=60°$ ($\alpha<90°$)，$V_D>0$；(c) $\alpha=120°$ ($\alpha>90°$)，$V_D<0$；(d) 换相重叠时整流电压波形；(e) 相控整流；(f) 有源逆变

(1) 在 $0\leqslant\alpha\leqslant\pi/2$ 范围内，改变控制角 α，即可控制正值电压 V_D 和正值功率 P_D 的大小。

(2) 在 $\pi/2<\alpha<\pi$ 范围内，改变控制角 α，即可控制负值电压 V_D 和负值功率 P_D 的大小。

在 $\alpha>\pi/2$ 时 [图 6.26 (f)]，大部分时区 $v_D(t)$ 为负值，即图 6.26 (a) 中 O (D) 点为正，A 点为负，为了维持电流 I_D，直流侧必须有图 6.26 (f) 中所示的直流电源 E_i 才能向交流电源输送功率实现有源逆变。因此，实现有源逆变的条件必须如下：

(1) 图 6.26 (f) 中的“负载”应是一个直流电源，且其电压 E_i 极性必须具有图 6.26 (f) 中的方向。

(2) 桥式变换器电路中开关器件的触发控制角 $\alpha>\pi/2$。

6.7.2 有源逆变安全工作条件

相控整流电路中以自然换相点为起始点的控制角 $\alpha>\pi/2$ 时，可以实现有源逆变。α 越接近 $\pi(180°)$ 时整流电压负值越大，有源逆变功率越大。但是，在 $\alpha>\pi/2$ 有源逆变状态下工作时，由于实际电路中交流电源电路中电感 $L_S\neq0$，存在换相重叠过程。如果 α 过大，则可能引起换相失败事故。如果在换相前为 C 相导电，换相开始后 A 相开始导电，如图 6.26 (d) 所示。$L_S\neq0$，换流重叠期为 γ，在 γ 时期内 VT1、VT3 同时导电，$i_a+i_c=I_D$，i_c 从 I_D 降为零，而 i_a 从零上升到 I_D。整流电压 v_D 曲线为图 6.26 (d) 中 $E_4MGPHDE_5$，在换流重叠期 γ 期间电压 $v_D(GP$ 段$)=(v_c+v_a)/2$。如果整流电压为 m 脉波电压，则换相重叠角 γ 可由式 (6.84) 确定。

对于三相半波电路 $m=3$，则

$$\cos\alpha-\cos(\alpha+\gamma)=2\sin\left(\alpha+\frac{\gamma}{2}\right)\sin\alpha=\frac{\omega L_S}{\sqrt{2}V_S\sin\frac{\pi}{m}}I_D=\frac{2\omega L_S}{\sqrt{6}V_S}I_D \tag{6.89}$$

$$\cos\alpha=\cos(\alpha+\gamma)+\frac{2\omega L_S}{\sqrt{6}V_S}I_D \tag{6.90}$$

对于三相桥式电路 $m=6$，则

$$\cos\alpha-\cos(\alpha+\gamma)=2\sin\left(\alpha+\frac{\gamma}{2}\right)\sin\alpha=\frac{2\omega L_S}{\sqrt{2}V_l}I_D \tag{6.91}$$

$$\cos\alpha=\cos(\alpha+\gamma)+\frac{2\omega L_S}{\sqrt{2}V_l}I_D \tag{6.92}$$

式中，V_l——线电压有效值；

$2\omega L_S$——换相电路总电抗。

由图 6.26 (a)、(d) 可知，在换相期间 VT1、VT3 同时导通，电压差 $v_{ac}>0$，迫使 i_c 下降、i_a 上升。只要 $v_{ac}>0$，则 i_c 下降、i_a 上升会一直进行下去，直到 $i_c=0$，$i_c=I_D$，换相过程在 $\omega t=\alpha+\gamma$ 时结束。换相重叠期间的 $v_D(t)=[v_c(t)+v_a(t)]/2$，如图 6.26 (d) 中曲线 GP，G 点为 ME_2 线的中点。如果 $\alpha+\gamma$ 不大，换相过程在 P 点结束，则整流电压 $v_D(t)$ 将是图 6.26 (d) 中的 $MGPHDE_5Q$。如果 $\alpha+\gamma=180°$，则换相结束时正好是图 6.26 (d) 中的 E_5 点，$v_{ac}=0$，$v_a=v_c$，这种情况称为处于临界换相情况。如果 α 很大，接近 180°，电感 L_S 又大，负载电流 I_D 也大，在 $\alpha+\gamma=180°$ 时，i_c 尚未降到零，i_a 尚未升到 I_D，则一旦 $(\alpha+\gamma)>180°$，由于 $v_{ac}<0$，$v_c>v_a$，在电压差 v_{ac} 作用下 VT3 承受正向电压继续导电，i_c 又开始上升，i_a 反而下降，这就导致负载电流不可能从 VT3 换到 VT1，逆变器失控，换相失败。因此，相控有源逆变的临界换相条件如下

$$\alpha+\gamma=\pi,\ \gamma=\pi-\alpha$$

α 是整流器控制角，如果定义 $\beta=\pi-\alpha$ 为逆变角，则临界有源逆变时控制角 α_c、逆变角 β_c 和换相重叠角的关系是 $\beta_c=\pi-\alpha_c=\gamma_c$。

临界有源逆变时，$\alpha_c+\gamma_c=\pi$，$\alpha_c=\pi-\gamma_c$，由式 (6.84) 得

$$\cos(\pi-\gamma_c)-\cos\pi=\frac{\omega L_S}{\sqrt{2}V\sin\frac{\pi}{m}}I_D \tag{6.93}$$

故有

$$\cos\gamma_c=1-\frac{\omega L_S}{\sqrt{2}V\sin\frac{\pi}{m}}I_D \tag{6.94}$$

对于一定的I_D、L_S及V，有一个一定的临界换相重叠角γ_c。为了确保相控有源逆变的安全可靠运行，α不能太大，逆变角$\beta=\pi-\alpha$不能太小。α越小，$\beta=\pi-\alpha$越大，换相结束后图6.26中的v_{ac}还较大，v_{ac}还要经历一段较长时间后才降到零，在这段时期中$v_{ac}>0$，可以确保晶闸管VT3受反压作用可靠地关断。

为了确保晶闸管的安全关断，需要在其电流下降为零后仍在其两端再施加一段时间的反向电压，以恢复其阻断正向电压的能力，这段时间称为晶闸管关断时间t_{off}。对普通高压大功率晶闸管，t_{off}一般不超过200～300μs。这段时间相对应的（频率$f=50$Hz时）角度θ_0($\theta_0=\omega t_{off}$）为4°～5°，θ_0(4°～5°）称为关断角。实际换相重叠角γ的大小与负载电流I_D、电感L_S及电路交流电压角频率ω及电压有效值V等有关。在额定负载时通常γ为10°～20°。因此，如果控制角为α，则在换相结束时ωt已达到$\alpha+\gamma$，再经过θ_0角度到$\omega t=\alpha+\gamma+\theta_0$时，晶闸管才能恢复阻断电压的能力。如果实际为了使有源逆变的安全运行，需增加安全裕量角φ_γ，则

$$\pi=\alpha+\gamma+\theta_0+\varphi_\gamma \tag{6.95}$$

$$\alpha+\gamma=\pi-(\theta_0+\varphi_\gamma)$$

$$\cos(\alpha+\gamma)=\cos[\pi-(\theta_0+\varphi_\gamma)]=-\cos(\theta_0+\varphi_\gamma)$$

对于三相桥式电路$m=6$，由式（6.92）得

$$\cos\alpha=\frac{2\omega L_S}{\sqrt{2}V_1}I_D-\cos(\theta_0+\varphi_\gamma) \tag{6.96}$$

对于设定的剩余安全角φ_γ（如5°～10°）及关断角θ_0（θ_0由晶闸管关断时间t_{off}决定，$\theta_0=\omega t_{off}$），根据式（6.96），已知负载电流I_D及L_S、ω、V_1值可由式（6.96）求出允许的触发延迟控制角α_{max}

$$\alpha_{max}=\arccos\left[\frac{2\omega L_S}{\sqrt{2}V_1}I_D-\cos(\theta_0+\varphi_\gamma)\right] \tag{6.97}$$

最小允许的逆变角

$$\beta_{min}=\pi-\alpha_{max}=\pi-\arccos\left[\frac{2\omega L_S}{\sqrt{2}V_1}I_D-\cos(\theta_0+\varphi_\gamma)\right] \tag{6.98}$$

如果实际运行中，$\alpha>\alpha_{max}$（或$\beta<\beta_{min}$），则剩余安全角$\varphi<\varphi_\gamma$，有源逆变运行的安全性就比较差。α超过α_{max}很多时，很可能使剩余安全角$\varphi_\gamma\to 0$，甚至变负，那时相控有源逆变就会换相失败，导致变换器故障、损坏。

6.7.3　三相全桥相控整流和有源逆变的控制特性

图6.27（a）示出两个三相全桥相控整流-有源逆变电路反并联对直流电动机M供电。若电动机的等效电阻、电感、电动势分别为R、L、E，图6.27（a）中三相全桥相控电路Ⅰ相控运行，则其工作在相控整流和有源逆变时的等效电路如图6.27（b）、（c）所示。

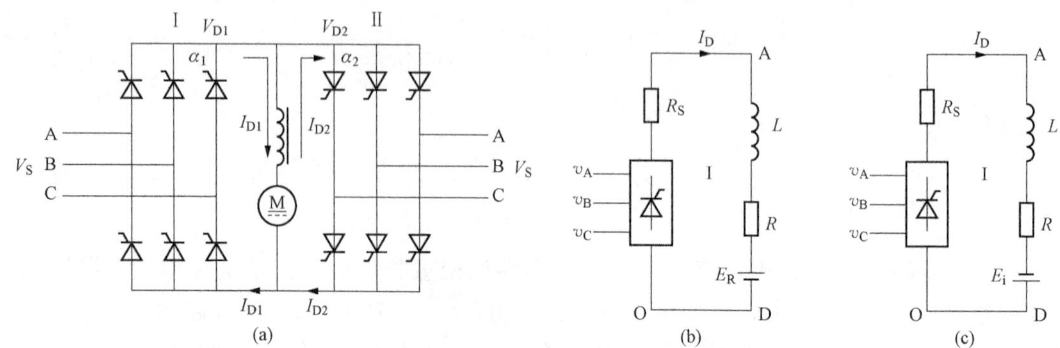

图 6.27 直流电动机的可逆传动系统

(a) 电路结构；(b) 相控整流；(c) 有源逆变

若交流电源线电压有效值为 V_1，三相全桥 6 脉波相控整流时的直流输出电压为 V_D，负载电流连续，电流平均值为 I_D，直流负载电阻为 R，电感为 L，电动势为 E_R，如图 6.27（b)、（c）所示，则整流输出的直流电压平均值可由式（6.87）得

$$V_D=\frac{3\sqrt{2}}{\pi}V_1\cos\alpha-\frac{3\omega L_S}{\pi}I_D=RI_D+E_R \tag{6.99}$$

$$I_D=\left(\frac{3\sqrt{2}}{\pi}V_1\cos\alpha-E_R\right)\Big/\left(R+\frac{3\omega L_S}{\pi}\right) \tag{6.100}$$

换相重叠而引起的直流电压损失

$$\Delta V_S=\frac{3\omega L_S}{\pi}I_D$$

换相重叠角 γ 由式（6.84）确定

$$\cos\alpha-\cos(\alpha+\gamma)=\frac{2\omega L_S}{\sqrt{2}V_1}I_D \tag{6.101}$$

工作在有源逆变工作情况时，$\alpha>\pi/2$，$\alpha+\beta=\pi$，$\alpha=\pi-\beta$，逆变角 $\beta=\pi-\alpha$，则

$$V_D=\frac{3\sqrt{2}}{\pi}V_1\cos(\pi-\beta)-\frac{3\omega L_S}{\pi}I_D=-\frac{3\sqrt{2}}{\pi}V_1\cos\beta-\frac{3\omega L_S}{\pi}I_D \tag{6.102}$$

若直流侧电源为 E_i，如图 6.27（c）所示，则

$$V_D=-\frac{3\sqrt{2}}{\pi}V_1\cos\beta-\frac{3\omega L_S}{\pi}I_D=RI_D-E_i$$

因此

$$I_D=\frac{E_i-\frac{3\sqrt{2}}{\pi}V_1\cos\beta}{R+\frac{3\omega L_S}{\pi}} \tag{6.103}$$

式（6.99）～式（6.103）是三相全桥相控 AC-DC 变换器工作在相控整流和有源逆变两种工作情况时的电流控制方程。通过改变晶闸管的触发控制角 α 或逆变角 β，可以调节整流或逆变电压 V_D，控制直流电流平均值 I_D，控制交流电源—直流负载之间交换的功率 P 的大小和流向。

6.7.4　晶闸管相控有源逆变的应用

晶闸管三相桥式相控整流电路可以输出单方向的、大小可控的直流电流。输出直流电压平均值的大小、方向都可调控。因此，既可在 $V_D>0(\alpha<\pi/2)$、I_D为正，$P_D=V_DI_D>0$ 情况下作为整流器，将交流电源电能变为直流电能供给直流负载，又可在 $V_D<0(\alpha>\pi/2)$，I_D为正，$P_D=V_DI_D<0$ 情况下作为有源逆变器，将直流电源电能变为交流电能送至交流电网（交流电源）。只要有交流电网和直流电源 E_i存在，都可以用晶闸管全控型整流电路靠交流电网电压的瞬时值变负，在已导通的晶闸管上施加反向电压令其关断，从而实现将直流电源电能有源逆变为交流电能送入交流电网。如果整流电路是半控型电路，其输出直流电压平均值 V_D不可能为负值，电流 I_D又不可能为负值（晶闸管又不能反向导电），则功率 $P_D=V_DI_D$ 不能为负值，因而不可能实现有源逆变。所以，要实现有源逆变，整流电路必须是全控型电路。

晶闸管相控有源逆变也有广泛的应用领域。

1. 直流电动机四象限传动系统

直流电动机的转矩 T_e正比于电枢电流 I_D，转速 N 正比于电枢电压 V_D，改变 V_D、I_D的大小和方向即可使电动机在$+N$、$+T_e$；$+N$、$-T_e$；$-N$、$+T_e$；$-N$、$-T_e$4 种工作情况下运行，即四象限运行（分别对应正、反方向旋转时的电动机、发电机工作情况）。图 6.27（a）中控制三相全控桥型晶闸管相控整流电路Ⅰ，改变控制角 α_1可以输出单方向电流 I_{D1}，但 V_{D1}为可正、可负的直流电压。再用另一个同样的三相全控桥型晶闸管相控整流电路Ⅱ，改变其控制角 α_2又可输出一个单方向的电流 I_{D2}，输出电压 V_{D2}为可正、可负的直流电压。将两个三相桥式电路反并联如图 6.27（a）所示，即可为直流电机提供$+I_{D1}$、$+V_{D1}$；$+I_{D1}$、$-V_{D1}$；$-I_{D2}$、$+V_{D2}$；$-I_{D2}$、$-V_{D2}$四象限电源，实现直流电动机的四象限（$+T_e$、$+N$；$+T_e$、$-N$；$-T_e$、$+N$；$-T_e$、$-N$）运行。

2. 交流绕线转子异步电动机调速系统

图 6.28 中，电机最高转速为定子旋转磁场的同步转速 $N_0=60f_1/N_P$（f_1为定子电源频率，N_P为电动机绕组的磁极对数），电动机运行时的实际转速 $N<N_0$，转子绕组的感应相电动势 E_2与转差（N_0-N）成正比，即 $E_2=K(N_0-N)$，K 为比例常数。转子绕组的三相交流电动势 E_2经三相不控整流桥输出直流电压平均值 $V_D\approx3\sqrt{6}E_2/\pi$（$E_2$为相电压有效值）。

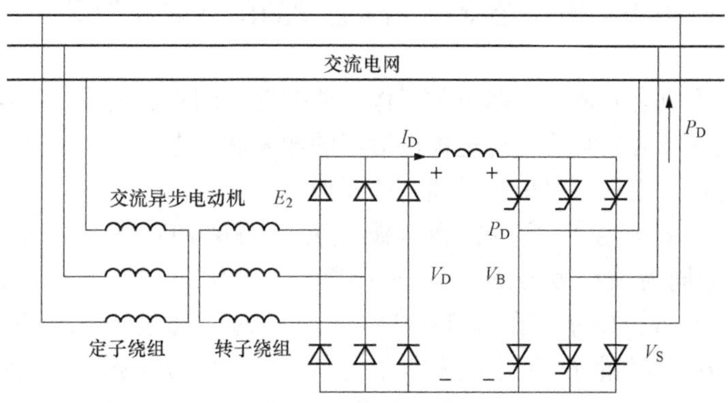

图 6.28　交流绕线转子异步电动机调速系统

假定图 6.28 中三相桥式全控电路工作在有源逆变状态，逆变角为 β，交流电网线电压为 V_1，则 $V_B \approx \frac{3\sqrt{2}}{\pi}V_1\cos\beta$。

图 6.28 中相控桥式整流电路输出的平均直流电压 V_B 应等于三相桥式不控整流电路输出的电压 V_D（不考虑换流电压损失时），因此

$$V_B = V_D = \frac{3\sqrt{6}}{\pi}E_2 = \frac{3\sqrt{6}}{\pi}K(N_0 - N) = \frac{3\sqrt{2}}{\pi}V_1\cos\beta$$

由此得到电动机运行时的转速

$$N = N_0 - \frac{V_1}{\sqrt{3}K}\cos\beta \tag{6.104}$$

图 6.28 中，绕线转子异步电动机在交流供电电源频率不变、电动机同步转速 N_0 不变的情况下，通过将转子绕组感应的交流转差电动势 E_2 经不控整流变成直流电源电压 V_D，输出直流功率 $P_D=V_DI_D$，再经晶闸管有源逆变器将直流功率 P_D 有源逆变后送至交流电网，改变逆变角 β 的大小，即可改变逆变电压 V_B，改变 I_D，改变 P_D 的大小，同时调控了式（6.104）所示的交流电动机的转速 N。

3. 高压直流输电

远距离高压直流输电具有许多优越性，但生产电能的高压大容量发电机只宜采用交流发电机输出 50Hz 或 60Hz 的三相交流电，而负载和配电网络又都是 50Hz 或 60Hz 交流电系统，因此，需要在输电线首端（发电机处）将交流电变为直流电，经远距离直流传输后在输电线末端用户（负载）处再将直流电变为交流电供负载用电。故直流输电线首、末端要接入整流器和逆变器。因输电功率极大，输电线末端又有交流电源，负载处也有交流发电机，故远距离输电至今仍采用电压、电流额定值大，价格又比较便宜的晶闸管（半控型器件）相控整流和有源逆变器。其电力变换系统图类似图 6.27，只是中间直流环节不是直流电动机而是远距离直流输电线。实际高压直流输电系统中，线路首、末两端的整流器和有源逆变器都是由三相全控桥电路为基本单元的复合型变换器，即由多个三相桥变换器串、并联组合成复合结构变换器。每个三相桥变换器中的 A、B、C 三相上、下桥臂又由许多晶闸管串联组成，以提供高压大电流的相控整流和有源逆变。

6.8 相控整流及有源逆变晶闸管触发控制

为了使相控整流或有源逆变电路正常工作，调控输出的直流电压、电流需要触发电路给整流或有源逆变电路中的晶闸管实时地提供适当的触发脉冲电流，用以开通晶闸管，使变换器电路中各晶闸管按一定的顺序依次导通、关断换相（换流）。

图 6.29（a）单相全控桥式整流和有源逆变电路中，VT1、VT4 应同时被触发导通，VT2、VT3 应同时被触发导通。VT1～VT4 的触发控制角 α 的起点为图 6.29（b）中的自然换相点 O、A、B 等，在 v_S 正半周，$v_S>0$ 时应触发 VT1、VT4。若要求控制角为 α，则应在 $\omega t=\alpha$ 时的 P 点处触发 VT1、VT4，在 $\omega t=\pi+\alpha$ 时触发 VT2、VT3。触发脉冲电流 i_{G1}、i_{G4}、i_{G2}、i_{G3} 应与交流电网电压严格同步，并在 $\omega t=\alpha$ 和 $\omega t=\pi+\alpha$ 时发出；触发脉冲电流 i_{G1}、i_{G4}、i_{G2}、i_{G3} 的波形上升沿要陡，电流数值要足够大，脉冲持

续时间要足够长。

图 6.29（d）示出触发控制系统框图，其中首先检测整流或有源逆变的实际直流电压 V_D，将它与整流或逆变电压的给定值 V_D^* 相比较，其偏差 ΔV 经电压调节器 VR 后输出控制量 v，将电源电压 V_S 的起始相位和控制变量 v 送入控制角形成电路，输出控制角信号。再经脉冲功率放大电路形成相位为 $\omega t=\alpha$ 和 $\omega t=\pi+\alpha$ 的触发脉冲电流 i_{G1}、i_{G4} 与 i_{G2}、i_{G3} 去触发 VT1、VT4 和 VT2、VT3。图 6.29（d）所示的闭环控制框图可以实现输出电压 V_D 的闭环控制：电压调节器设计成 PI 调节器，当实际电压 $V_D<V_D^*$（给定值）时，$\Delta V>0$，因为 $\Delta V>0$ 时使控制变量 v 不断变大，α 形成电路中设计成 v 越大则输出控制角 α 越小，因此这时 VT1、VT4、VT2、VT3 都将提前触发导通，使输出电压 V_D 增大，V_D 更接近给定值 V_D^*，一直到 $V_D=V_D^*$，$\Delta V=0$，v 就不再增大，保持 α 不变，使 $V_D=V_D^*$。反之，当 $V_D>V_D^*$ 时，$\Delta V<0$，电压调节器 VR 输出的控制变量 v 不断减小，使 α 不断加大，V_D 不断减小，直到 $V_D=V_D^*$，$\Delta V=0$，v 不再减小，α 不再增长，保持 $V_D=V_D^*$ 不变。

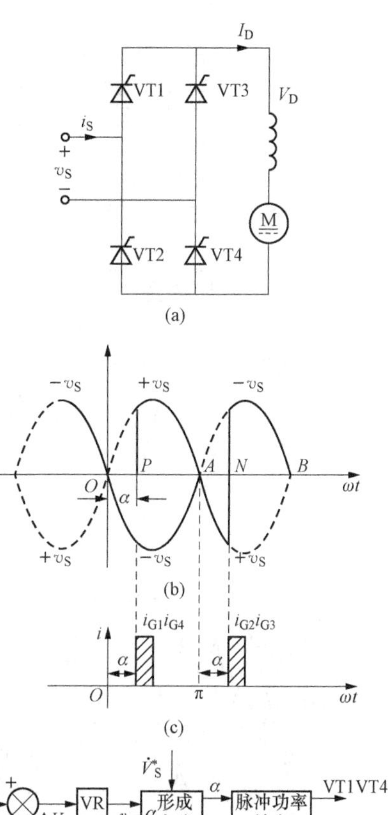

图 6.29　单相全控桥式全控整流和有源逆变触发控制图

（a）电路；（b）电压波形；（c）触发信号；（d）控制系统框图

图 6.30（a）给出三相全控桥式晶闸管整流和有源逆变电路。图 6.30（a）中 6 个晶闸管依序触发导通。从图 6.30（b）波形可知，在 $0\leqslant\omega t\leqslant\omega t_2$ 时区Ⅰ的 60°期间，v_a 正值最大，v_b 负值最大，线电压 v_{ab} 正值最大，在随后的各时区Ⅱ、Ⅲ、…的 60°期间最大的线电压依次是 v_{ac}、v_{bc}、v_{ba}、v_{ca}、v_{cb}。任何时刻线电压最大的那两相对应的晶闸管都承受正向电压可以触发导通。如果要求控制角为 α，则应从自然换相点 1 滞后 α 角处，即 $\omega t=\alpha$ 时发出脉冲信号 i_{G1} 触发 VT1，此后每过 60°发出下一个脉冲，即 i_{G1}、i_{G2}、i_{G3}、i_{G4}、i_{G5}、i_{G6} 依序触发 VT1、VT2、VT3、VT4、VT5、VT6，即 VT1、VT3、VT5 的触发脉冲相差 120°，VT2、VT4、VT6 的触发脉冲互差 120°。i_{G1}、i_{G4} 互差 180°，i_{G3}、i_{G6} 互差 180°，i_{G5}、i_{G2} 互差 180°。任何时刻（不考虑换相重叠时）只有两个晶闸管（共阴极组 VT1、VT3、VT5 中某一个和共阳极组 VT4、VT6、VT2 中某一个晶闸管）同时导电，将某一线电压接通到负载上。

为了保证整流桥开始工作时共阴极组和共阳极组各有一晶闸管导电形成电流回路，或在电流断流后能再次形成电流通道回路，必须使两组中（正组 VT1、VT3、VT5 和反组 VT4、VT6、VT2）应导通的那两个晶闸管同时有触发脉冲。为此，可以采取两种办法：一种是使每个触发脉冲的宽度大于 60°（一般取 80°～100°），即宽脉冲触发，这时当触发某一晶闸管时，前一个被触发（导通）的晶闸管还有触发脉冲确保能形成电流回路；另一种是在触发某一晶闸管的同时给前一个晶闸管补发一个触发脉冲，相当于用两个窄脉冲替代一个宽

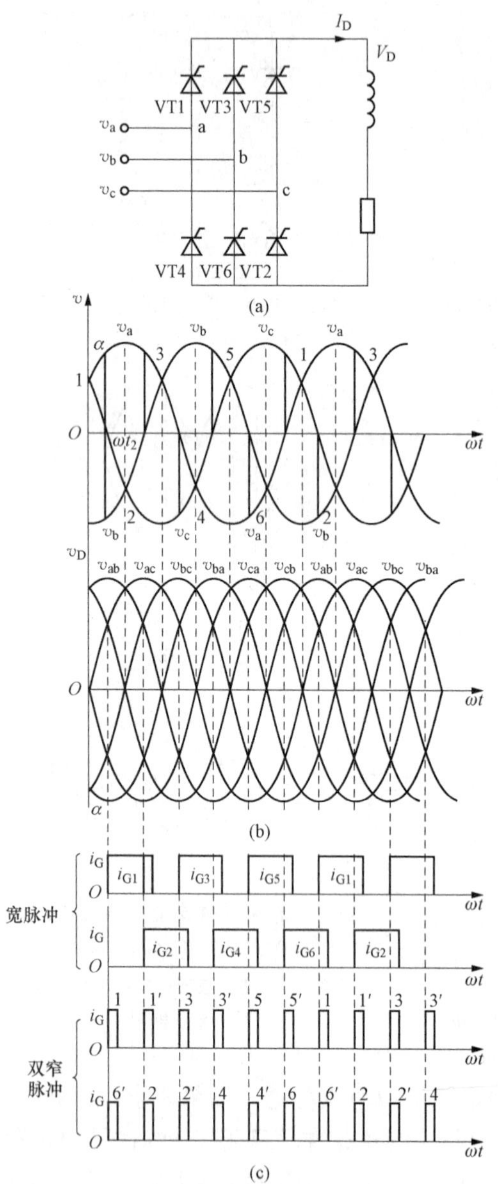

图 6.30 三相全控桥式整流和有源逆变触发控制图

(a) 电路；(b) 电压波形；(c) 触发信号

度大于 60°的宽脉冲，称为双脉冲触发。这两种触发方式如图 6.30（c）所示，图中 1～6 为脉冲序号，1′～6′为补发的脉冲序号。例如，当要求 VT1 导通时，除给 VT1 发触发脉冲外，还要同时给 VT6 补发一触发脉冲。要触发 VT2 时，必须给 VT1 同时补发一触发脉冲等。因此，用双脉冲触发，在一个周期内对每个晶闸管需要连续触发两次，两次脉冲前沿的间隔为 60°。双脉冲触发电路比较复杂，但发出的脉冲窄，可减小触发装置的输出功率，减小触发脉冲变压器的铁芯体积。用宽脉冲触发，虽然脉冲次数少一半，但为了不使脉冲变压器饱和，其铁芯体积要做得大些，绕组匝数多些，因而漏感增大，导致脉冲的前沿不够陡(这对多个晶闸管串、并联使用时很不利)，故通常多采用双脉冲触发。

三相全控桥式整流触发和控制电路闭环控制框图类似于图 6.29（d），只是 α 角形成电路环节应输出 6 个互差 60°的触发脉冲信号。这 6 个触发信号应与交流电源三相电压 $\dot{V}_a$、$\dot{V}_b$、$\dot{V}_c$保持严格准确的同步移相关系。此外，电路中还应实现双脉冲触发或宽脉冲触发。对于大于 60°（如 80°～100°）的宽脉冲触发，也可以用一组高频方波脉冲列触发信号代替一个脉宽大于 60°的宽脉冲触发电流。国内外众多的生产厂家已经有各种型号、规格的晶闸管触发电路及控制系统可供设计者选用。以集成电路为基础的集成触发器可靠性高、性能好、体积小、功耗低、调试也方便。国产集成触发器如 KC04 和 KJ004（与 KC04 功能相似）系列产品已经得到广泛应用。以专用微处理器和数字信号处理器为基础的全数字化触发、控制系统和保护监控系统，随着性价比的提高也将会得到广泛应用。

6.9 高频 PWM 整流电路

6.9.1 能量可回馈的高频 PWM 整流电路

随着用电设备谐波标准日益严格，采用高功率因数、低谐波的高频开关模式 PWM 整流器（Switched Mode Rectifier，SMR）替代传统的二极管不控整流和晶闸管相控整流装置是大势所趋。和传统相控整流器相比，PWM SMR 可以将交流电源输入电流控制为畸变很小的正弦化电流，且功率因数可接近于 1。此外，PWM SMR 和传统相控整流器相比较体积、质量可以大大地减少，动态响应速度显著提高。

PWM SMR 采用全控型开关器件进行高频 PWM 控制，故称为 PWM 整流器。按是否具有能量回馈功能，PWM 整流器分成无能量回馈功能的整流器（Power Factor Correction，PFC）和具有能量回馈功能的开关模式整流器（Reversible SMR）。无论哪种 PWM 整流电路，都基本能达到功率因数接近 1。本章 6.8 节介绍了无能量回馈功能的单相 PWM 整流器，即带单相 PFC 环节的高频整流器工作原理，本节介绍有能量回馈功能的三相 PWM 整流器。

能量可回馈型的 PWM 整流器均采用全控型半导体开关器件，它比 PFC 电路具有更快的动态响应和更好的输入电流波形。另外，它还可以把交流输入电流的功率因数控制为任意值，实现交、直流侧的双向能量流动。在实际应用中，特别是在中小功率领域，在直流侧并联一个大电容构成电压型的 PWM 整流器，可实现能量双向流动，成为高频 PWM 整流器的主流。

图 6.31～图 6.33 分别是单相半桥、单相全桥和三相全桥电压型（升压型）PWM 整流器。除必须具有输入电感外，PWM 整流器的主电路结构和逆变器是一样的。稳态工作时，整流器输出直流电压不变，开关管按正弦规律进行 PWM，整流器交流侧的电压 v_i是跟逆变器输出电压类似的 SPWM 电压波。由于电感的滤波作用，交流电源流入的电流中谐波电流不大，忽略整流器交流侧输出的交流电压 v_i中的谐波，变换器交流侧电压 v_i可以看作可控正弦交流电压源，它与电网的正弦电压 v_S共同作用于输入电感 L，产生正弦输入电流。适当控制整流器交流端的电压 $\dot{V}_i$的幅值和相位，就可以获得所需大小和相位的输入电流 $\dot{I}_S$，并使直流电压保持为给定值。

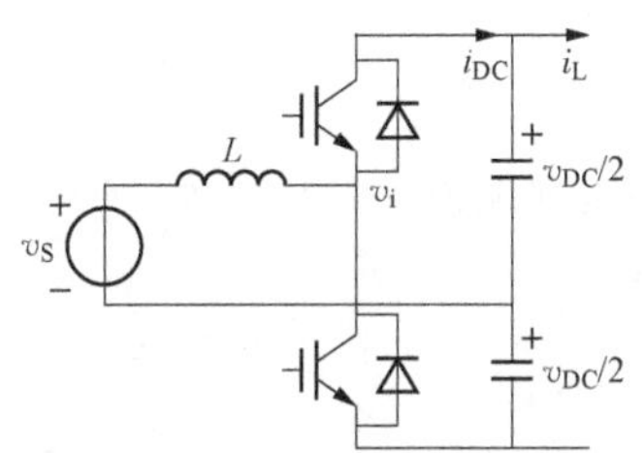

图 6.31　单相半桥 PWM 整流器

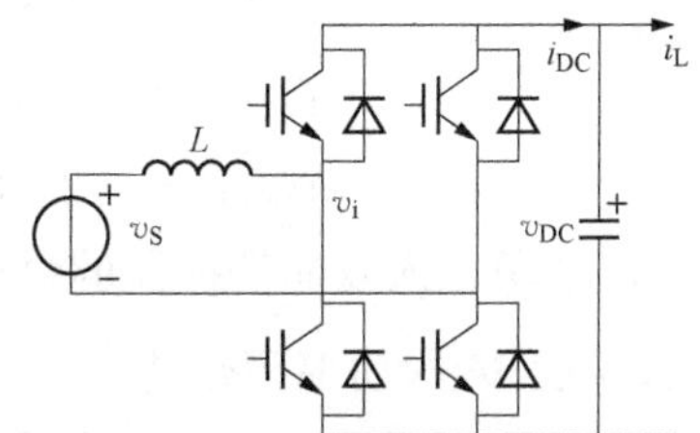

图 6.32　单相全桥 PWM 整流器

图 6.31～图 6.33 中为了实现开关器件的 SPWM 控制，双向变换器交流侧电压 v_i的峰值 v_{im}只能小于直流电压 V_{DC}，通常交流电感 L 上压降不大，因此这种变换器直流输出电压 V_{DC}总是大于交流电源电压峰值 V_{Sm}，这种高频 PWM 整流是升压变换。

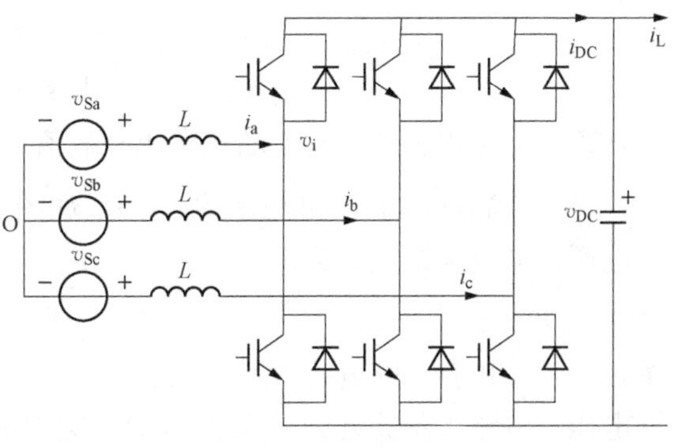

图 6.33　三相 PWM 整流器

图 6.31～图 6.33 所示高频 PWM 整流器的主电路都是能量可双向流动的电力变换器，既可运行在整流状态，又可运行在逆变状态，作为整流器只是它们的功能之一。上述的主电路结构还可以用于无功补偿器，

有源电力滤波器，风力、太阳能发电，电力储能系统，有源电力负载等领域，其控制方式和整流器控制也有很多相近的地方。

6.9.2 AC-DC双向PWM变换器工作原理

理想的AC-DC双向变换器如下：

(1) 输出直流电压平稳且可以迅速地调节控制。

(2) 输入的交流电源电流波形正弦化。

(3) 输入的交流电流的功率因数PF可控制为任意正或负指令值。

(4) AC-DC之间的功率流向可以是双向可控的，既可实现整流，又可实现逆变。

(5) 变换器是无损耗的，即变换器中的电感、电容、变压器及开关器件都是理想的无损耗元件，变换器效率为1。

在图6.34 (a) 所示三相桥式AC-DC变换器电路中，交流电源三相电压$v_{Sa}(t)$、$v_{Sb}(t)$、$v_{Sc}(t)$经电感L接到三相桥式全控变换器。VT1～VT6为6个有反并联二极管的自关断器件。输出端接大电容C及直流负载（或直流电源），直流侧电压为平稳的直流V_O，三相桥式变换器交流输入端交流相电压为$v_{ia}(t)$、$v_{ib}(t)$、$v_{ic}(t)$，电流为i_a、i_b、i_c。如果交流电源电压为

$$\begin{cases}v_{Sa}(t)=\sqrt{2}V_S\sin\omega t\\v_{Sb}(t)=\sqrt{2}V_S\sin(\omega t-120°)\\v_{Sc}(t)=\sqrt{2}V_S\sin(\omega t+120°)\end{cases}\tag{6.105}$$

式中，V_S——交流电源相电压有效值。

则理想的AC-DC变换应该是

$$\begin{cases}i_a(t)=\sqrt{2}I_S(\sin\omega t-\varphi)\\i_b(t)=\sqrt{2}I_S(\sin\omega t-\varphi-120°)\\i_c(t)=\sqrt{2}I_S(\sin\omega t-\varphi+120°)\end{cases}\tag{6.106}$$

式中，I_S——交流电源流入双向变换器的电压有效值；

φ——$\dot{I}_S$滞后$\dot{V}_S$的功率因数角。

理想的三相桥变换器交流侧相电压应是

$$\begin{cases}v_{ia}(t)=\sqrt{2}V_i\sin(\omega t-\delta)\\v_{ib}(t)=\sqrt{2}V_i\sin(\omega t-120°-\delta)\\v_{ic}(t)=\sqrt{2}V_i\sin(\omega t+120°-\delta)\end{cases}\tag{6.107}$$

式中，V_i——三相桥交流输入端相电压有效值；

δ——$\dot{V}_i$落后于$\dot{V}_S$的相位落后角，如图6.34 (b) 所示。

电压、电流矢量关系为

$$\dot{V}_S=\dot{V}_i+\mathrm{j}\dot{I}_SX\tag{6.108}$$

式中，X——电感L的电抗，$X=\omega L$。

电压、电流矢量关系为图6.34 (b)，图中取横轴为d轴，纵轴为q轴。

变换器交流输入端电压矢量$\dot{V}_i$的d轴分量V_{id}和q轴分量V_{iq}为

$$V_{id}=V_i\cos\delta=OF=OH-FH=V_S-XI_q\tag{6.109}$$

$$V_{iq} = V_i \sin\delta = FE = XI_d \tag{6.110}$$

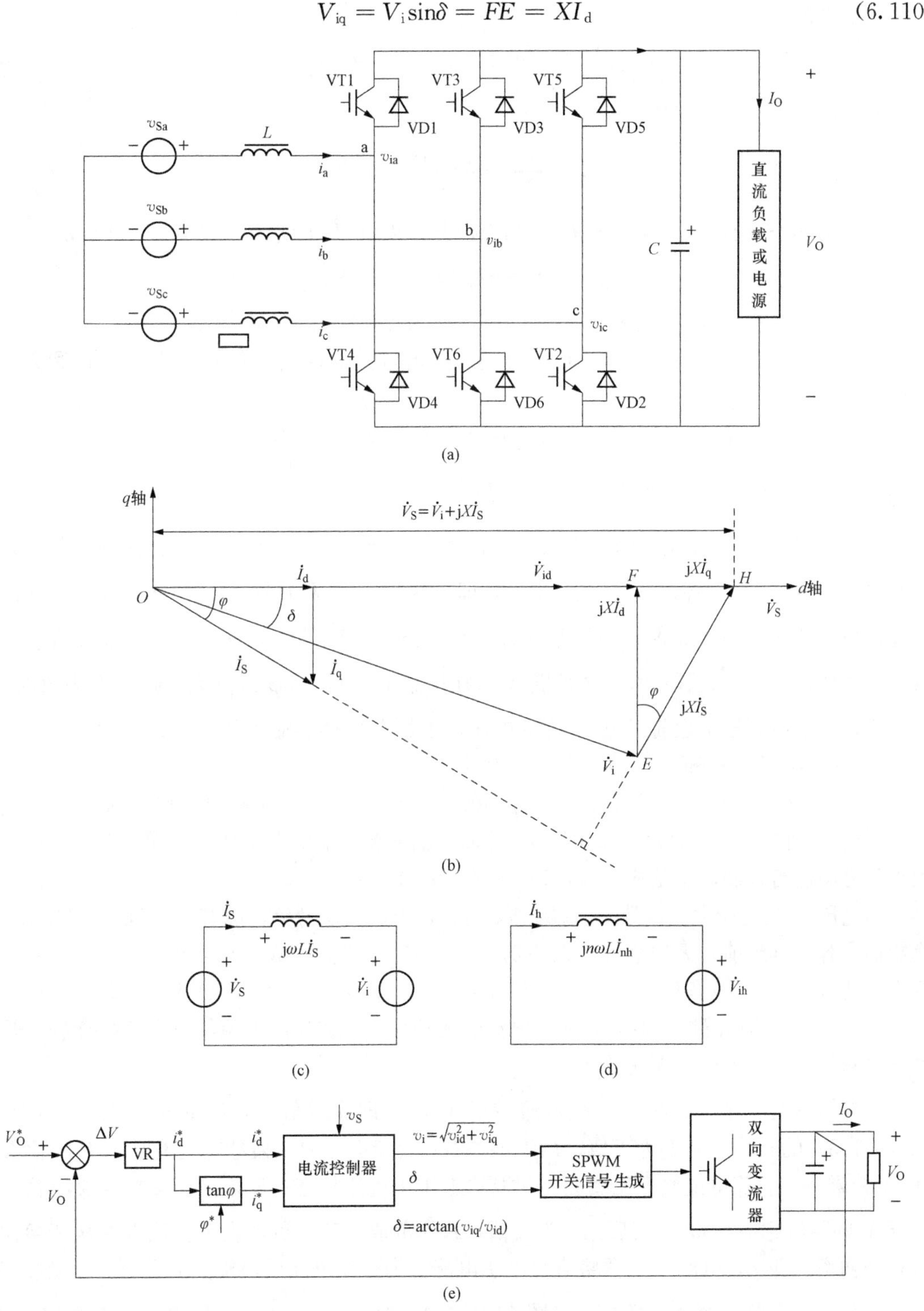

图 6.34　三相电压型高频 PWM 整流工作原理

(a) 电路；(b) 矢量图；(c) 基波等效电路；(d) 谐波等效电路；(e) 控制系统原理图

无功电流

$$I_q=\frac{V_S-V_{id}}{X}=\frac{V_S-V_i\cos\delta}{X}=I_S\sin\varphi \tag{6.111}$$

有功电流

$$I_d=\frac{V_{iq}}{X}=\frac{V_i\sin\delta}{X}=I_S\cos\varphi \tag{6.112}$$

复数功率 $\dot{S}$ 的定义：电压矢量 $\dot{V}_S$与电流共轭矢量 $\dot{I}_S^*$ 的乘积。图 6.34（b）中

$$\dot{I}_S=I_d-jI_q,\ \dot{I}_S^*=I_d+jI_q$$

因此，$\dot{S}=P+jQ=3\dot{V}_S\cdot\dot{I}_S^*=3\dot{V}_S\times(I_d+jI_q)=3V_SI_d+j3V_SI_q$。

再利用式（6.111）和式（6.112）得到从交流电网输入变换器的有功功率 P 和无功功率Q

$$P=3V_SI_d=3V_SI_S\cos\varphi=3V_SV_{iq}/X=3V_SV_i\sin\delta/X \tag{6.113}$$

$$Q=3V_SI_q=3V_SI_S\sin\varphi=3V_S\frac{V_S-V_i\cos\delta}{X} \tag{6.114}$$

注意，定义 $\dot{I}_S$是交流电源流入双向变换器的电流；φ 是 $\dot{I}_S$滞后 $\dot{V}_S$的功率因数角，图 6.34 中矢量关系为 $\dot{I}_S$滞后 $\dot{V}_S$的角度为 φ，即 φ 为正值，因而滞后的无功电流 $I_q=I_S\sin\varphi$ 为正值，滞后的无功 Q 为正值，表示电源输出落后于电压 $\dot{V}_S$的电流 $\dot{I}_S$，电源向变换器输出滞后的无功功率；若 $\dot{I}_S$超前 $\dot{V}_S$一个角度（$\dot{I}_S$在横轴上方），则 φ 为负值，此时 I_q为负值，Q 为负值，表示电源输出超前于电压 $\dot{V}_S$的电流，电源向变换器输出超前的无功功率，或交流电源从变换器处得到（输入）滞后的无功功率。

对图 6.34（a）中 6 个开关器件进行类似于三相逆变器的高频 SPWM 控制，可以调控三相桥交流侧的电压 V_i的大小和相位 δ，从而对输入变换器的有功功率、无功功率和电流的大小和方向进行控制，参见式（6.111）～式（6.114）。

当电压 V_i数值较大，以致 $V_i\cos\delta>V_S$ 时，I_q为负，Q 为负，即交流电源向 AC-DC 变换器输出容性（超前）无功电流、无功功率，或交流电源从 AC-DC 变换器输入感性（滞后）无功电流、无功功率。当电压 V_i较小，$V_i\cos\delta<V_S$时，I_q为正，Q 为正，即交流电源向 AC-DC 变换器输出感性（滞后）无功电流、无功功率，或交流电源从 AC-DC 变换器输入容性（超前）无功电流、无功功率。

当变换器交流输入端电压 $\dot{V}_i$相位滞后于 $\dot{V}_S$时，即滞后角 δ 为正值时，式（6.112）和式（6.113）的有功电流 I_d为正值，P 为正，表示交流电源向变换器输出有功功率，经 AC-DC 变换器输出直流电能给直流负载，变换器工作于整流状态；反之，当变换器交流输入端电压 $\dot{V}_i$的相位超前 $\dot{V}_S$时，滞后角 δ 为负值，I_d为负值，P 为负，表示交流电源从变换器输入有功功率，即 AC-DC 变换器将直流电源电能变为交流电能反送给交流电源，变换器工作于逆变状态。因此，两个交流电源如图 6.34（a）中的 $\dot{V}_S$和 $\dot{V}_i$，它们之间的有功电流 I_d、有功功率 P 总是从相位超前的电源流向相位滞后的电源；电压数值高的电源才有可能向电压低的电源输出滞后的感性无功电流 I_q和感性无功功率 Q。

图 6.34（a）在一定的负载阻抗情况下，输出直流电压 V_O的大小取决于交流电源输入

的有功功率 P 与负载消耗的功率 P_O 之间的平衡关系，增大 P，V_O 升高，反之，V_O 降低；在一定的负载稳定工作情况下，保持 P 恒定，V_O 随之恒定不变，调节 P 也就调节控制了输出电压 V_O。

综上所述，只要能对图 6.34（a）中的 AC-DC 变换器进行实时、合理控制方式的控制，能使变换器交流端的三相基波电压为互差 120°的正弦波，控制三相变换器交流侧电压 $\dot{V}_i$ 的大小和相位，那么图 6.34（a）的 AC-DC 变换器就是一个理想的 AC↔DC 双向功率变换器。

6.9.3　三相电压型高频 PWM 整流控制系统

对图 6.34（a）中 6 个开关器件 VT1～VT6 进行类似于第 5 章三相 SPWM 逆变器的通、断控制，可以在三相桥式变换器的交流侧 a、b、c 三个点产生三相对称的交流相电压 v_{ia}、v_{ib}、v_{ic}。相电压中除基波交流分量 $\dot{V}_i$ 外，还含高次谐波 $\dot{V}_h$。令 VT1～VT6 SPWM 控制的调制参考波频率 f_r 等于交流电源 v_{Sa}、v_{Sb}、v_{Sc} 的频率 f_s，则 v_{ia}、v_{ib}、v_{ic} 中的基波频率 f_1 就是交流电源频率 f_s，而 v_{ia}、v_{ib}、v_{ic} 中的谐波频率由 VT1～VT6 SPWM 控制的高频载波频率 f_c 决定，由于通常 SPWM 控制的载波比 $f_c/f_r \gg 1$，因此 v_{ia}、v_{ib}、v_{ic} 中的高次谐波频率很高。根据叠加定理，图 6.34（a）电路可以用图 6.34（c）、（d）等效。图 6.34（c）为基波等效电路，其中 $\dot{V}_S$ 为交流电源电压矢量，$\dot{V}_i$ 为变换器所产生的交流侧的基波电压；图 6.34（d）为谐波等效电路，其中交流电源无谐波电压，$\dot{V}_{ih}$ 为变换器交流侧电压中的谐波电压。显而易见，只要对 VT1～VT6 进行 SPWM 控制，控制三相变换器交流侧各相 SPWM 脉波电压 v_{ia}、v_{ib}、v_{ic}，即控制图 6.34（c）中的矢量 $\dot{V}_i$ 的大小及 $\dot{V}_i$ 相对于交流电源电压矢量 $\dot{V}_S$（v_{Sa}、v_{Sb}、v_{Sc} 的矢量）的相角差 δ，就能控制基波电流 $\dot{I}_S$ 的大小和相位，实现有功功率和无功功率在交流电源和直流侧电压 V_O 之间的双向流动。此外，由于谐波电压频率很高，图 6.34（d）中由谐波电压 v_{ih} 所产生的谐波电流 i_h 可以被控制得很小，因而可以忽略不计。因此，图 6.34（a）电路可以实现较理想的 AC-DC 变换，包括 SPWM 逆变和高频 PWM 整流变换。

图 6.34（e）给出了三相电压型 PWM 整流控制系统原理框图。图 6.34（a）中为了稳定变换器的运行，电容器 C 上的直流电压 V_O 必须恒定不变。为此，应对 V_O 采用电压反馈闭环控制。控制系统检测实际的 V_O 并与指令值 V_O^* 相比较，将电压误差 $\Delta V = V_O^* - V_O$ 送入 PI 型电压误差调节器 VR，PI 调节器 VR 的输出作为有功电流指令值 i_d^*，再根据所要求的功率因数角 φ，得到无功电流指令值 i_q^*（$i_q^* = i_d^* \tan\varphi$），再由式（6.109）和式（6.110）得到双向变换器交流侧基波电压指令值 V_{id}、V_{iq}，$V_i = \sqrt{V_{id}^2 + V_{iq}^2}$，以及 $\delta = \arctan(V_{iq}/V_{id})$，按 5.5 节三相 SPWM 波形控制原理，由相位角为 δ、幅值与 V_i 成正比的三相正弦参考电压 v_{ar}、v_{br}、v_{cr} 与高频三角波 v_c 相比较形成 6 个开关器件的通、断信号，使图 6.34（a）中 a、b、c 三个点输出所需的交流电压 $\dot{V}_i$。图 6.34（e）中，当整流负载 I_O 改变、V_O 改变时，或直流电压指令值 V_O^* 改变，使电压误差 $\Delta V = V_O^* - V_O \neq 0$ 时，将使有功电流指令值 i_d^* 改变，$\dot{V}_i$ 随之改变，从而改变交流电源送入变换器的有功电流、有功功率。一旦实际电压 V_O 偏低，$\Delta V > 0$，i_d^* 增大，则增大交流电源输入的有功功率，使图 6.34（a）中的直流电流 i_O 加大，C 充电，提高 V_O；反之，当实际电压 V_O 偏高，$\Delta V < 0$，i_d^* 减小，减小交流电源送入变换器

的有功功率，使 i_O减小，电容 C 对直流负载供电，使 V_O减小。在交流电源电压 $\dot{V}_S$和直流负载任意变化时，这种输出直流电压 V_O的闭环控制可以使直流输出电压 V_O维持恒定不变，同时 $\dot{V}_S$、$\dot{I}_S$的相位角 φ 也保持为指令值 φ^*。

6.10 小　　结

AC - DC 整流变换已得到广泛应用，在交流电源与直流负载之间的开关器件导通时，交流电压加至直流负载，开关器件截止时，直流负载与交流电源阻断。

（1）二极管整流电路中二极管在交流电源电压的自然换相点自然导通，其直流输出电压只依赖于交流电源电压的大小而不能调控，只能实现不控整流；相控整流电路中晶闸管的导通可由施加触发脉冲电流的时间相位角控制，改变晶闸管的延迟触发控制角 α，即可调控整流输出电压的平均值，实现相控整流。

（2）基本的整流电路有 5 类：单相半波、两相半波、三相半波、单相桥式和三相桥式整流电路。

半波整流电路中交流电源仅半个周期中有负载电流，因而交流电源中含有有害的直流分量。单相桥式和三相桥式整流电路是最实用的 AC - DC 整流电路。

（3）单相桥式、三相桥式相控（全控）整流电路在感性负载电流连续时，相控角 $\alpha<90°$，可实现将交流电功率变为直流电功率的相控整流；$\alpha>90°$，可实现将直流电返送至交流电网的有源逆变。在有源逆变状态工作时，相控角不应过大，以确保不发生换相（换流）失败事故。

（4）整流电路输出端接感性负载，当电感足够大，以致可以忽略负载电流的脉动时，单相桥式整流电路中的交流电源电流为 180°交流方波，三相整流电路交流侧相电流为 120°方波。相控整流时交流电源相电流基波 i_{S1} 波形滞后相电压的相位角 φ_1 就是触发控制角 α，因此 α 是相控整流的基波电流功率因数角，$\cos\varphi_1=\cos\alpha$。

（5）在整流电路中，交流电源电感 L_S 对整流特性的影响等效为一个电阻 R_S 形成换相压降 ΔV_S，使整流电压平均值 V_D降低，ΔV_S与电感 L_S、负载电流 I_D有关，而与相控角 α 无关。

（6）在一个交流电源周期 T_S中，单相桥式整流时，输出电压（脉波数 $m=2$）v_D中除直流平均值 v_D外，还含有 Km（$K=1$，2，3，…），即 2、4、6 等次电压谐波，它对应的交流电源 180°方波电流中的电流谐波为 $Km\pm1$ 次，即 3、5、7 等次电流谐波；三相桥式整流时，$m=6$，v_D中除直流平均值 V_D外，还含有 $Km=6$，12，18，…次电压谐波，它对应的交流电源相电流中 120°方波的谐波电流为 $Km\pm1$ 次，即 5、7、11、13 等次谐波。

（7）两个或 4 个三相桥式整流电路串、并联的不同组合可以构成 12 脉波和 24 脉波的高压大功率整流电路，这种复合型整流电路在高压大功率整流装置中得到广泛应用。

（8）使用晶闸管作为开关器件的相控整流使交流供电电源输出有害的谐波电流，α 角较大，输出电压 V_D很低，同时功率因数也很低。采用自关断开关器件的 AC - DC 变换器，利用 PWM 控制，可以实现理想化的 AC - DC 变换：输出直流电压 V_D快速可控，v_D中谐波频率高而易于滤波，交流电源电流正弦化，功率因数可为任意指令值，功率可双向流动。高频 PWM 整流是 AC - DC 变换的最佳方式。

6.11　习题及思考题

1. 什么是半波整流、全波整流、半控整流、全控整流、相控整流、高频 PWM 整流?

2. 什么是电压纹波系数、脉动系数、基波电流数值因数、基波电流位移因数（基波功率因数）和整流输入功率因数?

3. 三相桥式不控整流任何瞬间均有两个二极管导电，整流电压的瞬时值与三相交流相电压、线电压瞬时值有什么关系?

4. 单相桥式全控整流和单相桥式半控整流特性有哪些区别?

5. 单相桥式全控整流有反电动势负载时输出电压波形如何确定?

6. 单相桥式全控整流电路，接电阻负载，交流电源电压 V_S 在 220V±22V 范围内变化，要求输出的直流平均电压 V_D 从 50～150V 连续可调，且负载平均电流 I_D 均能达到 10A，试确定触发控制角的变化范围、要求的电源容量及功率因数，并选择晶闸管（注意：考虑过电流安全储备，通常把晶闸管的额定电流选大 1.5～2.0 倍，过电压有安全储备，通常把晶闸管的额定电压也选大 2～3 倍）。

7. 交流电路电感不为零时引起的换相重叠过程中整流器输出电压的瞬时值如何确定?在换相期间是什么因素促使负载电流从一个晶闸管向另一个晶闸管转移?

8. 同一个整流输出电压波形，时间坐标原点取在不同位置时用傅里叶级数分析得到的谐波特性是否相同? 为什么?

9. 为什么 m 脉波的整流输出电压中只含有 Km 次电压谐波（K=1，2，3，…)?

10. 为什么要限制有源逆变时的触发控制角? 根据什么原则确定有源逆变时的最大控制角 α_{max}?

11. 三相桥式相控整流电路触发脉冲的最小宽度应是多少?

12. 三相 PWM 整流与三相 PWM 逆变有什么异同之处?

第 7 章　AC - AC 变流电路

晶闸管作为开关器件的 AC - AC 变换器可分为两类：一类是频率不变仅改变电压大小的 AC - AC 电压变换器，又称交流调压器；另一类是直接将一个较高频率交流电压变为较低频率交流电压的相控直接变频器，直接实现降频降压变换。

交流调压器的电路结构有单相交流调压电路和三相交流调压电路两种。单相电路常用于小功率单相电动机控制、照明和电加热控制，三相电路的输出是三相恒频变压交流电源，给三相交流异步电动机供电，实现异步电动机的变压调速，或作为异步电动机的启动器使用，使输出电压在异步电动机的启动、升速过程中逐渐上升，限制了电动机的启动电流不超过允许值。

采用晶闸管作为开关器件的相控型 AC - AC 直接变频器只能降压、降频，通常用作大功率高压交流电动机变速传动系统所需的较低频率的变频变压电源。

如果不使用廉价的晶闸管而采用自关断器件，通过高频 PWM 控制既可调控输出交流电压的大小，又能减小输出电压谐波和输入电流谐波，但是这种采用自关断器件的矩阵式AC - AC 直接变频器成本很高，控制也很复杂，目前还没得到广泛应用。

7.1　交 流 调 压 电 路

交流调压电路按结构的不同可分为各种单相和三相结构。本节先介绍不同负载下单相调压电路的工作特性，对比不同负载对电路输出的影响，再介绍两种不同联结结构的三相调压电路工作特性。

7.1.1　单相交流调压电路

和相控整流一样，晶闸管相控交流调压器的工作特性和相控角 α 及负载性质有关。

1. 电阻负载

图 7.1（a）中负载为电阻负载。两个反并联晶闸管 VT1、VT4 可以用一个双向晶闸管代替。图 7.1（b）为电阻负载时的波形图。在交流电源的正半周 $\omega t=\alpha$ 时触发导通 VT1，导通角为 $\theta=\pi-\alpha$。在负半周 $\omega t=\pi+\alpha$ 时触发导通 VT4，导通角 $\theta=\pi-\alpha$。这时，负载电压 v_O、电流 i_O为正弦波的一部分，宽度为 $\pi-\alpha$，负载电压有效值 V_O、负载电流有效值 I_O、电源电流有效值 I_S、晶闸管电流有效值 I_T分别为

$$V_O=\sqrt{\frac{1}{\pi}\int_{\alpha}^{\pi}(\sqrt{2}V_S\sin\omega t)^2\mathrm{d}(\omega t)}=V_S\sqrt{\frac{1}{2\pi}\sin2\alpha+\frac{\pi-\alpha}{\pi}} \tag{7.1}$$

$$I_O=I_S=V_O/R$$

$$I_T=I_S/\sqrt{2}=V_O/\sqrt{2}R \tag{7.2}$$

功率因数 PF 为

$$\mathrm{PF}=\frac{P}{S}=\frac{V_OI_O}{V_SI_S}=\frac{V_O}{V_S}=\sqrt{\frac{1}{2\pi}\sin2\alpha+\frac{\pi-\alpha}{\pi}} \tag{7.3}$$

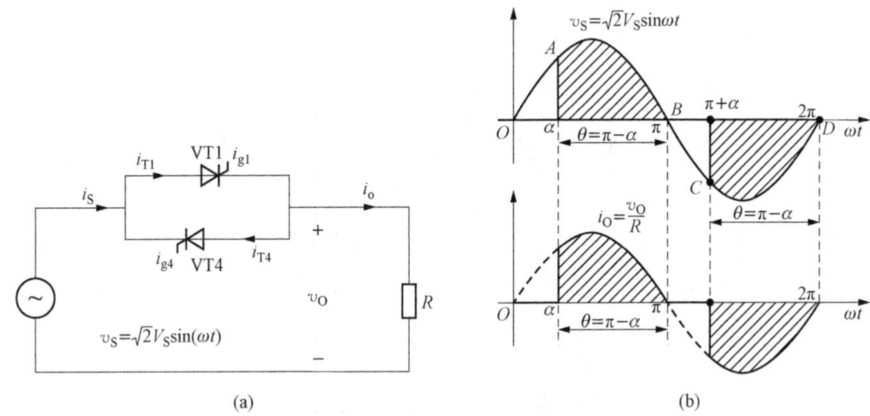

图 7.1　带电阻负载的单相交流调压器电路及波形

（a）电路；（b）电阻负载波形

由图 7.1（b）及式（7.1）可知，晶闸管控制角 α 从 0°～180°范围改变时，输出电压 V_O 从 V_S 下降到零，控制角对输出电压的移相可控区域为 0°～180°。

由图 7.1（b）中 $v_O(t)$ 波形的傅里叶级数表达式，可以得到 v_O 的基波幅值 V_{1m} 和 n 次谐波幅值 V_{nm}，对基波 $n=1$ 和 $n=3$～15 次奇次谐波在 $\alpha=0°$～180°的范围的计算结果如表 7.1 所示。表 7.1 中所列数值均为标幺值，其基准值为 $\sqrt{2}V_S$，表中最后一行为 3～15 次谐波幅值的均方根值 V_{Hm}，$V_{Hm}=\left[\sum_{n=3}^{15}V_{nm}^2\right]^{1/2}$。

表 7.1　电阻负载、不同触发角 α 时基波和 3～15 次谐波电压（电流）的相对值

V_{nm}^* \ α	10°	30°	50°	70°	90°	110°	130°	150°	170°	180°
V_{1m}^*	99.9	97.4	89.9	76.7	59.3	40.1	22.3	8.5	1.0	0
V_{3m}^*	0.96	8.0	18.7	28.1	31.8	28.1	18.7	8.0	0.96	0
V_{5m}^*	0.95	7.0	12.9	13	10.6	13	12.9	7.0	0.95	0
V_{7m}^*	0.93	5.8	7.4	7.8	10.6	7.8	7.4	5.8	0.93	0
V_{9m}^*	0.90	4.4	4.7	7.5	6.4	7.5	4.7	4.4	0.90	0
V_{11m}^*	0.87	3.2	4.6	5.1	6.4	5.1	4.6	3.2	0.87	0
V_{13m}^*	0.84	2.27	4.13	4.72	4.55	4.72	4.13	2.27	0.84	0
V_{15m}^*	0.8	1.86	3.12	4.15	4.55	4.15	3.12	1.86	0.8	0
V_{Hm}^*	2.4	13.6	25.3	33.8	36.9	33.8	25.3	13.6	2.4	0

用表 7.1 所列的数值可作出图 7.2 所示的不同控制角 α 时基波和 3～15 次谐波幅值的相对值，图 7.2 中横坐标为控制角 α，纵坐标的数值 $H_{n\alpha}$ 为

$$H_{n\alpha}=\frac{\text{控制角为}\ \alpha\ \text{时第}\ n\ \text{次谐波的均方根值(或幅值)}}{\text{控制角}\ \alpha=0°\ \text{时基波的均方根值(或幅值)}}$$

由谐波值分布图可知：

（1）谐波序次越低，谐波幅值越大。当 $\alpha=90°$时 3 次谐波幅值达到 31.8%。

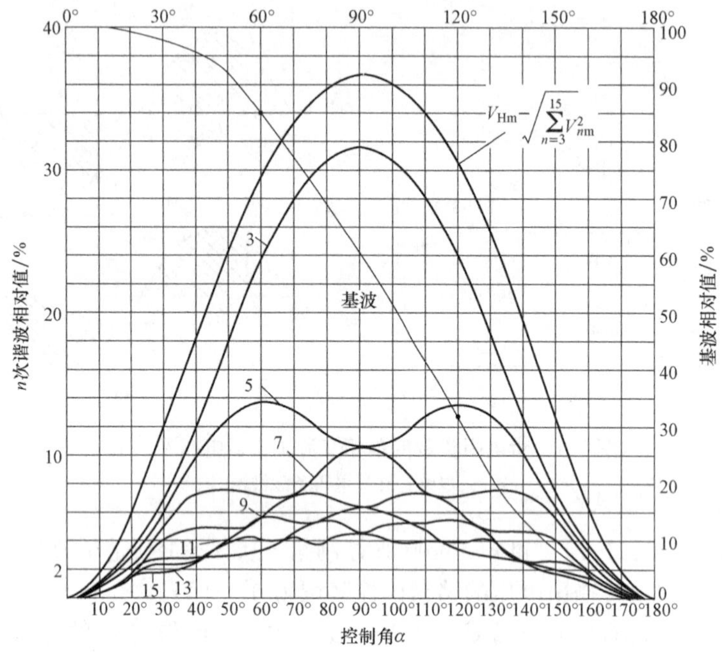

图 7.2 电阻负载、不同触发角 α 时基波及谐波幅值分布图

(2) 5 次谐波的最大幅值出现在 $\alpha=60°$及 120°的对称位置。

(3) 可算出 3、9、15 次谐波在 $\alpha=90°$位置的零序分量幅值的均方根值。

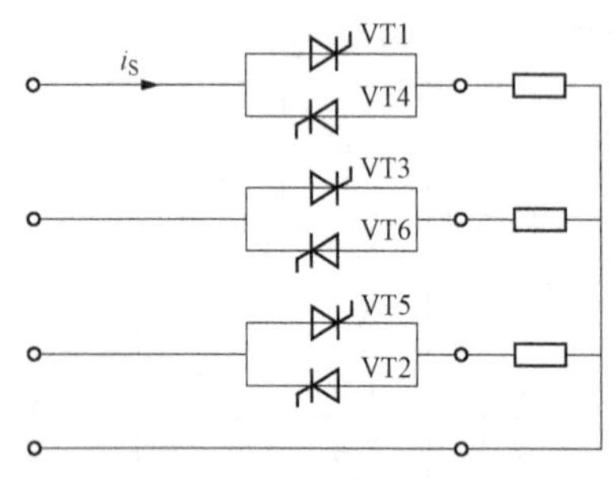

图 7.3 带中性线星形联结的三相交流调压器

图 7.3 为 3 个独立的单相交流调压器构成的三相电压控制器，其特点是带有一根电源中性线，因此称为带中性线星形联结。

该电路各相通过中性线形成回路，各晶闸管承受的电压、电流就是单相调压器时的数值。该电路的缺陷是 3 次谐波在中性线中的电流很大，如式（7.4）所示。

$$V_O=(V_{3m}^2+V_{9m}^2+V_{15m}^2)^{1/2}=32.755\% \tag{7.4}$$

可见，带中性线星形联结的晶闸管交流调压器中的三相零序分量电流在中性线叠加，中性线将会出现幅值的相对值为 3×32.755%=98.265%的中性线电流，这数值已接近为额定负载电流，所以带中性线的三相星形电路很少使用。

2. 阻感负载

正弦电压作用于 R、L 负载时，电流为正弦、滞后电压的相位角 $\varphi=\arctan(\omega L/R)$，如图 7.4 所示。$\varphi$ 又称基波阻抗角或基波功率因数角。

(1) 晶闸管触发控制角 $\alpha=\varphi$ 时

$$v_O=v_S=\sqrt{2}V_S\sin\omega t \tag{7.5}$$

$$i_S=i_O=\frac{\sqrt{2}V_S}{Z}\sin(\omega t-\varphi) \tag{7.6}$$

$$\varphi=\arctan(\omega L/R) \tag{7.7}$$

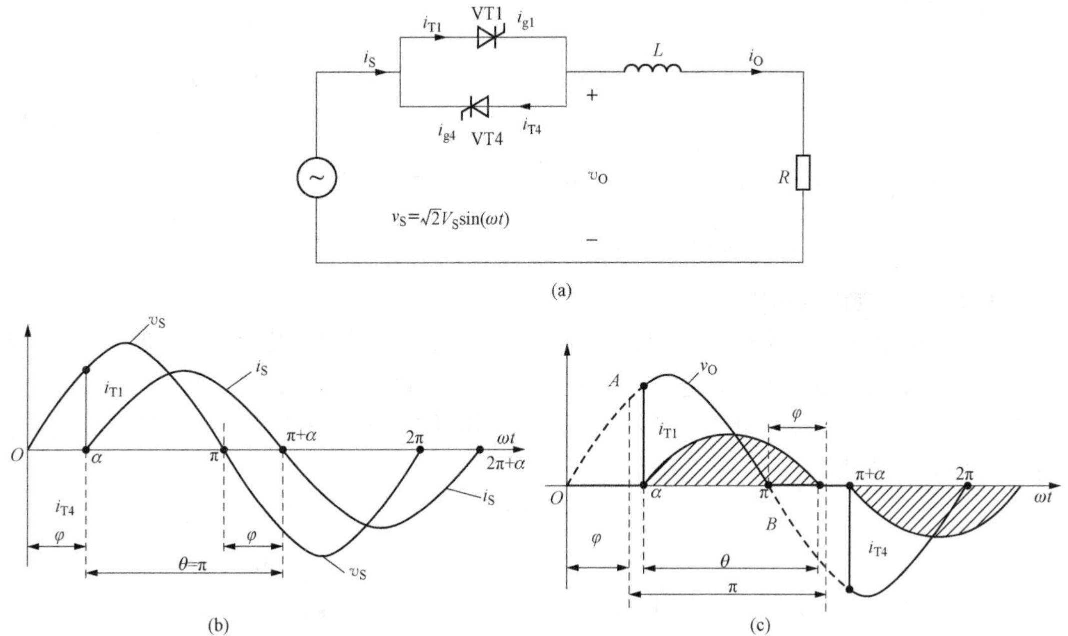

图 7.4　带阻感负载的单相交流调压器电路及波形

(a) 电路；(b) 电流连续电感性负载波形；(c) 电流不连续波形

如果在 $\omega t=\varphi$ 时触发 VT1，在 $\omega t=\pi+\varphi$ 时触发 VT4，则 VT1、VT4 的触发开通角 $\alpha=\varphi$。由图 7.4（b）所示，VT1、VT4 依序轮流导通 180°（导通角 $\theta=180°$），输出电压、电流都是完整的正弦波。

（2）晶闸管触发控制角 $\alpha<\varphi$ 时：$\omega t=\alpha<\varphi$ 时，由于 $i_s=i_O$ 仍然是负电流，VT4 仍然在导通，因此这时的触发电流 i_{g1} 并不能使 VT1 立即导通，i_{g1} 对 VT1 不起作用，直到 $\omega t=\varphi$ 时，$i_{T4}=i_s=i_O=0$，如果 i_{g1} 还存在才能开通 VT1。

因此，当电路负载为阻感负载，触发角 $\alpha<\varphi$ 时，如果要使电压控制器能正常工作，触发信号 i_g 必须是宽脉冲，当 $\alpha=0°$ 时，脉冲宽度要超过 φ，而且虽然此时 $\alpha<\varphi$，但与 $\alpha=\varphi$ 时一样，输出电压、电流都是完整的正弦波。

（3）晶闸管触发控制角 $\alpha>\varphi$ 时：图 7.4（c）中，如果晶闸管 α（即施加脉冲电流 i_G 的起始点）从 $\omega t=\varphi$ 推迟，$\alpha>\varphi$，则在 $\omega t=\varphi$ 时 i_{T4} 已为零，但此刻 VT1 触发脉冲尚未到达。因此，在 VT1 被触发开通之前一段时间中 $i_s=i_O=0$，电流断流。由电压微分方程

$$v_O=v_S=\sqrt{2}V_S\sin\omega t=Ri_{T1}+L\mathrm{d}i_{T1}/\mathrm{d}t \tag{7.8}$$

及初始条件 $\omega t=\alpha$ 时 $i_{T1}=0$，可求得的解为

$$i_{T1}=\frac{\sqrt{2}V_S}{Z}\left[\sin(\omega t-\varphi)-\sin(\alpha-\varphi)\mathrm{e}^{-\frac{1}{\tan\varphi}(\omega t-\alpha)}\right] \tag{7.9}$$

$\alpha>\varphi$ 时非正弦负载电压的有效值 v_O、晶闸管电流有效值 I_T 及负载电流有效值分别为

$$\begin{aligned}V_O&=\sqrt{\frac{1}{\pi}\int_{\alpha}^{\alpha+\theta}(\sqrt{2}V_S\sin\omega t)^2\mathrm{d}(\omega t)}\\&=V_S\sqrt{\frac{\theta}{\pi}+\frac{1}{\pi}[\sin2\alpha-\sin2(\alpha+\theta)]}\end{aligned} \tag{7.10}$$

负载电流有效值为

$$I_{\mathrm{T}}=\sqrt{\frac{1}{2\pi}\int_{\alpha}^{\alpha+\theta}\left(\frac{\sqrt{2}V_{\mathrm{S}}}{Z}\right)^{2}\left[\sin(\omega t-\varphi)-\sin(\alpha-\varphi)\mathrm{e}^{-\frac{\omega t-\alpha}{\tan\varphi}}\right]^{2}\mathrm{d}(\omega t)}$$
$$=\frac{V_{\mathrm{S}}}{Z}\sqrt{\frac{\theta}{2\pi}-\frac{\sin\theta\cos(2\alpha+\varphi+\theta)}{2\pi\cos\varphi}} \tag{7.11}$$

$$I_{\mathrm{O}}=\sqrt{2}I_{\mathrm{T}}=\frac{V_{\mathrm{S}}}{Z}\sqrt{\frac{\theta}{\pi}-\frac{\sin\theta\cos(2\alpha+\varphi+\theta)}{\pi\cos\varphi}} \tag{7.12}$$

7.1.2 三相交流调压电路

根据三相联结形式的不同，三相交流调压电路具有多种形式，其中两种电路较常用。图7.5（a）结构是无中性线的三相电源星形联结，三相负载既可星形联结又可三角形联结。图7.5（b）是支路控制三角形联结，又称开口三角形联结。下面分别简单介绍这两种电路的基本工作原理和特性。

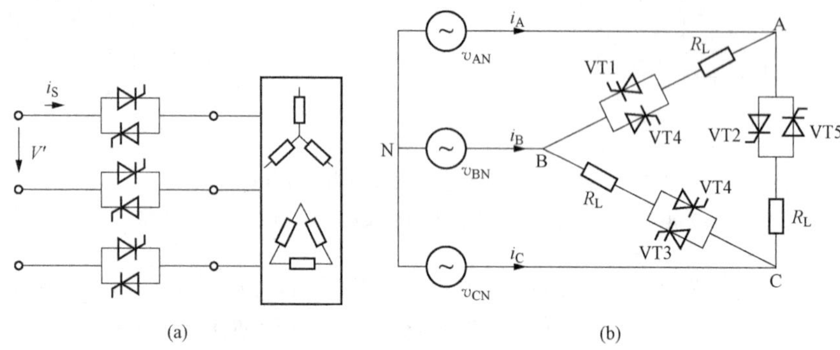

图 7.5 三相交流调压电路

（a）星形（无中性线）的三相联结；（b）开口三角形联结

1. 三相星形联结调压电路

下面分析三相三线时的工作原理，主要分析电阻负载的情况，电路如图 7.6 所示。任一相在导通时必须和另一相构成回路，因此和三相桥式全控整流电路一样，电流流经路径中有两个晶闸管，应采用双脉冲或宽脉冲触发。三相的触发脉冲依次相差 120°，同一相的两个反并联晶闸管触发脉冲应相差 180°。因此，和三相桥式全控整流电路一样，6 个晶闸管 VT1～VT6 的触发信号依序相差 60°，脉宽大于 60°。各相电源的过零点为 α 计算起点。

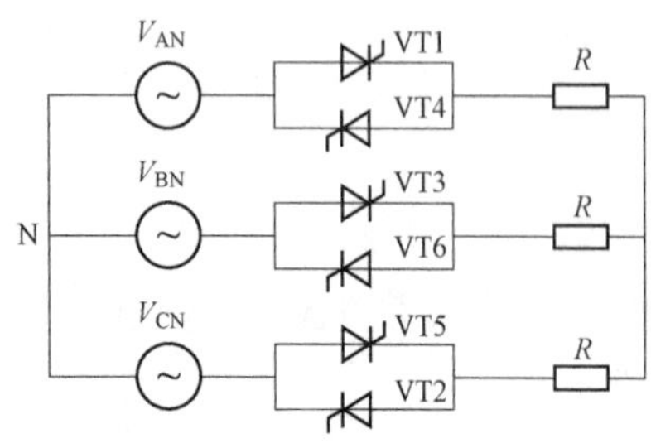

图 7.6 带电阻负载的三相星形联结交流调压器

三相三线电路中，两相间导通是靠线电压导通的，而线电压超前相电压 30°，因此 α 角的移相范围是 0°～150°。

三相交流调压器中，当触发控制角 α 改变时，电路可以根据晶闸管导通状态分为两种情况：一种是三相中各有一个晶闸管导通，这时负载电压就是电源相电压，这种工作状态称为第一类工作状态；另一种是两相中各有一个晶闸管导通，另一相不导通，这时导通相的负载相电压是电源线电压的一半，这种工作状态称为第二类工作状态。根据任一时刻导通晶闸管个数及半个周波内电流是否连续，可将 0°～150°的移相范围分为如下 3 段：

（1）触发控制角 $\alpha=0°$。图 7.7 为 $\alpha=0°$ 时的电压波形。在 A 相电压从负变正时（$\omega t=0$）触发 VT1，VT1 随即导通（且关断 VT4），在 A 相电压开始从正变负时（$\omega t=\pi$）触发 VT4，VT4 随即导通且关断 VT1。其他两相情况类似。因此，任何时刻每相均有一个晶闸管导电，三相电压直接接到三相电阻 R 上，电压、电流及所有晶闸管的导电都是三相对称的。三相电源的中性点 N 与三相负载的中性点 N′电位相等。

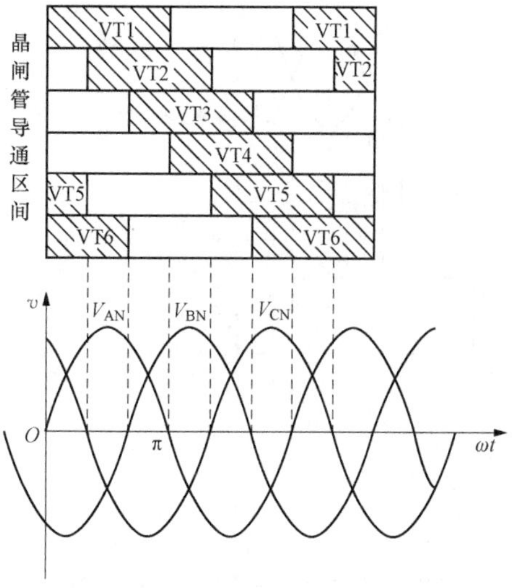

图 7.7　$\alpha=0°$时负载相电压波形及晶闸管导通区间

（2）触发控制角 $\alpha=60°$，如图 7.8 所示。

图 7.8 中 $\omega t=\alpha=60°$时，VT1 开始导电。此后，每延迟 60°，VT2、VT3、VT4、VT5、VT6 依次开始导电。VT1 导电 120°后，到 $\omega t\geqslant180°$时，VT3 开始导电，此时，由于 $V_{AB}<0$，故 VT1 立即截止，又 VT4 的触发脉冲尚未到达，故 A 相停止导电，所以 A 相正半波电流 i_A 仅在 $60°\leqslant\omega t\leqslant180°$ 的 120°期间存在。同理，在 $240°\leqslant\omega t\leqslant360°$ 的 120°期间 VT4 导电，有 $-i_A$。因此，A 相电流是 120°宽的正、负电流波形。同理，i_B、i_C 都是 120°宽的交流电流波形，每个晶闸管对称导电 120°，任何时刻近两相、两个晶闸管同时导电。例如，在图 7.8 区间Ⅰ（$60°\leqslant\omega t\leqslant120°$）是 VT6、VT1 导电，$i_A=\dfrac{v_{AB}(t)}{2R}$，在随后的 VT1、VT2 导电的区间Ⅱ，$i_A=\dfrac{v_{AC}(t)}{2R}$。

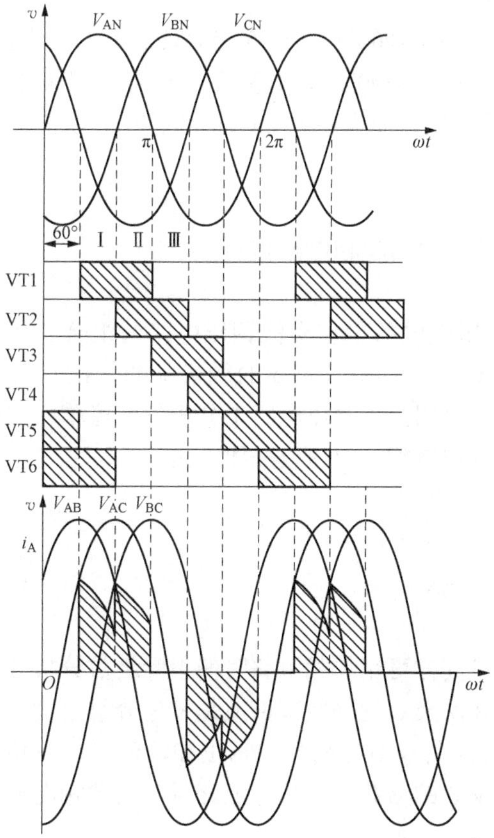

图 7.8　$\alpha=60°$时负载相电压波形及晶闸管导通区间

（3）触发控制角 $\alpha=120°$，如图 7.9 所示。

图 7.9 中 $\omega t=\alpha=120°$时 VT1 开始触发导电。此后每延迟 60°，VT2、VT3、VT4、VT5、VT6 依次开始导电。在 VT1 导电后的 30°区间Ⅰ中，VT6、VT1 同时导电，电压为 $v_{AB}(t)$，有 $i_A=v_{AB}(t)/2R$。30°以后 $v_{AB}(t)<0$，VT6 受反压关断，$v_{AC}(t)$ 虽然为正值，但在 VT2 的触

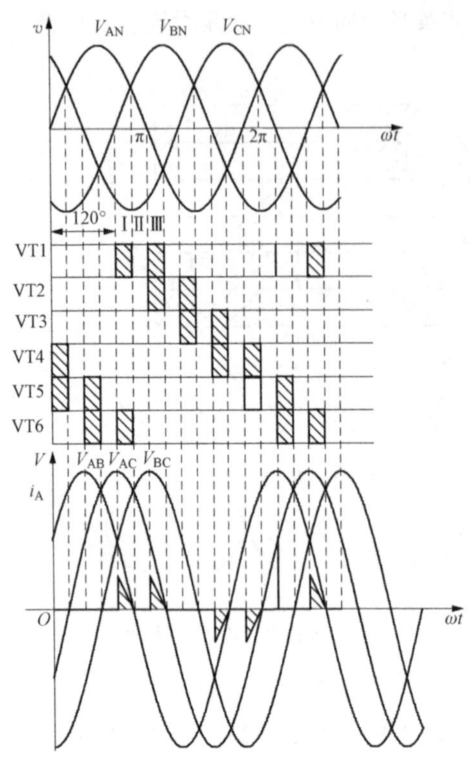

图 7.9 $\alpha=120°$时负载相电压波形及晶闸管导通区间

发脉冲尚未到达区间Ⅱ中，VT2 不导电，故 i_A 形成不了回路，$i_A=0$。在随后的Ⅲ区间，VT2 被触发导通，故在Ⅲ区间 30°区间，VT1、VT2 同时导电，又有 $i_A=v_{AC}(t)/2R$。因此，在半周期的 120°期间有 2 个断流的脉冲电流。

（4）触发控制角 $\alpha=150°$。在 $\omega t=\alpha=150°$时，即使同时触发 VT6、VT1，由于 $v_{AB}(t)<0$，VT6、VT1 不可能导通。同时，触发 VT1、VT2，VT2、VT3，VT3、VT4，VT4、VT5，VT5、VT6 时情况类似，都不能使电路导通。因此，图 7.5 所示的三相交流调压器只能在 $0°\leqslant\alpha<150°$范围。

综上所述，详细分析 $0°\leqslant\alpha\leqslant150°$时的导电情况可知，交流调压器带负载电阻时的控制特性及导电情况可归纳如下：

（1）$\alpha<30°$时，处于第一类工作状态；$\alpha=30°$时，第一类与第二类工作状态的临界点；$30°<\alpha<60°$时，每隔 30°交替出现第一类和第二类工作状态。

（2）$\alpha\geqslant60°$时，全部变为第二类工作状态。

（3）$\alpha>90°$时，电流在 120°导电时期中开始出现断流，如当 $\alpha=120°$时，电流 i_A 在正负半波各有两个电流脉冲。

（4）$\alpha\geqslant150°$时电路不能工作。

当图 7.6 电路负载为三相感性负载时，分析方法与单相电路相同。

2. 三相三角形交流调压器

电路如图 7.5（b）所示，这是 3 个由线电压供电的单相交流调压电路的组合。晶闸管触发控制角的起点 $\alpha=0°$通常取定在线电压的零点，VT1～VT6 的触发脉冲依次相差 60°。无论是电阻负载还是阻感负载，每一相都可当作单相交流调压电路来分析。前述单相交流调压电路的分析方法和结果都可沿用，只是要注意把单相相电压改成线电压。

负载是三角形联结，三相的线电流为

$$\left.\begin{aligned} i_A &= i_{AB}-i_{CA} \\ i_B &= i_{BC}-i_{AB} \\ i_C &= i_{CA}-i_{BC} \end{aligned}\right\} \tag{7.13}$$

负载为电阻、电感时，相电流中的谐波分量同样可用单相电路时傅里叶级数分析方法计算，因为负载是三角形联结，负载相电流中的 3 次及 3 的倍数次谐波是零序分量电流，它们在相位上相差 $3\times120°=360°$，即它们在三相对称负载中有相同的相位和幅值，在三角形环路中形成环流，故在三相线电流中不存在 3 次及 3 的倍数次谐波电流分量。负载相电流有效值 I_{ph}应为

$$I_{ph}=[I_{1n}^2+I_{3n}^2+I_{5n}^2+I_{7n}^2+I_{9n}^2+\cdots]^{\frac{1}{2}} \tag{7.14}$$

线电流有效值 I_1 中无 3 次及 3 的倍数次谐波，因此线电流有效值应是

$$I_1=\sqrt{3}[I_{1n}^2+I_{5n}^2+I_{7n}^2+I_{11n}^2+I_{13n}^2+\cdots]^{\frac{1}{2}} \tag{7.15}$$

由式（7.15）可知，$I_1<\sqrt{3}I_{ph}$。

7.2　交-交变频电路

交-交变频器（又称循环变流器）是一种不经过中间直流环节，直接将一种频率的交流电变换为另一种频率交流电的变流器。交-交变流器由一定方式连接起来的可控硅整流电路所构成，当以一定规律控制各整流电路的输出时，变流器输出端便可以得到由多相整流电压包络线组成的符合规定要求频率的交流电。

7.2.1　基本工作原理

单相输出的交-交变流器电路及电压电流如图 7.10 所示，这一电路实现了三相交流至单相交流的直接变换。

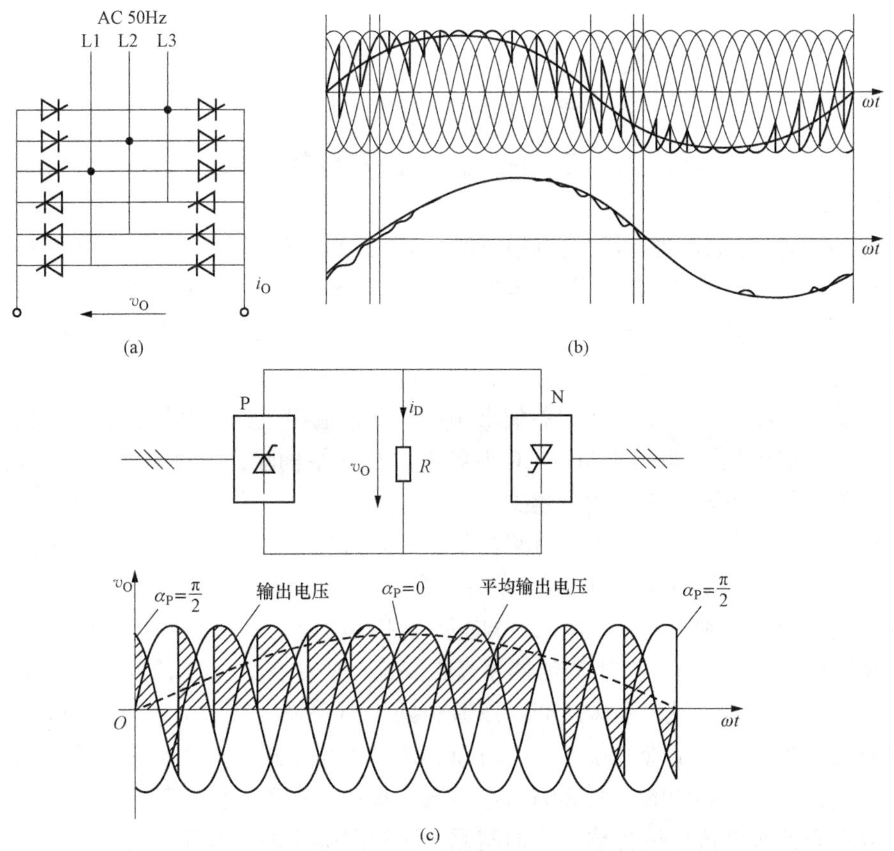

图 7.10　单相输出的交-交变流器电路及电压电流波形

（a）电路；（b）电压电流波形；（c）等效电路及波形

它实质上是一套三相桥式无环流反并联的可逆整流装置，装置中工作的晶闸管关断是通过电源交流电压的自然换相实现的。电路由 P 组和 N 组反并联的晶闸管变流电路构成，变

流器 P 和 N 都是相控整流电路。单相交 - 交变频器的工作原理可以由图 7.10（c）说明。

P 组工作时，负载电流 i_O 为正，电压可正可负，其输出位于电压电流平面的第Ⅰ、Ⅱ象限；N 组工作时，i_O 总为负，因此其输出位于电压电流平面的第Ⅲ、Ⅳ象限。两组变流器按一定的频率交替工作，负载就得到该频率的交流电。改变两组变流器的切换频率，即可改变输出频率。改变变流电路的控制角 α_P、α_N，就可以改变交流输出电压的幅值。触发控制角的计算如下。

三相桥式相控整流器通过触发角 α 调节输出电压 V_d，其关系式为

$$V_d = 2.34V_S\cos\alpha \tag{7.16}$$

式中，V_S——输入相电压有效值。

循环变流器的工作原理就是在工频周期中实时调节正组/负组变流器触发角，在所在控制间隔时间内获得与所需输出参考电压瞬时值相同的平均电压，假定输出电压为

$$V_O = V_{Om}\sin\omega_o t \tag{7.17}$$

比照式（7.16）和式（7.17）可知，在任意控制间隔应该有如下关系

$$2.34V_S\cos\alpha = V_{Om}\sin\omega_o t$$

则可得变流器触发角计算公式为

$$\alpha = \arccos\left(\frac{V_{Om}}{2.34V_S}\sin\omega_o t\right) \tag{7.18}$$

从式（7.16）可以看到，交 - 交变频器输出电压峰值最大不超过触发角 α 为 0°时三相整流输出最大平均值 $2.34V_S$。

为使 v_O 波形接近正弦波，可按正弦规律对 α_P、α_N 角进行调制。在半个周期内让 P 组 α_P 角按正弦规律从 90°减到 0°或某个值，再增加到 90°，每个控制间隔内的平均输出电压就按正弦规律从零增至最高，再减到零。另外，半个周期可对 N 组进行同样的控制。v_O 由若干段电源电压拼接而成，在 v_O 的一个周期内，包含的电源电压段数越多，其波形就越接近正弦波。也就是说，相控 AC - AC 变频器输出频率越低，输出电压的脉波数越多，谐波含量越少。反过来说，输出相同频率的 AC - AC 变频器，拓扑结构输入的相数越多，脉波数越多，输出电压的脉波数就越多，谐波含量越少。

假定输出负载是电感量足够大的阻感性负载，如大功率交流电动机，那么输出电流非基波脉动可以忽略，基本呈现工频正弦波特性。哪一组工作由 i_O 方向决定，与 v_O 极性无关；工作于整流还是逆变，则由 v_O 方向与 i_O 方向是否相同决定。直接变频器在输出电流过零附近存在切换问题，也就是正 - 负组变流器相互在整流 - 逆变状态之间转换。与许多互补工作电路类似，这一切换需要设置死区时间，以避免两组电路同时工作，将输入交流电源短路。这一死区时间应当大于晶闸管的最大关断时间。这种工作方式称为无环流周波变换。死区控制显然对电路性能是有影响的，引起输出电压发生畸变。在负载要求较高的场合，也有不设置死区，以中心抽头电抗器进行输出，抑制无死区短路效应的环流交 - 交变流器，其输出电压电流波形畸变得到改善，代价是增加了系统成本和损耗。

7.2.2 实用电路结构

实用的 AC - AC 直接变频器大多是由 3 个单相变频器组成的三相变频器。而每个单相变频器都是三相交流电源输入、单相低频输出，由两组晶闸管可控整流器反并联而成。3 个单相变频器输出电压的大小、频率相同，但相位相差 120°，组成一个平衡的三相交流

电源。三相交 - 交变频电路主要有两种接线方式，即公共交流母线进线方式和输出星形联结方式。

公共交流母线进线方式由 3 组彼此独立的、输出电压相位相互错开 120°的单相交 - 交变频电路构成［图 7.11（a）］，它们的电源进线通过进线电抗器接在公共的交流母线上。因为电源进线端公用，所以 3 组单相交 - 交变频电路的输出端必须隔离。为此，交流电动机的 3 个绕组必须拆开，共引出 6 根线。

输出星形联结方式的三相交 - 交变频器的电路原理图如图 7.11（b）所示。3 组单相交 - 交变频电路的输出端是星形联结，电动机的 3 个绕组也是星形联结，电动机中性点不和变频器中性点接在一起，电动机只引出 3 根线即可。因为 3 组单相交 - 交变频电路的输出连接在一起，其电源进线就必须隔离，因此，3 组单相交-交变频器分别用 3 个变压器供电。因为变频器输出端中点不和负载中点相连接，所以在构成三相变频电路的 6 组桥式电路中，至少要有不同输出相的两组桥中的 4 个晶闸管同时导通才能构成回路，形成电流。和整流电路一样，同一组桥内的两个晶闸管靠双触发脉冲保证同时导通。而两组桥之间靠各自的触发脉冲有足够的宽度，以保证同时导通。

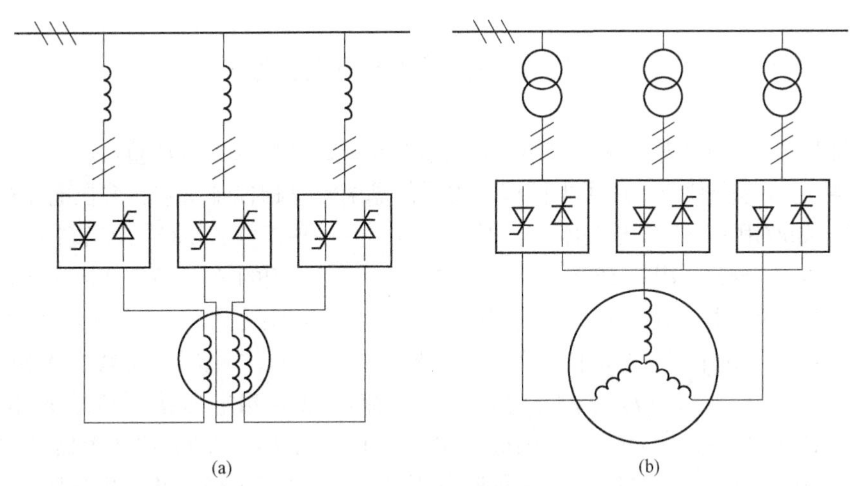

图 7.11　三相交 - 交变流器的电路结构

（a）公共交流母线进线方式；（b）输出星形联结方式

7.2.3　优缺点

AC - AC 相控直接变频与交流经整流再逆变的间接变频相比较有以下优点：

（1）只用一级变换即可直接把某一较高频率的交流功率变成低频的交流电功率，有中间直流环节的间接变频器则有整流 - 逆变两个功率变换级，输出功率被变换两次。

（2）可采用廉价的晶闸管开关器件靠交流电源电压过零反向时自然换相。

（3）能够使功率在电源和负载之间双向传送，实现交流电动机的四象限运行。由不控整流和电压型逆变器构成的间接变频器供电时，交流电动机制动时的能量难以返回交流电网，难以四象限运行。因此，对于要求迅速加速和减速的大功率可逆传动系统，这种相控直接变频器较为优越。

（4）输出频率很低时，可输出一个较高质量的正弦波形，这是因为这个低频波由大量的交流电源电压脉波段逐段相连所组成，因此相控直接变频器更适用于大容量交流电动机低速电力传动，如应用于金属轧制工业低速旋转机械和机车、船舶的交流电力推进。

相控直接变频器缺点如下：

(1) 输出频率 f_O必须比交流电源频率 f_s低得多（如 $f_O \leqslant f_s/3$），否则，输出波形很差。频率为 f_O的交流电对电动机供电时，电动机的转速 $n=60f_O/n_p$（n_p为磁极对数）。如果交流电源频率 $f_s=50$Hz，由于 f_O不宜高于 $1/3\times50\approx16.67$Hz，故电动机最高转速（磁极对数 $n_p=1$ 时），也只能达到 1000r/min。

(2) 相控直接变频器需要大量晶闸管，而且它的控制电路比许多有直流环节逆变器的控制电路要复杂得多。

(3) 相控直接变频器输入功率因数较低，这是由相控的本质决定的，在输出电压较低时，尤其如此。而在有直流环节的变流器中，因为采用二极管整流器输入，故在所有工作情况下都能得到较高的输入功率因数。

(4) 交流电源输入电流谐波较严重且谐波情况复杂难以控制。

概括地说，直接变频器与有直流环节的间接变频器相比，前者仅适合于低速大功率可逆传动系统。

7.3 矩阵式变频电路

晶闸管相控 AC-AC 直接变频器的最大缺点是交流输入电流谐波严重，功率因数低且只能降频。这些缺点都是变频器采用了半控型开关器件晶闸管移相控制所致。若在电路中采用自关断全控器件，如改用 IGBT 作开关器件，则可以构成另一种矩阵式 AC-AC 直接变频器（Matrix AC-AC Converter）。图 7.12（a）示出了这种三相变三相的 AC-AC 直接变频器，交流输入电源 A、B、C 三相相电压为 V_S，频率为 f_s；三相交流输出为 a、b、c，电压为 V_O，频率为 f_O。图 7.12（a）中共用了 9 个双向自关断开关器件：当 VT_{Aa}导通时交流电源 A 相电压 $v_A(t)$ 接到负载 a 相：$v_a(t)=v_A(t)$。VT_{Ba}导通时，交流电源 B 相电压接到负载 a 相，$v_a(t)=v_B(t)$。VT_{Ca}导通时，$v_a(t)=v_C(t)$；因此，驱动 VT_{Aa}、VT_{Ba}、VT_{Ca}这 3 个器件中的某一个导通，负载 a 相电压 $v_a(t)$ 可以是交流电源电压 A、B、C 相中任一相的电压瞬时值。

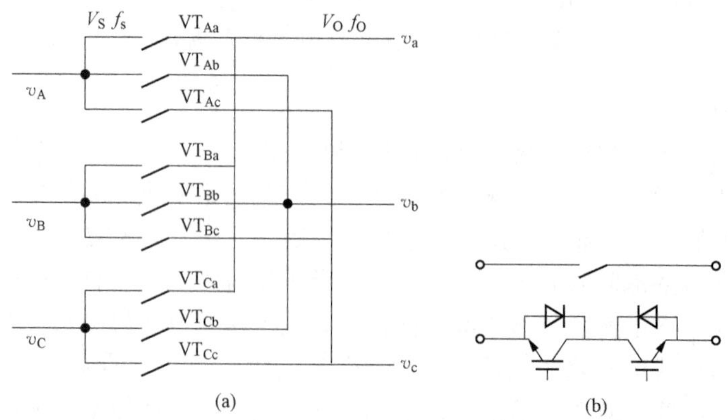

图 7.12 矩阵式 AC-AC 变频器

（a）电路；（b）双向开关

同理，驱动 VT_{Ba}、VT_{Bb}、VT_{Bc}中的某一个导通，可以使负载 b 相电压 $v_b(t)$ 是交流电源 A、B、C 三相中的任一相的电压瞬时值。驱动 VT_{Ca}、VT_{Cb}、VT_{Cc}中某一个导通，负载 c 相电压 $v_c(t)$ 也可以是交流电源 A、B、C 相中任一相的电压瞬时值。如果 9 个开关器件都是双向可控导电的开关，如每一个双向开关都由图 7.12（b）所示的两个共集电极的 IGBT 串联组成，那么图 7.12（a）中就共有 18 个全控型开关。对图 7.12（a）中总共 18 个 IGBT 进行实时、适式的控制，无论各相电流瞬时值为正或为负，都可使负载 a、b、c 三相从交流电源 $v_A(t)$ 或 $v_B(t)$ 或 $v_C(t)$ 处得到所需的电压瞬时值。因此，对 9 个双向全控型开关器件进行高频 SPWM 控制，就可以在负载处得到频率和电压均可调控的三相互差 120°的交流电压。

图 7.12（a）中每一个开关器件的（开关）状态可用一个开关函数表示，用 S_{xy}表示开关管 VT_{xy}的开关函数，当 VT_{xy}导通时，取 $S_{xy}=1$；当 VT_{xy}断开时，取 $S_{xy}=0$，于是输出电压 v_a、v_b、v_c 可用输入电压 v_A、v_B、v_C 及相应的 9 个开关函数 $S_{Aa}(VT_{Aa})$、$S_{Ba}(VT_{Ba})$、$S_{Ca}(VT_{Ca})$、$S_{Ab}(VT_{Ab})$、$S_{Bb}(VT_{Bb})$、$S_{Cb}(VT_{Cb})$、$S_{Ac}(VT_{Ac})$、$S_{Bc}(VT_{Bc})$、$S_{Cc}(VT_{Cc})$ 表达式为

$$\begin{bmatrix} v_a \\ v_b \\ v_c \end{bmatrix} = \begin{bmatrix} S_{Aa} & S_{Ba} & S_{Ca} \\ S_{Ab} & S_{Bb} & S_{Cb} \\ S_{Ac} & S_{Bc} & S_{Cc} \end{bmatrix} \begin{bmatrix} v_A \\ v_B \\ v_C \end{bmatrix} \tag{7.19}$$

式（7.19）是图 7.12（a）变换器输出电压的矩阵表达式。这种矩阵结构的开关型变换器称为矩阵式 AC-AC 直接变频器。

图 7.12（a）中，a、b、c 任一相负载端绝不能同时接到两个交流电源相电压。例如，b 相，VT_{Ab}、VT_{Bb}、VT_{Cb}任何时候只能有一个导通，否则，若 VT_{Ab}、VT_{Bb}同时导通将引起电源 A、B 两相短路。此外，18 个 IGBT 的驱动信号必须精心安排，这 18 个 IGBT 开关的开通、关断切换顺序的安排，应确保既不会导致交流电源两相短路，又不会引起感性负载时负载开路过电压，控制系统输出的 18 个驱动信号必须按严格的逻辑程序控制其形成和分配。

矩阵式 AC-AC 直接变频器既是开关性质的变换器，其输入电流和输出电压都不可避免地有谐波。只是自关断器件在高频 SPWM 状态下工作，谐波阶次较高，故只需在输入、输出端附加很小的 LC 滤波器，就能显著地改善输入电流和输出电压波形。至于输入电流的相移因数（基波功率因数 $\cos\varphi_1$），由于采用了自关断器件可以使交流电源的 $\cos\varphi_1$ 为任意指令值。要对图 7.12（a）中 18 个 IGBT 进行实时、适式的控制，需要精确、快速地检测三相交流电源电压、输出电压和三相负载电流，并构成被控量的全数字化反馈控制系统，才有可能实现快速、精确控制，获得优良的特性。

矩阵变换器是电力电子技术中相对较新的内容，其拓扑、控制存在问题和不足，很多领域有待研究，至今没有在生产实践中大规模运用。

7.4　小　　结

相控晶闸管构成的 AC-AC 变换器分为两类，一类是频率不变仅改变电压大小的交流调压器，另一类是直接变频器。

交流调压器实质是交流电压斩波调压器，依靠晶闸管的移相控制仅将交流电源电压正弦

波形的一部分送至负载，正弦波的另一部分被晶闸管处于截止状态时阻断。因此，输出电压总是小于输入电压，且含有较大谐波。改变晶闸管触发控制角 α，即可改变输出基波电压的大小。单相调压器纯电阻负载时，晶闸管控制角范围为 $0\sim\pi$。

AC - AC 变频器换能过程为一次，效率较高，变流器的电源可以是单相或三相；所用元器件较多，线路复杂；若不采用强迫换流，输出最高频率仅为电网频率的 1/3～1/2，且电网功率因数低；容易实现再生制动，适用于四象限运行状态，适用于低速大功率场合。

7.5 习题及思考题

1. 单相全波交流电压控制器当控制角 α 小于负载功率因数角 φ 时为什么输出电压不可控？

2. 三相全波星形联结控制器不同的控制角 α 时为什么会有两类导电工作状态？控制角 α 的有效控制范围为什么是 $0\leqslant\alpha\leqslant150°$？

3. 晶闸管相控直接变频的基本原理是什么？为什么只能降频降压而不能升频升压？

4. 矩阵式 AC - AC 直接变频器的基本工作原理是什么？它有什么优缺点？

5. 晶闸管相控直接变频电路中，正、反两组相控变流器的控制角 α_P、α_N 为什么要保持 $\alpha_P+\alpha_N=180°$？为什么正、反组输出电压瞬时值 $v_P\neq v_N$？

6. AC - AC 直接变频器与第 4 章图 4.11 所示直流电动机可逆传动系统两组变流器的工作方式、控制原理有什么异同之处？

第 8 章　船用电力电子装置

随着电力电子技术及船舶电力自动化技术的发展，越来越多的电力电子装置在舰船上应用，从发电系统、配电系统至负载端，处处都有电力电子装置参与电能的变换和调控。尤其在应用电力推进技术和综合电力系统技术的舰船上，电力电子技术已经成为船舶电力系统和动力系统的核心技术。

8.1　舰船发电系统

8.1.1　船舶同步发电机励磁系统

船舶同步发电机的主要功能是发出稳压稳频的交流电压，给船舶各个电气设备供电。其中，频率控制通过调节原动机的转速实现，电压控制通过调节发电机的励磁实现。稳压控制实际是一种电压反馈控制，通过给定电压与电机实际输出的电压进行比较，当端电压低于给定值时，增大励磁电流，从而增大输出电压；反之，则减小励磁电流从而减小输出电压。这就是自动励磁控制系统的基本原理。

按负反馈原理设计的自动励磁调节器，根据所采用元器件的不同曾出现过多种型式，如碳阻式、磁放大器-饱和电抗器式、电子管-闸流管式等。随着半导体器件的迅速发展，可控硅式励磁调节器在船舶电站中得到广泛应用，成为船舶电站的主要励磁装置之一。

可控硅式励磁装置的励磁能源取自发电机的电枢，因而无须励磁机，属于自励方式；励磁调节器按电压偏差进行调节，属于负反馈型式。图 8.1 为可控硅式励磁装置的单线图。装置由以下电路组成：

（1）主电路，包括整流变压器，可控硅整流器和励磁绕组。

（2）测量及变换电路，包括测量变压器、整流器和滤波器。

（3）比较电路。

（4）移相触发电路，包括同步变压器和移相触发器。

（5）发电机电枢电压经降压、整流、滤波后，转换成与之成正比的平滑直流电压，并与给定的电压进行比较，其差值用来控制移相触发电路触发脉冲的相位，从而对可控硅的导通角进行控制，达到自动调节发电机励磁的目的。

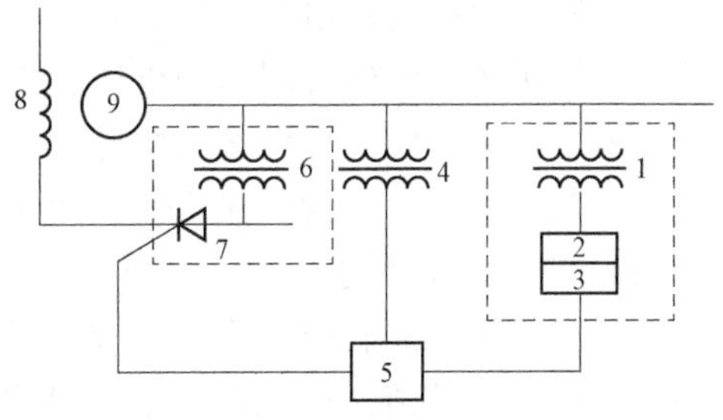

图 8.1　可控硅式励磁装置的单线圈

1—测量变压器；2—整流滤波器；3—比较电路；4—同步变压器；5—移相触发电路；6—整流变压器；7—可控硅；8—励磁绕组；9—发电机

用于可控硅式励磁装置中的可控整流电路与一般可控整流电路基本相同，即可用单相半波可控整流电路、单相桥式可控整流电路、三相桥式可控整流电路等。

整流电路得到的直流电要供给发电机励磁绕组，通常要经过电刷和换向器。直流励磁机的电刷和换向器是薄弱的部件，从直流励磁机他励变为自励，大大提高了同步发电机的可靠性。但是，普通的同步发电机，无论是转场式还是转枢式，转子绕组和固定设备之间仍有电的联系，通常采用电刷 - 滑环接触连接。电刷 - 滑环需要经常维护；电刷磨损下来的炭粉会使电机绝缘电阻的阻值下降；电刷下的火花会对弱电设备产生干扰。为了解决这些问题，从静止的自励装置又进一步发展成交流励磁机他励的无刷励磁装置。

无刷励磁发电机的原理（旋转二极管式）如图 8.2 所示。同步发电机为转场式，即电枢绕组在定子上，励磁绕组在转子上；交流励磁机为转枢式，即励磁绕组在定子上，电枢绕组在转子上。励磁机电枢发出的交流电经半导体整流元件整流后向发电机励磁绕组供给直流励磁电流。整流元件随转子一起旋转。这样，旋转部分与静止部分之间没有任何滑动的电接触，这就是无接触或无刷同步发电机名称的由来。

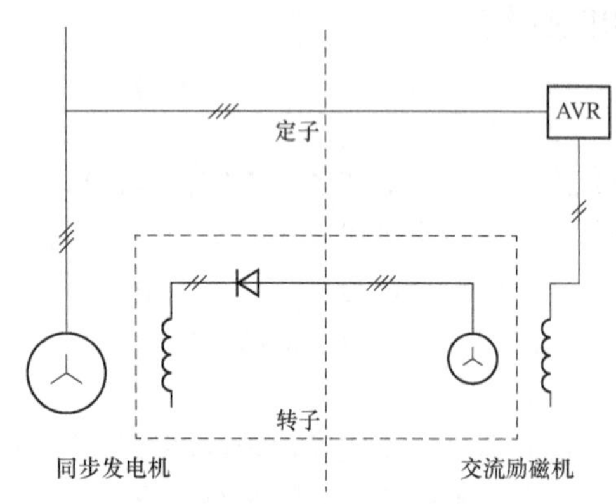

图 8.2 无刷励磁发电机的原理（旋转二极管式）

无刷发电机的起励通常有两种办法。一种是增加一台永磁式转子的副励磁机，由它的定子发出的交流电经半导体整流器整流后给交流励磁机的定子磁场励磁。永磁副励磁机转子与发电机转子同轴，当原动机带动整个转子系统转动、转速达到额定转速时，发电机即能建立起空载额定电压。另一种是不设副励磁机，在交流励磁机的励磁调节器中采用可靠的自励电路，如可控硅自励电路或相复励自励电路等。交流励磁机的励磁调节器可以采用按偏差调节、按扰动调节或按复合调节原理做成的任意一种励磁调节器。因为励磁系统中增加了一个交流励磁机，所以无刷励磁系统的动态响应略逊于普通的自励系统。特别是当交流励磁机的频率选得比较低时（如低于工频），无刷励磁系统的动态响应更差。

为了改善动态性能，可以用可控硅整流元件代替普通的二极管整流元件。励磁调节不是调节交流励磁机的励磁电流，而是调节交流励磁机电枢输给主发电机励磁绕组的励磁电流。交流励磁机则依靠永磁式副励磁机通过旋转二极管提供固定的励磁电流并保证可靠起励，如图 8.3 所示。上述整流二极管与此处的可控硅都与转子一起旋转，通常把图 8.2 所示的电路称为旋转二极管无刷励磁，把图 8.3 所示的电路称为旋转可控硅无刷励磁。无刷励磁要解决的关键技术之一是旋转整流元件承受离心力的问题。因此，在整流元件的制造、安装及整流电路的选择，参数计算方面存在一系列新问题。对于旋转可控硅无刷励磁，除上述问题外，还要解决触发信号从静止的触发装置向旋转的可控硅控制极传输，以及从旋转的交流励磁机电枢取出触发电路工作时所需的三相交流同步电压两个问题。

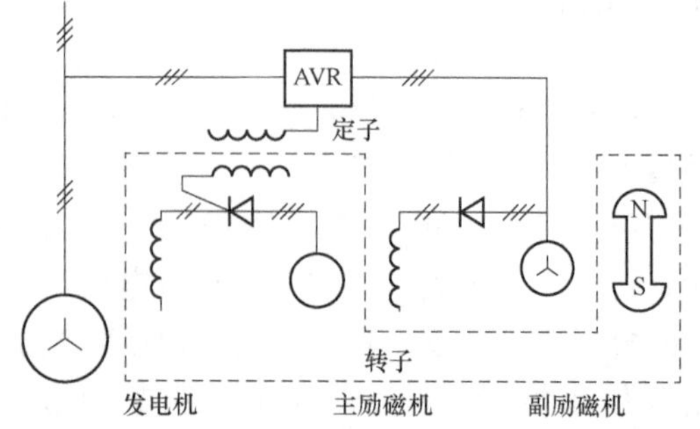

图 8.3 无刷励磁发电机的原理（旋转可控硅式）

无刷励磁发电机在结构、材料和工艺上也有一些新的特点。在外壳结构上，有防滴保护型和全封闭内冷型两种。国外大容量船用无刷发电机一般采用全封闭内冷型，冷却器由带散热片的双层管构成，内层管通海水，对机内空气进行冷却。为了防止水管被电化学腐蚀，采用锌保护阳极。全封闭型外壳结构更充分地体现了无刷发电机不需经常维护保养的突出优点，是今后发展的主要结构形式。在磁极结构上，一般船用发电机多采用凸极结构，而无刷发电机多采用隐极结构。隐极结构机械强度较高，冷却效果较好，特别是动态性能较好。

无刷励磁同步发电机在下述情况下应用，其优点显得特别突出：一是用于自动化机舱的无人机舱中。因为它不需经常维护，具有很高的可靠性。二是用于单机容量较大的船舶电站中。因为发电机单机容量超过一定数值时，采用自励（特别是相复励）装置将会使励磁装置显得笨重和不经济。采用交流他励，结构更为紧凑，经济指标也较好。在目前船舶电站向自动化发展和电站容量日益增大的情况下，无刷励磁同步发电机将日益得到广泛的应用。

图 8.4 给出了一种国内舰艇电站广泛使用的无刷同步发电机励磁控制系统的原理图。该系统属于复合型励磁调节装置，由相复励励磁装置构成其基本励磁部分，由负反馈型的可控硅电压调节器构成励磁电流校正器 AVR。图 8.4 中，W_Z是同步发电机的励磁绕组，与励磁机的电枢绕组 W_{Ea}、W_{Eb}、W_{Ec}同轴旋转。发电机励磁绕组 W_Z的电流由励磁机发出的三相交流电经过三相二极管整流电路得到，而励磁机的励磁绕组 W_F由相复励系统经过另一个三相二极管整流电路供电。AVR 中的可控硅用于对励磁机的励磁电流进行调节，当同步发电机输出电压偏高时，控制可控硅的分流使流过 W_F的电流减小，从而减小励磁机的输出电压，最终减小了 W_Z的励磁电流，使发电机输出电压降低；当同步发电机输出电压偏低时，控制可控硅的分流使流过 W_F的电流增大，最终使同步发电机输出电压升高。通过这种负反馈控制使发电机输出电压稳定在给定值。

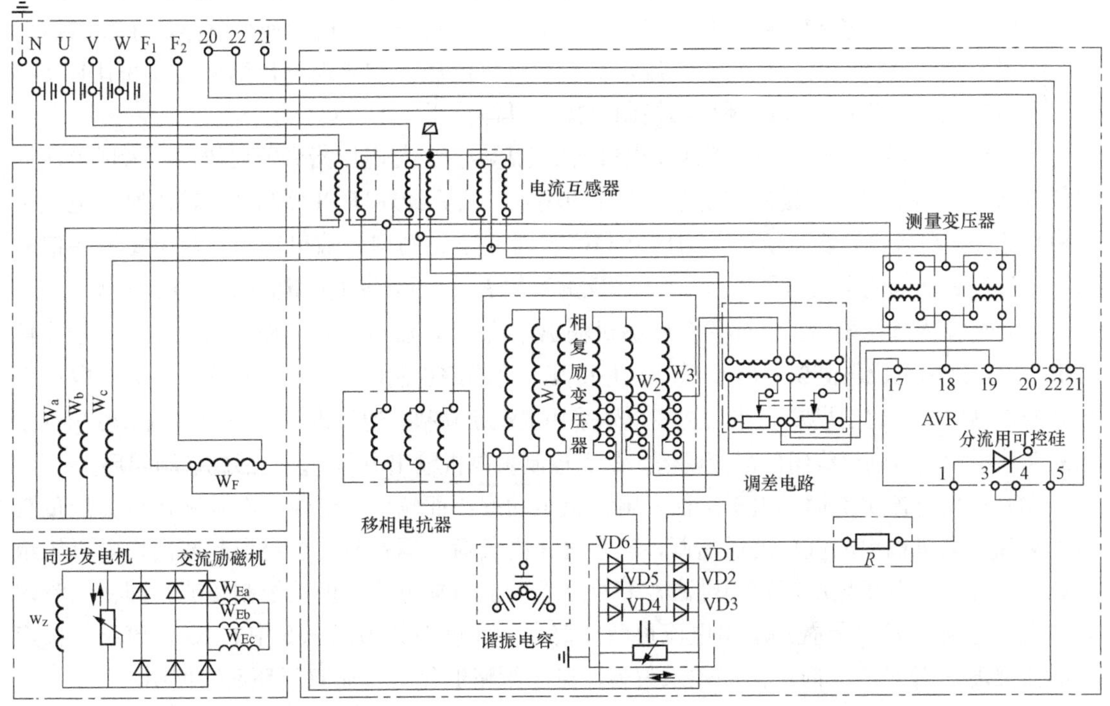

图 8.4　国内舰艇电站广泛使用的无刷同步发电机励磁控制系统的原理图

8.1.2　整流发电机控制系统

常规潜艇在水下航行时需要以蓄电池给推进电机供电，因此潜艇的电力系统通常以直流电为主，这就需要发电机发出直流电。同样，在近些年，舰船综合电力系统采用直流区域配电成为发展的新方向，这也需要发电机发出直流电。但是，直流发电机存在功率密度小、容量小、故障率高等缺点，因此采用交流整流发电机是一种较好的选择方式。

交流整流发电机实际上是把整流装置与交流发电机集成在一起的一种发电机系统，为了获得良好的直流电能，通常采用多相多脉波整流方式，图 8.5 是一种多相整流发电机的原理框图。

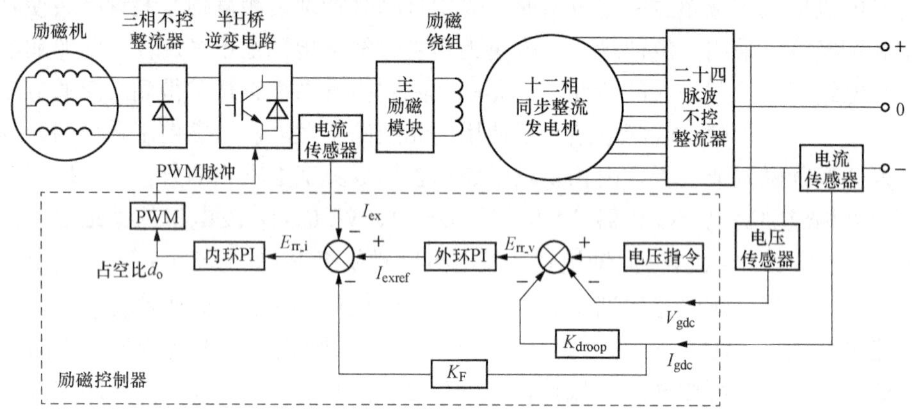

图 8.5　多相整流发电机的原理框图

发电机本体为十二相同步整流发电机，由原动机拖动至工作转速，产生的十二相交流电经二十四脉波不控整流器转换为直流输出。励磁系统由励磁机、三相不控整流器、半 H 桥逆变电路、主励磁模块和励磁控制器组成，其中，励磁机经整流桥和逆变电路给主励磁模块供电；励磁控制器调节发电机励磁电流，实现发电机调压。整流发电机励磁控制采用图 8.5 所示的带电压下垂特性的双闭环反馈控制方案，具体如下。

(1) 电压外环。励磁控制器检测发电机输出电压 V_{gdc}，与电压指令值比较后，形成电压误差信号 E_{rr_u}，并将其作为励磁控制电压外环的输入，然后经外环 PI 控制器，输出励磁电流指令信号 I_{exref}。在多机并联系统中，为使并联机组能够按比例均分输出功率，在电压误差信号 E_{rr_u}上还需叠加电流反馈信号 I_{gdc}，并通过反馈系数 K_{droop}调节机组承担的输出功率比例。

(2) 电流内环。励磁控制器检测励磁机输出电流 I_{ex}，在与电压环输出的励磁电流指令信号 I_{exref}比较后，形成电流误差信号 E_{rr_i}，并将其作为励磁控制电流内环的输入，然后经内环 PI 控制器，输出占空比信号 d_o。半桥逆变电路采用 PWM 调制，通过占空比信号 d_o调节输出到主励磁模块中发电机励磁绕组的电流幅值，从而控制发电机输出电压 V_{gdc}，形成控制闭环。

(3) 输出电流负前馈。由于柴油发电机机组功率小而响应速度快，在并联运行突加负载时，柴油发电机输出电流会出现超调，当系统在高负荷区运行时，容易引起柴油发电机机组过载。为此，在双闭环反馈控制励磁控制策略基础上增加电流负前馈控制环节，即在电流内环电流误差信号 E_{rr_i}上叠加输出电流负前馈信号，前馈系数为图 8.5 中的 K_F。该系数决定了前馈强度，当 $K_F=0$ 时，前馈效果为零，控制策略退化为普通双闭环反馈控制。

发电机整流装置一般位于发电机上层，由 4 个全波整流桥组成，每个整流桥由 6 个整流二极管及散热器、快速熔断器组成。整流发电机的整流器电路如图 8.6 所示。快速熔断器用于在发电机外部短路时快速熔断以保护电机内部。快速熔断器端头有微动开关，当熔断器断开时，即触动微动开关从而显示整流装置故障报警。

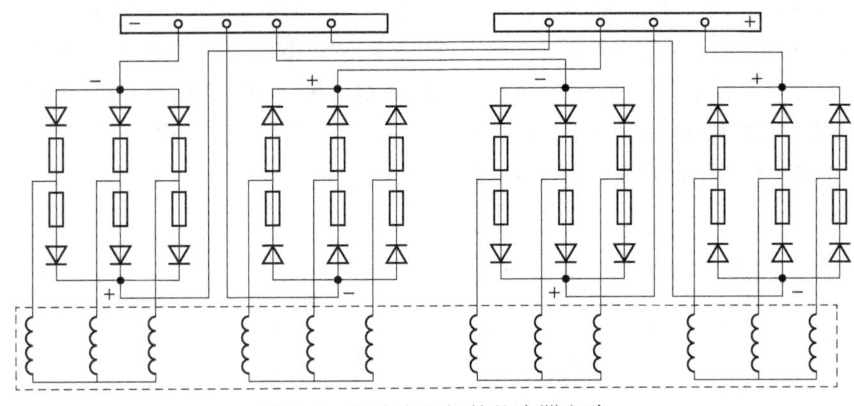

图 8.6　整流发电机的整流器电路

8.2　舰船配电系统

8.2.1　直流区域配电系统

直流区域配电系统（DC Zonal Electric Distribution System，DC-ZEDS）是一种舰船新型配电系统，它以直流为主要的电能传输和分配形式，对全船的电力系统进行区域划分。以电力电子变流装置为核心元件，利用现代电力电子变流技术，将整流器、逆变器、斩波器等变流装置组成合理、高效的配电网络，向用电负载提供不同电制（交流或直流）、不同频率、不同幅值的电能。与传统的辐射状配电技术相比，直流区域配电系统有利于提高舰船生命力、减少配电系统总重量、降低总制造成本、有利于舰船的总体优化和升级改造。

以美国海军 DDG1000 驱逐舰为例，其直流区域配电系统为舰上电力负载提供灵活、可靠且高质量的电能，其特点是设备故障或在战斗损坏时，配电网可以自动重构，在最大范围内保证供电的连续性。直流区域配电系统结构示意图如图 8.7 所示。

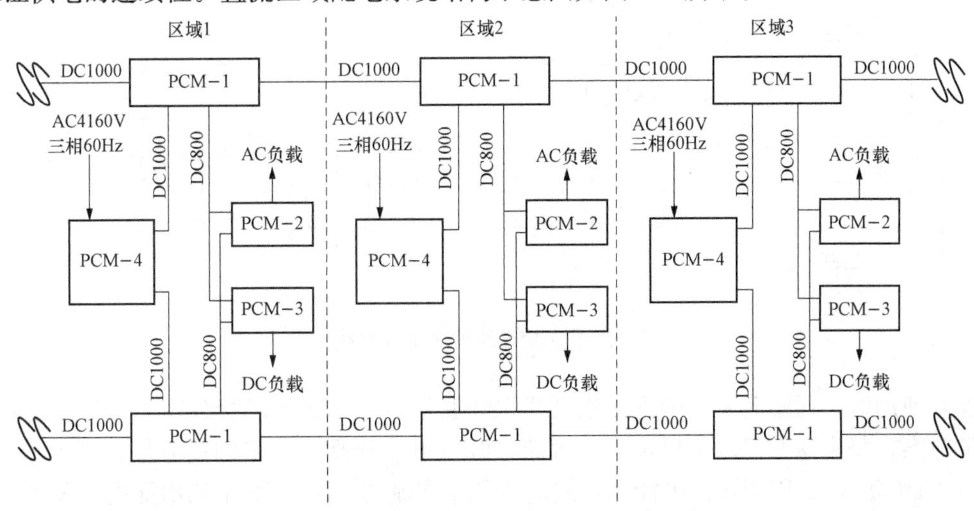

图 8.7　直流区域配电系统结构示意图

图 8.7 中 PCM - 1～PCM - 4 都是基于电力电子技术的功率变换模块（Power Covertion Module，PCM），其主要功能简要介绍如下。

PCM - 1：将 1000V 直流电变换为 800V 直流电，由控制单元、配电部件及多个电力电子变换模块（Ship Service Conversion Module，SSCM）组成，SSCM 的主体是带高频隔离变压器的 DC - DC 变流装置，考虑到输入电压比较高，输入端采用了三电平单相桥式逆变电路结构。SSCM 的主电路结构如图 8.8 所示。在实际使用时，为了提高容量及降低冗余性，通常采用多个图 8.8 所示的 DC - DC 变流器并联运行。

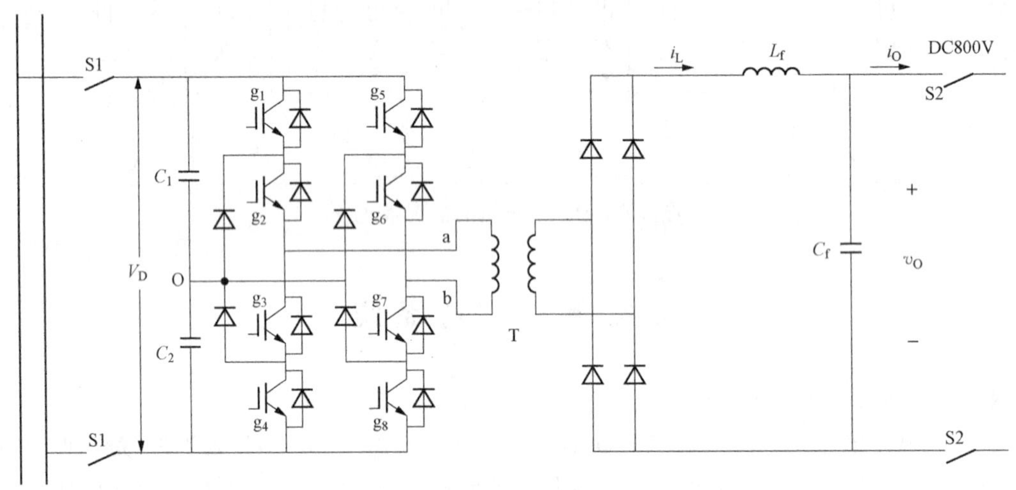

图 8.8 SSCM 的主电路结构

PCM - 2：将 800V 直流电逆变为 450V、60Hz 的交流电，为本区域内相应电压等级的交流负载供电，由控制单元、配电部件及多个电力电子逆变模块（Ship Service Inverter Module，SSIM）组成。这里的逆变模块可采用常规的三相两电平逆变电路（见图 8.9），图 8.9 中，逆变模块输入、输出侧的熔断器和接触器提供电气隔离和保护功能。熔断器为接触器提供后备保护。

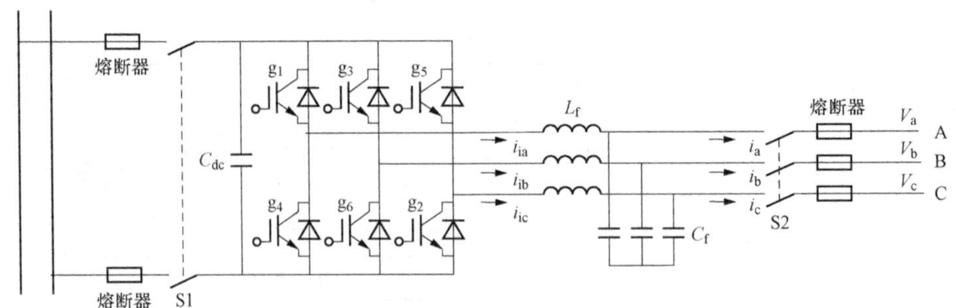

图 8.9 逆变模块的主电路结构

实际使用时，通常有两个或多个逆变模块并联运行。图 8.10 给出了一种两个逆变模块并联的方案，每个逆变模块都可由两舷直流母线供电，提高了供电的可靠性。图 8.10 中的二极管 VD1 和 VD2 用于保证电能从母线向负载单向流动，S1～S3 是输出配电开关。

PCM-3：将 800V 直流电变换为 270V 直流电，其结构与 PCM-1 基本相同，为本区域相应电压等级的直流负载供电。

PCM-4：将发电机输出的 4160V、60Hz 交流电整流为 1000V 直流电，由变压器、可控整流器和滤波器组成。

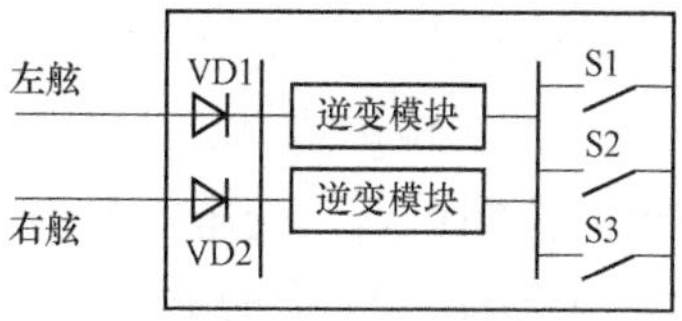

图 8.10　典型低压交流网络

8.2.2　电力电子变压器及智能配电

变压器是舰船上的重要电能变换设备，实现电气隔离、电压等级变换、能量传输等功能。在中压配电的船舶电力系统中，低压电气设备都通过变压器来供电，此时变压器作为所有低压设备的能量之源，其作用尤其重要，对其供电品质和供电的可靠性均提出了非常高的要求。但是，传统工频变压器存在着体积、质量大，空载合闸励磁涌流大，无法对电能（功率因数、电压、频率等）进行调节等不足之处。由此一种新型的电力电子变压器的概念被提出，并在电力系统中开始应用。

电力电子变压器（Power Electronic Transformer，PET）又称电子电力变压器（Electronic Power Transformer，EPT）或固态变压器（Solid State Transformer，SST）。它是一种将电力电子变换技术和基于高频电磁感应原理的电能变换技术相结合，实现将一种电力特征电能转变为另一种电力特征电能的新型智能变压器。它在完成常规变压器变压、隔离、能量传递等功能的同时，也可以完成波形控制、电能质量调节、潮流控制和系统稳定控制等功能。这种新型 PET 在美国新型航母福特号上取得了应用，在采用新型碳化硅器件的情况下，其体积、质量相对于传统变压器降低了 2/3。

PET 的组成原理框图如图 8.11 所示。对于配电系统的 PET，为了与常规电力变压器一致，将与电源侧相连的 PET 及与其对应的高频变压器的相应绕组定义为一次侧；将与负载侧相连的 PET 及与其对应的高频变压器的相应绕组定义为二次侧。二者之间通过高频变压器相连。

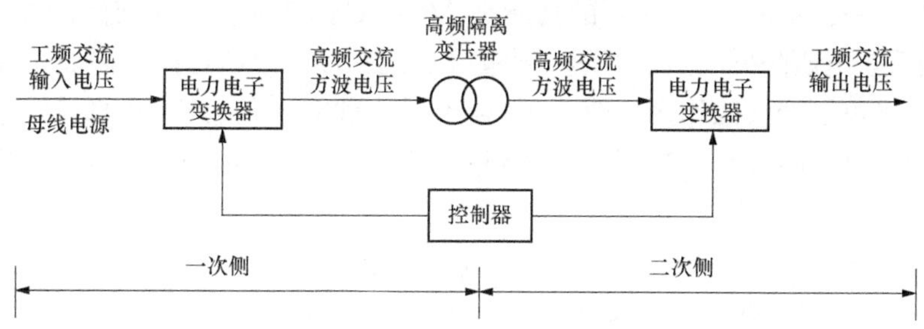

图 8.11　PET 的组成原理框图

PET 的工作原理：在一次侧，工频母线高压通过 PET 的作用变成高频交流方波，即一次侧将电压的频率提高，实现升频的作用。由于变压器的体积与铁芯材料饱和磁通密度和绕组最大容许温升有关，饱和磁通密度大的变压器的体积也大。而铁芯材料的饱和磁通密度又和变压器的工作频率成反比，所以一次侧 PET 的升频作用，可以提升铁芯材料的利用率，以减小变压器的体积，节省变压器所占空间。这也是 PET 相比于传统电力变压器的一大优点。高频方波经过高频隔离变压器变压之后，被耦合到 PET 的二次侧。二次侧的 PET 将经过变压之后的高频方波还原成工频低压交流电能，向负荷供电。一次侧母线电源电压幅值与二次侧输出电压幅值之比称为 PET 的变比。

PET 实现传统电力变压器的基本功能的关键在于：PET 实现电压或电流幅值、频率等波形的控制；高频变压器实现传统变压器电气隔离的作用。

根据图 8.11 中的 PET 中是否含有直流环节，可以将电力电子变压器的具体实现方案分为两类：一类是在电力电子变换过程中不存在直流环节，即交 - 交型 PET；另一类是在电力电子变换过程中存在直流环节，称为交 - 直 - 交型 PET，PET 的两类基本实现方案如图 8.12 所示。

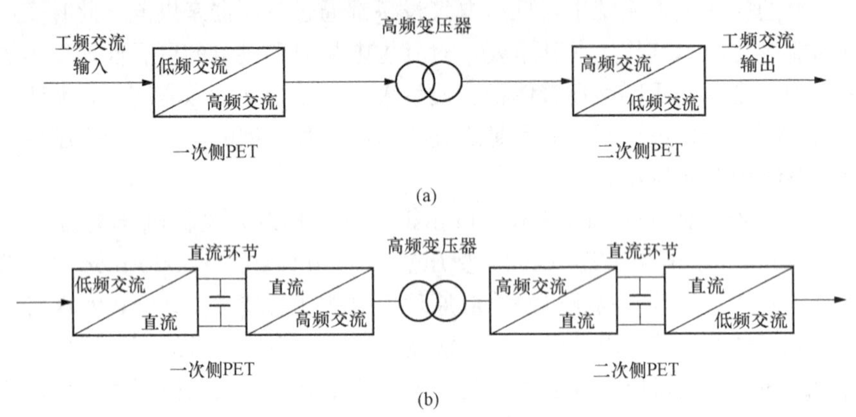

图 8.12　PET 的两类基本实现方案

（a）无直流环节 PET；（b）含直流环节 PET

交 - 交型 PET 拓扑结构较为简单，所需要的功率器件较少，控制方案易于实现，是早期 PET 研究的重点结构。其研究的最初目的是减小电力变压器的体积和质量，而不是对电能质量的改善。其工作原理：工频高压交流信号进入 PET 后，在一次侧被调制成高频交流信号，这时 PET 一次侧的 PET 实现的功能是 AC - AC 的变换。高频交流信号被高频变压器耦合到二次侧后，电压降低，然后经过二次侧 PET 的 AC - AC 变换，变成工频低压交流信号，以实现 PET 电压变换的作用。图 8.13 给出了一种交 - 交型 PET 的具体拓扑结构。这是一种相控单相变压器，由一次侧和二次侧共 8 只双向大功率电力电子开关及中间的高频隔离变压器组成。

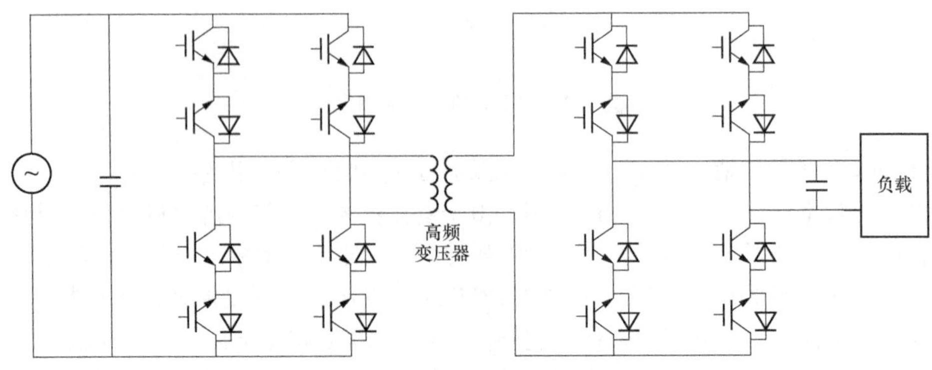

图 8.13　基于交 - 交型 PET 拓扑结构

交 - 交型 PET 的优点是所需要的功率器件相对较少，成本较低，控制方法简单易于实现，在功率较小的场合应用较广。但是，由于其缺少中间的直流环节，而不能对其一、二次电压和电流实现灵活调节，继而不能实现对电能质量进行调节，在一些对电能质量要求较高的场合应用的价值较小。

由于当前电力用户对电能质量的要求越来越高，PET 的研究重点已经向交 - 直 - 交型发展。图 8.14 是一种典型的交 - 直 - 交型 PET 拓扑结构。

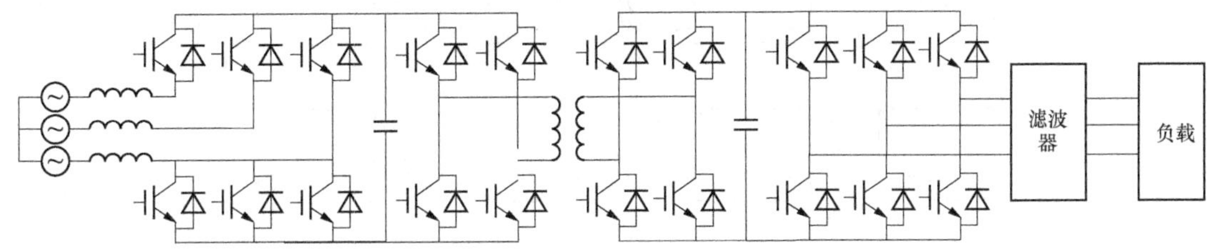

图 8.14　典型的交 - 直 - 交型 PET 拓扑结构

其工作原理：PET 一次侧三相工频高压输入，经过三相整流器的作用，变成直流电压，再经过一单相逆变器的变换，使直流电压变成单相高频方波。该高频方波经过高频变压器的耦合作用，实现电压幅值变化，并被传递到 PET 二次侧。经过高频变压器变压作用的高频方波在二次侧首先经过一单相整流器，变成直流电压。最后，该直流电压经过三相全控逆变器被还原成所需要的工频交流电压输出。由此可见，这种类型的 PET 实际包含两部分的交-直-交变换过程。在 PET 一次侧，AC - DC - AC 实现升频的作用，之后经过高频变压器的变压耦合作用，在 PET 二次侧再一次使用 AC - DC - AC 变换，以实现降频的作用。

由于在 AC - DC - AC 型 PET 的拓扑结构中需要的大功率电力电子器件较多，又存在着两个直流环节，使 AC - DC - AC 型 PET 具有良好的控制作用，对电能质量的提高有重要的作用。但受当前电力电子器件制造水平的限制，在一些大功率场合，这种拓扑结构的 PET 使用需要功率器件的串联使用，以解决高电压的耐压问题。而这将会带来一系列器件的均压和可靠性等问题，使设计难度增大。为了使低功率电力电子器件在中高压电力系统中应用，人们进行了大量的研究。图 8.15 是一种采用模块化级联结构的 PET 方案。

该结构 PET 在输入级使用了模块化级联技术，在中间隔离级和输出级也采用了模块化变换技术。工作原理：首先在高压一次侧，利用级联分压原理，将输入的高压交流电压加至串联在一起的 N 个模块上，使各个模块对输入的高电压进行均分，以减小每个模块上所承受的电压；接着，对每个级联模块的直流电分别逆变成高频交流电；然后，各个模块的高频交流电经过高频变压器耦合至二次侧；最后，对每个模块实行 AC - DC - AC 的变换，输出所需要幅值的工频交流电。

相比于 AC - AC 型电力电子变压器控制功能较为单一的缺点，AC - DC - AC 型 PET 虽然在所需器件数量上有所增加，但是它存在直流环节，可以采取控制措施的单元较多，可以实现对一、二次侧电气量的灵活控制，可以解决现代电力系统所面临的多种电能质量问题。所以，AC - DC - AC 型 PET 将是 PET 发展的主流方向。

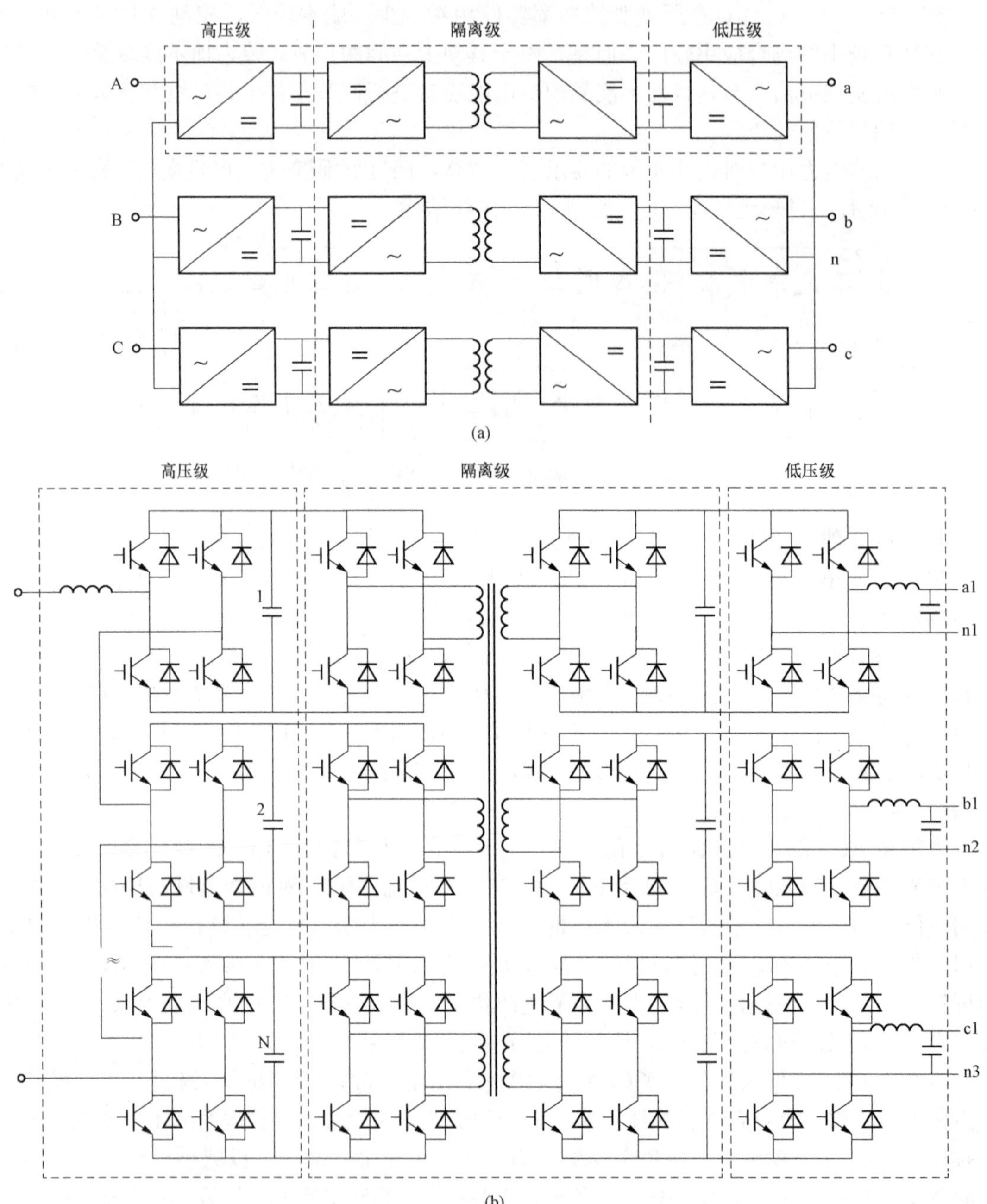

图 8.15 基于模块化级联结构的电力电子变压器

(a) 三相模块化级联型 PET 拓扑结构；(b) 单相级联 PET 详细电路原理图

8.3 船舶电力推进系统

8.3.1 电力推进概况

电力推进是一种以电动机带动轴系和推进器驱动舰船行进的动力方式。相对传统的柴油机推进、汽轮机推进等机械推进方式来说，电力推进具有噪声低、调速性能好、动力装置安装布置灵活、效率高等优点，成为船舶推进系统发展的方向和研究的热点。在民用领域，从 20 世纪 90 年代开始，大量的工程船、游轮、油轮等开始采用电力推进技术。西门子公司、ABB 公司、阿尔斯通公司等国际知名电气公司纷纷针对船舶推进应用开发出系列变频器及推进电动机产品。在军用舰船领域，虽然高可靠性、高功率、高性能成为限制其应用的门槛，但是也阻挡不了其应用发展的势头，英、美、德等国家 20 世纪末开始发展的舰艇电力推进计划目前已经取得显著成效，英国的 45 型驱逐舰、伊丽莎白女王号航母、美国的 DDG1000 型驱逐舰都是成功应用的范例。

电力推进系统的一个典型结构如图 8.16 所示，在该系统中推进电动机及推进变频器是核心关键装置。其中，推进变频调速器作为推进电动机的动力源泉，其性能好坏直接关系到推进电动机的工作性能，是保证推进系统和整个舰船动力系统高效、高性能的关键环节之一。

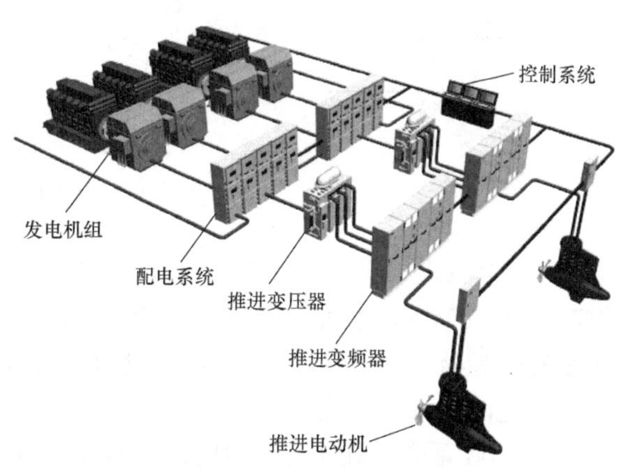

图 8.16　电力推进系统结构

8.3.2　某液化天然气运输船电力推进系统

本节以一艘液化天然气运输船的电力推进系统为例来介绍交流电力推进技术在实船上的应用，该船如图 8.17 所示，配备了 ABB 公司最先进的电力推进装置，其配置如图 8.18 所示。

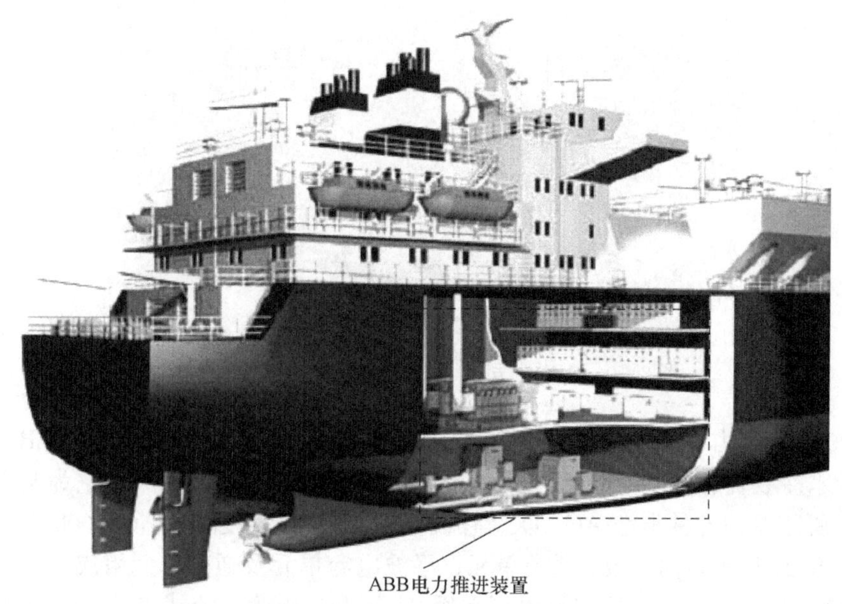

图 8.17　采用 ABB 电力推进装置的液化天然气运输船

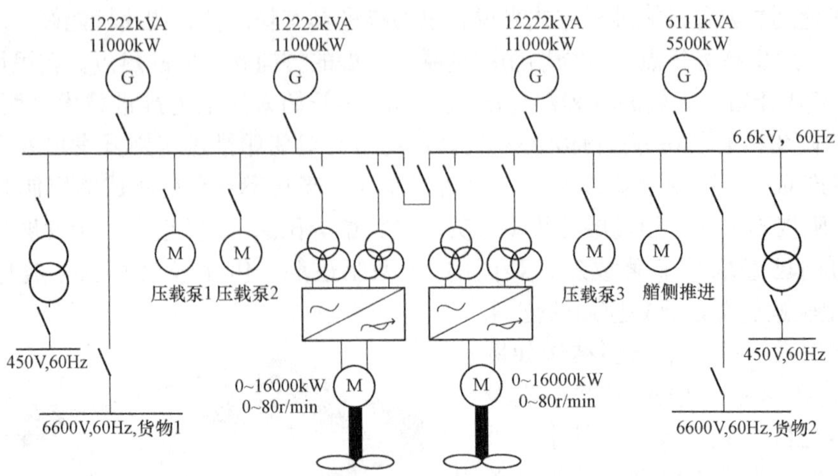

图 8.18 电力推进系统配置

4 台发电机组构成了 6.6kV、60Hz 中压供电系统，推进系统采用双轴配置形式，单轴推进功率为 16MW，推进电动机为 3300V 的双三相感应电动机，由 ABB 公司的 ACS6000 中压推进变频器控制，推进变频器与主配电板之间采用了双 3/6 相推进变压器，可减小推进系统对主电网的谐波干扰。

ACS6000 系列变频器是 ABB 公司开发的中压大功率高性能驱动变频器，功率可达 3～27MW，电压可达 3300V。该变频器的外形如图 8.19 所示，内部结构如图 8.20 所示。

图 8.19 ABB 公司的 ACS6000 系列变频器的外形

图 8.20 中的电力电子组件模块（Power Electronics Building Block，PEBB）是一个集成了驱动及水冷装置的电压源型三电平逆变器单相桥臂（见图 8.21），由它为基本单位可以方便地构成所需要的各种类型 AC - DC 整流器或 DC - AC 逆变器。ACS6000 变频器的主电路拓扑如图 8.22 所示，由二极管整流单元、平波电容单元及逆变单元组成，整流单元一般采用 12 脉波二极管整流，根据需要也可采用 24 脉波二极管整流或者三相三电平 PWM 整流。逆变单元为三相二极管钳位式三电平电压源型逆变器，主开关器件采用 ABB 公司生产的 IGCT。

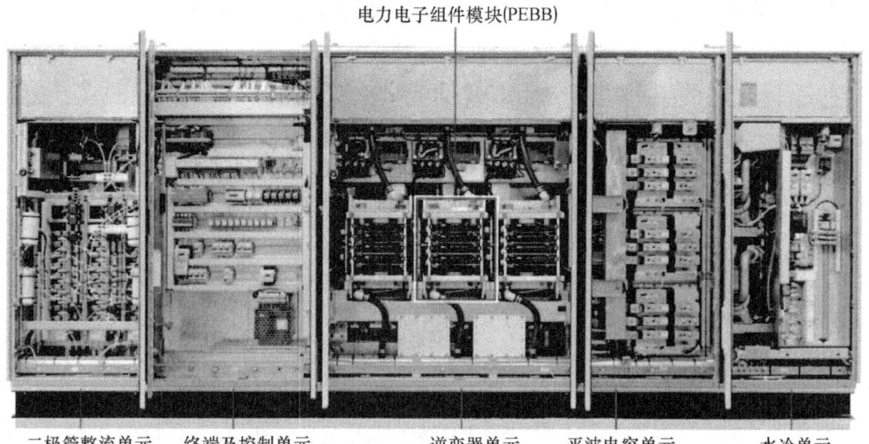

图 8.20　ACS6000 变频器的内部结构

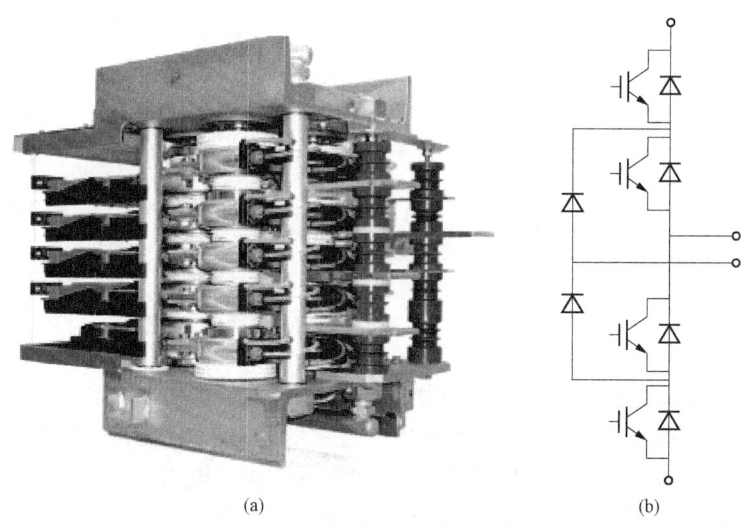

图 8.21　单个电力电子组件模块

（a）PEBB 实际模块；（b）PEBB 的主电路拓扑

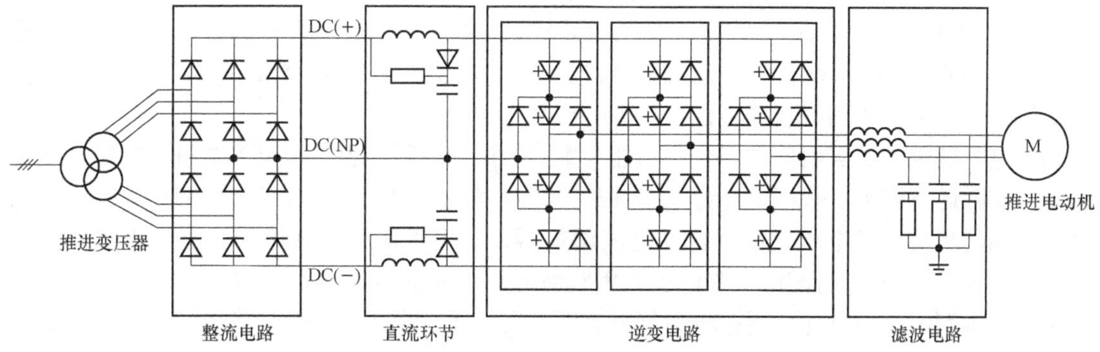

图 8.22　ACS6000 变频器的主电路拓扑

ACS6000 系列中压变频器都采用了先进的直接转矩控制（direct torque control，DTC）技术。DTC 是在 20 世纪 80 年代中期出现的一种交流电机调速控制技术，该控制技术是通过查表的方法选择合适的空间电压矢量，从而实现交流电机转矩和磁链的直接控制，具有控制结构简单、动态响应快的特点。DTC 的原理框图如图 8.23 所示，相关书籍及大量文献对 DTC 有详细分析，这里不再赘述。

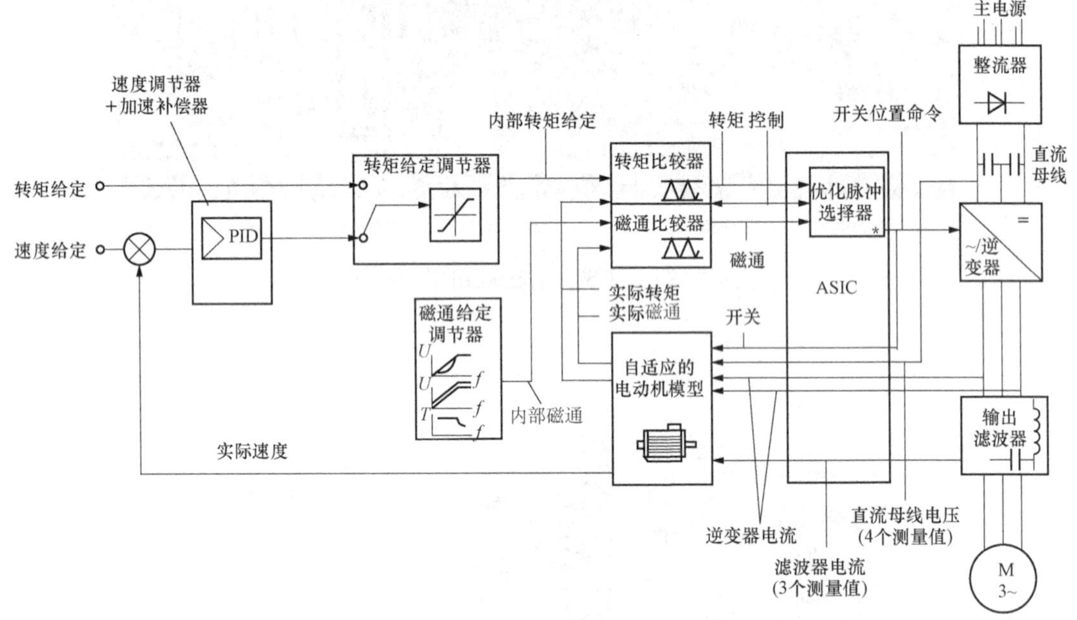

图 8.23 ACS6000 系列变频器 DTC 的原理框图

8.3.3 某 350t 自航起重船电力推进系统

该 350t 自航起重船采用了低压柴油电力推进系统，其核心装置选用的是西门子公司的进口设备，该产品已经在各种类型的船舶上得到大量使用。电力推进系统由供电系统和推进系统组成，供电系统的设备包括柴油发电机组和配电板，推进系统的设备包括推进变压器、变频器、推进电动机、定距桨侧向推进装置。

350t 自航起重船电力推进系统的组成结构如图 8.24 所示，系统主要组成设备包括 400V、50Hz、1025kW 柴油发电机组 3 台；400V 主配电板 1 套；400V/2 × 720V、1500kVA 推进变压器 2 台；400V/690V、15kVA 预充磁变压器 2 台；690V、1200kW 变频器 2 台；690V、1100kW 推进电动机 2 台；400V、200kW 变频器 1 台；380V、200kW 侧推电动机 1 台；定距桨侧推装置 1 台。

供电系统以经济实用性和安全可靠性为主要的设计原则，根据全船主推进、侧推及日用负载的实际运行需求，采用了 3 台 1025kW 的柴油发电机组，总电站容量 3075kW；主发电机为无刷同步交流发电机，带有自动电压调整器，适用于连续并联运行。配电组成：采用 400V 的低压配电板进行配电，配电板利用联络开关分为前后两段，正常情况下联络开关保持闭合。主配电板的设计和制造将满足可靠性、人性化、操作安全性、经济性和优化效率的要求。3 台发电机组的布置可根据总体设计的具体要求进行搭配布置，为了供电的可靠性，具体表现为在任意一段配电板母排发生故障的情况下，都能保证有 2 台发电机组对外供电。

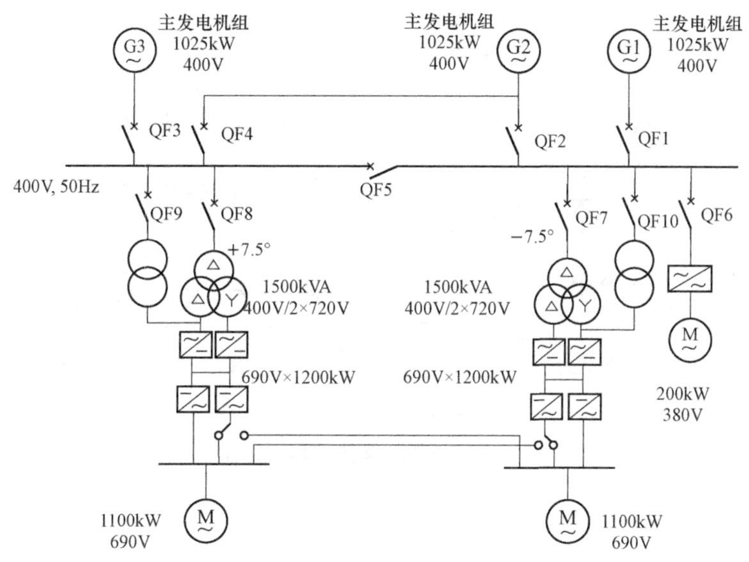

图 8.24　350t 自航起重船电力推进系统的组成结构

主推进装置包括 400V/2×720V、1500kVA 推进变压器 2 台；400V/690V、15kVA 预充磁变压器 2 台；690V、1200kW 变频器 2 台；690V、1100kW 推进电动机 2 台；400V、200kW 变频器 1 台；380V、200kW 侧推电动机 1 台；定距桨侧推装置 1 台。

推进变压器为 12 脉冲变压器，包含两套三相次级绕组，两套次级绕组之间存在着 30°电位移，在交流低压电网上形成 12 脉冲整流回路。一套变压器中的一组初级绕组具有+7.5°电角度偏移，而第二组初级绕组具有−7.5°电角度偏移。当两套变压器同时工作时，便在交流低压电网上形成了 24 脉冲整流回路。两台主推进变频器采用双路输出的冗余模式，在正常工作情况下每台变频器驱动一台推进电动机，当某一变频器出现故障时，通过另外一台变频器可同时驱动两台推进电动机。推进电动机功率为 1100kW，采用卧式安装结构，设计转速为 750r/min，能够长时间运行。

主推进变频器为西门子公司的 SIMOVERT MASTERDRIVES 型变频器，其外观及内部布置如图 8.25 所示，其原理框图如图 8.26 所示，主电路采用 AC - DC - AC 结构，整流部分采用 12 脉波二极管整流器，逆变部分采用基于 IGBT 的三相三电平 PWM 变频器。变频器的控制方式采用矢量控制，矢量控制又称磁场定向控制，是 20 世纪 70 年代初所提出的一种交流电动机控制技术，它通过解耦变换，可以使异步电动机像他励直流电动机那样控制，从而大大提高了交流电动机的控制性能，是交流电动机控制技术的一次飞跃。

图 8.25　自航起重船推进变频器的外观及内部布置

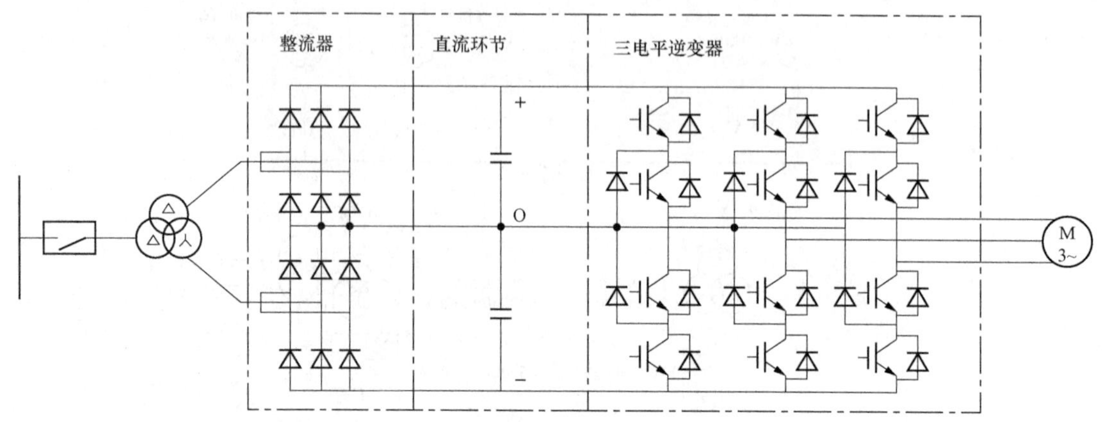

图 8.26 推进变频器的原理框图

矢量控制的原理框图如图 8.27 所示。

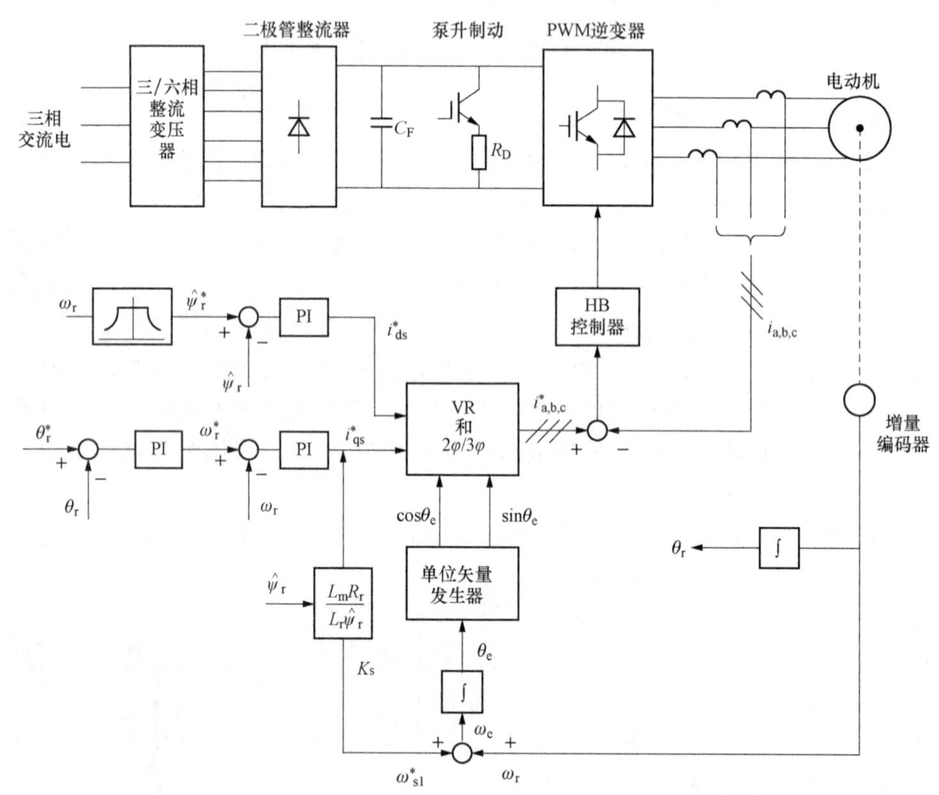

图 8.27 矢量控制的原理框图

8.3.4 45 型驱逐舰电力推进系统

45 型驱逐舰是世界上首艘采用综合全电力推进系统（integrated full electrical propulsion，IFEP）的水面舰艇，2003 年开始建造，排水量超过 7000t，设计最高速度高于 27 节，航程大于 7000 海里。目前，45 型驱逐舰已建成 6 艘，分别为“勇敢”（Daring）号（见图 8.28）、“不屈”（Dauntless）号、“金刚石”（Diamond）号、“天龙座”（Dragon）号、“保卫者”（Defender）号和“邓肯”（Duncan）号。

图 8.28　英国 45 型驱逐舰“勇敢”号

45 型驱逐舰的综合电力系统如图 8.29 所示，该系统采用 2 台新一代 WR-21 循环燃气轮机作为原动机，每台功率为 21.4MW，用以驱动 2 台 21MW 的交流中压发电机。此外，还配备了两组 2MW 级的柴油辅助发电机组。45 型驱逐舰的主电力系统是 4160V、60Hz 的交流中压电力系统，日用负载由中压变压器变换为 440V、60Hz 电压供电；推进负载由中压

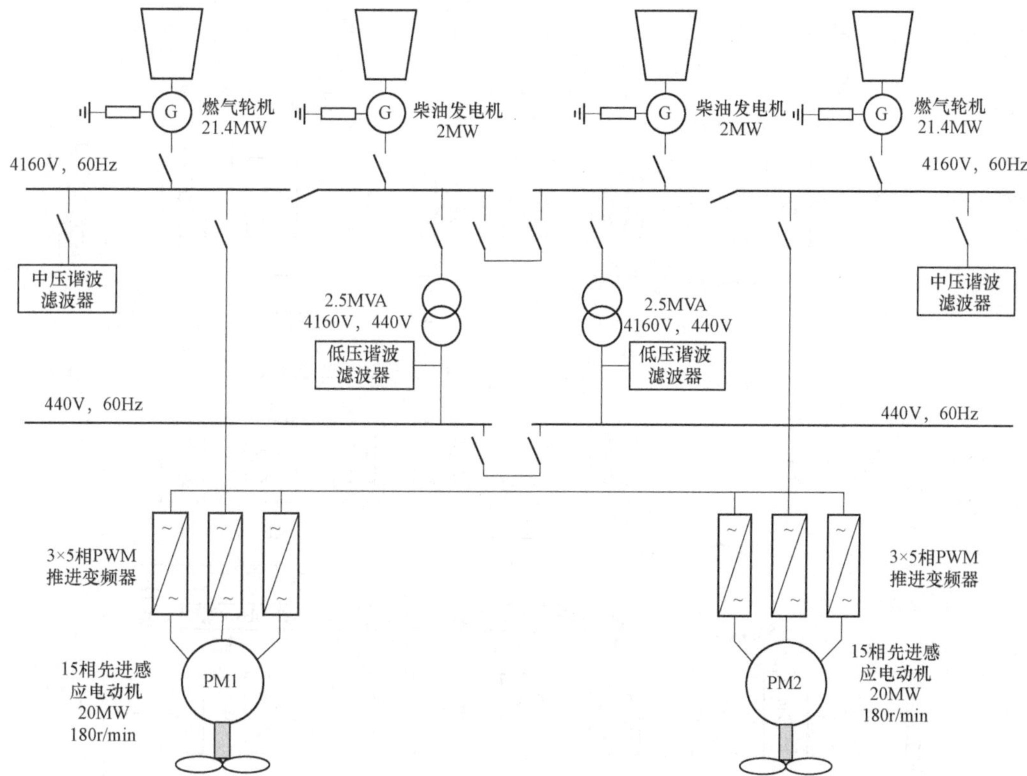

图 8.29　45 型驱逐舰的综合电力系统

系统直接供电。推进系统采用的是阿尔斯通（ALSTOM）公司研制的十五相先进感应电动机（Advanced Inductlon Motor，AIM），该电动机具有转矩密度高、功率密度大，技术风险小的优点，被认为在现阶段填补了传统电动机和永磁电动机之间的空白。英国 2014 年 7 月下水的全电力航母“伊丽莎白女王”号（见图 8.30）也采用了相同的推进电动机。与先进感应电动机配套的是十五相 H 桥变频器，其额定输出功率为 21.8MVA（最高达 25MVA），输入电压为 AC4160V，输出电压为 AC0～3700V，输出频率为 2～20Hz，对应的电动机同步转速为 20～200r/min。图 8.31 为其变频调速系统主电路拓扑。

图 8.30　英国皇家海军全电力航母“伊丽莎白女王”号

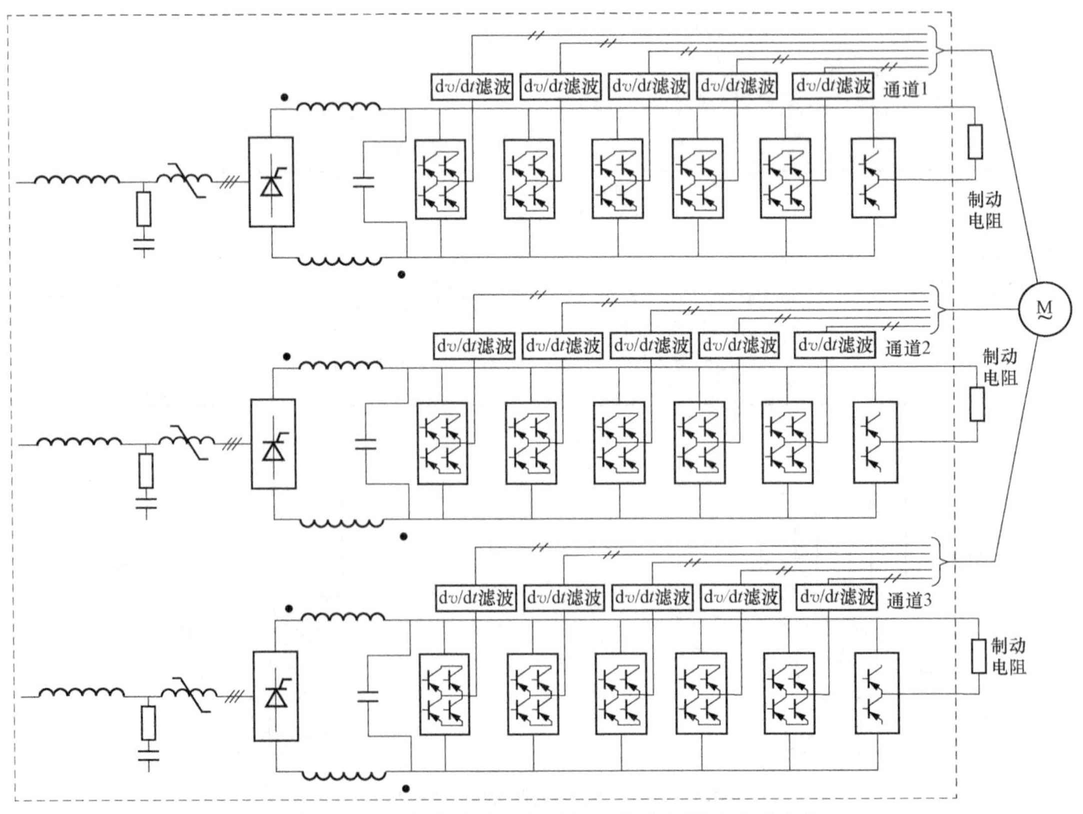

图 8.31　十五相先进感应电动机配套变频器主电路拓扑

变频器设计成 3 个独立的同步运行单元，每个单元包括 1 个 6 脉冲 SCR 整流桥、1 条直流母线和 5 个并联的 H 桥，每个单元都有 1 台独立的微处理器控制（这种结构允许电动机 5 相、10 相、15 相运行，故障条件下也可以使用 5 相或 10 相运行）。

推进电动机控制策略：采用标量控制策略（恒转差率控制），不需要转子位置传感器。变频器 3×5 相设计，允许使用 3 个控制器，因此不会出现单个控制器故障而使整个系统无法运行的情况。3 个控制器必须精确地与驱动器同步才能正确运行。在 3 个控制器之间使用串联的高速光纤进行高速通信，传送 2kHz 的载波、电桥可控硅触发同步信号、电动机相电流反馈信号、转速设定以及相位信号。3 个控制器中 1 个被指定为主控制器，另外两个作为从控制器。主控制器为从控制器提供正确的同步定时信息。主控制器可以任意设定，3 个串联控制器中的 1 个出现故障，对系统的影响不会太大。3 个控制器都与舰船监控系统通过以太网连接起来，通信连接也使用 3 重冗余设计。推进系统采用水冷却装置，进一步减小了装置的体积，同时提高了运行的稳定性。

8.4　船用 UPS 装置

UPS 主要用于给船上重要设备如主机滑油泵等提供不间断电能供应。当船舶供电输入正常时，UPS 将供电整流通过逆变器或直接稳压后提供给负载供电，此时的 UPS 是一台稳压器，同时向机内蓄电池充电；当正常供电发生中断时，UPS 立即将电池的电能通过逆变转换向负载供电，使负载维持正常工作。

8.4.1　UPS 的类型及工作原理

UPS 的分类方法很多，按输出波形分有直流和交流，交流 UPS 又可以细分为方波、梯形波和正弦波 UPS；按有无机械运动分有动态 UPS 和静态 UPS，动态 UPS 依靠一个大飞轮存储的动能来维持供电不中断，静态 UPS 以蓄电池储能，应用电力变换技术实现不间断供电。

直流 UPS 实际上由可控整流电路构成，整流后即为需要的直流电压。当输入市电工作异常时，可以改由蓄电池组供电，其电路结构较为简单，如图 8.32 所示。

根据交流 UPS 的电路结构、不间断供电的方式及人们的习惯，交流 UPS 又分为后备式、双变换在线式、在线互动式和双变换电压补偿在线式 4 种类型。下面主要介绍前两种交流 UPS 的工作原理。

1. 后备式 UPS

后备式 UPS 又称离线式 UPS，是静态 UPS 的最初形式，它是以市电供电为主的 UPS，其工作原理如图 8.33 所示。

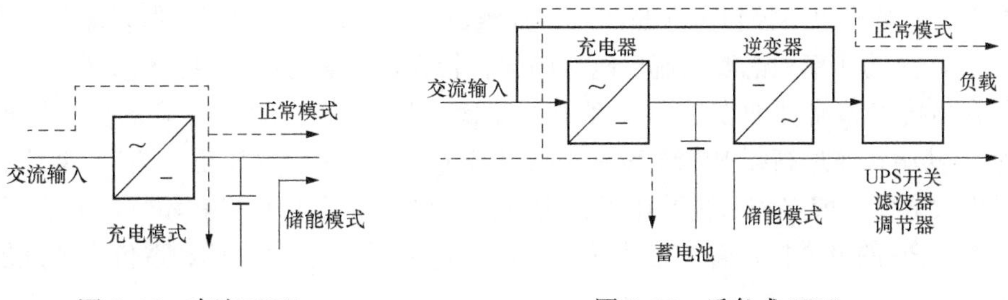

图 8.32　直流 UPS　　图 8.33　后备式 UPS

当市电电压处于 175～264V 的正常值时，UPS 首先经低通滤波器对电网高频干扰进行适当的衰减、抑制处理，然后分两路去控制后级电路正常运行。一路到充电器对 UPS 内的蓄电池组进行充电，另一路到交流旁路通道上的简单稳压电路（如变压器抽头调压式稳压电路），经过转换开关向负载供电（转换开关一般由小型快速继电器或接触器构成，转换时间为 2～4ms）；转换开关是由 UPS 逻辑控制电路控制的。逆变器处于空载运行，不向外输出能量。

当市电供电故障（如市电电压低于 175V 或高于 264V 时）或供电中断时，UPS 将按下述方式运行：充电器停止工作；转换开关在切断交流旁路通道的同时，将负载同逆变器输出端连接；逆变器将蓄电池中储存的备用直流电变换为 50Hz、220V 电压，维持对负载的电能供应。根据负载要求，逆变器输出电压可设计成正弦波、方波或准方波。

后备式 UPS 的优点是结构简单、可靠性高、效率高、成本低，缺点是供电波形质量较差、频率适应性差、市电转换逆变器工作转换时间较长（4～10ms）。一般后备式 UPS 功率多在 2kVA 以下。

2. 双变换在线式 UPS

双变换在线式 UPS 为最常见的 UPS 类型。其工作原理如图 8.34 所示，当市电正常时，由市电经 AC - DC、DC - AC 两次变换后供电给负载，故称它为双变换在线式 UPS。当市电异常时，它由蓄电池经过 DC - AC 变换供电，只有逆变器发生故障，才通过转换开关切换，市电直接旁路给负载供电。它是一种以逆变器供电为主的工作方式，以图 8.34 说明它的工作过程。

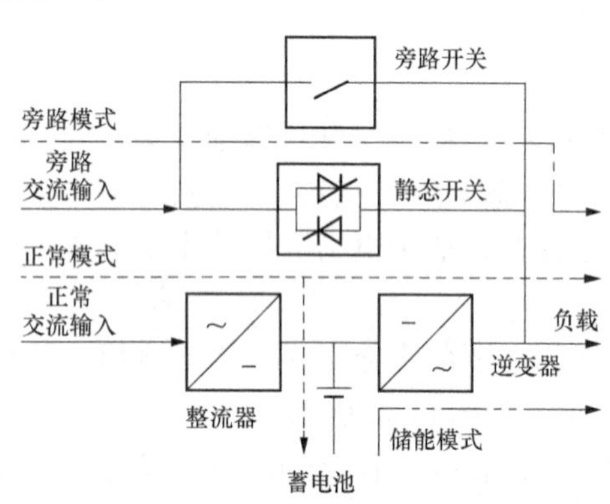

图 8.34　双变换在线式 UPS 的工作原理

当市电正常时，经滤波，分 3 路去控制后级电路：第 1 路是交流电整流变换为直流电，经充电器对蓄电池组进行浮充电；第 2 路是经过整流器和大电容滤波器变为平稳的直流电，再由逆变器变换为稳压稳频的交流电，通过转换开关输送给负载；第 3 路是转换开关的控制，如果逆变器出现故障，在逻辑电路调控下，UPS 转为市电直接给负载供电。

当市电出现故障（供电中断、电压过高或过低）时，UPS 工作程序如下：关闭充电器，停止对蓄电池充电；逆变器改为蓄电池供电，维持负载电能的连续性。

双变换在线式 UPS 优点是无论市电正常与否都由 UPS 的逆变器供电，系统供电质量好，市电转换到电池供电可实现零切换时间；然而，它的功率传输要经过两次转换，系统效率低、成本高，整机以不控整流或晶闸管相控整流为主，输入功率因数低，输入电流高次谐波可达 30%，无功功率和谐波电流对电网的损害较大，不满足电源绿色化要求。

随着高频技术和器件的发展，出现了双变换结构 UPS 高频机，其系统结构框图如图 8.35 所示。其输入通过高频 PWM 整流或 APFC（有源功率因数校正电路），系统去掉输出变压器，大大降低了成本和系统的体积、质量；可单独设计电池充电环节，电池配置灵活，从而提高了 UPS 的可靠性；解决了传统式 UPS 结构体积大、效率低和造价贵的问题，具有显著的优点。

8.4.2　220V 交流 UPS 装置

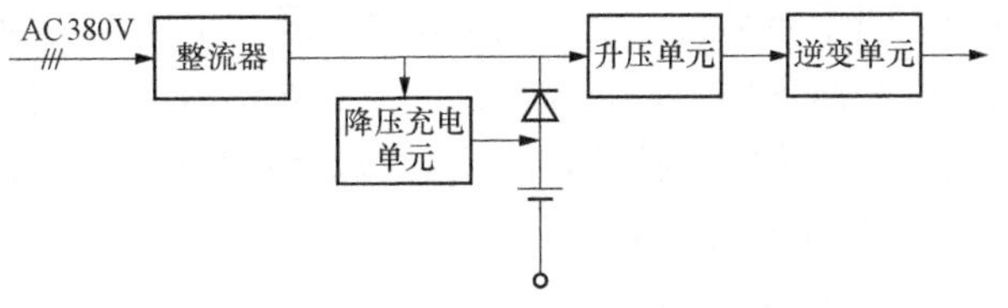

图 8.35　UPS 高频机的系统结构框图

该装置主要为舰船电力、动力等监控系统及部分重要设备提供单相 220V 交流 UPS，其功能结构框图如图 8.36 所示。电源的主要工作模式如下：

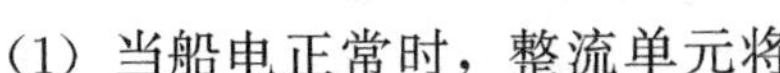

（1）当船电正常时，整流单元将三相 380V 交流舰电转换为直流电，给逆变器单元供电，同时通过充电单元对蓄电池进行先恒流后恒压充电，逆变单元将直流电转换为电压稳定的单相 220V 交流电供给负载。

（2）当船电发生故障时，蓄电池组自动通过放电单元向逆变器供电，使输出供电不间断。

（3）当船电恢复正常时，装置自动恢复对蓄电池组充电及对逆变器供电。

（4）当蓄电池组欠电压或逆变单元发生故障时，负载自动切换至旁路供电。

（5）装置检修时，将手动维修开关切换至维修状态，此时负载将不间断地切换至旁路供电，检修完毕后再将开关返回，维修开关切换时负载不断电。

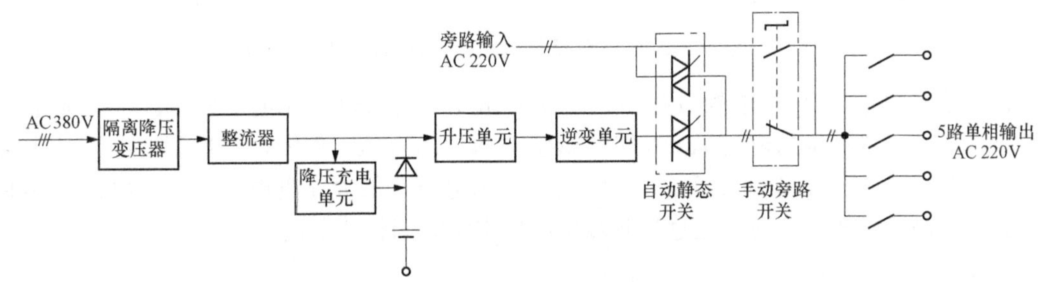

图 8.36　220V 交流不间断电源的功能结构框图

1. 隔离变压器和整流器

隔离变压器和整流器部分电路如图 8.37 所示，UPS 输入端使用接触器接入 380V 交流电网，经 EMI 滤波器、FU1 熔断器和 ZX、C_1 构成的 LC 滤波器后，输送给隔离变压器。为安全起见，大容量 UPS 采用工频变压器实现系统输入、输出的电气隔离。由于隔离之后采用 12 脉波整流，工频主变压器采用 3/6 变压器，输出六相分为 2 组，各组内各相电压互差 120°，组间电压互差 30°，保证整流输出为 12 脉波。同时，为与后一级电压匹配，变压器兼有降压的功能，降压后的线电压应在 150V 左右。

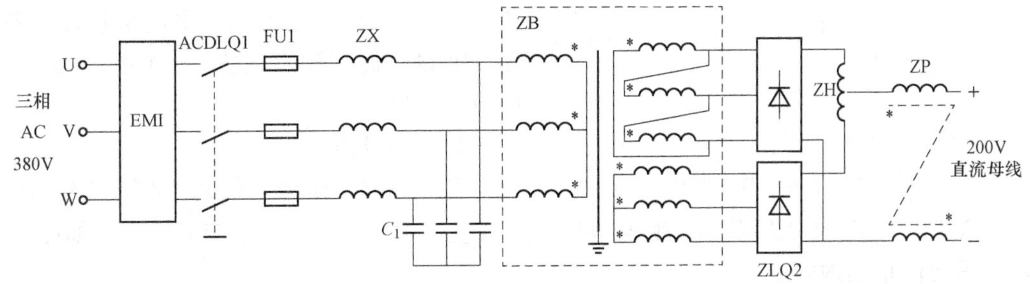

图 8.37　隔离变压器和整流器部分电路

该装置的整流器采用 2 组三相不控整流电路并联而成。每组不控整流输出为 6 脉波直流电压，两组脉动直流电压的波动相位不同，并联后可得到12脉波直流电压。为避免并联时发生不平衡现象，在并联处加入平衡电抗器ZH；同时，为直流母线电流连续平滑，并联后还加了一级平波电抗器，之后直流母线得到200V左右的电压。

2. 降压充电电路

整流器输出电压为200V左右，而该装置的蓄电池组电压为72V，故存在很大压差。当整流器对电池组充电时，必须使用降压电路充电，降压电路实际上为一个Buck DC-DC变换电路，其电路结构降压原理如图8.38所示。

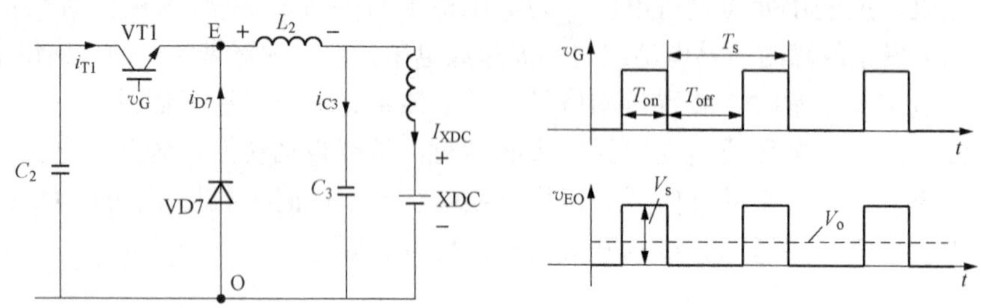

图8.38 Buck DC-DC变换电路的电路结构及降压原理

在对蓄电池组XDC充电的过程中，必须遵循先恒流后恒压充电的原则。恒流充电时，通过检测流入蓄电池组的电流I_{XDC}来实时调整降压后的电压。例如，当检测的电流过小时，则增大VT1的占空比（导通时间），从而增大输出电压，加大充电电流；输出电流过大时，进行相反控制。恒压充电时，通过检测输出电压来实时调整占空比。

3. 升压电路

升压电路主要负责直流母线、蓄电池和逆变器输入电源之间的电压匹配。由于最后一级逆变器要输出220V左右的交流电压，因此逆变电路输入端的直流电源至少要在220×1.414≈311V以上，而蓄电池只能提供72V的电压。因此，为连接逆变电路，必须有一级DC-DC升压电路，如图8.39所示。当输入电压正常工作时，整流后直流母线供电，升压电路完成直流母线200V到逆变输入电源350～400V的升压；而输入失电时，二极管导通，蓄电池组供电，升压电路完成蓄电池组72V到逆变输入电源350～400V的升压。

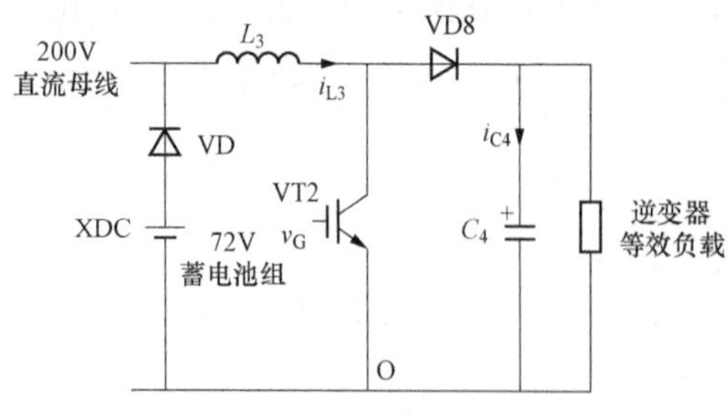

图8.39 Boost升压电路

逆变需要稳定的直流电源，升压电路在升压过程中必须通过闭环控制保持输出电压稳定。当检测的C_4电压过小时，则加大VT2的占空比，使L_3具有更多的电流增量，积蓄更多的能量，提高输出电压；若检测电压过大，则过程相反。

4. 逆变电路

升压电路升压稳定得到400V左右的电压后，由VT1～VT4构成的单相逆变电路将稳定的直流电变换成220V交流输出，如图8.40所示。需要注意的内容如下：

（1）逆变器输出接了滤波器，滤除PWM电压中的高频分量，得到纯净的220V正弦波。

（2）输出电压由逆变器进行闭环控制，当输出电压偏小时，由控制器增大逆变中的调制波的幅值。

(3) 逆变电路在产生 220V 交流电输出时，交流电的相位必须和旁路 220V 同相（由锁相电路完成，控制调制波的相位），如图 8.41 所示，这样在逆变电路到旁路之间的切换时不会发生短路现象。

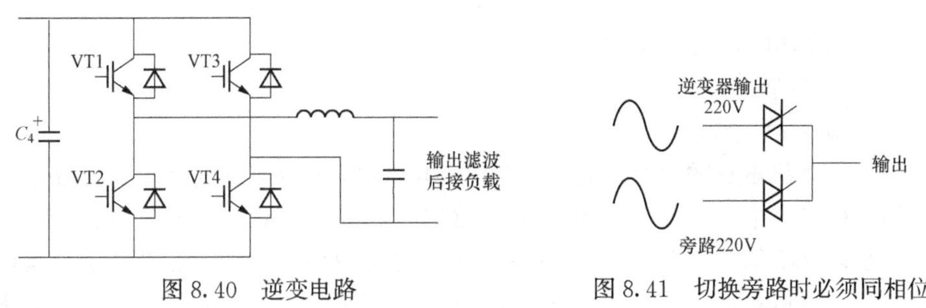

图 8.40 逆变电路　　图 8.41 切换旁路时必须同相位

8.5 舰船中频电源装置

舰船中频电源装置的供电频率是交流 400Hz，主要负责给船上航海、航空、测量等特种设备供电。由于船用电站发出的是 390V、50Hz 交流电，因此要得到 390V、400Hz 的交流电，必须经过电能变换装置。目前，主要采取两种方式实现该变换，一种是采用旋转变流机组的方式，即用一台变频调速异步电动机同轴带一台交流同步发电机，通过控制异步电动机的转速实现调节同步发电机输出电压频率的控制；另一种是采用静止电能变换的形式，即通过 AC - DC - AC 变流器，先把船上 380V、50Hz 交流电整流为直流电，再通过逆变器变换为 390V、400Hz 的交流电。早期的中频电能变换主要采用变流机组形式，由于静止电源具有体积小、噪声小、设备结构简单的优点，目前逐渐成为主流方式。无论采用哪种方式，其核心都是电力电子电能变换装置。

8.5.1 船用中频变流机组

中频电源由变频电源、异步电动机、同步发电机、自动励磁电压调节装置、中频配电板等组成，如图 8.42 所示。由变频器软启动带动异步电动机和连轴同步发电机旋转，由于发电机的极对数较多，可以产生更高频率的三相交流电。通过变频器调频调节异步电动机的输出转速，从而调节发电动机输出交流电的频率，而调节同步发电机的励磁就可以调整发出交流电的幅值。

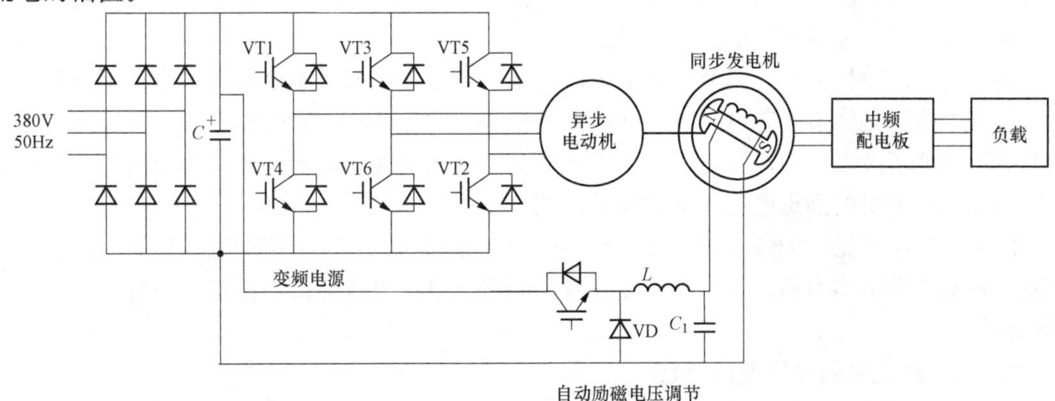

图 8.42 船用中频电源的组成

中频电源的运行原理：

该异步电动机的额定转速为3428r/min，由异步电动机的转速公式可知：

$$n=\frac{60f_{in}}{p_M}(1-s) \tag{8.1}$$

式中，p_M——异步电动机的极对数；

s——转差率；

f_{in}——输入电压频率。

由于异步电动机本身的机械特性，异步电动机的输出转速总是略小于同步转速$60f_{in}/p_M$的。而式（8.1）中，即便不存在转差，这时$n=60f_{in}/p_M$，当$p_M=1$、$n=3428r/min$时，要求异步电动机的输入频率$f_{in}=57.13Hz$，当然极对数不为1、存在转差情况时要求的输入频率更高。可以看出，异步电动机的输入频率，也就是变频电源的输出频率是大于变频电源的输入频率50Hz的，该变频电源工作在升频状态。

400Hz发电主要由同步发电机实现，当励磁绕组通上直流电后，以特定速度（同步转速）旋转时，定子绕组会感应出同步旋转的交流电，这也是同步电动机不同于异步电动机的地方之一。同步发电机的转速公式可以表示为

$$n=\frac{60f_{out}}{p_G} \tag{8.2}$$

式中，p_G——同步发电机的极对数；

f_{out}——输出电压频率。

输出电压频率400Hz，电机组的额定转速$n=3428r/min$，代入式（8.2）可知同步发电机为7对极。

异步电动机和同步发电机同轴可得：

$$n=\frac{60f_{in}}{p_M}(1-s)=\frac{60f_{out}}{p_G} \tag{8.3}$$

$$f_{out}=\frac{p_G}{p_M}f_{in}(1-s) \tag{8.4}$$

由式（8.4）可知，调节电动机输入电压的频率就可以调节发电机输出电压的频率，当同步发电机具有比异步电动机更多的极对数时，同步发电动机就能发出更高频率的交流电。此外，异步电动机软启动和调节转速的时候，必须保证恒V/f控制，保证电动机励磁磁链恒定。一般来说，由于输出频率为400Hz恒频，要保证频率在400Hz左右小幅变化，调异步电动机的转速、变频器输出频率都只是微调。

由发电机的特性可知，调节发电机电压的幅值主要靠调节励磁电流的大小。不过调节电流的最终手段还是调节励磁电压，实际的调压电路为典型的Buck降压电路，通过对直流母线电压不断地斩波以实现对输出励磁电压的调节。由闭环控制励磁电流，当输出电压幅值偏小时，加大发电机的励磁电压，反之则反向调节。

由上述介绍可见，中频电源主要由旋转机组变流器构成，选择旋转机组作为变流器的主要原因是其抗冲击能力强，能够承受较长时间的瞬时电压电流冲击，设备性能可靠，并联运行较容易。

8.5.2 静止中频电能变换装置

400Hz中频电源也可采用静止变流器方案，也就是用AC-DC-AC的电力电子变换器

实现，如图 8.43 所示，可见该装置的主体部分由三相二极管整流电路和三相桥式逆变电路构成，输入端采用变压器进行电压变换和电气隔离，输出部分采用 LC 滤波器，以得到正弦输出电压。采用该方案的特点：体积小、效率高，但是抗冲击能力较差，需要严格对波形进行控制，且并联运行要防止发生环流现象。

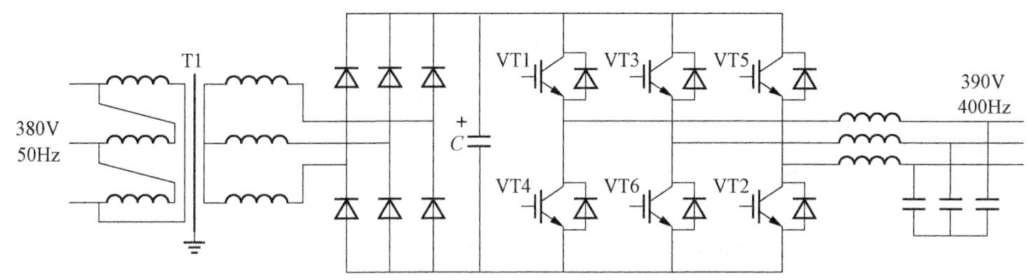

图 8.43　AC - DC - AC 的电力电子变换器实现方案

8.6　船舶蓄电池充放电装置

舰船上很多控制设备需要蓄电池提供 24V 低压直流电，因此配置多个蓄电池室。这些蓄电池平时需要 AC - DC - DC 变流器自动或手动对其充电，也需要 DC - DC 变流器定期对其进行放电，以实现蓄电池维护保养的目的。

图 8.44 给出了一种船用蓄电池充放电装置的原理组成框图。三相 380V 船电通过整流滤波电路（该电路与图 8.37 所示的整流滤波电路相同）后，提供给控制电路和功率电路。功率电路是一种双向 Buck 电路，实际上是两个 Buck 电路与蓄电池并联连接，分别实现蓄电池充电控制和放电控制，如图 8.45 所示。在对蓄电池组充电的过程中，采用先恒流后恒压的电流、电压双闭环充电控制方法。恒流充电时，通过检测流入蓄电池组的电流来实时调整充电 Buck 电路的电压。例如，当检测的电流过小时，增大开关 VT1 的占空比（导通时间），从而增大输出电压，加大充电电流；当输出电流过大时，进行相反控制。在这一阶段，限流环起主要作用，系统工作在恒流充电阶段，充电电压小于设定值。随着蓄电池电量的积累，反电动势增加，充电电压也变大，逐渐达到设定值，这时系统在电压负反馈作用下恒压运行，通过检测输出电压来实时调整占空比。

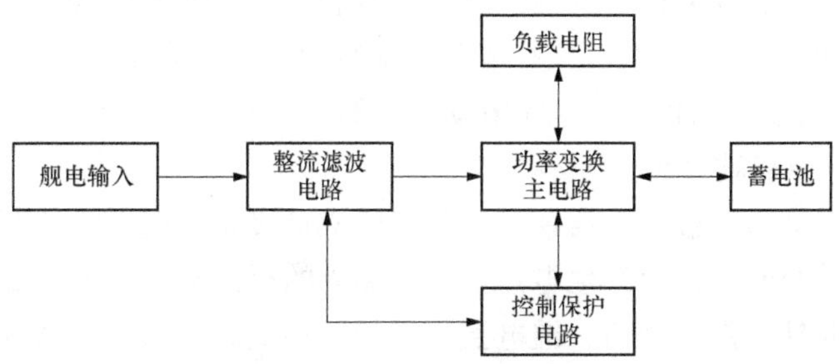

图 8.44　一种船用蓄电池充放电装置的原理组成框图

蓄电池恒压限流充电的外特性曲线如图 8.46 所示，在蓄电池刚开始充电时，内电动势较低，充电电流非常大，需要通过外部控制将电流限制在一个较小的值 I_{ox}，此时系统工作

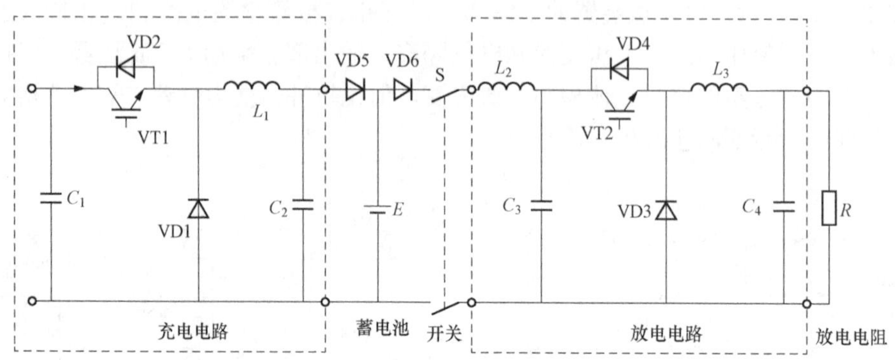

图 8.45　充放电功率变换主电路原理图

在恒流阶段，充电电压小于设定的电压值 V_{oh}，如图 8.46 中的 AB 段。随着蓄电池的电量慢慢增加，内电动势升高，充电电压也变大，最终达到 V_{oh}，即图 8.46 中的 B 点。此后系统工作在恒压阶段，充电电压不变，充电电流慢慢变小，如图 8.46 中的 BC 段。

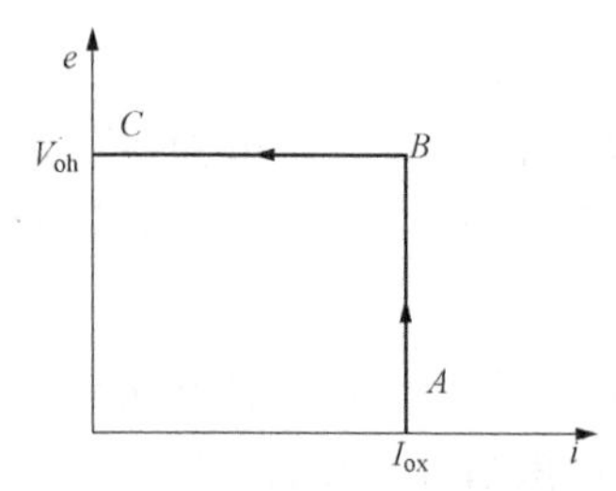

图 8.46　蓄电池恒压限流充电的外特性曲线

由于蓄电池充放电特性较为复杂，长期浮充会影响电池寿命，所以蓄电池长期不用时需要定期将电池放电，因此需要设置放电电路，为避免直接接电阻 R 造成放电电流过大，放电电路实际上设置了一级 Buck 降压电路（见图 8.45），降压后使用放电电阻对蓄电池组进行缓慢恒流放电。恒流放电通过放电电流闭环控制实现，当放电电流过小时，增大 VT2 的导通时间以加大输出电压，反之则减小电压。放电工作时需要将开关 S 合上。

图 8.45 中的二极管 VD5 可保证充电电路单向对蓄电池充电，VD6 可保证蓄电池单向对外放电。

8.7　船舶电力拖动控制装置

船舶电力拖动控制装置是指船舶上以电动机为原动机驱动工作机械运动的装置或系统，如锚机装置、舵机系统、绞缆机、辅助锅炉、制冷装置、空调系统及各种泵（如海水泵、淡水泵、燃油泵、滑油泵等）。目前，这些拖动控制装置以有触点的接触器一继电器控制方式为主，如图 8.47 是用于直流系统的直流电动机二级串电阻启动控制，图 8.48 是用于交流系统的星形 - 三角形降压启动控制。

接触器和继电器称为有触点电器，通过触点的机械接触形成开关通断。其主要缺点是开关速度较慢，在开关断开时，会产生电弧，需要额外的灭弧装置，如果处置不当，会损害器件甚至引发火灾。此外，由接触器、继电器构成的电动机启动和调速系统性能都不理想。例如，图 8.47 所示的直流电动机串电阻启动控制系统，启动电流脉动大、对电网冲击大、启动加速不平稳、启动速度不够快。

图 8.48 所示的异步电动机星形 - 三角形启动控制虽然可以通过降压降低启动电流，但是启动转矩也减小，只适合轻载、正常工作时电动机是三角形连接的情况，启动速度也

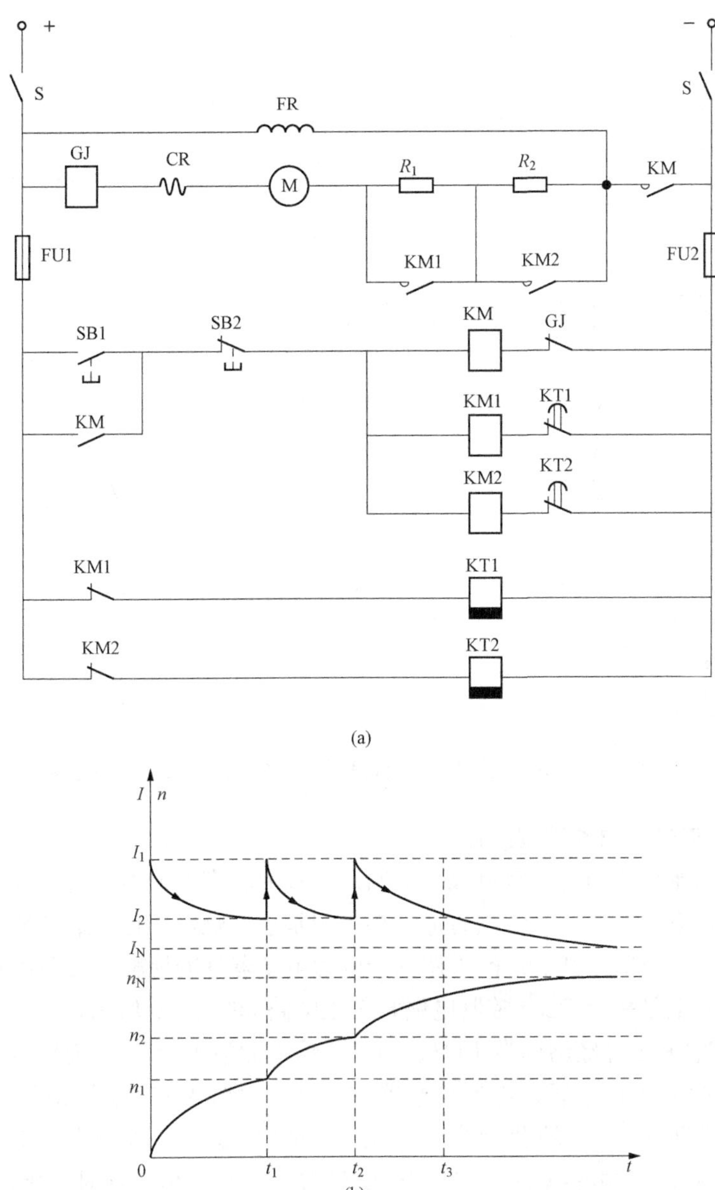

图 8.47　直流电动机串电阻启动控制及其工作特性

（a）控制电路；（b）工作特性

不快。

同时，上述电路只能完成启动控制，不能进行调速，不能实现按负载需求调节转速和功率，从而实现节能的效果。

基于上述有触点接触器-继电器控制存在的不足之处，控制性能更好的无触点控制技术开始逐渐在舰船上应用。无触点控制就是基于电力电子器件的控制技术。电力电子器件基于半导体原理实现开关的通断，速度远快于有触点器件，并且不存在关断电弧问题，通过闭环控制可以获得优良的控制性能。

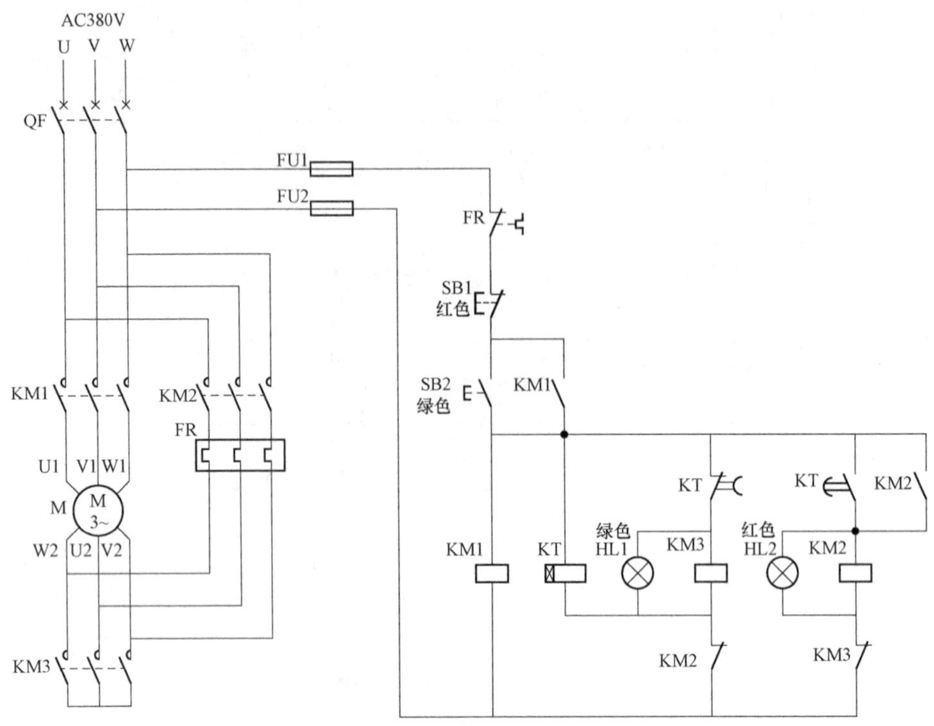

图 8.48 三相感应异步电动机星形 - 三角形自动启动控制电路

8.7.1 直流无触点启动控制装置

有的船舶电力系统采用交、直流混合电制，一些大功率的电力拖动装置由直流电动机拖动，通过蓄电池供电。早期的直流电力拖动都采用基于接触器 - 继电器有触点控制的多级串电阻启动控制方式，目前已开始广泛采用基于电力电子器件的无触点启动控制方式。无触点启动控制装置实际上是一个 Buck 控制电路，其主电路如图 8.49 所示。

蓄电池组直流电压 V_d 经熔断器 FU1、FU2、输入滤波电感 L_1、充电电阻 R_1 及 R_2、电动机电枢 M、串联电感 L_2、霍尔电流传感器 HL 及开关管 VT1 构成回路。当电源端 JX1、JX2 无电压时，手动开关 S5 的脱扣器 MN 无电，触点 S5.1、S5.2 均自动断开；当 JX1、JX2 有电压时，输入滤波电容 C_4 和 C_5 经充电电阻 R_1 和 R_2 充电，这时才能合上开关 S5，其触点 S5.1、S5.2 闭合，短接充电电阻 R_1、R_2。开关 S5 闭合后依靠其脱扣线圈通电保持闭合状态。当电源失电时，脱扣线圈失电，开关 S5 自动断开。

由于电动机在启动过程中从电源所取用的电流是断续的，为了减小启动过程对电网的干扰，引入了输入滤波器 L_1、C_1、C_2、C_3、C_4、C_5；其中，L_1、C_1～C_3 组成高频滤波器，可削弱、衰减高频传导干扰，L_1、C_4、C_5 组成低频滤波器，用于削弱、衰减低频传导干扰。与 C_4 及 C_5 并联的电阻 R_5、R_6 的作用是使 C_4、C_5 上承受的电压均衡一些，防止因 C_4、C_5 漏电阻相差太大而导致电压严重分配不均使 C_4 或 C_5 承受过压被击穿。与电枢串联的霍尔电流传感器 HL 用于检测电枢电流，并将所检测到的与电枢电流 I_a 成正比的电压信号送入控制电路，进行电枢电流控制，并实现短路和过载保护功能。此外，电阻 R_7、R_8 组成分压电路将直流电压 V_d 分压后送入控制电路作为欠电压保护环节的输入信号。

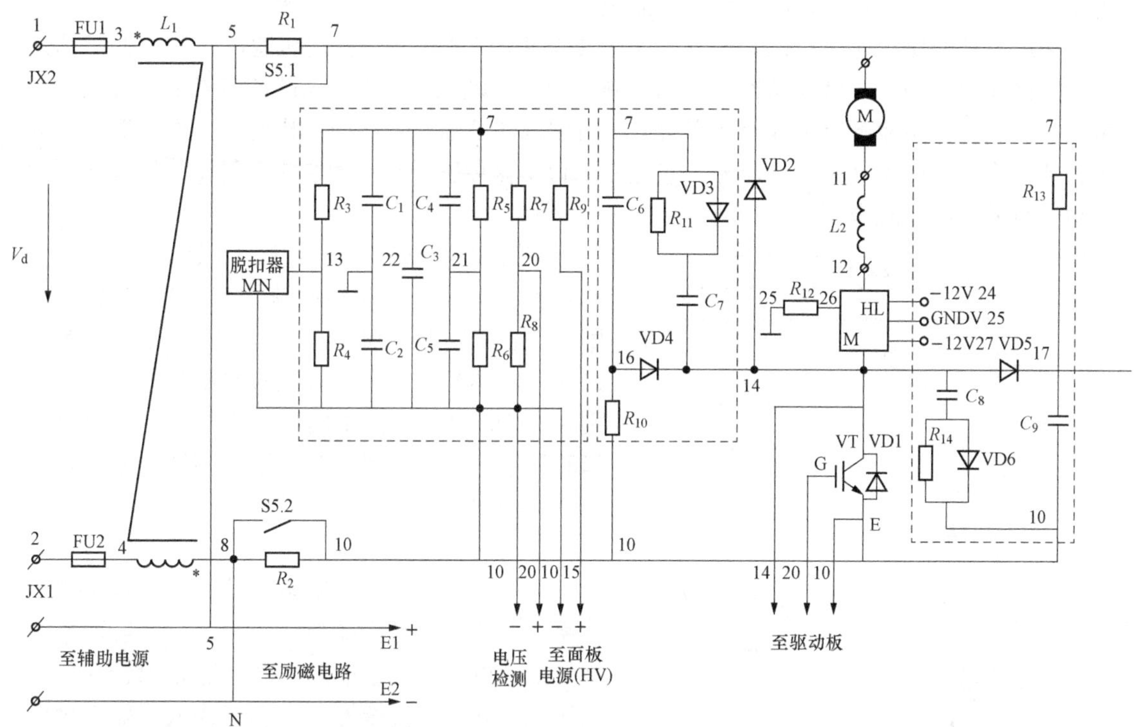

图 8.49　直流无触点启动控制装置的主电路

主电路中的开关器件 VT 及快速恢复续流二极管 VD2 都设有缓冲保护电路。其中，C_8、VD6、R_{14}为 VT 的并联缓冲电路，当 VT 从导通转为关断状态时，原来经电枢流入 VT 的电流 I_a下降为零。C_8通过二极管 VD6 充电，使电容 C_8上的电压（即 VT 的集电极与发射极之间的电压 V_{CE}）只能从零逐渐上升，这使 VT 在关断过程中承受的 dv/dt 大大减小，因此 VT 在关断期间的功耗大为减小，对 VT 的安全可靠运行是十分有利的。图 8.49 中 VD5、C_9、R_{13}还组成了一个限压箝位电路，它可使 VT 的 V_{CE}的瞬态电压受到限制。例如，在 VT 关断过程中，当 V_{CE}超过了电源电压 V_d时，则经过二极管 VD5 加在 C_9上的电压也将超过 V_d，这时 R_{13}两端电压 $V_{17-7}=V_{CE}-V_d>0$，R_{13}立即流过电流（17 点的电位高于 7 点的电位），这就使流入 C_8、C_9的充电电流从 R_{13}分流，从而降低了 V_{CE}最大值，保护了 VT。并联在续流二极管 VD2 两端的 R_{11}、C_7、VD3 组成 VD2 的缓冲电路，C_6、R_{10}、VD4 则组成 VD2 的限压箝位电路。

在主电路中与电枢串联的一个小电感 L_2，其作用是当电枢两端发生短路时限制短路电流的上升速率 di/dt，确保 VT 的安全。

8.7.2　船舶辅机变频调速控制装置

1. 船舶风机及泵系统

船舶风机和泵类系统目前大多采用直接启动恒速运行的控制方式。风机的空气流量采用挡板进行调节，泵类系统控制的液体流量通过阀门进行调节。这些调节方式实际上是通过人为增加阻力的方式，并以浪费电能为代价来满足工艺和工况对流量调节的要求。这种落后的调节方式，不仅浪费了宝贵的能源，而且调节精度差，负面效应严重。如果通过变频调速装置来控制电动机的转速，既能达到控制流量的目的，又大大节约了能源。

中海工业有限公司建造的208000DWT散货船上使用了变频器对机舱风机实现变频调速控制。该船上配备有4台变频器，分别控制4台机舱风机，风机转速的调节需求来自机舱环境温度的变化；机舱各层甲板上均布置有1台温度传感器，用于监测机舱的温度，取其中的最大值作为机舱的实际温度。此外，布置有1台压差传感器，用于监测大气压与机舱气压的差值。机舱风机变频温控的工作流程如图8.50所示。

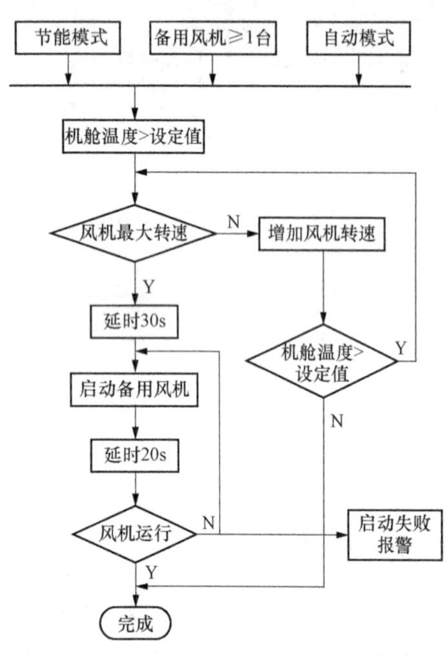

图8.50 机舱风机变频温控的工作流程

在该208000DWT散货船上同样使用了变频器对主海水泵进行变频调速控制。在该船型上，配备3台变频器分别控制3台主海水泵。主海水泵转速的调节需求来自低温淡水温度的变化；分别在用于冷却低温淡水的中央冷却器的海水进出口和淡水进出口布置1台温度传感器，用于监测海水和淡水的温度。

2. 船舶空调系统

目前，大型船舶空调系统基本采用集中式空调系统，作为船舶主要耗电装置之一，船舶空调系统的耗电量占到了船舶电网容量的8%～13%。出于船舶航行的安全性角度和工作人员船上生活舒适性的考量，船舶上空调系统的运行负荷均按照航行海域可能遇到的最恶劣条件设计。但船舶空调系统在85%以上的时间内是运行在部分负荷工况下的，其运行负荷只占60%～80%，造成了大量的能源浪费。目前，船舶的空调系统普遍采用恒转速、恒功率的运行方式，运行效率不高，造成较大的电能消耗。研究发现，船舶空调系统中，风机系统的平均运行效率只有50%，冷冻水和冷却水系统的平均运行效率只有41%。由此可见，船舶空调系统存在巨大的节能前景。

空调系统变频调节技术是指通过变频器控制调节空调系统中的压缩机、水泵和风机等装置的工作频率，调节各设备的转速，使空调系统的制冷量与空调舱室实时运行的热负荷相匹配，通过变频调节技术对风机送风量、冷冻水流量和冷却水流量进行调节，不仅能够使空调系统的能耗与实际热负荷需要相匹配，节省能源，而且由于调节平稳，相较于传统方式，能够提高空调舱室内的体感舒适程度。大量的工程实例显示，变频调节空调系统与传统的空调系统相比，能耗减少20%～30%。

图8.51是西门子变频器用于船舶空调系统的接口关系。该变频器的主体结构为AC-DC-AC变换器，内置了恒V/f、无传感器矢量控制等调速控制方式，以满足不同的控制需要。另外，为了配合系统控制、监测、保护的需要，还配置了多路模拟量和数字量控制端口及通信接口。

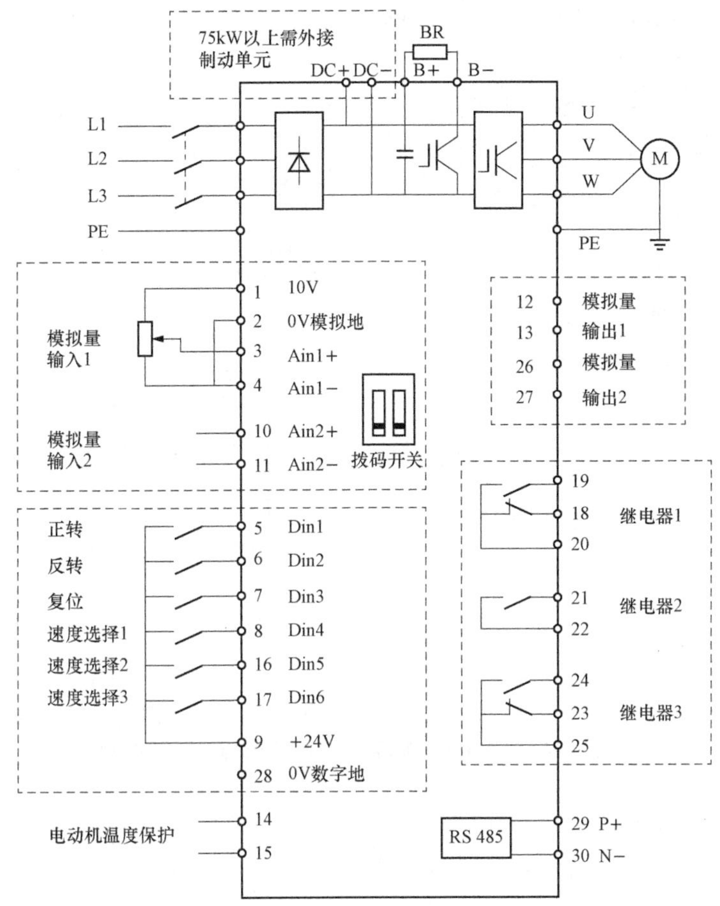

图 8.51　西门子变频器用于船舶空调系统的接口关系

8.8　船用焊接电源设备

焊接电源设备是为满足船上维修和日常焊接工作之需而设置的，它实际上是一种特殊的开关电源，主要由整流部分和直流变换部分组成，几种主要的主电路结构如图 8.52 所示。单相或三相的交流电压经二极管不控整流得到较高电压的直流电之后，通过高频开关电源进行降压得到所需要的安全电压。电路中有高频变压器，将低压的直流电输出与一次的高压直流隔离开，其中功率器件可为晶闸管、晶体管、场效应管或 IGBT 等。

舰船上为降低输入电流谐波和输出电压脉动，前端整流部分常采用多脉波整流结构。图 8.53 给出了一种 12 脉波整流电路，该装置的输入部分采用了一种移相自耦变压器来得到两组相位相差 30°的三相电压，然后通过两组三相不控整流电路并联得到 12 脉波直流电压。每组不控整流输出为 6 脉波直流电压，两组脉动直流电压的波动相位不同，为避免并联时发生不平衡现象，在并联处加入平衡电抗器 A9、A10，同时为直流母线电压连续平滑，并联后还加了 $C_1 \sim C_6$ 大电容滤波，A11 为母线均压板，R_1、R_2 主要是保证电容两端电压平衡，C_7、C_8 为无极性电容用来消除高频杂波干扰。为避免自耦变压器直接上电造成电流冲击，在刚接入电网时串入充电电阻 A3～A5，待稳定后切除。

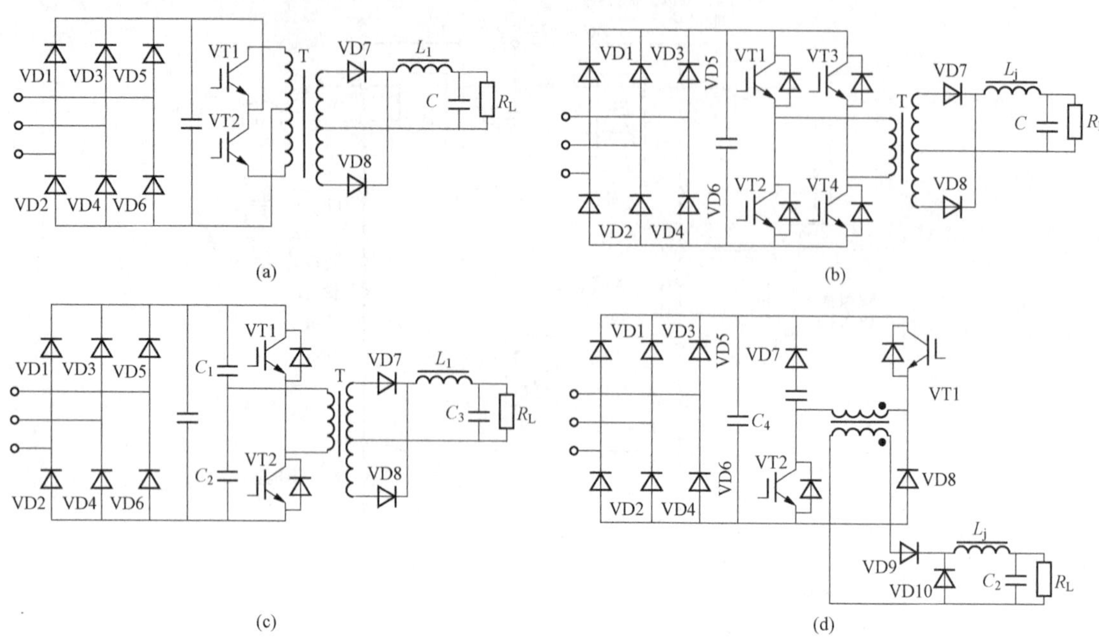

图 8.52 常用的开关电源型弧焊电源主电路

（a）推挽变流器；（b）全桥变流器；（c）半桥变流器；（d）正激变流器

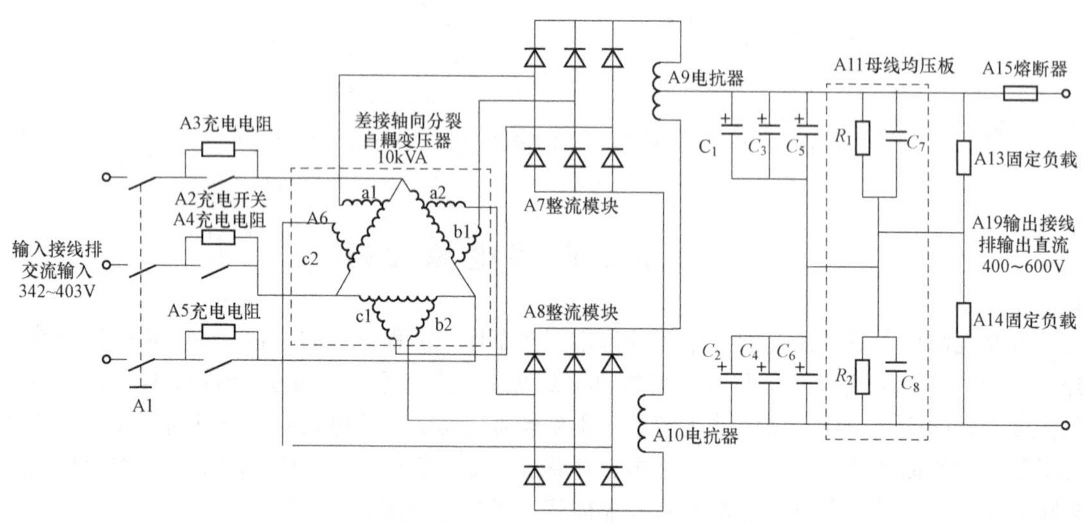

图 8.53 12 脉波整流电路

图 8.54 给出了一种实际的焊割机 DC - DC 变换电路，其主体部分就是一种带中间高频隔离变压器的全桥变换电路。当 S1、S2 开关打至 1 位置时，其后级整流部分为变压器抽头双半波整流，空载输出电压为 75V，可以实现焊接功能。当 S1、S2 开关打至 2 位置时，其后级整流部分为全波整流电路，这样输出电压可以是焊机的两倍，再加上变压器抽头匝数的增加，输出可以达到 200V，可以实现切割功能。

移相全桥电路中 A14 为电容板，主要作用在电压变换过程中，以吸收高频干扰以稳定直流电压。整流级的阻容缓冲电路其作用为保护二极管，防止瞬间过压过流。A15 和 A16 构成了 *LC* 谐振电路，主要作用是在电压变换中产生谐振，为实现软开关创造条件。由于同等功率下，焊机输出的电压低、电流大，因此，焊机整流模块选择的二极管电流容量较大（4 合 1）。为输出电流平滑，输出接滤波电感。

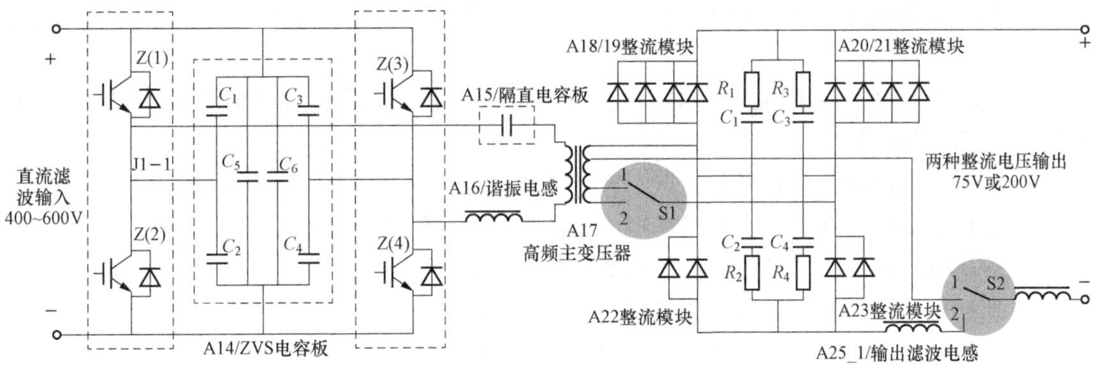

图 8.54　焊割机 DC - DC 变换电路

8.9　小　　结

随着电力电子技术及船舶电力自动化技术的发展，越来越多的电力电子装置在舰船上应用，从动力系统、电力系统到生活设施，处处都有电力电子装置参与电能的变换和调控。

动力系统中，电力推进已经成为新的发展方向，相对于传统的机械式推进方式来说，电力推进采用电动机带动螺旋桨驱动船舶行进，具有噪声低、调速性能好、动力装置安装布置灵活、效率高等优点。无论是游轮、邮轮、工程船等民船，还是潜艇、电子侦察船、驱逐舰、航母等军船纷纷采用电力推进技术。在电力推进技术中，推进变频器无疑是核心装置，直接影响着推进系统性能。推进变频器通常采用多脉波整流输入、多电平和多相逆变输出来降低输入电流谐波和输出电压谐波，并提高变频器功率。

电力系统中，发电机励磁电压控制通常由整流装置结合斩波控制来实现。对于直流发电系统来说，所得到的直流电也是由多相交流发电机经多相整流后获得的。直流区域配电是一种新型船舶配电方式，该系统中由整流发电机得到直流电、由 DC - DC 变流器进行电压转换，由 DC - AC 变流器实现电能形式转换，处处都体现着电力电子技术的关键作用。中频电源为一些特殊需要的负载供电，中频电能的获取可采取变流机组的形式或静止电源的形式，无论哪种形式其核心部分都是电力电子装置。电力电子变压器是一种电力电子技术与高频变压器相结合的新型变压器，可同时担负电压变换、电能转换、电能调节等多种任务。

UPS 装置可以为重要负载装置提供连续供电，蓄电池充放电装置可以实现对蓄电池的日常充电和放电维护保养。由基于电力电子器件的无触点电器取代基于接触器 - 继电器的有触点电器实现对各种船舶拖动控制装置的启停和调速控制已成为发展趋势。无触点控制不仅启动时对电网冲击小，启动更迅速，而且能无级调速，节能效果好，也不存在器件关断电弧问题。

相信随着智能船的不断发展，电力电子技术在舰船上的应用将会更加系统而深入。

8.10 习题及思考题

1. 除教材中所介绍的船用电力电子装置外，舰船中还有哪些地方应用了电力电子技术？

2. 船舶电力系统中的电力电子装置主要起什么作用？分析发电机自动励磁装置的工作原理。

3. 分析电力电子变压器的基本结构和工作原理，相对于传统电力变压器，电力电子变压器具有哪些优缺点？

4. 船舶直流区域配电有哪些优点？直流区域配电中的电力电子装置起什么作用？

5. 分析船舶电力推进系统的基本组成和各组成部分的功能及原理。

6. 分析电力推进相对于传统机械式推进的优点。

7. 船舶电力推进系统采用多相结构的主要原因是什么？

8. 分析船用 220V UPS 装置的工作原理。

9. 分析船用中频发电机组的组成和工作原理。

10. 分析船用蓄电池充放电装置的功能及原理。

11. 分析船用直流无触点启动控制装置的工作原理。

12. 分析船用交流电力拖动装置变频控制原理。

第9章　电力电子电路的谐波及抑制

9.1　概　　述

谐波使电能的产生、传输和利用的效率降低，使电气设备过热，产生振动和噪声，并使绝缘老化，使用寿命缩短，甚至发生故障和损坏。谐波可引起电力系统局部并联谐振或串联谐振，使谐波含量放大，造成电容器等设备损坏。另外，谐波还会引起继电保护和自动装置误动作，使电能计量出现混乱。对于电力系统外围设备，谐波对通信设备和电子设备都会产生严重干扰。

电力电子装置是典型的非线性装置，其工作过程中必然会产生谐波，对电网或负载产生影响，尽管电力电子连同运动控制和计算机技术被视为21世纪重要的两大技术，但是谐波污染已经成为阻碍电力电子技术发展的重大障碍，因此研究电力电子装置的谐波特性并采用必要的措施对其加以消除和抑制也是电力电子技术中非常重要的一环。

解决电力电子装置的谐波问题的思路有两个：一个是配置谐波补偿装置来补偿谐波，该方法对任何谐波源都适用；另一个是对谐波源本身进行改造或控制使其减小谐波，如多电平技术、PWM控制技术等。

配置谐波补偿装置的传统方法是采用*LC*调谐滤波器。这种方法既可以补偿谐波，又可以补偿无功功率，而且结构简单，应用广泛。其主要缺点是补偿特性受电网阻抗和运行状态影响，易和系统发生并联谐振，导致谐波放大，使*LC*滤波器过载甚至损坏。此外，它只能补偿固定频率的谐波，补偿效果也不是很理想。尽管如此，*LC*滤波器目前仍然是补偿谐波的主要手段之一。

抑制谐波的另一个方法是采用有源电力滤波器（Active Power Filter，APF）。APF本身也是一种电力电子装置。其基本原理是从补偿对象中检测出谐波电流，由补偿装置产生一个与该谐波电流大小相等而极性相反的补偿电流，从而使电网电流只含有基波分量。这种滤波器能对频率和幅值都变化的谐波进行跟踪补偿，并且补偿特性不受电网阻抗的影响，因而具有良好的谐波抑制效果，逐渐在国内外得到广泛应用。

本章首先介绍与谐波相关的基本概念，然后针对典型电力电子电路分析其谐波特性并给出无源滤波器和有源滤波器这两种常用的谐波抑制方法，最后给出了目前国内外主要的谐波限制标准和要求。

本章介绍的电力电子谐波指标和特性在前面章节中也有涉及，但为了谐波问题分析的完整性和系统性，本章将针对谐波所涉及的基本概念、评价指标和标准、变流电路谐波特性和抑制方法等各种相关问题进行系统介绍。

9.2　谐波的基本概念

9.2.1　谐波的表示形式

在供用电系统中，通常希望交流电压和交流电流呈正弦波形。正弦电压可表示为

$$v(t)=\sqrt{2}V\sin(\omega t+\alpha) \tag{9.1}$$

式中，V——电压有效值；

α——初相角；

ω——角频率，$\omega=2\pi f=2\pi/T$，f 为频率，T 为周期。

正弦电压施加在线性无源元件电阻、电感和电容上，其电流和电压分别为比例、积分和微分关系，仍为同频率的正弦波。但当正弦电压施加在非线性电路上时，电流就变为非正弦波，非正弦电流在电网阻抗上产生压降，会使电压波形也变为非正弦波。当然，非正弦电压施加在线性电路上时，电流也是非正弦波。对于周期为 $T=2\pi/\omega$ 的非正弦电压 $v(\omega t)$，一般满足狄里赫利条件，可分解为如下形式的傅里叶级数

$$v(\omega t)=a_0+\sum_{n=1}^{\infty}(a_n\cos n\omega t+b_n\sin n\omega t) \tag{9.2}$$

式中

$$a_0=\frac{1}{2\pi}\int_0^{2\pi}v(\omega t)\mathrm{d}(\omega t)$$
$$a_n=\frac{1}{\pi}\int_0^{2\pi}v(\omega t)\cos(n\omega t)\mathrm{d}(\omega t)$$
$$b_n=\frac{1}{\pi}\int_0^{2\pi}v(\omega t)\sin(n\omega t)\mathrm{d}(\omega t)$$
$$(n=1,2,3,\cdots)$$

或

$$v(\omega t)=a_0+\sum_{n=1}^{\infty}c_n\sin(n\omega t+\varphi_n) \tag{9.3}$$

式中，c_n、φ_n 和 a_n、b_n 的关系为

$$c_n=\sqrt{a_n^2+b_n^2}$$
$$\varphi_n=\arctan(a_n/b_n)$$
$$a_n=c_n\sin\varphi_n$$
$$b_n=c_n\cos\varphi_n$$

在式（9.2）或式（9.3）的傅里叶级数中，频率为 ω 的分量称为基波，频率为大于 1 整数倍基波频率的分量称为谐波，谐波次数为谐波频率和基波频率的整数比。以上公式及定义均以非正弦电压为例，对于非正弦电流的情况也完全适用，把式中 $v(\omega t)$ 换成 $i(\omega t)$ 即可。

9.2.2 谐波的评价指标

对于逆变电路来说，我们主要关心其输出交流电的波形质量，常用谐波评价指标有以下几种：

1. 谐波含有率 HR（Harmonic Ratio）

谐波含有率又称谐波系数 HF（Harmonic Factor），第 n 次谐波电压含有率定义为第 n 次谐波分量有效值 V_n 同基波分量有效值 V_1 之比

$$\mathrm{HRV}_n=\frac{V_n}{V_1}\times100\% \tag{9.4}$$

n 次谐波电流含有率以 HRI_n 表示为

$$\mathrm{HRI}_n = \frac{I_n}{I_1} \times 100\% \tag{9.5}$$

式中，I_n——第 n 次谐波电压有效值（方均根值）；

I_1——基波电压有效值。

2. 谐波含量 V_{H}、I_{H}

谐波电压含量 V_{H}定义为所有次谐波电压的均方根和，即

$$V_{\mathrm{H}} = \sqrt{\sum_{n=2}^{\infty} V_n^2} \tag{9.6}$$

谐波电流含量 I_{H}定义为所有次谐波电流的均方根和，即

$$I_{\mathrm{H}} = \sqrt{\sum_{n=2}^{\infty} I_n^2} \tag{9.7}$$

3. 总谐波畸变率 THD（Total Harmonic Distortion Factor）

电压谐波总畸变率 $\mathrm{THD_v}$ 定义为

$$\mathrm{THD_v} = \frac{V_{\mathrm{H}}}{V_1} \times 100\% = \frac{1}{V_1}\sqrt{\sum_{n=2}^{\infty} V_n^2} \times 100\% \tag{9.8}$$

电流谐波总畸变率 $\mathrm{THD_i}$ 定义为

$$\mathrm{THD_i} = \frac{I_{\mathrm{H}}}{I_1} \times 100\% = \frac{1}{I_1}\sqrt{\sum_{n=2}^{\infty} I_n^2} \times 100\% \tag{9.9}$$

4. 畸变系数 DF（Distortion Factor）

通常，逆变电路输出端经 LC 滤波器再接负载，以滤除逆变器输出电压脉波中所包含的大量谐波，如图 9.1 所示。常用的 LC 滤波器有一阶和二阶两种结构。畸变系数 DF 用于评估逆变电路输出波形经过滤波后的效果。尽管滤波后波形的 THD 可以直接测量，只通过畸变系数能够不经过测量就对滤波后的波形质量进行预估。所以，DF 可以用来为各种不同的脉宽调制方式提供一个评价标准。

一阶滤波器通常是电感，对于第 n 次谐波，电感感抗为 $n\omega L$。因此，谐波频率越高，电感的感抗越大，谐波电压产生的谐波电流越小。当忽略电路中除 L 以外的其他阻抗时，谐波电流的大小和谐波次数 n 成反比。定义

$$\mathrm{DF_I} = \frac{1}{V_1}\sqrt{\sum_{n=2}^{\infty}\left(\frac{V_n}{n}\right)^2} \tag{9.10}$$

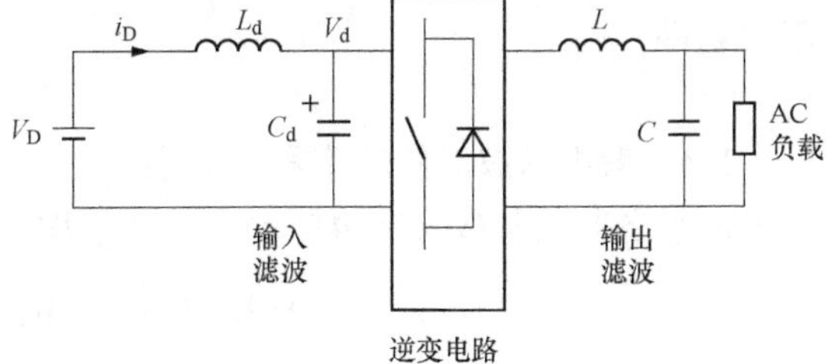

图 9.1　逆变器主电路图

$\mathrm{DF_I}$ 用来表示逆变电路经过一阶滤波后，输出电流的畸变程度。

二阶滤波器通常采用 LC 滤波器。若逆变电路输出的 n 次谐波（$n\omega$）有效值为 V_n，适当地选择 L、C 参数可使 n 次谐波容抗远小于感抗，即 $1/n\omega C \ll n\omega L$，所以 $1/LC \ll n^2\omega^2$，即谐振频率 $\omega_0 = 1/\sqrt{LC} \ll n\omega$，假设滤波器输出开路，那么经 LC 滤波器衰减以后，滤波器输出的 n 次谐波电压有效值 V_{Ln} 近似为

$$V_{Ln} \approx \frac{V_n}{n\omega L - \dfrac{1}{n\omega C}} \times \frac{1}{n\omega C} = \frac{V_n}{n^2\omega^2 LC - 1} \approx \frac{V_n}{n^2\omega^2 LC} = \frac{V_n}{\left(\dfrac{n\omega}{\omega_0}\right)^2} = \left(\frac{\omega_0}{\omega}\right)^2 \frac{V_n}{n^2} \quad (9.11)$$

式（9.11）表明，逆变电路输出端的 n 次谐波电压经 LC 滤波器后，其大小与 n^2 成反比。谐波阶次越高，经 LC 滤波器衰减后对负载的影响越小。为了表征经二阶滤波器后输出电压波形还存在的畸变程度，引入畸变系数 DF_{II}

$$DF_{II} = \frac{1}{V_1}\sqrt{\sum_{n=2}^{\infty}\left(\frac{V_n}{n^2}\right)^2} \quad (9.12)$$

对于第 n 次谐波的畸变系数 DF_{In} 和 DF_{IIn} 可定义如下：

$$DF_{In} = \frac{1}{V_1}\frac{V_n}{n} \quad (9.13)$$

$$DF_{IIn} = \frac{1}{V_1}\frac{V_n}{n^2} \quad (9.14)$$

5. 最低次谐波 LOH（Lowest Order Harmonic）

最低次谐波是指与基波频率最接近的谐波。最低次谐波频率越高，谐波滤除所需要的滤波器越小。

对于整流电路来说，我们既关心其输入电流的波形质量，又关心其输出直流电压的波形质量。其中，输入电流的波形质量可以用前面介绍的谐波电流含有率 HRI_n、谐波电流含量 I_H、电流谐波总畸变率 THD_i 等指标来进行评价。输出直流电压的谐波评价指标有以下几种。

（1）电压谐波系数或纹波系数 RF（Ripple Factor）。RF 定义为整流输出电压中除直流平均值电压 V_D 外，还含有交流谐波电压，全部交流谐波分量有效值 V_H（谐波含量）与输出电压直流平均值 V_D 之比值称为电压谐波（纹波）系数，常用 γ_v 表示，即

$$\gamma_v = RF = V_H/V_D \quad (9.15)$$

（2）电压脉动系数 S_n。S_n 定义为整流输出电压 V_D 中最低次谐波幅值 V_{nm} 与直流平均值 V_D 之比，即

$$S_n = V_{nm}/V_D \quad (9.16)$$

9.2.3 考虑谐波时的功率和功率因数

正弦电路中，电路的有功功率就是其平均功率，即

$$P = \frac{1}{2\pi}\int_0^{2\pi} vi\,d(\omega t) = VI\cos\varphi \quad (9.17)$$

式中，V、I——电压和电流的有效值；

φ——电流滞后于电压的相位差。

视在功率为电压、电流有效值的乘积，即

$$S = VI \quad (9.18)$$

无功功率定义为

$$Q = VI\sin\varphi \quad (9.19)$$

功率因数 PF 定义为有功功率 P 和视在功率 S 的比值为

$$PF = \frac{P}{S} \quad (9.20)$$

此时，无功功率 Q 与有功功率 P、视在功率 S 之间有如下关系：

$$S^2 = P^2 + Q^2 \tag{9.21}$$

在正弦电路中，功率因数是由电压和电流的相位差 φ 决定的，其值为

$$\mathrm{PF} = \cos\varphi \tag{9.22}$$

在非正弦电路中，有功功率、视在功率、功率因数的定义均和正弦电路相同，功率因数仍由式（9.20）定义。公用电网中，通常电压的波形畸变很小，而电流波形的畸变可能很大。因此，不考虑电压畸变，研究电压波形为正弦波、电流波形为非正弦波的情况有很大的实际意义。

设正弦波电压有效值为 V，畸变电流有效值为 I，基波电流有效值及与电压的相位差分别为 I_1 和 φ_1。这时有功功率为

$$P = VI_1\cos\varphi_1 \tag{9.23}$$

功率因数为

$$\mathrm{PF} = \frac{P}{S} = \frac{VI_1\cos\varphi_1}{VI} = \frac{I_1\cos\varphi_1}{I} = \nu\cos\varphi_1 \tag{9.24}$$

式中，$\nu = I_1/I$，即基波电流有效值和总电流有效值之比，称为基波因数；$\cos\varphi_1$ 称为位移因数或基波功率因数。可见，功率因数由基波电流相移和电流波形畸变这两个因素共同决定。

含有谐波的非正弦电路的无功功率情况比较复杂。定义很多，但至今尚无被广泛接受的科学而权威的定义。一种简单的定义是仿照式（9.21）给出的，即

$$Q = \sqrt{S^2 - P^2} \tag{9.25}$$

这样定义的无功功率 Q 反映了能量的流动和交换，目前被较广泛地接受。

也可仿照式（9.19）定义无功功率，为和正弦电路区别，采用符号 Q_f 表示，忽略电压中的谐波时有

$$Q_f = VI_1\sin\varphi_1 \tag{9.26}$$

在非正弦情况下，$S^2 \neq P^2 + Q_f^2$，因此引入畸变功率 D，使

$$S^2 = P^2 + Q_f^2 + D^2 \tag{9.27}$$

比较式（9.25）和式（9.27），可得

$$Q^2 = Q_f^2 + D^2 \tag{9.28}$$

忽略谐波电压时：

$$D = \sqrt{S^2 - P^2 - Q_f^2} = V\sqrt{\sum_{n=2}^{\infty} I_n^2} \tag{9.29}$$

这种情况下，Q_f 为由基波电流所产生的无功功率；D 是谐波电流产生的无功功率。

9.3　电力电子电路的谐波分析

电力电子电路谐波分析的最基本也是最主要的方法就是傅里叶级数分析，如果已知所分析波形的确切参数，那么直接对其进行傅里叶级数分析就可得到该波形的谐波特性。有时，波形比较复杂或确切参数不好获取，这时采用一些专用软件来进行谐波分析就比较便利，MATLAB、PSIM、Simplore 等很多电力电子仿真软件都具备这一功能，在第 10 章电力电子电路的建模仿真中将对这一分析方法进行介绍。

电力电子电路主要包括 4 种基本结构，即 DC-DC 电路、DC-AC 电路、AC-DC 电路、AC-AC 电路。对于 DC-DC 和 DC-AC 电路来说，我们主要关心其输出波形的谐波含量和特性。对于 AC-DC 和 AC-AC 电路来说，我们既要关心其输出电压的波形质量，又要分析其输入电流的谐波含量，从而确定变流电路对电网电能质量的影响。

DC-DC 和 DC-AC 电路的谐波特性分析相对简单，在第 4 章和第 5 章介绍电路原理和特性时我们已经基本分析了。AC-DC 电路同时涉及输入谐波和输出谐波的分析，谐波特性比较复杂，因此本节我们就以 AC-DC 整流电路为例说明电力电子电路的谐波分析方法并分析其谐波特性。对于 AC-AC 电路，其谐波分析较为复杂，感兴趣的读者可以参考文献《谐波抑制和无功功率补偿》。

整流电路输出的脉动直流电压都是周期性的直流脉动电压，用傅里叶级数分析可以求得直流电压平均值 V_D 及一定阶次的谐波电压 v_n。负载的直流电流 I_D 由 V_D 产生，各次谐波电压产生相应频率的谐波电流。为了保持电流连续，减小电流脉动程度，通常在整流电路输出的直流回路中串接平波电抗器，使负载中谐波电流幅值限制在一定数值内并确保负载电流连续，负载电流 i_D 连续时，整流电压 v_D 的波形、计算公式要简单一些。分析计算谐波电压可以评判整流器的特性，可用于设计计算平波电感。高压、大容量整流装置通常采用多个三相桥式整流电路串、并联组合输出，既增加了输出功率，又可以改善输出波形。交流供电变压器常采用多绕组多相结构，这可以消除或削弱交流电源供电电流中的一些较低次的谐波电流。

本节将首先分析整流电路的输入谐波电流情况，然后分析相控整流电路输出电压谐波情况。分析输入谐波电流时，为了简化分析过程，得到清晰的结论，忽略交流侧电抗引起的换相过程的影响，以及直流侧电感量不足引起的直流电源脉动的影响，即假定交流侧电抗为零，而直流侧电感为无穷大。这样，交流侧电流即为方波或阶梯波，波形简单，分析所得的结论清晰易记，这种分析方法现在仍被广泛采用。伴随着工程实际对更精确分析结果的需求，考虑各种非理想情况的分析方法相继被提出。最初考虑换相过程的影响，后来计及直流侧电流脉动的情况，一直到将换相过程和电流脉动一起考虑，以及考虑造成非特征谐波的各种因素的情况，精确度越来越高，但计算方法和结果也越来越复杂，分析时所需要的电路参数和已知条件也越来越多，有研究需要的读者可以参考文献《谐波抑制和无功功率补偿》。

分析输出电压谐波情况时，将首先推导得到相控整流电压的通用表达式，再分析其谐波特性。

9.3.1 整流电路的输入电流谐波分析

1. 单相桥式全控整流电路

忽略换相过程和电流脉动时，阻感负载的单相桥式整流电路如图 9.2（a）所示。其中，交流侧电抗为零，而直流电感 L 为无穷大，并设

$$v = V\sin(\omega t + \alpha) = \sqrt{2}V_m\sin(\omega t + \alpha) \tag{9.30}$$

式中，V_m、V——电源电压的幅值和有效值；

α——触发延迟角。

变压器二次电流 i 波形近似为理想方波，其有效值等于直流电流 I_d，如图 9.2（b）所示，即

$$I = I_d \tag{9.31}$$

将电流波形分解为傅里叶级数，可得

$$
\begin{aligned}
i &= \frac{4}{\pi}I_d\left(\sin\omega t+\frac{1}{3}\sin 3\omega t+\frac{1}{5}\sin 5\omega t+\cdots\right)\\
&= \frac{4}{\pi}I_d\sum_{n=1,3,5,\cdots}^{\infty}\frac{1}{n}\sin n\omega t\\
&= \sum_{n=1,3,5,\cdots}^{\infty}\sqrt{2}I_n\sin n\omega t
\end{aligned}
\tag{9.32}
$$

其中，基波和各次谐波有效值为

$$I_n=\frac{2\sqrt{2}}{n\pi}I_d(n=1,3,5,\cdots) \tag{9.33}$$

可见，电流中仅含奇次谐波，各次谐波有效值与谐波次数成反比，且与基波有效值的比值为谐波次数的倒数，其频谱如图 9.2（c）所示。

功率因数的计算也很简单。由式（9.33）得基波电流有效值为

$$I_1=\frac{2\sqrt{2}}{\pi}I_d \tag{9.34}$$

由式（9.34）和式（9.31）可得基波因数为

$$\nu=\frac{I_1}{I}=\frac{2\sqrt{2}}{\pi}\approx 0.9 \tag{9.35}$$

从图 9.2（b）明显可以看出，电流基波与电压的相位差就等于触发延迟角 α，故位移因数（基波功率因数）为

$$\lambda_1=\cos\varphi_1=\cos\alpha \tag{9.36}$$

所以，功率因数为

$$\lambda=\nu\lambda_1=\frac{I_1}{I}\cos\varphi_1=\frac{2\sqrt{2}}{\pi}\cos\alpha\approx 0.9\cos\alpha \tag{9.37}$$

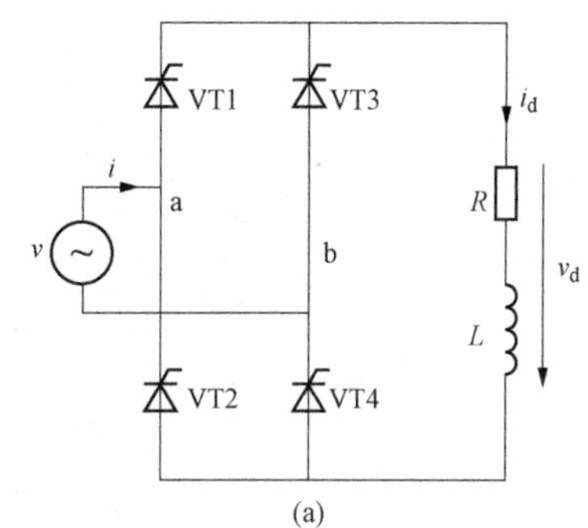

(a)

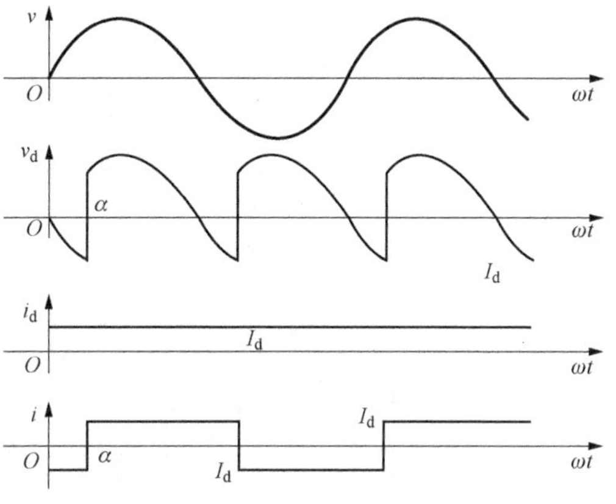

(b)

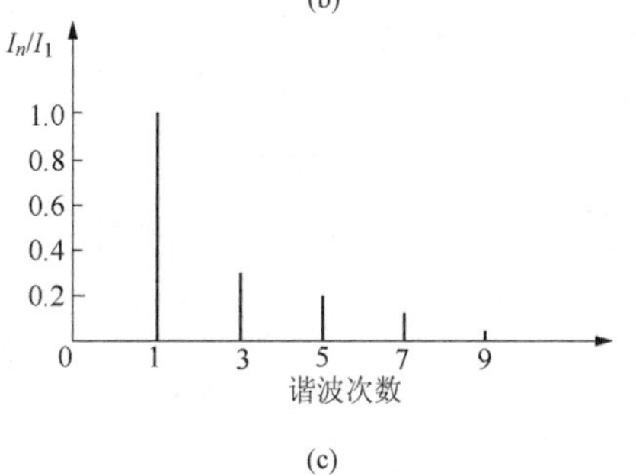

(c)

图 9.2　忽略换相过程和电流脉动时阻感负载单相桥式整流电流及其波形和频谱

（a）电路；（b）波形；（c）交流侧电流的频谱

2. 三相桥式整流电路

阻感负载的三相桥式整流电路忽略换相过程和电流脉动时如图 9.3（a）所示。同样，交流侧电抗为零，直流电感 L 为无穷大。设电源为如下三相平衡电源

$$
\begin{cases}
v_a=V_m\sin(\omega t+\alpha)=\sqrt{2}V\sin(\omega t+\alpha)\\
v_b=V_m\sin\left(\omega t+\alpha-\frac{2}{3}\pi\right)=\sqrt{2}V\sin\left(\omega t+\alpha-\frac{2}{3}\pi\right)\\
v_c=V_m\sin\left(\omega t+\alpha+\frac{2}{3}\pi\right)=\sqrt{2}V\sin\left(\omega t+\alpha+\frac{2}{3}\pi\right)
\end{cases}
\tag{9.38}
$$

交流侧电压和电流波形如图 9.3（b）所示。同样，V_m 和 V 分别为电源电压的幅值和有

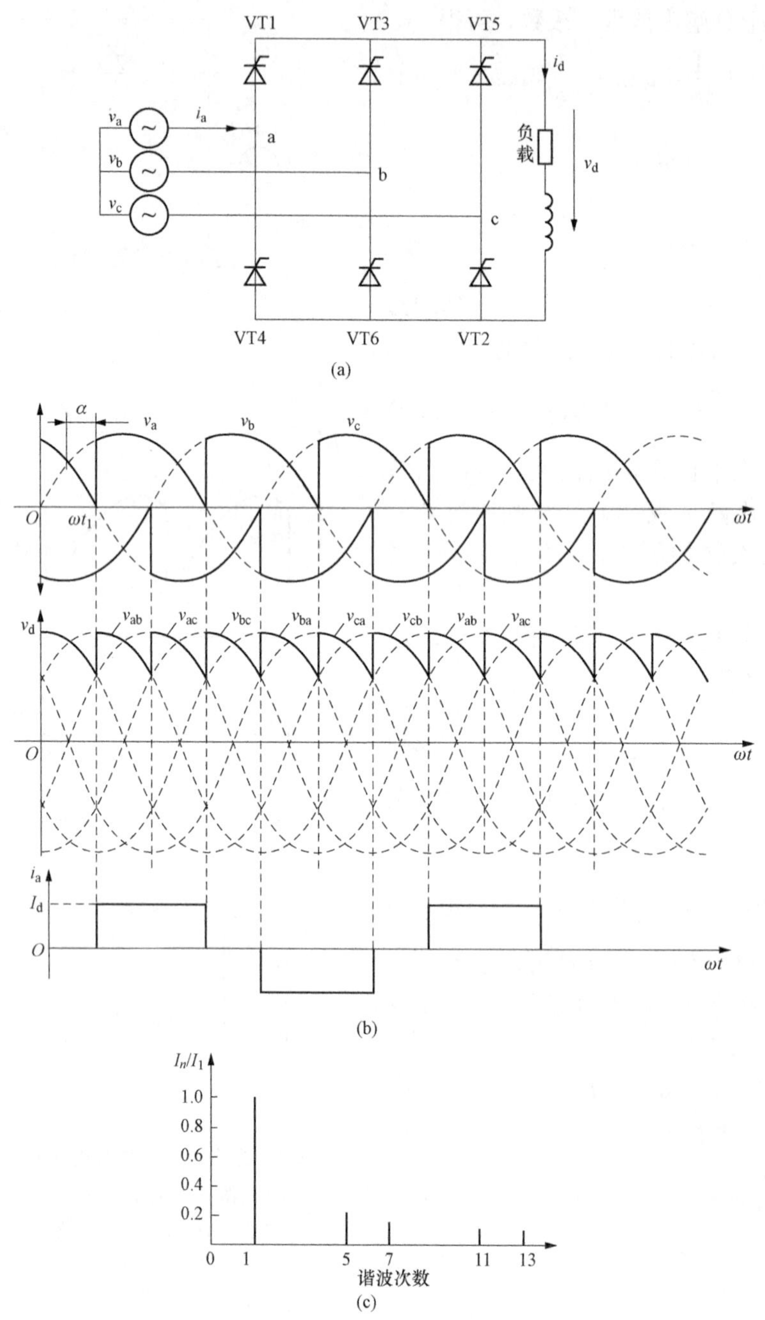

图 9.3 忽略换相过程和电流脉动时阻感负载三相桥式整流电路及其波形和频谱

(a) 电路；(b) 波形；(c) 交流侧电流频谱

效值，α 为触发延迟角。电流为正负半周各 120°的方波，三相电流波形相同，且依次相差 120°，其有效值与直流电流的关系为

$$I=\sqrt{\frac{2}{3}}I_d \tag{9.39}$$

同样，可将电流波形分解为傅里叶级数。以 a 相电流为例，如图 9.3（b）所示，将电

流负、正两半波之间的中点作为时间零点，则有

$$i_A=\frac{2\sqrt{3}}{\pi}I_d\left(\sin\omega t-\frac{1}{5}\sin5\omega t-\frac{1}{7}\sin7\omega t+\frac{1}{11}\sin11\omega t+\frac{1}{13}\sin13\omega t-\frac{1}{17}\sin17\omega t-\frac{1}{19}\sin19\omega t+\cdots\right)$$
$$=\frac{2\sqrt{3}}{\pi}I_d\sin\omega t+\frac{2\sqrt{3}}{\pi}I_d\sum_{n=6k\pm1(k=1,2,3,\cdots)}^{\infty}(-1)^k\frac{1}{n}\sin n\omega t$$
$$=\sqrt{2}I_1\sin\omega t+\sum_{n=6k\pm1(k=1,2,3,\cdots)}^{\infty}(-1)^k I_n\sin n\omega t \tag{9.40}$$

由式（9.40）可得，电流基波和各次谐波有效值分别为

$$\left.\begin{aligned}I_1&=\frac{\sqrt{6}}{\pi}I_d\\ I_n&=\frac{\sqrt{6}}{n\pi}I_d\end{aligned}\right\}(n=6k\pm1,k=1,2,3,\cdots) \tag{9.41}$$

由此可得以下简洁的结论：电流中仅含 $6k\pm1$（k 为正整数）次谐波，各次谐波有效值与谐波次数成反比，且与基波有效值的比值为谐波次数的倒数。其频谱如图 9.3（c）所示。

由式（9.39）和式（9.41）可得基波因数为

$$\nu=\frac{I_1}{I}=\frac{\sqrt{3}}{\pi}\approx0.955 \tag{9.42}$$

同样从图 9.3（b）可明显看出，电流基波与电压的相位差仍为 α，故位移因数仍为

$$\lambda_1=\cos\varphi_1=\cos\alpha \tag{9.43}$$

功率因数即为

$$\lambda=\nu\lambda_1=\frac{I_1}{I}\cos\varphi_1=\frac{\sqrt{3}}{\pi}\cos\alpha\approx0.955\cos\alpha \tag{9.44}$$

9.3.2　整流电路的输出电压谐波分析

1. m 脉波相控整流电压通用公式

图 9.4 给出了一个 m 脉波整流电路负载电流 i_D 连续时整流输出电压 v_D 的波形。在一个交流电源周期 2π 中，有 m 个形状相同但相差 $2\pi/m$ 的电压脉波。若脉波的周期为 T_P，则每个脉波宽度为 $\omega T_P=2\pi/m$，即 $v_D(\omega t)=v_D(2\pi/m+\omega t)$。在图 9.4 所取的时间原点情况下，$v_D$ 的傅里叶级数表达式可表示为

$$v_D(t)=V_D+\sum_{n=1}^{\infty}a_n\cos(n\omega t)+b_n\sin(n\omega t) \tag{9.45}$$

或

$$v_D(t)=V_D+\sum_{n=1}^{\infty}a_n\cos(n\omega t+\theta_n) \tag{9.46}$$

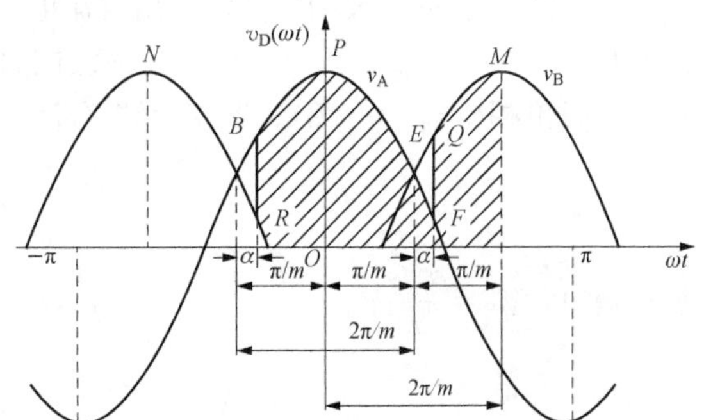

图 9.4　m 脉波相控整流电压

式中，直流平均值为

$$V_D = \frac{1}{T_P}\int_0^{T_P} v_D(t)\mathrm{d}t = \frac{1}{2\pi/m}\int_0^{2\pi/m} v_D(t)\mathrm{d}\omega t = \frac{m}{2\pi}\int_0^{T_P} v_D(t)\mathrm{d}\omega t \tag{9.47}$$

n 次谐波幅值

$$V_{nm} = \sqrt{a_n^2 + b_n^2} \tag{9.48}$$

n 次谐波相位角

$$\theta_n = \arctan(-b_n/a_n)$$

n 次谐波的系数

$$a_n = \frac{2}{T_P}\int_0^{T_P} v_D(t)\cos(n\omega t)\mathrm{d}t = \frac{m}{\pi}\int_0^{2\pi/m} v_D(t)\cos(n\omega t)\mathrm{d}(\omega t) \tag{9.49}$$

$$b_n = \frac{2}{T_P}\int_0^{T_P} v_D(t)\sin(n\omega t)\mathrm{d}t = \frac{m}{\pi}\int_0^{2\pi/m} v_D(t)\sin(n\omega t)\mathrm{d}(\omega t) \tag{9.50}$$

在图 9.4 中，E 点为前后两个整流电压 $v_A(t)$ 和 $v_B(t)$ 的自然换相点，若触发控制角为 α，则在 $0 \leqslant \omega t \leqslant (\pi/m)+\alpha$ 期间 A 相开关器件导电，整流电压 $v_D(t)=v_A(t)$。在 $\omega t=(\pi/m)+\alpha$ 时的 F 点触发 B 相开关器件，B 相开始导电，若忽略交流回路电感 L_S，换相重叠角 $\gamma=0$，则在 $\omega t=(\pi/m)+\alpha$ 时 A 相开关器件立即关断转由 B 相导电，于是 $v_D(t)=v_B(t)$。在 $0 \leqslant \omega t \leqslant 2\pi/m$ 周期中整流电压为图 9.4 中 $PEFQM$ 曲线下的面积，图 9.4 中

$$v_D = v_A(t) = \sqrt{2}V\cos\omega t,\ 0 \leqslant \omega t < (\pi/m)+\alpha \tag{9.51}$$

$$v_D = v_B(t) = \sqrt{2}V\cos\left(\omega t - \frac{2\pi}{m}\right),\ (\pi/m)+\alpha \leqslant \omega t < 2\pi/m \tag{9.52}$$

将式（9.51）、式（9.52）代入式（9.47），可求得整流器输出直流电压平均值 V_D

$$\begin{aligned} V_D &= \frac{m}{2\pi}\int_0^{2\pi/m} v_D(t)\mathrm{d}(\omega t) \\ &= \frac{m}{2\pi}\left[\int_0^{\frac{\pi}{m}+\alpha} v_A(t)\mathrm{d}(\omega t) + \int_{\frac{\pi}{m}+\alpha}^{\frac{2\pi}{m}} v_B(t)\mathrm{d}(\omega t)\right] \\ &= \frac{\sqrt{2}V}{\pi} m\sin\frac{\pi}{m}\cos\alpha \end{aligned}$$

则

$$V_D = \frac{\sqrt{2}V}{\pi} m\sin\frac{\pi}{m}\cos\alpha \tag{9.53}$$

式（9.53）是 m 脉波相控整流输出直流电压平均值的通用表达式。令 $m=2$，3，6 即可得到单相桥、三相半波和三相全桥相控整流的直流电压平均值。令式中的 $\alpha=0$，则可得到不控整流时单相桥式（$m=2$）、三相半波（$m=3$）及三相全桥（$m=6$）等直流电压平均值。

$$V_D = \frac{2\sqrt{2}}{\pi} V_S\cos\alpha(m=2) \tag{9.54}$$

不控整流时：$V_D=\frac{2\sqrt{2}}{\pi}V_S$。

$$V_D = \frac{3\sqrt{6}}{2\pi} V_S\cos\alpha(m=3) \tag{9.55}$$

不控整流时：$V_D=\frac{3\sqrt{6}}{2\pi}V_S$。

$$V_D = \frac{3\sqrt{2}}{\pi}V_1\cos\alpha = \frac{3\sqrt{6}}{\pi}V_S\cos\alpha(m=6) \tag{9.56}$$

不控整流时：$V_D=\frac{3\sqrt{2}}{\pi}V_1=\frac{3\sqrt{6}}{\pi}V_S$。

利用式（9.51）、式（9.52），由式（9.49）、式（9.50）可求得 n 次谐波系数 a_n、b_n，再由式（9.48）可得到 n 次谐波幅值 V_{nm} 为

$$V_{nm} = \frac{\sqrt{2}V}{\pi}m\sin\frac{\pi}{m}\cos\left(n\frac{\pi}{m}\right)\frac{1}{(n+1)(n-1)} \sqrt{(n+1)^2+(n-1)^2-2(n+1)(n-1)\cos2\alpha} \tag{9.57}$$

m 脉波整流电压中的谐波阶次为 $n=Km$，$K=1$，2，3，…。例如，三相全桥相控整流时 $m=6$，输出电压中除直流 V_D 外仅含 6、12、18 等次电压谐波，将 $n=Km$，$n/m=K(K=1$，2，3，…)，代入式（9.57）得

$$V_{nm} = \frac{\sqrt{2}V}{\pi}m\sin\frac{\pi}{m}\cos(K\pi)\frac{1}{(Km+1)(Km-1)} \sqrt{(Km+1)^2+(Km-1)^2-2(Km+1)(Km-1)\cos2\alpha} \tag{9.58}$$

利用式（9.58），令 $m=2$，3，6，即得到单相桥式（$m=2$）、三相半波（$m=3$）、三相全桥（$m=6$）相控整流电压的各次谐波，令 $\alpha=0$，即可得到不控整流在 $m=2$，3，6 时的谐波电压。

2. 整流输出电压谐波特性

（1）单相桥相控整流谐波特性。

令 $m=2$，由式（9.58）得到 $n=Km=2$，4，6，…次谐波电压幅值为

$$V_{nm} = \frac{2\sqrt{2}V}{\pi}\cos(K\pi)\frac{1}{(2K+1)(2K-1)} \sqrt{(2K+1)^2+(2K-1)^2-2(2K+1)(2K-1)\cos2\alpha} \tag{9.59}$$

式中，$K=1$ 时，$n=Km=2$ 次谐波；$K=2$ 时，$n=4$ 次谐波。

$m=2$ 时，直流电压平均值

$$V_D = \frac{2\sqrt{2}}{\pi}V_S\cos\alpha = V_{D0}\cos\alpha$$

图 9.5 画出了 $n=2$，4，6 的 $\frac{V_{nm}}{2V_S}$ 与控制角 α 的函数关系。

可以看出，$\alpha=90°$时，谐波幅值最大，因此应按 $\alpha=90°$选用平波电抗器 L。

给出 α，即可由式（9.59）或从图 9.5 得到 2（$K=1$）、4（$K=2$）、6（$K=3$）次谐波电压的幅值 V_{2m}、V_{4m}、V_{6m}。

$m=2$、$\alpha\neq0$ 时，脉波宽 $2\pi/m=\pi$，负载电压有效值 V_{rms}

$$V_{rms} = \sqrt{\frac{1}{\pi}\int_{\alpha}^{\pi+\alpha}(\sqrt{2}V_S\sin\omega t)^2 d(\omega t)} = V_S$$

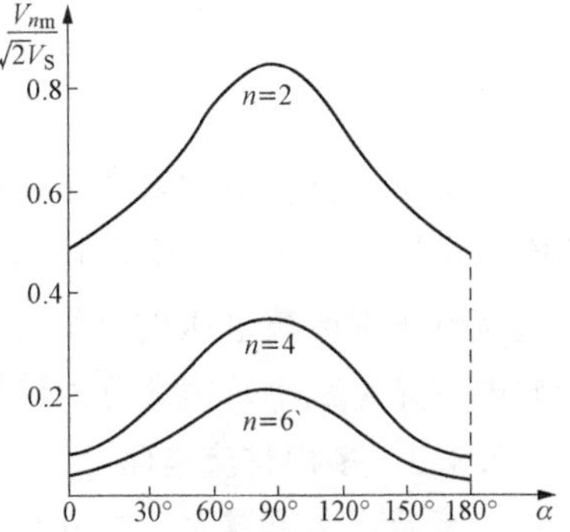

图 9.5　单相桥式相控整流谐波电压特性

谐波电压的有效值 V_H

$$V_H = \sqrt{V_{rms}^2 - V_D^2} = V_S \sqrt{1 - \frac{8\cos^2\alpha}{\pi^2}}$$

因此，整流电压的谐波系数（纹波系数）为

$$\gamma_v = \frac{V_H}{V_D} = \sqrt{\left(\frac{\pi}{2\sqrt{2}\cos\alpha}\right)^2 - 1} \tag{9.60}$$

$m=2$、$\alpha \neq 0$ 时的整流电压脉动系数 S_n 由式（9.59）、式（9.54）求得

$$S_n = \frac{\text{最低次谐波幅值}(K=1, n=2)}{\text{直流电压平均值}\ V_D} = \frac{\sqrt{10 - 6\cos 2\alpha}}{3\cos\alpha} \tag{9.61}$$

当 $\alpha=0$ 时，由式（9.60）和式（9.61）求得 $\gamma_v \approx 0.482$，$S_n \approx 0.667$。

（2）三相桥式相控整流电路的谐波特性。

工业上用得最多的是三相桥式相控整流电路，令 $m=6$，由式（9.56）得

$$V_D = \frac{3\sqrt{2}}{\pi} V_1 \cos\alpha = V_{D0} \cos\alpha$$

由式（9.58），n（$n=Km=6K$，$K=1$，2，3，…）次谐波幅值为

$$V_{nm} = \frac{3\sqrt{2}}{\pi} V_1 \cos(K\pi) \cdot \frac{\sqrt{(6K+1)^2 + (6K-1)^2 - 2(6K+1)(6K-1)\cos 2\alpha}}{(6K+1)(6K-1)} \tag{9.62}$$

按式（9.62），图 9.6 画出了 $n=6$（$K=1$）、12（$K=2$）、18（$K=3$）的 $V_{nm}/2V_1$ 与控制角 α 的函数关系。同样可以看出，当 $\alpha=90°$时，谐波幅值最大。

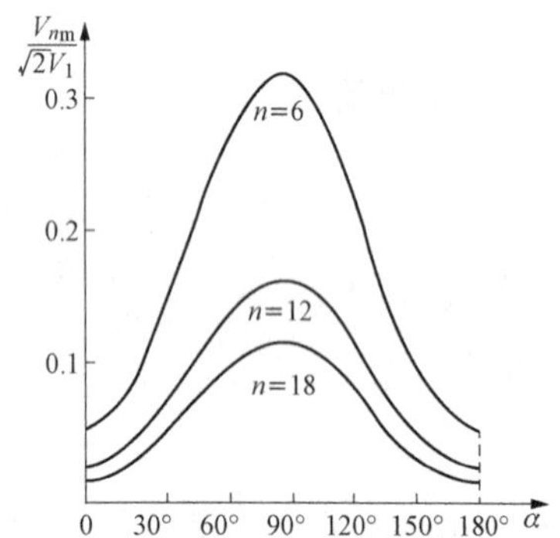

图 9.6 三相桥式相控整流谐波电压特性

$m=6$、$\alpha \neq 0$ 时，由式（9.56）的 V_D、式（9.62）中的 V_{1m}（$K=1$）及 v_D 的有效值 V_{rms} 可求得谐波系数及脉动系数：

$$\gamma_v = \frac{\text{全部谐波分量有效值}}{\text{直流电压平均值}} = \sqrt{\frac{V_{rms}^2 - V_D^2}{V_D^2}}$$

$$= \sqrt{\frac{V_{rms}^2}{V_D^2} - 1} = \sqrt{\frac{\pi^2\left(1 + \frac{3\sqrt{3}}{2\pi}\cos 2\alpha\right)}{18(\cos\alpha)^2} - 1} \tag{9.63}$$

整流电压脉动系数为

$$S_n = \frac{V_{1m}(K=1, n=2)}{V_D} = \frac{\sqrt{74 - 70\cos 2\alpha}}{3\cos\alpha} \tag{9.64}$$

以上所有分析中均未考虑换相重叠对整流输出电压的影响。换相重叠对输出直流平均值的影响可用一个等效电阻压降 $\Delta V_S = R_S I_D$ 等效，ΔV_S 的大小与相控角 α 无关。换相重叠时输出整流电压中谐波电压的计算十分复杂，但由于存在电感，在换相点处 v_D 的变化较平缓，谐波电流显著减小，通常分析计算中均不考虑。

9.3.3 多相整流电路

整流装置功率越大，对电网的干扰越严重，从以上分析可以看到在一个电源周期中整流输出电压 v_D 脉波数 m 越多，则输出电压中的谐波阶次越高，谐波幅值越小，整流特性越好，同时整流装置的交流电流中的谐波频率越高，谐波电流数值也越小。为了减轻整流装置谐波

对电网的影响，可采用图 9.7（a）所示的两个三相桥整流经平衡电抗器 L_P 并联输出的六相 12 脉波相控整流电路。

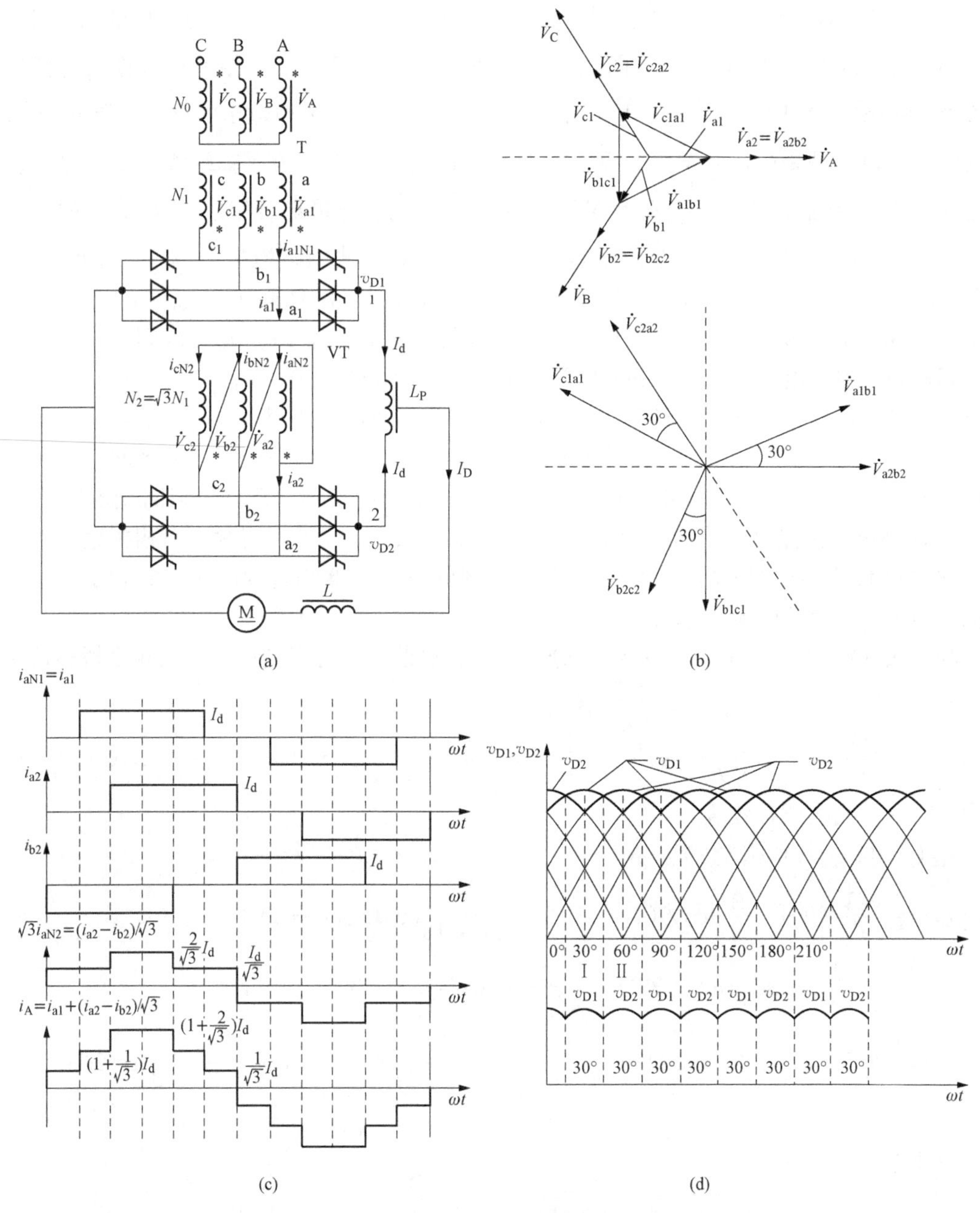

图 9.7　两组三相桥并联组成的 12 相整流电路

（a）电路；（b）电压矢量；（c）电流波形图；（d）整流电压

三相桥式相控整流电路整流电压 v_D 为 6 脉波整流电压（$m=6$）。为了得到 12 脉波整流电压，需要两组三相交流电源，且两组电源间的相位差应是 30°。三相电源星形联结时，线电压超前相应的相电压 30°。基于这个原理，图 9.7（a）利用一个三相三绕组变压器，其一次 A、B、C 绕组接成三角形或星形，二次三相绕组每相各有两个绕组，即 a_1、a_2、b_1、b_2、

c_1、c_2；a_1、b_1、c_1 3 个绕组接成星形，a_2、b_2、c_2 3 个绕组接成三角形。令二次三角形绕组的每相匝数 N_2 比二次星形绕组每相匝数 N_1 多$\sqrt{3}$倍，则二次两组绕组的线电压数值相等。

在图 9.7（a）中二次电压 $\dot{V}_{a1}$、$\dot{V}_{a2}$与一次电压 $\dot{V}_A$同相，$\dot{V}_{b1}$、$\dot{V}_{b2}$与一次电压 $\dot{V}_B$同相，$\dot{V}_{c1}$、$\dot{V}_{c2}$与一次电压 $\dot{V}_C$同相，如图 9.7（b）所示，因此第一组三相整流桥输出整流电压 v_{D1}的大小由线电压 $\dot{V}_{a1b1}$、$\dot{V}_{b1c1}$、$\dot{V}_{c1a1}$等决定，第二组三相整流桥输出的整流电压 v_{D2}的大小由线电压（也就是相电压）$\dot{V}_{a2b2}$、$\dot{V}_{b2c2}$、$\dot{V}_{c2a2}$等决定。由于三角形绕组线电压就是其绕组相电压，$V_{a2b2}=V_{b2c2}=V_{c2a2}=3V_{a1}=3V_{b1}=3V_{c1}$，且 $\dot{V}_{a2b2}$与星形绕组线电压 $\dot{V}_{a1b1}$相差 30°，$\dot{V}_{b2c2}$与 $\dot{V}_{b1c1}$相差 30°，$\dot{V}_{c2a2}$与 $\dot{V}_{c1a1}$相差 30°，故两个 6 脉波的整流电压 v_{D1}、v_{D2}波形相同，相差 30°，如图 9.7（d）所示。由图 9.7（d）可知，在 30°的区间Ⅰ，$v_{D1}>v_{D2}$，在随后的 30°的区间Ⅱ，$v_{D2}>v_{D1}$。因此，图 9.7（a）中若无平衡电抗器 L_P，则在区间Ⅰ，一旦第一组三相桥整流器导电，第二组三相桥整流器的晶闸管立即被反压（$v_{D2}-v_{D1}$）截止，在区间Ⅰ只能由第一组三相桥整流器对负载供电，电流为 I_D；而在区间Ⅱ，$v_{D2}>v_{D1}$，一旦第二组三相桥导电，第一组三相桥的晶闸管将立即被反压（$v_{D1}-v_{D2}$）截止，因此区间Ⅱ仅第二组三相桥整流器导电，并提供全部负载电流 I_D。有了平衡电抗器以后，任何时刻电压差 $v_P=v_{D1}-v_{D2}$在平衡电抗器两个绕组上各压降 $v_P/2$，把 v_{D1}、v_{D2}拉平，使两个三相桥整流器同时导电并共同承担负载电流 I_D，其结果是每个晶闸管及变压器绕组导电时间延长了一倍，而电流只输出 1/2 负载电流（$I_D/2$）。

利用式（9.58），令 $m=6$、$\alpha=0$，分别计算各次谐波，可得到第一组三相全桥整流输出电压为

$$v_{D1}(t)=\frac{3\sqrt{2}V_1}{\pi}\left(1+\frac{2}{5\times7}\cos6\omega t-\frac{2}{11\times13}\cos12\omega t+\frac{2}{17\times19}\cos18\omega t-\frac{2}{23\times25}\cos24\omega t+\cdots\right)$$

式中，V_1——线电压有效值。

$v_{D2}(t)$ 与 $v_{D1}(t)$ 相差 30°，故

$$\begin{aligned}v_{D2}(t)=&\frac{3\sqrt{2}V_1}{\pi}\left[1+\frac{2}{5\times7}\cos6(\omega t-30°)-\frac{2}{11\times13}\cos12(\omega t-30°)\right.\\&\left.+\frac{2}{17\times19}\cos18(\omega t-30°)-\frac{2}{23\times25}\cos24(\omega t-30°)+\cdots\right]\\=&\frac{3\sqrt{2}V_1}{\pi}\left(1-\frac{2}{5\times7}\cos6\omega t-\frac{2}{11\times13}\cos12\omega t-\frac{2}{17\times19}\cos18\omega t-\frac{2}{23\times25}\cos24\omega t-\cdots\right)\end{aligned} \tag{9.65}$$

电压差

$$V_P=v_{D1}(t)-v_{D2}(t)=\frac{3\sqrt{2}V_1}{\pi}\left(\frac{4}{5\times7}\cos6\omega t+\frac{4}{17\times19}\cos18\omega t+\cdots\right) \tag{9.66}$$

v_P主要是 6 次谐波，6 次谐波的幅值为

$$V_{P6max}=\frac{3\sqrt{2}V_1}{\pi}\times\frac{4}{5\times7}\approx0.154V_1=0.19V_m \tag{9.67}$$

v_P的最大值 V_{Pm}可由图 9.7（d）求得，在 $\omega t=60°$时，v_P有最大值 V_{Pm}

$$V_{Pm}=\sqrt{2}V_1-\sqrt{2}V_1\sin60°=\sqrt{2}V_1(1-\sqrt{3}/2)\approx0.19V_1=0.23V_m>V_{P6max} \tag{9.68}$$

由电压差 v_P 在两个三相桥之间引起的环流最大值近似为

$$I_{Pm} \approx \frac{V_{Pm}}{6\omega L_P} \tag{9.69}$$

整流电路电流连续的条件是

$$\frac{1}{2}I_D > I_{Pm} \approx \frac{V_{Pm}}{6\omega L_P} \tag{9.70}$$

或

$$L_P > \frac{V_{Pm}}{3\omega I_D} = \frac{0.19V_1}{3\omega I_D} \approx 0.2\frac{V_1}{I_D} \times 10^{-3}(\mathrm{H}) \tag{9.71}$$

两组三相桥经平衡电抗器以后输出电压的瞬时值 $v_D(t)$ 为

$$v_D(t) = \frac{1}{2}[v_{D1}(t) + v_{D2}(t)] = \frac{3\sqrt{2}V_1}{\pi}\left(1 - \frac{2}{11\times 13}\cos 12\omega t - \frac{2}{23\times 25}\cos 24\omega t - \cdots\right) \tag{9.72}$$

直流输出电压平均值

$$V_D = \frac{3\sqrt{2}V_1}{\pi} = \frac{3\sqrt{6}V_S}{\pi} \approx 1.35V_1 = 2.34V_S$$

直流输出电压中的谐波阶次为 $12K$ 次（$K=1$，2，…），最低阶次为 12 次。

12 次谐波电压幅值为

$$\frac{3\sqrt{2}V_1}{\pi} \times \frac{2}{11\times 13} \approx 1.35V_1 \times \frac{2}{11\times 13} \approx 0.014V_D \tag{9.73}$$

$v_D(t)$ 中最低次谐波为 12 次，其幅值仅为直流输出电压平均值的 1.4%，以上分析为控制角 $\alpha=0$ 的情况。如果要分析不同控制角 α 的输出波形，可以根据两组三相桥式电路的相应输出波形 v_{D1} 和 v_{D2}，求出 $(v_{D1}+v_{D2})/2$，这就是 12 脉波（两桥并联时）的输出波形。无论从作图法还是谐波分析计算都能说明其脉动分量减小了，脉动频率比三相桥时增大了一倍，$f=12\times 50\mathrm{Hz}=600\mathrm{Hz}$。

两个三相桥式相控整流输出电压 v_{D1}、v_{D2} 经 L_P 并联输出整流电压 v_D，整流输出的电压平均值 V_D 仍等于一组三相桥的整流电压平均值，但每组桥仅承担 $I_d=I_D/2$ 的负载电流。图 9.7（a）中，a 相绕组 N_1 的电流 $i_{aN1}=i_{a1}$ 是幅值为 I_d（$I_d=I_D/2$）的 120°方波，i_{a2} 的波形与 i_{a1} 相同，但滞后 30°，i_{b2} 又比 i_{a2} 滞后 120°。

图 9.7 中 120°方波 i_{a1}（i_{aN1}）的傅里叶级数表达式为

$$i_{a1} = i_{aN1} = \frac{2\sqrt{3}}{\pi}I_d\left(\sin\omega t - \frac{1}{5}\sin 5\omega t - \frac{1}{7}\sin 7\omega t + \frac{1}{11}\sin 11\omega t + \frac{1}{13}\sin 13\omega t - \cdots\right) \tag{9.74}$$

$$\begin{aligned} i_{a2} = \frac{2\sqrt{3}}{\pi}I_d\Big[&\sin(\omega t - 30^\circ) - \frac{1}{5}\sin 5(\omega t - 30^\circ) - \frac{1}{7}\sin 7(\omega t - 30^\circ) \\ &+ \frac{1}{11}\sin 11(\omega t - 30^\circ) + \frac{1}{13}\sin 13(\omega t - 30^\circ) - \cdots\Big] \end{aligned} \tag{9.75}$$

$$\begin{aligned} i_{b2} = \frac{2\sqrt{3}}{\pi}I_d\Big[&\sin(\omega t - 150^\circ) - \frac{1}{5}\sin 5(\omega t - 150^\circ) - \frac{1}{7}\sin 7(\omega t - 150^\circ) \\ &+ \frac{1}{11}\sin 11(\omega t - 150^\circ) + \frac{1}{13}\sin 13(\omega t - 150^\circ) - \cdots\Big] \end{aligned} \tag{9.76}$$

$$i_{a2}-i_{b2}=\frac{6}{\pi}I_d\Big(\sin\omega t+\frac{1}{5}\sin5\omega t+\frac{1}{7}\sin7\omega t+\frac{1}{11}\sin11\omega t+\frac{1}{13}\sin13\omega t+\frac{1}{23}\sin23\omega t+\frac{1}{25}\sin25\omega t+\cdots\Big) \tag{9.77}$$

由图 9.7（a），N_2绕组 a、b 相电流 i_{aN2}、i_{bN2}为

$$i_{aN2}=i_{a2}+i_{cN1}$$

$$i_{bN2}=i_{b2}+i_{aN2}$$

由于三相对称，N_2绕组 c 相电流 i_{cN2}为

$$i_{cN2}=-(i_{aN2}+i_{bN2})$$

故

$$i_{aN2}=i_{a2}-(i_{aN2}+i_{bN2})=i_{a2}-i_{aN2}-(i_{b2}+i_{aN2})=i_{a2}-i_{b2}-2i_{aN2}$$

即

$$i_{aN2}=\frac{1}{3}(i_{a2}-i_{b2})$$

由于 $N_2=\sqrt{3}N_1$，若一次绕组 $N_0=N_1$，则一次侧 A 相电流应为

$$i_A=i_{aN1}+\sqrt{3}i_{aN2}=i_{aN1}+(i_{a2}-i_{b2})/\sqrt{3}$$

由此得到：

$$i_A(t)=\frac{4\sqrt{3}}{\pi}I_d\Big(\sin\omega t+\frac{1}{11}\sin11\omega t+\frac{1}{13}\sin13\omega t+\frac{1}{23}\sin23\omega t+\frac{1}{25}\sin25\omega t+\cdots\Big) \tag{9.78}$$

图 9.7（c）画出了 i_{a2}、i_{b2}、$\sqrt{3}i_{aN2}$及它们合成的交流电源 A 相电流 i_A。所以，带平衡电抗器的双三相桥式 12 脉波整流电路交流电源中只含有 $12K\pm1$ 次谐波电流（$K=1，2，\cdots$），最低次谐波电流为 11 次，而三相桥式 6 脉波整流电路交流电源中含有 $6K\pm1$ 次谐波电流，最低次谐波电流为 5 次。

图 9.7（a）中晶闸管电压、电流的计算与三相桥式整流时相同。整流变压器二次绕组的工作情况与三相桥式整流时相同，每周期导电 240°（正负半周中各导电 120°），而变压器一次绕组的利用率要比三相桥式整流时更高些。这种 12 脉波的相控整流适用于大容量的应用领域。

图 9.7 中两组相差 30°的整流电压 v_{D1}、v_{D2}既可经平衡电抗器并联输出（称为并联多重结构），又可以将 v_{D1}、v_{D2}串联输出给负载供电（称为串联多重结构）。采用串联多重结构和并联多重结构的效果是相同的。串联输出适用于输出高电压的应用场合，并联输出适用于输出大电流的应用场合。

9.4 谐波抑制方法

9.4.1 *LC* 滤波器

LC 滤波器是传统的谐波补偿装置。就目前情况而言，抑制谐波的方法可分为两大类：一类是补偿方法，*LC* 滤波器和有源电力滤波器都属于此类方法，本章将对此进行详细介绍。另一类方法是通过变流器的结构和控制来降低谐波源，如多相复合结构多脉波整流器或

逆变器、PWM 控制技术等，前面章节已对此进行了分析。

在各种方法中，LC 滤波器出现最早，且存在一些较难克服的缺点，但因其具有结构简单、设备投资较少、运行可靠性较高、运行费用较低等优点，至今仍是应用最多的方法。

LC 滤波器又称无源滤波器，是由滤波电容器、电抗器和电阻器适当组合而成的滤波装置，与谐波源并联，除起滤波作用外，还兼顾无功补偿的需要。LC 滤波器又分为单调谐滤波器、高通滤波器及双调谐滤波器等几种，实际应用中常用几组单调谐滤波器和一组高通滤波器组成滤波装置。

1. 单调谐滤波器

图 9.8（a）所示为单调谐滤波器的电路原理图。滤波器对 n 次谐波（$\omega_n=n\omega_s$）的阻抗为

$$Z_{fn}=R_{fn}+\mathrm{j}\left(n\omega_s L-\frac{1}{n\omega_s C}\right) \tag{9.79}$$

式中，下标 fn——第 n 次单调谐滤波器。

由式（9.79）画出滤波器阻抗随频率变化的关系曲线，如图 9.8（b）所示。

单调谐滤波器是利用串联 L、C 谐振原理构成的，谐振次数 n 为

$$n=\frac{1}{\omega_s\sqrt{LC}} \tag{9.80}$$

在谐振点处 $Z_{fn}=R_{fn}$，因 R_{fn} 很小，n 次谐波电流主要由 R_{fn} 分流，很少流入电网中。而对于其他次数的谐波，$Z_{fn}\gg R_{fn}$，滤波器分流很少。因此，简单地说，只要使滤波器的谐振次数设定为与需要滤除的谐波次数一样，则该次谐波将大部分流入滤波器，从而起到滤除该次谐波的目的。

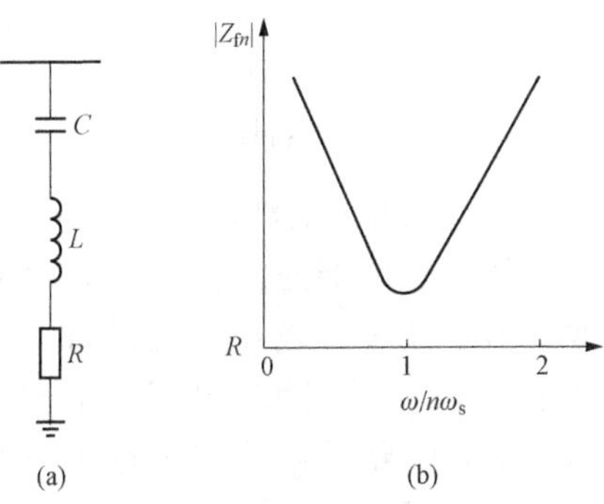

图 9.8　单调谐滤波器电路原理图及阻抗频率特性

（a）电路原理图；（b）阻抗频率特性

2. 高通滤波器

高通滤波器又称减幅滤波器，图 9.9 给出 4 种形式的高通滤波器，即一阶、二阶、三阶和 C 型 4 种。

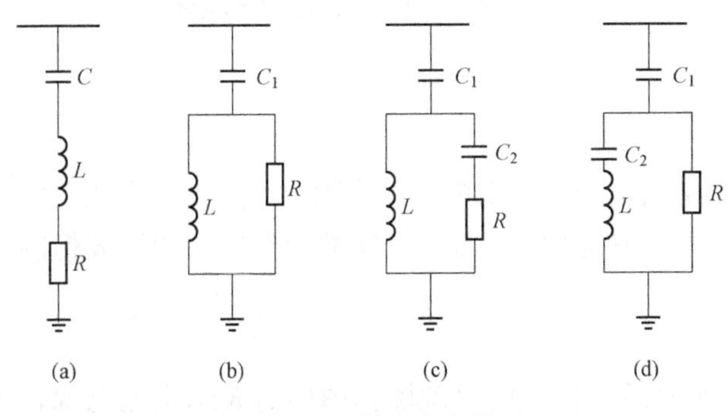

图 9.9　高通滤波器

（a）一阶；（b）二阶；（c）三阶；（d）C 型

一阶高通滤波器需要的电容太大，基波损耗也太大，因此一般不采用。

二阶高通滤波器的滤波性能最好，但与三阶的相比，其基波损耗较高。

三阶高通滤波器比二阶的多一个电容 C_2，C_2 容量与 C_1 相比很小，它提高了滤波器对基波频率的阻抗，从而大大减少基波损耗，这是三阶高通滤波器的主要优点。

C 型高通滤波器的性能介于二阶和三阶之间。C_2 与 L 调谐在基波频率上，故可大大减少基波损耗。其缺点是对基波频率失谐和元件参数漂移比较敏感。

以上 4 种高通滤波器中，最常用的还是二阶高通滤波器，C 型高通滤波器也有较好的推广应用价值。本书中后面讨论的是二阶高通滤波器。

二阶高通滤波器的阻抗为

$$Z_n = \frac{1}{jn\omega_s C} + \left(\frac{1}{R} + \frac{1}{jn\omega_s L}\right)^{-1} \tag{9.81}$$

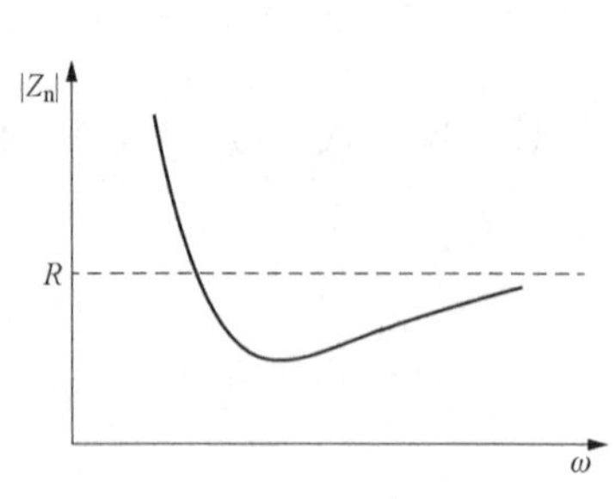

图 9.10　二阶高通滤波器的阻抗频率特性

$|Z_n|$ 随频率变化的曲线如图 9.10 所示，该曲线在某一很宽的频带范围内呈现为低阻抗，形成对次数较高谐波的低阻抗通路，使这些谐波电流部分流入高通滤波器。

3. 双调谐滤波器

除上述单调谐滤波器和高通滤波器外，在一些工程中还用到双调谐滤波器。双调谐滤波器电路如图 9.11 (a) 所示。它有两个谐振频率，同时吸收这两个频率的谐波，其作用等效于两个并联的单调谐滤波器。图 9.11 (b) 示出了双调谐滤波器的阻抗频率特性。

与两个单调谐滤波器相比，双调谐滤波器基波损耗较小，且只有一个电感 L，承受全部冲击电压。正常运行时，串联电路的基波阻抗远大于并联电路的基波阻抗，所以并联电路所承受的工频电压比串联电路的低得多。另外，并联电路中的电容 C_2 容量一般较小，基本上只通过谐波无功容量。由于双调谐滤波器投资较少，近年来在国内外一些高压直流输电工程中有所应用。双调谐滤波器主要问题在于结构比较复杂、调谐困难，故应用还较少。

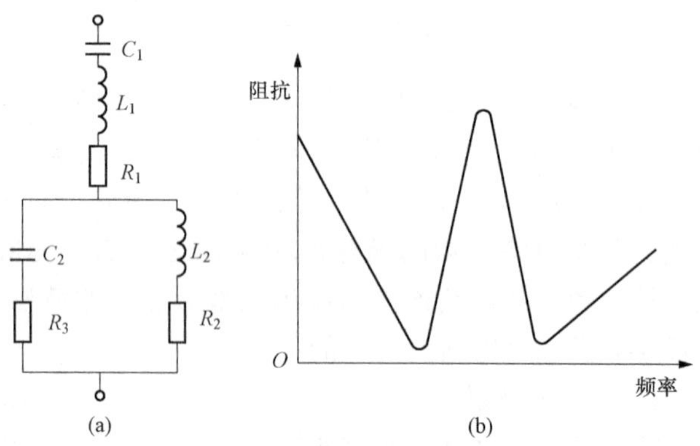

图 9.11　双调谐滤波器电路及阻抗/频率特性
(a) 电路原理图；(b) 阻抗/频率特性

9.4.2　有源电力滤波器

有源电力滤波器是一种用于动态抑制谐波、补偿无功的新型电力电子装置，它能对大小和频率都变化的谐波及变化的无功进行补偿，其应用可克服 LC 滤波器等传统的谐波抑制和无功补偿方法的缺点。

1. 有源电力滤波器的基本原理

图 9.12 所示为最基本的有源电力滤波器系统构成的原理图。图中 e_s 表示交流电源，负载为谐波源，它产生谐波并消耗无功。有源电力滤波器系统由两大部分组成，即指令电流运算电路和补偿电流发生电路（由电流跟踪控制电路、驱动电路和主电路 3 个部分构成）。其中，指令电流运算电路的核心是检测出补偿对象电流中的谐波和无功等电流分量，因此有时

也称之为谐波和无功电流检测电路。补偿电流发生电路的作用是根据指令电流运算电路得出的补偿电流的指令信号，产生实际的补偿电流。主电路目前均采用 PWM 变流器。

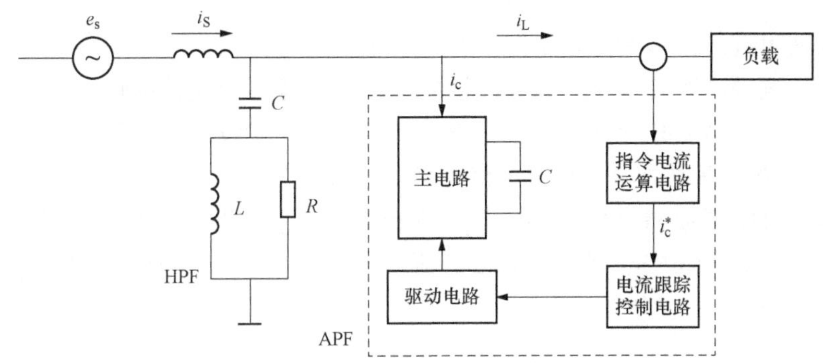

图 9.12　并联型电力有源滤波器系统组成

作为主电路的 PWM 变流器，在产生补偿电流时，主要作为逆变器工作，因此有的文献中将其称为逆变器。但它并不仅仅是作为逆变器工作的，如在电网向有源电力滤波器直流侧储能元件充电时，它就作为整流器工作。也就是说，它既工作于逆变状态，又工作于整流状态，且两种工作状态无法严格区分。因此，本书中称之为变流器，而不称之为逆变器。

图 9.12 所示有源电力滤波器的基本工作原理是，检测补偿对象的电压和电流，经指令电流运算电路计算得出补偿电流的指令信号，该信号经补偿电流发生电路放大，得出补偿电流，补偿电流与负载电流中要补偿的谐波及无功等电流抵消，最终得到期望的电源电流。

例如，当需要补偿负载所产生的谐波电流时，有源电力滤波器检测出补偿对象负载电流 I_L 的谐波分量 I_{Lh}，将其反极性后作为补偿电流的指令信号 i_c^*，由补偿电流发生电路产生的补偿电流 i_c、即与负载电流中的谐波分量 I_{Lh} 大小相等、方向相反，因而两者互相抵消，使电源电流 i_S 中只含基波，不含谐波。这样就达到了抑制电源电流中谐波的目的。上述原理可用如下的一组公式描述：

$$
\begin{aligned}
i_S &= i_L + i_c \\
i_L &= i_{Lf} + i_{Lh} \\
i_c &= -i_{Lh} \\
i_S &= i_L + i_c = i_{Lf}
\end{aligned}
$$

式中，i_{Lf}——负载电流的基波分量。

如果要求有源电力滤波器在补偿谐波的同时，补偿负载的无功功率，则只要在补偿电流的指令信号中增加与负载电流的基波无功分量反极性的成分即可。这样，补偿电流与负载电流中的谐波及无功成分相抵消，电源电流等于负载电流的基波有功分量。

根据同样的原理，有源电力滤波器还可对不对称三相电路的负序电流等进行补偿。在进一步详细介绍有源电力滤波器之前，先将它的一些特点总结如下，读者在以后的介绍中可逐渐加深对这些特点的认识。

(1) 实现了动态补偿，可对频率和大小都变化的谐波及变化的无功功率进行补偿，对补偿对象的变化有极快的响应。

(2) 可同时对谐波和无功功率进行补偿，且补偿无功功率的大小可做到连续调节。

（3）补偿无功功率时不需储能元件，补偿谐波时所需储能元件容量也不大。

（4）即使补偿对象电流过大，有源电力滤波器也不会发生过载，并能正常发挥补偿作用。

（5）受电网阻抗的影响不大，不容易和电网阻抗发生谐振。

（6）能跟踪电网频率的变化，故补偿性能不受电网频率变化的影响。

（7）既可对一个谐波和无功源单独补偿，又可对多个谐波和无功源集中补偿。

2. 并联型电力有源滤波器（谐波电流补偿器）

并联型电力有源滤波器（Parallel Type Active Power Filter，PAPF）的电路原理框图如图 9.13 所示。图 9.13 中非线性负载由交流电源 V_2 供电。负载电流 i_L 中除正弦基波电流 i_{L1} 外，还含有谐波电流 i_h，即

$$i_L = i_{L1} + i_h = i_{L1P} + i_{L1Q} + i_h$$

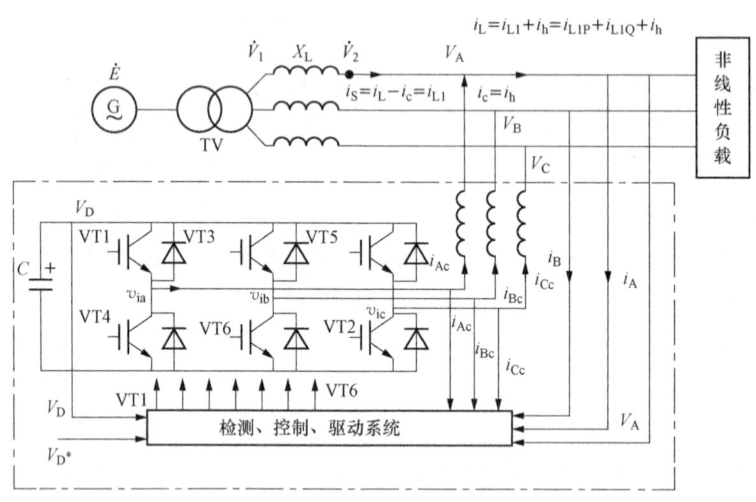

图 9.13 并联型电力有源滤波器

这里 i_{L1P}、i_{L1Q}分别为负载的基波有功、无功电流。为了使电力系统中的发电机 G、电压互感器 TV 及线路 X_L 中不流过谐波电流，在负载处设置负载谐波电流补偿器（Harmonic Current Compensator，HCC）。HCC 的主电路采用自关断开关器件的三相桥式变换器。变换器与负载并联地接在电网上，故 HCC 又称并联型电力有源滤波器。对变换器中 6 个开关器件进行实时、适式地通、断控制，使变换器向电网输出补偿电流 i_c，运行中不断地检测非线性负载的谐波电流 i_h，并以此作为图 9.13 中三相桥式变换器输出补偿电流 i_c 的指令值，使三相桥式变换器输出的补偿电流 i_c 与负载的谐波电流 i_h 大小相等。于是，电网电流 $i_s=i_L-i_c=i_{L1}+i_h-i_c=i_{L1}$，电力系统中发电机 G、电压互感器 TV 及线路均只流过负载基波电流 i_{L1}，负载基波电流 i_{L1} 包括基波有功电流 i_{L1P} 和无功电流 i_{L1Q}。如果要求补偿器除补偿负载谐波电流 i_h 外，还要求补偿负载电流中的无功电流 i_{L1Q}，只要令补偿器输出的电流除谐波电流 i_h 外，还包括负载基波无功电流 i_{L1Q}，$i_c=i_h+i_{L1Q}$，则电网电流 i_s 就只有基波有功电流 i_{L1P}：

$$i_s = i_L - i_c = i_{L1P} + i_{L1Q} + i_h - (i_h + i_{L1Q}) = i_{L1P}$$

这时，电力系统中发电机 G、电压互感器 TV 和线路均只流过基波有功电流 i_{L1P}，不仅

补偿了负载谐波电流使电流波形正弦化，还补偿了负载无功功率，使电网功率因数为1。

3. 串联型电力有源滤波器（谐波电压补偿器）

交流发电机的空载电压 v_G 一般是较好的正弦波。如果负载是线性的，那么流过发电机、电压互感器和线路阻抗的电流及其电压降 Δv 也都是正弦波，因此电网负载电压 $v_L=v_G-\Delta v$ 也是正弦波。如果在图9.14中A、B、C处的负载是非线性的，那么在电源正弦电压作用下，电流波形中除含有与电压同频率的基波电流 i_L 外还有谐波电流 i_h，谐波电流流过发电机、电压互感器、线路阻抗时，它所产生的电压降 Δv_h 也是非正弦波，若发电机输出电压仍为正弦波，那么负载处端电压就有谐波成分，这个谐波电压正是谐波电流所引起的谐波压降。这时，在R、S、T处的负载会受到谐波电压的危害。为了消除电网中重要负载上的谐波电压，可在重要负载的输入电路中A、R之间串接一个补偿电压 v_C。如果补偿电压 v_C 与谐波电压 v_h 大小相等、方向相反，即 $v_C=-v_h$，图9.14中A、B、C处端电压虽然仍是非正弦，但有了补偿电压 v_C 以后，接在R、S、T点的负载电压却是正弦波，避免了谐波电压的危害。利用自关断器件构成的三相桥式开关电路输出补偿电压，将补偿电压经变压器串接在电路中，就构成了谐波电压补偿器（Harmonic Voltage Compensator，HVC）。由于这种谐波补偿电压 v_C 串联在电路中，故又称之为串联型电力有源滤波器（Series Type Active Power Filter，SAPF）。

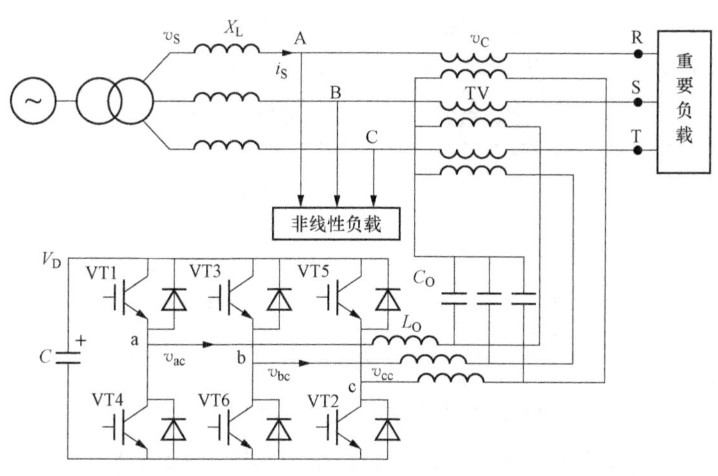

图9.14　串联型电力有源滤波器

产生谐波补偿电压 v_C 的电力电子变换器电路可视为一个谐波电压源，而产生谐波补偿电流的电力电子电路可视为一个谐波电流源，但开关电路结构都是三相桥式变换器。对三相桥式变换器6个开关器件进行实时、适式地通、断控制，使其交流端输出三相谐波电压，经电压互感器TV从二次侧输出谐波补偿电压 v_C 串联在电网线路上，补偿电网的谐波电压。图9.14中 L_O、C_O 是滤除变换器开关高频动作所产生的高频谐波的滤波器。

为了补偿谐波电压，必须实时、准确地检测电网的谐波电压 v_h，以此作为电力变换器的三相指令电压去控制主电路中6个开关器件的通、断状态，使三相桥式变换器输出的补偿电压跟踪指令电压，实现电网谐波电压的串联补偿。

在实际应用中，通常采用串联、并联有源滤波器和 L、C 无源滤波器组成的综合滤波器，以达到技术、经济性能最优的滤波效果。

9.5 电力电子装置谐波限制标准

由于公用电网中的谐波电压和谐波电流对用电设备和电网本身都会造成很大危害，世界许多国家发布了限制谐波的国家标准，或由权威机构制定限定谐波的规定。制定这些标准和规定的基本原则是限制谐波源注入电网的谐波电流，把电网谐波电压控制在允许范围内，使接在电网中的电气设备免受谐波干扰而能正常工作。我国先后于 1984 年和 1993 年分别制定了限制谐波的规定和国家标准，并于近年开展了新一轮的修订工作。在国际上，各个国际组织，如电气与电子工程师协会（Institute of Electrical and Electronic Engineers，IEEE）、国际电工委员会（International Electrotechnical Commission，IEC）和国际大电网委员会（International Council on Large Electric Systems，CIGRE）纷纷推出了各自建议的谐波标准，其中较有影响的是 IEEE 519：1992（目前更新为 IEEE 519：2014）和 ICE 61000 系列。

9.5.1 电气与电子工程师协会标准

1992 年，电气与电子工程师协会颁布了电力系统谐波控制推荐规程和要求（Recommended Practices and Requirements for Harmonic Control in Electrical Power Systems）IEEE 519：1992；2014 年，又颁布了新标准 IEEE 519：2014。该标准对电力系统电压畸变的要求如表 9.1 所示，对电流的谐波畸变要求见表 9.2～表 9.4。

表 9.1 IEEE 519：2014 对电压畸变的要求

用户母线电压 V	单次谐波/(%)	总谐波畸变率 THD/(%)
$V \leqslant 1.0$kV	5.0	8.0
1.0kV$<V\leqslant$69kV	3.0	5.0
69kV$<V\leqslant$161kV	1.5	2.5
$V>$161kV	1.0	1.5

表 9.2 IEEE 519：2014 对 120V～69kV 电力系统电流畸变的要求

短路比	单次谐波（奇次谐波）/(%)					总谐波/(%)
I_{SC}/I_L	$3\leqslant h<11$	$11\leqslant h<17$	$17\leqslant h<23$	$23\leqslant h<35$	$35\leqslant h<50$	THD
<20	4.0	2.0	1.5	0.6	0.3	5.0
20～50	7.0	3.5	2.5	1.0	0.5	8.0
50～100	10.0	4.5	4.0	1.5	0.7	12.0
100～1000	12.0	5.5	5.0	2.0	1.0	15.0
>1000	15.0	7.0	6.0	2.5	1.4	20.0

注 I_{SC}——负载处最大短路电流；I_L——额定工况下用户最大负载电流需求（基波分量）。

表 9.3　　IEEE 519：2014 对 69～161kV 电力系统电流畸变的要求

短路比	单次谐波（奇次谐波）/(%)					总谐波/(%)
I_{SC}/I_L	$3\leqslant h<11$	$11\leqslant h<17$	$17\leqslant h<23$	$23\leqslant h<35$	$35\leqslant h<50$	THD
<20	2.0	1.0	0.75	0.3	0.15	2.5
20～50	3.5	1.75	1.25	0.5	0.25	4.0
50～100	5.0	2.25	2.0	0.75	0.35	6.0
100～1000	6.0	2.75	2.5	1.0	0.5	7.5
>1000	7.5	3.5	3.0	1.25	0.7	10.0

表 9.4　　IEEE 519：2014 对 161kV 以上电力系统电流畸变的要求

短路比	单次谐波（奇次谐波）/(%)					总谐波/(%)
I_{SC}/I_L	$3\leqslant h<11$	$11\leqslant h<17$	$17\leqslant h<23$	$23\leqslant h<35$	$35\leqslant h<50$	THD
<25	1.0	0.5	0.38	0.15	0.1	1.5
25～50	2.0	1.0	0.75	0.3	0.15	2.5
>50	3.0	1.5	1.15	0.45	0.22	3.75

9.5.2　国际电工委员会标准

国际电工委员会根据日益增多的非线性负载在公用电网中引起的电压畸变情况，在 1995 年和 2000 年两次对公用电网的谐波标准进行了修订，在新版的 IEC 61000-3-2：2018《谐波电流发射限值（设备每相输入电流≤16A)》中，将电气与电子设备分成 4 类。

1. A 类

(1) 平衡的三相设备。

(2) 除 D 类加以专门指名的设备及以外的家用电器。

(3) 除便携式工具以外的工具。

(4) 白炽灯调光器。

(5) 音响设备。以及没被以下 3 类设备列入的设备均看作 A 类设备。

2. B 类

(1) 便携式工具。

(2) 非专业的弧焊设备。

3. C 类

照明设备。

4. D 类（设备功率小于 600W 的下述设备）

(1) 个人计算机和个人计算机的显示器。

(2) 电视机。

除便携设备（B类）以外的低压电气和电子设备的谐波电流限值如表 9.5 所示。

表 9.5　IEC 6100-3-2 低压设备的电流限值

谐波次数 n		A类最大允许谐波电流/A	C类最大允许谐波电流占输入基波电流的百分比/(%)	D类（75～600W）最大允许谐波电流	
				mA/W	A
奇次	3	2.30	30λ	3.4	2.30
	5	1.14	10	1.9	1.14
	7	0.77	7	1.0	0.77
	9	0.40	5	0.5	0.40
	11	0.33	3	0.35	0.33
	13	0.21	3	0.296	0.21
	$15 \leqslant n \leqslant 39$	$2.25/n$	3	$3.85/P$	$2.25/n$
偶次	2	1.08	2		
	4	0.43			
	6	0.30			
	$8 \leqslant n \leqslant 40$	$1.84/n$			

注　λ表示功率因数。

A类设备的电流限值用最大谐波电流的形式，以绝对值给出。D类设备则分别用相对值和绝对值两种形式给出，当D类设备容量达到其上限，即 $P=600$W 时，A、D类设备的电流限值相同。对于低于该容量的设备，采用相对值，用于对具有高峰值系数的设备进行惩罚。对偶次谐波的惩罚则表明了需对波形不对称进行限制。谐波次数大于15次时，D类设备限值和A类设备限值都是谐波次数 n 的函数。

对于工作电压600V以下、单相电流大于16A的低压电气设备，其谐波电流发射值，国际电工委员会用标准 IEC 61000-3-4：2010《试验与测量技术—辐射、无线电频率和电磁场抗扰度试验》加以规定。该标准将设备的连接方式分为3级，即当短路比（接入点短路容量与设备额定容量之比）不小于33且设备谐波发射值满足表9.6要求时，该设备可以在任何地点接入供电系统，属于第一级；第二级为与实际网络相关的发射限值，即当谐波电流发射量大于上述限值时，如果短路比大于33，则可相应提高限值；设备不具备上述两级的要求，或设备输入电流大于75A时，供电主管部门可以根据与用户协议的容量决定是否接入系统，则属于第三级。

表 9.6　第一级设备（$S_{equ} \leqslant S_{sc}/33$）谐波电流发射限值

n	3	5	7	9	11	13	15	17	19
$I_n/I_1/(\%)$	21.6	10.7	7.2	3.8	3.1	2	0.7	1.2	1.1
n	21	23	23	27	29	31	大于33	偶次	
I_n/I_1（%）	≤0.6	0.9	0.8	≤0.6	0.7	0.7	≤0.6	$\leqslant 8/n$ 或 ≤0.6	

注　I_n——谐波电路分量；I_1——额定基波电流；S_{equ}——电气设备的额定视在功率；S_{sc}——短路容量。

9.5.3　国家标准

1984年制定并发布了SD 126—1984《电力系统谐波管理暂行规定》，1993年发布了GB/T 14549—1993《电能质量 公用电网谐波》，该标准于1994年3月1日起实施，目前我国主要执行该标准。该标准要求的公用电网谐波电压限值如表 9.7 所示。

表 9.7　　公用电网谐波电压（相电压）限值

电网标称电压/kV	电压总谐波畸变率/（%）	各次谐波电压含有率	
		奇次	偶次
0.38	5.0	4.0	2.0
6	4.0	3.2	1.6
10			
35	3.0	2.4	1.2
66			
110	2.0	1.6	0.8

公用电网的公共接点的全部用户向该点注入的谐波电流分量（方均根值）应不超过表 9.8 中规定的允许值。

表 9.8　　注入公共连接点的谐波电流允许值

标准电压/kV	基准短路容量/MVA	谐波次数及谐波电流允许值/A											
		2	3	4	5	6	7	8	9	10	11	12	13
0.38	10	78	62	39	62	26	44	19	21	16	28	13	24
6	100	43	34	21	34	14	24	11	11	8.5	16	7.1	13
10	100	26	20	13	20	8.5	15	6.4	6.8	5.1	9.3	4.3	7.9
35	250	15	12	7.7	12	5.1	8.8	3.8	4.1	3.1	5.6	2.7	4.7
66	500	16	13	8.1	13	5.4	9.3	4.1	4.3	3.3	5.9	2.7	5.0
110	750	12	9.6	6.0	9.6	4.0	6.8	3.0	3.0	2.4	4.3	2.0	3.7
标准电压/kV	基准短路容量/MVA	谐波次数及谐波电流允许值/A											
		14	15	16	17	18	19	20	21	22	23	24	25
0.38	10	11	12	9.7	18	8.6	16	7.8	8.9	7.1	14	6.5	12
6	100	6.1	6.8	5.3	10	4.7	9.0	4.3	4.9	3.9	7.4	3.6	6.8
10	100	3.7	4.1	3.2	6.0	2.8	5.4	2.6	2.9	2.3	4.5	2.1	4.1
35	250	2.2	2.5	1.9	3.6	1.7	3.2	1.5	1.8	1.4	2.7	1.3	2.5
66	500	2.3	2.6	2.0	3.8	1.8	3.4	1.6	1.9	1.5	2.8	1.4	2.6
110	750	1.7	1.9	1.5	2.8	1.3	2.5	1.2	1.4	1.1	2.1	1.0	1.9

9.5.4　军队标准

我国国家军用标准 GJB 4000—2000《舰船通用规范 3 组电力系统》对电力电子装置的谐波限制进行了如下规定。

（1）整流器：输出电压纹波的峰—峰值应不超过 3 倍的有效值。

（2）逆变器：在空载和额定负载之间的任何负载下，逆变器输出电压波形正弦性畸变率应不大于 5%，单次谐波应不大于 3%和偏离系数应不大于 5%。

（3）变频器：在空载和额定负载之间的任何负载下，变频器输出电压波形的正弦性畸变率应不大于3%、单次谐波应不大于2%和偏离系数应不大于5%。

(4) 直流不间断电源：直流不间断电源在额定负载下其输出电压的纹波系数不大于3%。

(5) 交流不间断电源：交流不间断电源在交流供电正常和逆变器正常情况下及在空载和额定负载之间的任何负载下，交流不间断电源输出电压波形的正弦性畸变率应不大于5%，单次谐波应不大于3%和偏离系数应不大于5%。

9.6 小 结

电力电子装置本身是一个谐波源，其产生的谐波电流和谐波电压对公用电网是一种污染，它使用电设备所处的环境恶劣，也对周围的通信系统和公用电网以外的设备造成危害。随着电力电子装置应用越来越多，其带来的谐波问题已经成为制约其发展的一个重要因素，尤其对于船舶这种容量较小的独立电力系统来说，谐波带来的影响将会更大。电力电子技术是解决电力系统谐波问题的一个有效途径。因此，了解电力电子装置的所产生的谐波特性并对其加以抑制已经成为一个重要课题。

谐波是指频率为大于1的整数倍基波频率的频率分量，而谐波次数是指谐波频率和基波频率的整数比。谐波通常用傅里叶级数来表示。把波形分解成傅里叶级数通常也是分析该波形谐波的基本方法。

电力电子装置的谐波畸变程度通常由一些评价指标来衡量，这些指标包括谐波含有率HR、谐波含量V_H、总谐波畸变率THD、畸变系数DF和最低次谐波LOH。HR、V_H、THD、DF越小，表明波形畸变程度越小，波形质量越高。而LOH越大，谐波越容易滤除。

谐波通常引起损耗和发热，因此在考虑谐波之后，电力系统的功率和功率因数与正弦系统相比会有所差别。在大电网中，电压的波形畸变一般很小，而电流波形的畸变可能很大，因此分析功率和功率因数时，通常考虑电压波形为正弦波、电流波形为非正弦波的情况。此时，有功功率为电压与基波电流及基波功率因数的乘积$P=VI_1\cos\varphi_1$；功率因数λ为基波因数ν($\nu=I_1/I$)和基波功率因数的乘积$\lambda=\nu\cos\varphi_1$，即功率和功率因数都受电流波形畸变的影响。

对于整流电路来说，主要关心其注入电网的电流谐波；对于逆变电路来说，主要关心输出电压的谐波。无论是电压谐波还是电流谐波，其基本分析方法都是对其波形进行傅里叶级数展开。对于奇对称的波形来说，只包含奇数次谐波；对于三相系统，谐波中不存在3的倍数次谐波。

*LC*滤波器和电力有源滤波器是抑制谐波的两种方法。*LC*滤波器由电容器、电抗器和电阻器适当组合而成，是一种无源滤波方式。它是利用*LC*电路的谐振特性为某一个或某一段频率下的谐波电流提供低阻抗通路，达到滤除谐波的作用。*LC*滤波器结构简单、运行可靠，虽然存在一定的缺点，但是目前仍然广泛应用。

电力有源滤波器也是一种电力电子装置，它先通过指令电流预算电路检测出补偿对象电流中的谐波电流，然后由补偿电流发生电路产生与谐波电流相反的补偿电流，从而抵消谐波的影响。电力有源滤波器能够对大小和频率都变化的谐波，以及变化的无功进行补偿，具有良好的补偿效果。

为了限制非线性负载对公用电网造成的谐波污染，很多国家和机构制定了限制谐波的标准和规范。例如，电气与电子工程师协会（IEEE）标准 IEEE 519：2014《电力系统谐波控制推荐规程和要求》、国际电工委员会（IEC）标准 IEC 61000《谐波电流发射限值》、中华人民共和国国家标准 GB/T 14549—1993《电能质量 公用电网谐波》、中华人民共和国国家军用标准 GJB 4000—2000《舰船通用规范 3 组 电力系统》等。在设计、制造电力电子产品时，应当注意遵守这些标准和规范的要求。

9.7 习题及思考题

1. 什么是谐波？其基本危害有哪些？

2. 谐波的基本分析方法是什么？请分析图 9.15 所示 v_o波形的谐波特性。

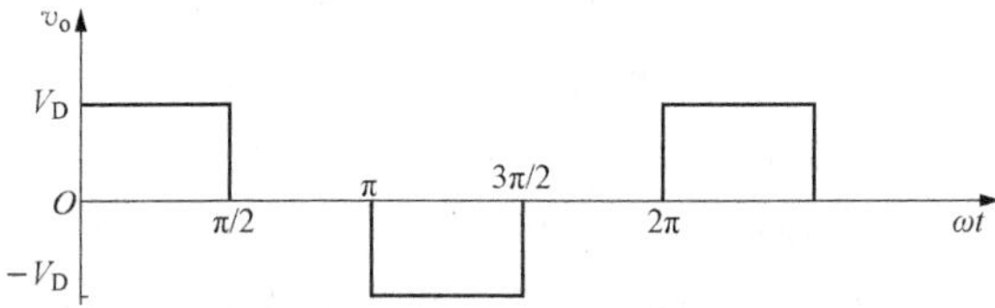

图 9.15　并联型电力有源滤波器

3. 谐波评价指标有哪些？是如何定义的？

4. 为什么考虑谐波时电路的功率因数会降低？试从物理意义上加以解释。

5. 整流电路的功率因数与什么有关？要提高整流电路的功率因数可以采取哪些方法？

6. 通过理论和仿真分析三相三电平逆变器输出线电压的谐波特性。

7. 通过理论和仿真分析 12 脉波不控整流电路输入电流和输出电压的谐波特性。

8. 抑制谐波的方法有哪些？分析其主要优缺点。

9. 分析电力有源滤波器的基本结构和工作原理。

10. 讨论分析电力有源滤波器控制的关键和难点在哪里。

11. 简述 GB/T 14549—1993《电能质量 公用电网谐波》对低压电网的谐波是如何规定的。

第 10 章　电力电子电路建模与仿真

10.1　概　　述

仿真是研究电力电子电路特性的一个重要手段，目前电力电子电路的仿真软件主要有 MATLAB/Simulink、Ansoft/simplorer、PSIM、PSCAD 等，其中以 MATLAB/Simulink 应用最广泛。

MATLAB 是一种科学计算软件。MATLAB 是 Matrix Laboratory（矩阵实验室）的缩写，这是一种以矩阵为基础的交互式程序计算语言。早期的 MATLAB 主要用于解决科学和工程的复杂数学计算问题。由于它使用方便、输入便捷、运算高效、适应科技人员的思维方式，并且有绘图功能，有用户自行扩展的空间，因此特别受到用户的欢迎，这使它成为在科技界广为使用的软件，也是国内外高校教学和科学研究的常用软件。

MATLAB 由美国 MathWorks 公司于 1984 年开始推出，历经升级，到 2001 年有了 6.0 版，并开始得到广泛使用，最近几年 MATLAB 基本维持了每年更新两次版本的频率，最近发布了最新版本 MATLAB R2023a。早期的 MATLAB 在 DOS 环境下运行，1990 年推出了 Windows 版本。1993 年，Mathworks 公司又推出了 MATLAB 的微机版，充分支持在 Microsoft Windows 界面下的编程，它的功能越来越强大，在科技和工程界广为传播，是各种科学计算软件中使用频率最高的软件。

1993 年出现了 Simulink，这是基于框图的仿真平台，Simulink 挂接在 MATLAB 环境上，以 MATLAB 的强大计算功能为基础，以直观的模块框图进行仿真和计算。Simulink 提供了各种仿真工具，尤其是它不断扩展的、内容丰富的模块库，为系统的仿真提供了极大便利。在 Simulink 平台上，拖动和连接典型模块就可以绘制仿真对象的模型框图，并对模型进行仿真。在 Simulink 平台上，仿真模型的可读性很强，这就避免了在 MATLAB 窗口使用 MATLAB 命令和函数仿真时，需要熟悉记忆大量 M 函数的麻烦。对广大工程技术人员来说，Simulink 使用起来非常便利。现在的 MATLAB 同时捆绑了 Simulink，Simulink 的版本也在不断地升级，如从 1993 年的 MATLAB4.0/Simulink1.0 版到 2002 年的 MATLAB 6.5/Simulink 5.0 版，目前的最新版本是 MATLAB R2023a/Simulink 10.7 版。

MATLAB 已经不再是单纯的“矩阵实验室”了，它已经成为一个高级计算和仿真平台。Simulink 原本是为控制系统的仿真而建立的工具箱，在使用中易编程、易拓展，并且可以解决 MATLAB 不易解决的非线性、变系数等问题。它能支持连续系统和离散系统的仿真，支持连续离散混合系统的仿真，也支持线性和非线性系统的仿真，并且支持多种采样频率系统的仿真，也就是不同的系统能以不同的采样频率组合，这样就可以仿真较大、较复杂的系统。因此，各科学领域根据自己的仿真需要，以 MATLAB 为基础，开发了大量的专用仿真程序，并把这些程序以模块的形式都放入 Simulink 中，形成了模块库。Simulink 的模块库实际上就是用 MATLAB 基本语句编写的子程序集。

目前的模块库包含通信系统工具箱（Communication System Toolbox）、控制系统工具箱（Control System Toolbox）、模糊逻辑工具箱（Fuzzy Logic Toolbox）、神经网络工具箱（Neural Network Toolbox）、航空航天组件（Aerospace Blockset）、物理模型组件（Simscape）等 80 多个专用工具箱，涉及绝大多数的工程应用领域，功能十分强大。

从 Simulink 4.1 版开始，有了电力系统模块库（Power System Blockset）。在 Simulink 环境下用电力系统模块库中的模块，可以方便地进行 RLC 电路、电力电子电路、电机控制系统和电力系统的仿真。本书中电力电子电路的仿真就是在 MATLAB/Simulink 环境下，主要使用电力系统模块库和 Simulink 两个模块库进行。

10.2　MATLAB Simulink/Simscape/Power Systems 快速入门

10.2.1　Simulink 仿真模型创建

本书以 MATLAB R2023a 为例来介绍软件的使用。

MATLAB 软件安装完毕后，计算机桌面上会生成其快捷方式，如图 10.1 所示。双击该快捷方式，打开 MATLAB 主程序，界面如图 10.2 所示。虽然 MATLAB R2023a 的工作界面已经进行了汉化，但是编制的程序命名时仍然不支持中文字符，这一点在使用时需要注意。MATLAB 主程序界面分为“主页”“绘图”“APP” 3 个板块。其中，“主页”板块是 MATLAB 启动后的默认板块，该板块是 MATLAB 的基本工作区，主要操作都在这里进行，Simulink 即位于该工作区。

图 10.1　MATLAB 快捷方式

打开 Simulink 的方式有以下几种：

（1）通过“主页”上的快捷按钮直接打开。

（2）在 MATLAB 命令行窗口中直接键入“simulink”后，按 Enter 键打开。

（3）选择“主页→新建→Simulink Model”命令。

无论通过哪种方式，打开 Simulink 后的起始界面均如图 10.3 所示。

通过图 10.3 所示的 Simulink 起始界面可以建立 Simulink 的仿真模型（Blank Model）、库模型（Blank Library）、工程模型（Blank Project）等，在这里我们主要介绍通过仿真模型来建立电力电子电路，并对其进行特性仿真分析。

在图 10.3 所示的 Simulink 起始界面中，单击“Blank Model”，即可建立一个空白的

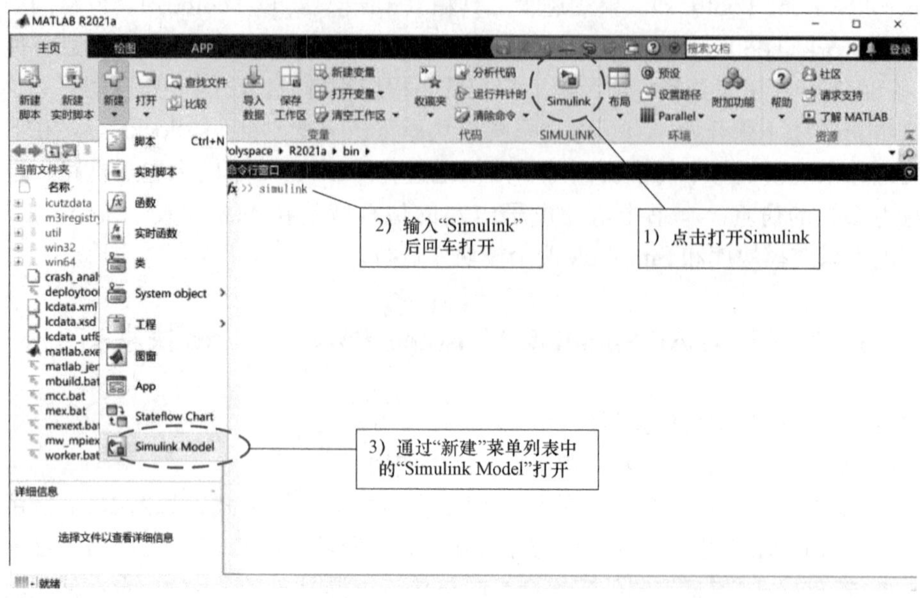

图 10.2　MATLAB 主程序界面

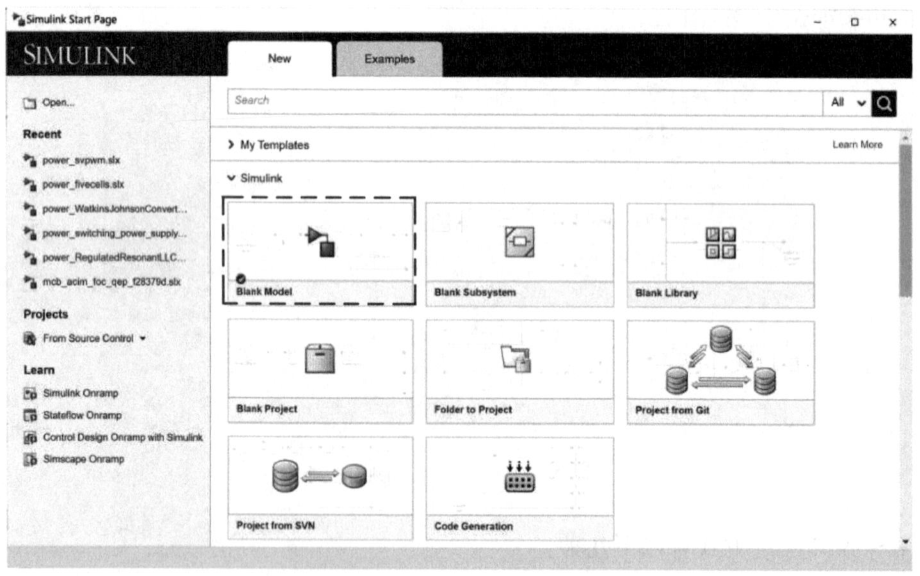

图 10.3　Simulink 起始界面

Simulink 仿真模型，其默认名称为“untitled”，如图 10.4 所示。若要保存模型，同时更改模型名称，可在图 10.4 所示界面中单击 快捷按钮，在弹出的“Save As”对话框（图 10.5）中更改名称，并选择保存位置。这个版本 Simulink 模型的默认扩展名是 .slx，也可选择保存为以前版本的扩展名 .mdl。当然，也可以通过“File→Save”或“File→Save As”来进行模型的保存。

建立模型后，就可根据实际的电力电子电路搭建仿真模型了。Simulink 的建模采用了图形化的建模方式，把实际电路中需要的元器件拖动到相应的模型中，再根据实际电路接线把元器件连接起来，施予相应的控制信号，设置好仿真算法和仿真时间，就可以对其特性进行仿真分析了。

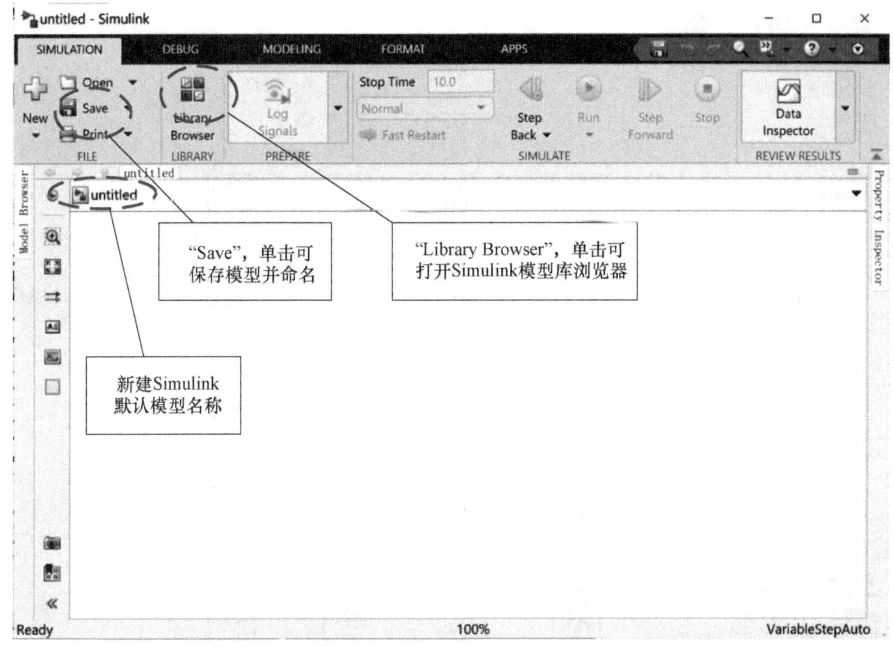

图 10.4　空白 Simulink 仿真模型

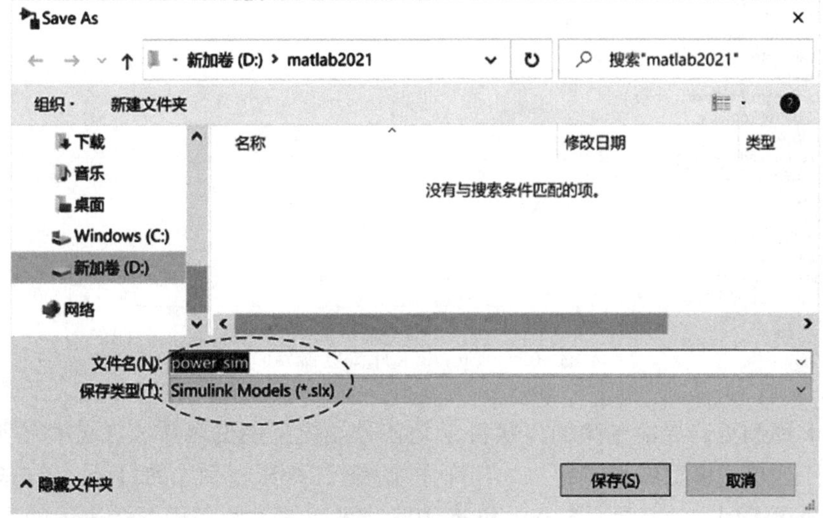

图 10.5　保存模型

10.2.2　Simulink 模型库

采用图形化建模方式，必然需要一个全面而强大的模型库来支撑各种电路仿真模型。Simulink 从软件建立之初就具备了丰富的模型库，并且随着版本的不断升级，其模型库越来越丰富，越来越完善。下面对 Simulink 的模型库进行介绍。

要打开 Simulink 模型库，可在新建的 Simulink 模型界面（图 10.4）中单击按钮，也可通过快捷方式为“Ctrl+Shift+L”打开，打开后的库浏览器界面如图 10.6 所示。该模型库包含基本模型库“Simulink”及其拓展组件和各种专用工具箱。

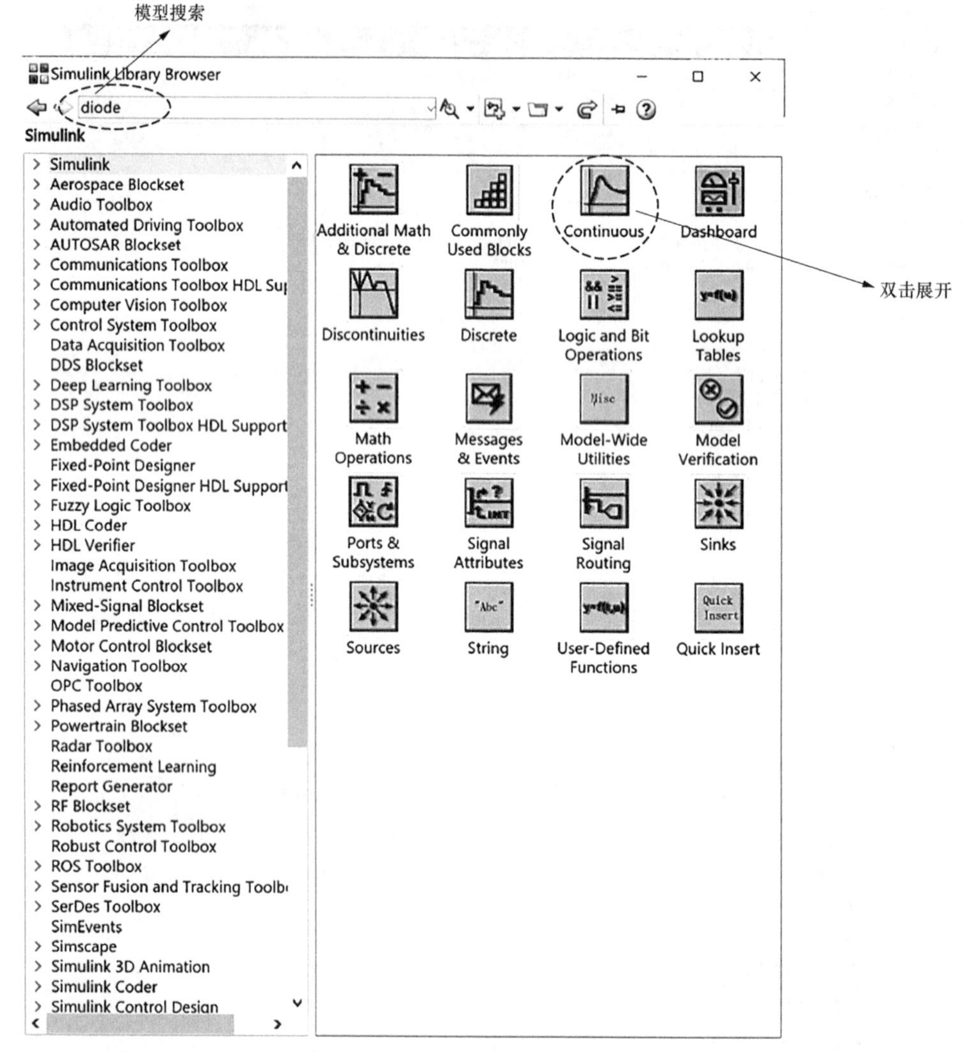

图 10.6　Simulink 库浏览器界面

Simulink 库浏览器界面左侧的树状目录是各分类模型库的名称。在分类模型库下还有二级子模型库，单击模型库名前的“>”符号可展开二级子模型库的目录，单击模型库名前的“∨”符号可关闭二级目录。Simulink 库浏览器界面的右侧是用图标表示的二级子目录，图标前带“>”符号表明该图标下还有下级目录，在这里单击或直接单击图标可以展现下级目录下的模型图标，图 10.6 所示浏览器右侧为 Simulink 基本库所包含的各种模型，如常用模块（Commonly Used Blocks）、连续模块（Continuous）、离散模块（Discontinuties）、显示模块（Sinks）、信号源模块（Sources）等。双击对应的图标，如“Continuous”模块，可打开其所包含的所有模型，如图 10.7 右侧所示。也可以在图 10.7 所示浏览器的左侧列表中单击“Continuous”打开其包含的模型。这些模型包含微分环节（Derivative）、积分环节（Integrator）、传递函数（Transfer Fcn）、PID 控制器（PID Controller）等多种连续控制模型。

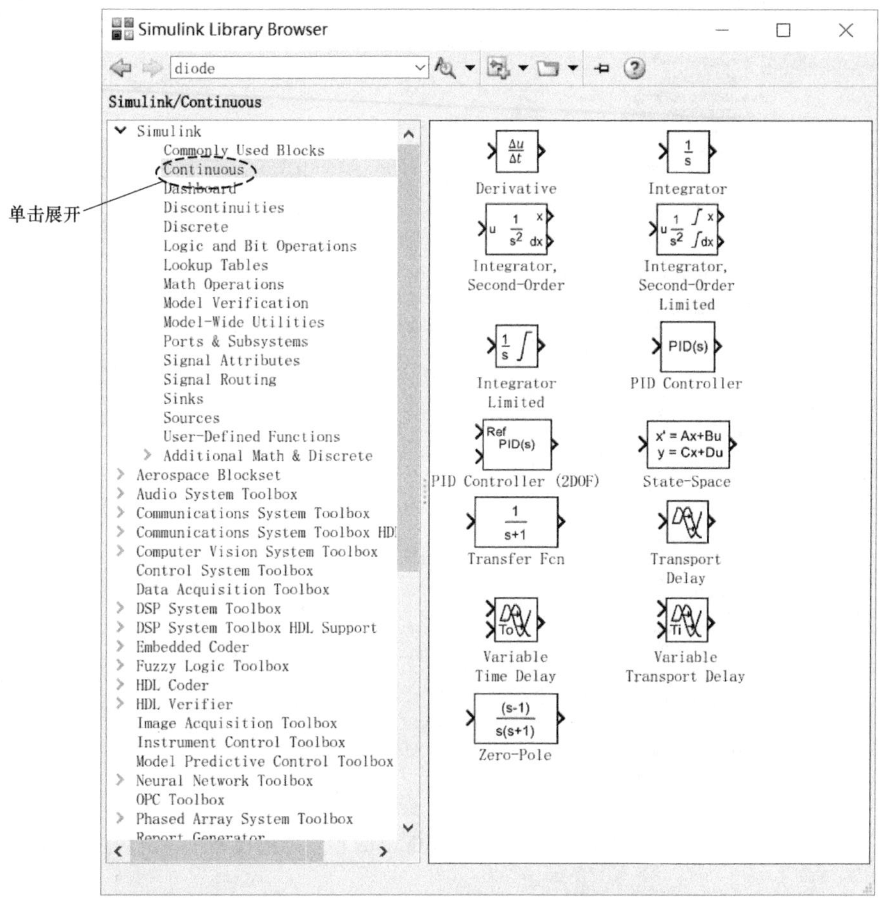

图 10.7　Simulink/Continuous 模块下的模型

由于 Simulink 库浏览器中包含的模型众多，如果无法确定自己需要的模型在哪里，可以通过搜索的方式查找。例如，在图 10.6 所示界面的搜索栏中键入“diode”，然后按下键盘“Enter”键或单击其右侧的搜索按钮，即可把名称中带有“diode”的模型搜索出来，显示在界面右侧，如图 10.8 所示。

10.2.3　库模型的使用

用户可以把 Simulink 模型库中的模型直接用鼠标拖动到自己建立的仿真模型中使用。使用时，需要进行相应的参数设置。例如，把“Transfer Fcn”模型用鼠标拖动到前面建立的“power_sim”模型中（图 10.9），双击其图标弹出相应的参数设置对话框，如图 10.10 所示。

图 10.10 中，传递函数默认参数如下：分子为［1］，分母为［1 1］，对应的传递函数为 $\frac{1}{s+1}$。可直接把其修改为自己仿真时需要的参数，如分子和分母系数分别改成［1 2］和［1 2 5］，对应的传递函数为 $\frac{s+2}{s^2+2s+5}$，设置完成后，单击“OK”或“Apply”按钮，则模型中的传递函数显示为所设置的参数，如图 10.11 所示。

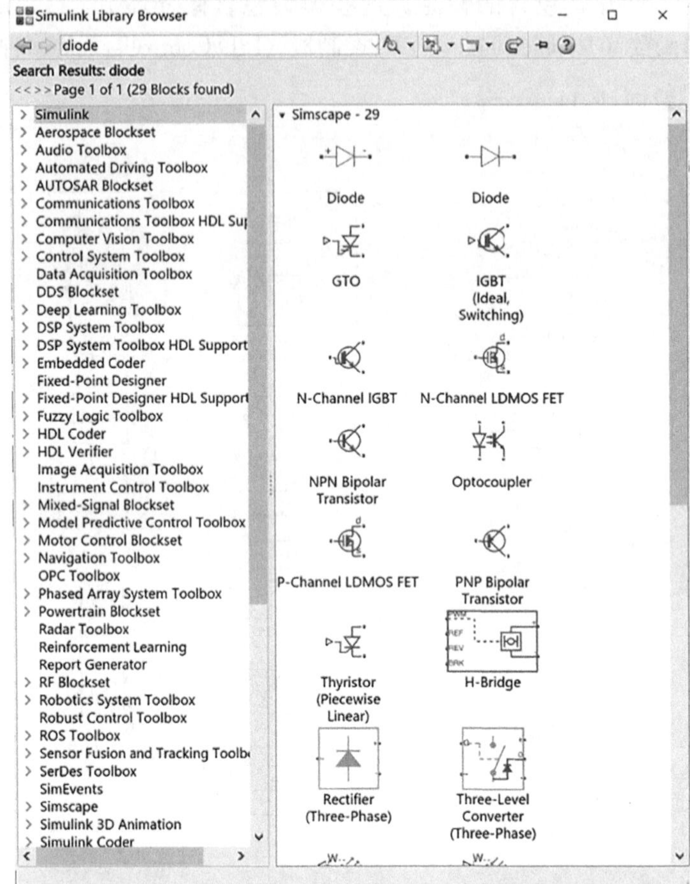

图 10.8　Simulink/Continuous 模块下的模型

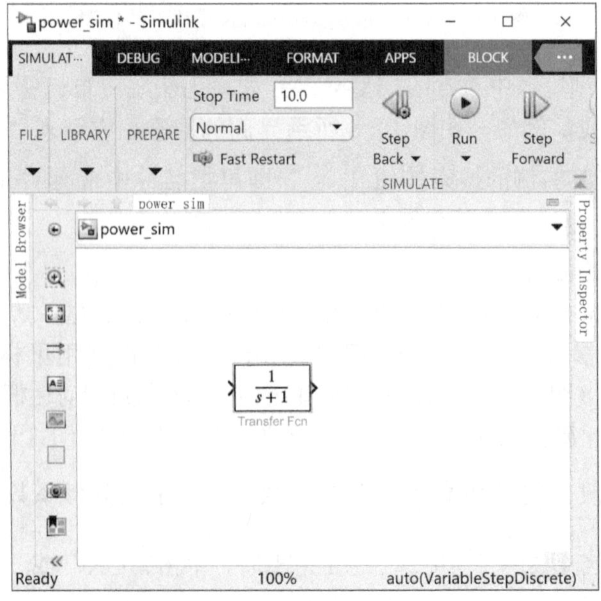

图 10.9　将 “Transfer Fcn” 模型拖动到 “power _ sim” 模型中

图 10.10　“Transfer Fcn”模型参数设置对话框

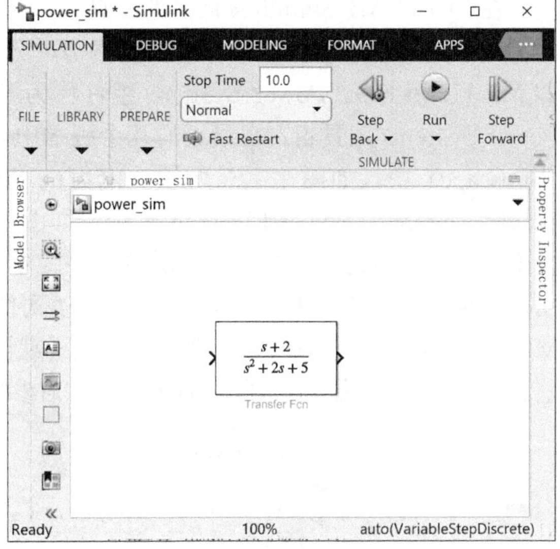

图 10.11　“Transfer Fcn”的参数更改效果

10.2.4　MATLAB 的帮助文档

在图 10.10 所示的模型参数设置对话框中会给出该模型的简要说明，要想进一步详细地了解该模型的数学基础、使用条件、设置方法及应用实例，可单击“Help”按钮，调出详细的帮助说明，如图 10.12 所示。MATLAB 的帮助文档做得非常详细，查看帮助文档也是学习和使用 MATLAB 的重要手段。MATLAB 网站还针对不同的应用领域或工具箱提供了非常系统的 PDF 格式的帮助文档，感兴趣的读者可以自行下载阅读。

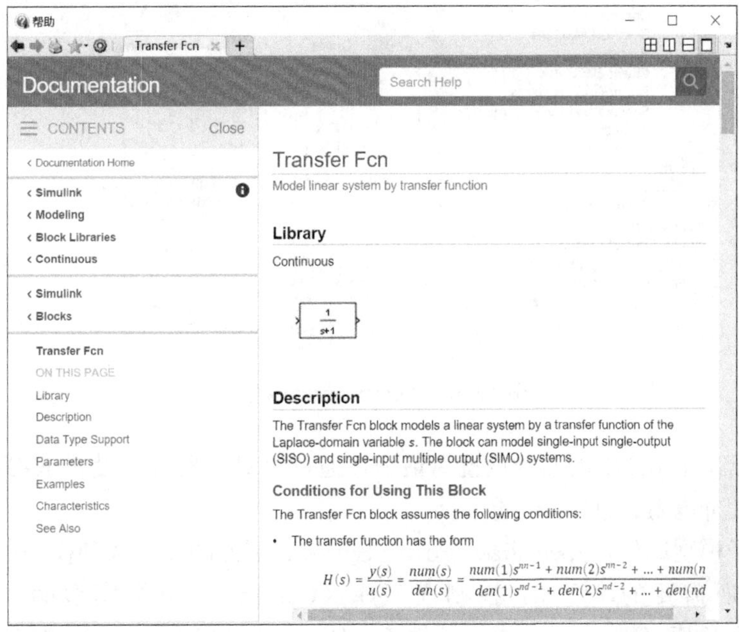

图 10.12　MATLAB 的帮助文档

10.2.5 Power Systems 组件/模型库

在 MATLAB/Simulink 众多的工具箱和组件中，对于电气工程专业来说主要使用其中的 Power Systems 组件，电力电子电路仿真分析也采用该组件。在 MATLAB 早期版本中，如 MATLAB 6.5，Power Systems 组件称为 Power System Blockset。后来，其逐渐拓展成 Power Systems 工具箱，在最近的几个版本中，Power Systems 组件被整合到物理模型组件（Simscape）中，如图 10.13 所示。电力电子模块位于：Simscape→Electrcal→Specialized Power Systems→Power Electronics 中，如图 10.13 所示。图 10.13 中右侧给出了常用的电力电子器件、电力电子控制器，随着软件版本的升级，该电力电子模型库不断丰富和完善，用户只要选择需要的器件，并用鼠标拖动到仿真模型中，进行相应的参数设置即可使用。MATLAB 给每个电力电子器件模型设置了默认参数，通常情况下采用默认参数即可，在一些特殊情况下，可以根据自己的仿真需求对参数进行修改。

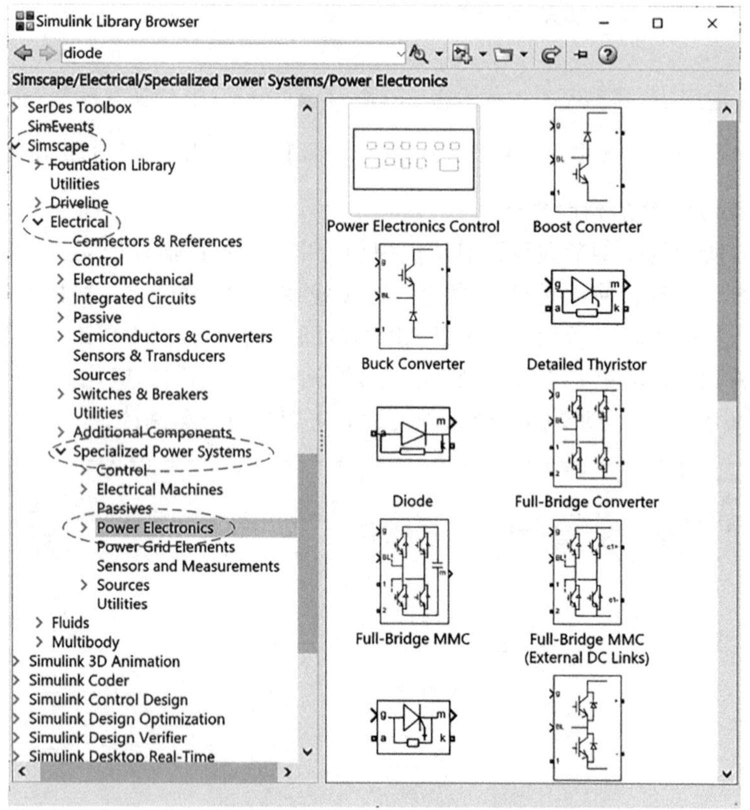

图 10.13 Power Systems 组件

图 10.14 给出了 IGBT 的参数设置对话框，通过该对话框可以设置 IGBT 的通态电阻、电感、压降及缓冲电阻、电容的参数。

除电力电子模型库外，Specialized Power Systems 下面的其他各种模型库也是进行电力电子电路仿真所需要的，例如：控制模型库（Control）、电机模型库（Electrical Machines）、无源元件库（Passive）、电网元件库（Power Grid Elements）、传感器和测量模型库（Sensors Measurements）、电源模型库（Sources）等。

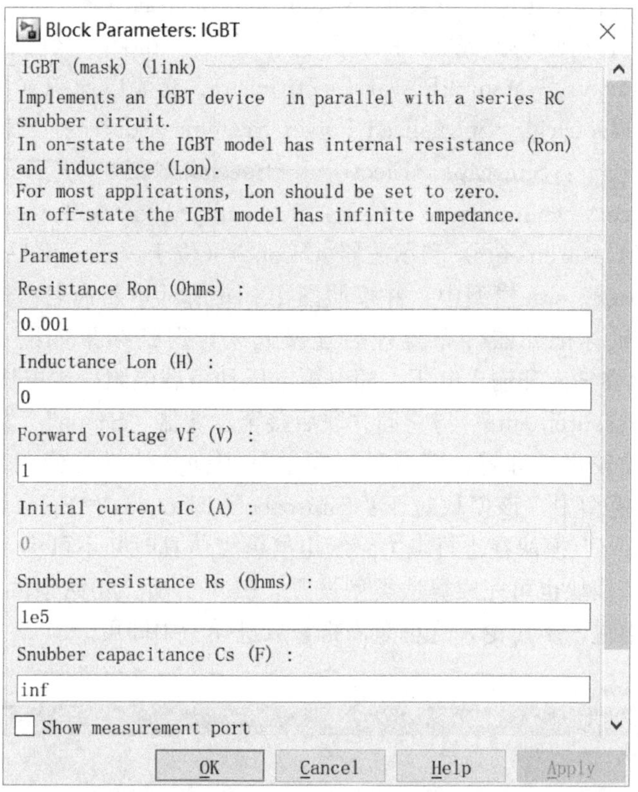

图 10.14　IGBT 的参数设置对话框

10.2.6　实例分析

下面以一个简单的实例来说明电力电子电路建模及仿真和分析的过程。

仿真分析对象是单相半波二极管整流电路，其原理图及输入输出特性如图 10.15 所示。

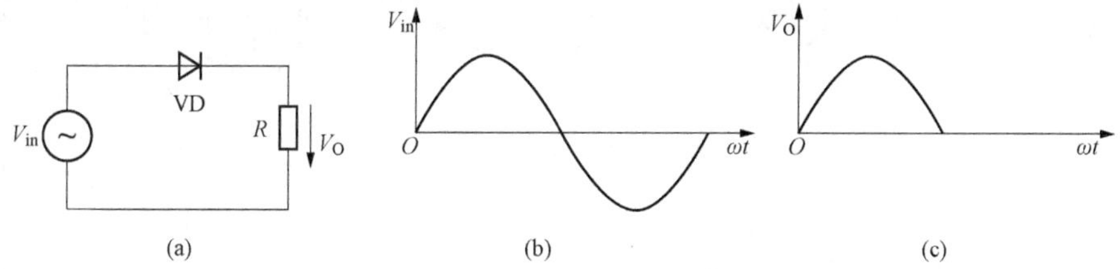

图 10.15　单相半波二极管整流电路及输入、输出波形

(a) 电路；(b) 输入波形；(c) 输出波形

建模及仿真过程如下。

(1) 启动 MATLAB/Simulink：启动 MATLAB，在 MATLAB 命令行窗口中直接键入“simulink”，按 Enter 键打开 Simulink（图 10.3）。

(2) 新建仿真模型：在图 10.3 所示的 Simulink 起始界面中，单击“Blank Model”，建立一个空白的 Simulink 仿真模型。在图 10.4 所示界面中单击“Save”按钮，在弹出的“Save As”对话框（图 10.5）中把模型文件名保存为 power _ sim. slx。

（3）添加元器件：首先，在新建的 Simulink 模型界面（图 10.4）中单击“Library Browser”按钮，打开库浏览器，从库中分别找到二极管（diode）（位于：Simscape→Electrical→Specialized Power System→Power Electronics）、交流电压源（AC Voltage Source）（位于：Simscape→Electrical→Specialized Power System→Sources）、串联 RLC 支路（Series RLC Branch）（位于：Simscape→Electrical→Specialized Power System→Passives）、电压测量模块（Voltage Measurements）（位于：Simscape→Electrical→Specialized Power System→Sensors and Measurements）和示波器（Scope）（位于：Simulink→Sinks），分别把它们拖动到建立的 power _ sim 模型中，并按照图 10.16 所示重新命名。然后，按照图 10.15 的线路连接关系用鼠标把元器件布置好后连接起来，得到结果如图 10.16 所示。其中，Scope 用于测量整流器输入和输出电压，即电源电压和负载电阻两端电压，因此需用电压测量模块“Voltage Measurements”与它们并联后接至示波器“Scope”。“Scope”的功能和使用设置很多，但都比较容易理解，读者可以参照其帮助文档学习使用。最后，把“power gui”模块也要放进模型中，该模块位于：Simscape→Electrical→Specialized Power System 根目录下。“power gui”模块在进行电力系统电气模型仿真时必不可少，起到模型后台链接的作用，当然通过该模块也可完成算法类型设置、FFT 分析、初始条件设置等一系列功能，在后面用到时我们再进一步讨论，这里只需把它放进模型中即可。

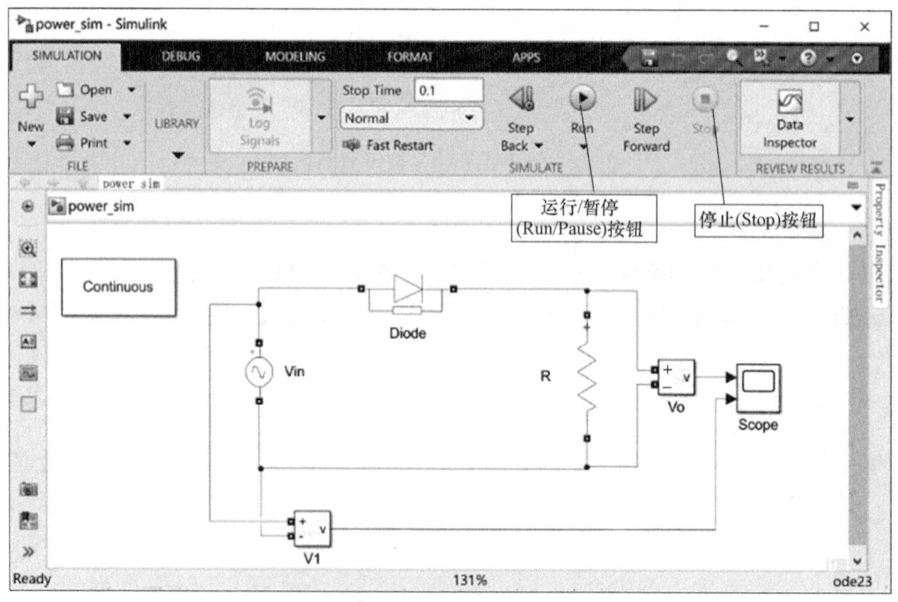

图 10.16　仿真参数设置菜单打开方式

（4）元器件设置参数：在图 10.16 中，双击 Vin 电压模型，按照图 10.17（a）所示设置好参数；同样按照图 10.17（b）设置好负载 R 参数。通过“Series RLC Branch”参数中的“Branch Type”可以选择 R、L、C 的任意组合形式，在这里我们只使用电阻 R。二极管采用默认参数即可。

（5）仿真参数设置：在建立的 power _ sim 仿真文件中，单击“MODELING”菜单栏下的设置按钮（或者使用快捷键“Ctrl+E”），打开参数设置窗口，按照图 10.18 对参数

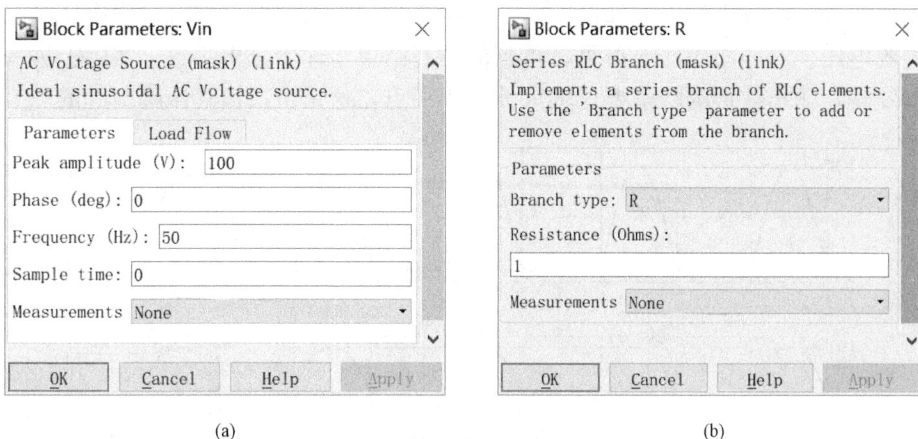

图 10.17　电源及负载参数设置

(a) 电压源 Vin 参数；(b) 负载 R 参数

进行设置，其中，仿真停止时间（Stop time）为 0.1s，最大步长（Max step size）为 1e－4s（即 10^{-4} s），算法类型（Type）选择 Variable－step（变步长），算法（Solver）选择 ode23t（mod. Stiff/Trapezoidal），该算法可较好地解决电力电子电路这种非线性电路求解问题。其他参数选择默认值即可。完成后单击“OK”按钮。

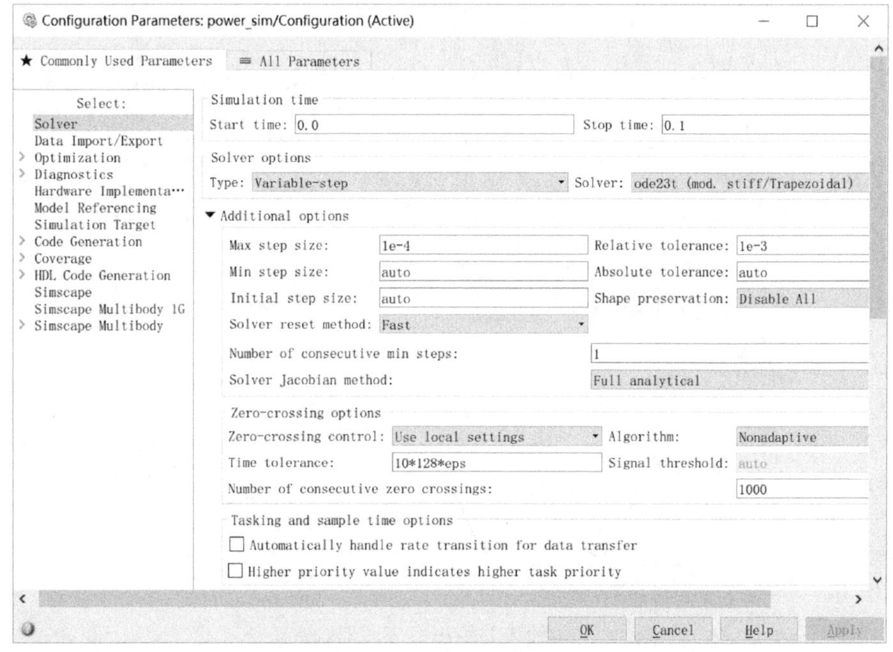

图 10.18　仿真参数设置窗口

（6）运行仿真：单击“运行/暂停”按钮，开始运行仿真。由于仿真模型比较简单，仿真过程很快完成，仿真过程中模型窗口下方有进度条显示仿真进程。

（7）仿真分析：仿真运行之后就可以通过示波器观察电路的工作特性了。打开示波器，得到整流器的输入和输出波形，如图 10.19 所示，其中上面波形是整流输出电压，下面波形是输入电源电压。对照图 10.15 可见，得到的仿真结果与理论分析一致。实际上进一步分析波形可以发现，输出波形的峰值要比输入波形小一点，这是由二极管压降引起的。

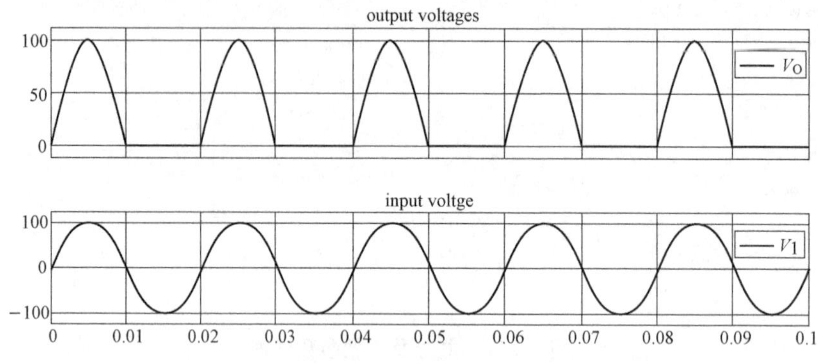

图 10.19　输入与输出电压波形

通过单击波形窗口快捷菜单中的→按钮，分别选择信号 Vo 和 V_1 得到的波形统计结果如图 10.20 所示，可见其最大值（Max）相差了 0.9V。

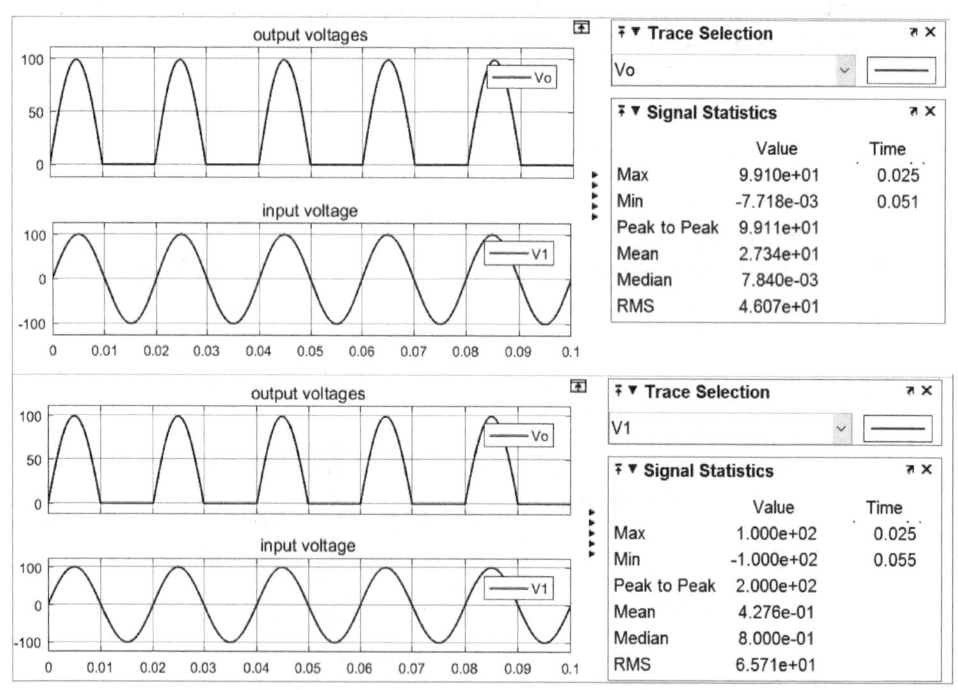

图 10.20　输入与输出电压波形状态统计

关于仿真算法，由于关系到仿真的精度、速度和收敛性。下面详细介绍 Simulink 内置的仿真算法的种类。

1. 可变步长类算法

可变步长（Variable - step）类算法在解算模型（方程）时可以自动调整步长，并通过减小步长来提高计算的精度。在 Simulink 的算法中可变步长类算法有如下几种。

(1) ode45 (Dormand - Prince)：基于显式 Rung - Kutla (4，5) 和 Dormand - Prince 组合的算法，它是一种一步解法，即只要知道前一时间点的解，就可以立即计算当前时间点的方程解。对大多数仿真模型来说，首先使用 ode45 来解算模型是最佳的选择，所以在 Simulink 的算法选择中将 ode45 设为默认的算法。

(2) ode23 (Bogacki - Shampine)：基于显式 Rung - Kutta (2，3)、Bogacki 和 Shampine 相结合的算法，它也是一种一步算法。在容许误差和计算略带刚性的问题方面，该算法比 ode45 要好。

(3) ode113 (Adams)：这是可变阶数的 Adams - Bashforth - Moulton PECE 算法，在误差要求很严时，ode113 算法较 ode45 更适合。ode113 是一种多步算法，也就是需要知道前几个时间点的值，才能计算出当前时间点的值。

(4) ode15s (Stiff/NDF)：一种可变阶数的 Numerical Differentiation Formulas (NDFs) 算法，它相对 Backward Differentiation Formulas 算法（简称 BDFs 算法，又称 Gear 算法）较好。它是一种多步算法，当遇到带刚性（Stiff）问题或使用 ode45 算法不行时，可以尝试采用这种算法。

(5) ode23s (Stiff/Mod. Rosenbrock)：这是一种改进的二阶 Rosenbrock 算法。在容许误差较大时，ode23s 比 ode15s 有效，所以在解算一类带刚性的问题时用 ode15s 无法处理，此时可以用 ode23s 算法。

(6) ode23t (Mod. Stiff/Trapezoidal)：一种采用自由内插方法的梯形算法。如果模型有一定刚性，又要求解没有数值衰减时，可以使用这种算法。

(7) ode23tb (stiff/TR - BDF2)：采用 TR—BDF2 算法，即在龙格—库塔法的第一阶段用梯形法，第二阶段用二阶的 BDFs 算法。从结构上讲，两个阶段的估计都使用同一矩阵。在容差比较大时，ode23tb 和 ode23t 都比 ode15s 要好。

(8) discrete (No Continuous States)：这是处理离散系统（非连续系统）的算法。

2. 固定步长类算法

固定步长类算法是在解算模型（方程）的过程中步长是固定不变的，在 Simulink 的算法中固定步长类算法有如下几种。

(1) ode5 (Dormand - Prince)：采用 Dormand - Prince 算法，也就是固定步长的 ode45 算法。

(2) ode4 (Rung - Kutta)：四阶的龙格—库塔法。

(3) ode3 (Bogacki - Shampine)：采用 Bogacki—Shampine 算法。

(4) ode2 (Heun)：一种改进的欧拉算法。

(5) ode1 (Euler) 欧拉算法。

(6) discrete (No Continuous States)：不含积分的固定步长解法，它适用于没有连续状态仅有离散状态模型的计算。

在仿真过程中，用户只有根据各种类型的模型的特点、各种数值积分方法的计算特点和适用范围，才能正确地选择恰当的算法，而这一点往往是使用者难以掌握的，现在还没有一种对所有模型都适用的算法。在选择算法时，一个简单的办法是当一种算法不能完成模型的计算时，选用另一种算法，毕竟 Simulink 已经编入了当今主要的各种数值计算方法，如果还是不行，那就要对模型或参数做一定的修改了。在电力电子电路和调速控制系统仿真中一般使用可变步长类算法。

10.2.7 仿真步骤

利用 Simulink 环境仿真一个系统的过程基本上可以分为如下几个步骤。

(1) 根据要仿真的系统框图，在 Simulink 窗口的仿真平台上构建仿真模型。此过程要首先打开 Simulink 窗口和模型浏览器，先将需要的典型环节模块提取到仿真平台上，然后将平台上的模块一一连接，形成仿真的系统框图。一个完整的仿真模型应该至少包括一个源模块（Sources）和一个输出模块（Sinks）。

(2) 设置模块参数。完成模块提取和组成仿真模型后，需要给各个模块赋值。这时，双击模块图标，弹出模块参数对话框，并在对话框中输入模块参数，输入完成后单击“OK”按钮即可。

(3) 设置仿真参数。在对绘制好的模型进行仿真前，还需设置仿真参数。可单击 Simulink 窗口上的快捷按钮（图 10.16），也可通过点击仿真模型中“MODELING”菜单栏下的参数设置按钮或快捷键 Ctrl+E 打开。打开后的参数设置窗口如图 10.18 所示，其常用参数界面“Commonly Used Parameters”按照不同的类别分成了“Solver”“Data Import/Export”“Optimization”“Diagnostics”等多个不同的部分；“All Parameters”参数设置界面则把所有能够设置的参数在一个界面中罗列出来。通常，我们只需对图 10.18 所示的“Solver”参数进行设置，如仿真时间、仿真算法、仿真步长等，其他参数采用默认参数即可。

其中，仿真时间（Simulation time）有开始时间（Start time）和终止时间（Stop time）两项，连续系统中仿真时间一般从零开始，可以先预设一个仿真的终止时间，在仿真过程如果预设的时间不足，可以即时修改。算法选择（Solver options）中计算类型（Type）有可变步长（Variable-step）和固定步长（Fixed-step）两种，在可变步长和固定步长下还有多种数值计算方法可供选择。该栏中经常还要设置仿真误差，其有相对误差（Relative tolerance）和绝对误差（Absolutetolerance）两项，系统默认的相对误差是 0.001。选择合适的计算误差，对仿真的速度和仿真计算能否收敛影响很大，尤其在仿真不能收敛时，适当放宽误差可以取得效果，绝对误差一般可取自动（auto）。

(4) 启动仿真。在模块参数和仿真参数设置完毕后即可以开始仿真，单击图 10.16 中的“运行/暂停”（Run/Pause）按钮，也可通过“Ctrl+T”快捷键启动仿真运行。在模型的计算过程中，窗口下方的状态栏会提示计算的进程，简单的模型在一瞬间就完成了。在仿真计算过程中，如果要修改模块参数或仿真时间等，可再次单击“Run/Pause”按钮（此时该按钮已变成 Pause 状态）暂停仿真。暂停之后要恢复仿真，再次单击该按钮即可。如果中途要结束仿真可以单击“停止”（Stop）按钮，也可通过 Ctrl+Shift+T 快捷键来终止仿真。

(5) 观测仿真结果。在模型仿真计算完毕后重要的是观测仿真的结果，在 Simulink 中最常用的观测仪器是示波器（Scope）。这时，只要双击该示波器模块就可以打开示波器观察到以波形表示的仿真结果。

10.3 电力电子典型变流电路的建模与仿真分析

10.2 节介绍了 MATLAB R2023a/Simlink/Specilliazed Power Systems 的基本使用方法，本节选择一些基本电力电子电路，建立其仿真模型，并进行特性仿真分析，以供读者参考。

10.3.1　AC - DC 电路建模与仿真

二极管不控整流电路的仿真比较简单，读者可以参照 10.2 节的例子进行建模仿真分析。本节主要进行晶闸管可控整流电路的建模及特性仿真分析。

1. 单相全桥晶闸管整流电路

(1) 新建一个 Simulink 空白文件，并把它保存为 SCR _ fullbridge. slx。

(2) 把晶闸管（Thyristor）、交流电压源（AC Voltage Source）、负载（Series RLC Branch）、脉冲发生器（Pulse Generator）、电压测量模块（Voltage Measurement）、示波器（Scope）、powergui 分别添加至模型中，并排列好位置。如果不能确定上述模型的位置，可以通过库浏览器的搜索栏按照括号中的名字进行搜索后选择使用。

(3) 按照单相全桥整流电路的原理图，把各个元器件连接起来，并根据电力电子习惯对元器件重新命名，得到结果如图 10.21 所示。其中，脉冲发生器 P14 用于对晶闸管 VT1 和 VT4 同时施加触发信号；P23 用于对晶闸管 VT2 和 VT3 同时施加触发信号。

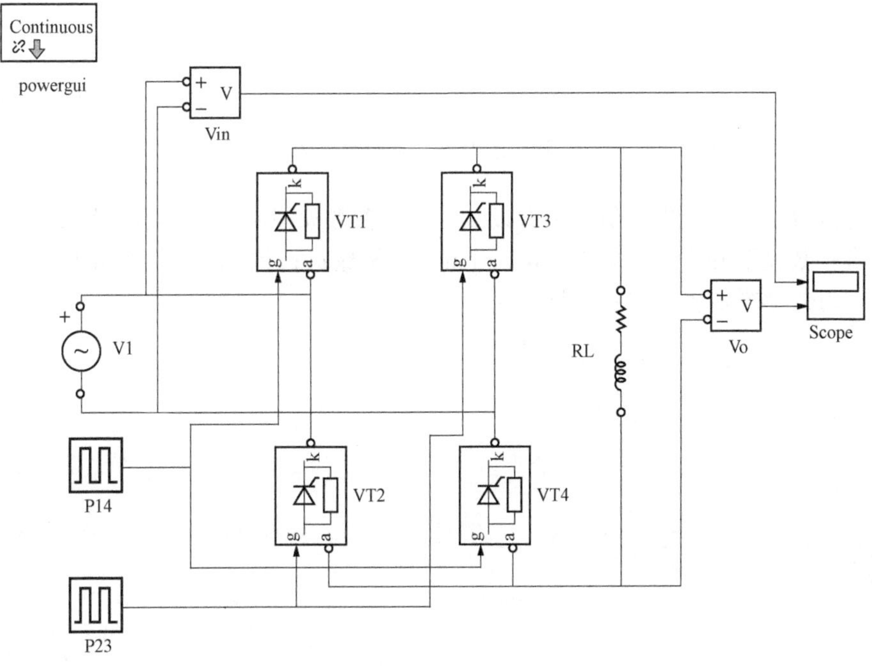

图 10.21　单相全桥可控整流电路仿真模型

(4) 参数设置。电源 V1 的参数设置如图 10.22 所示。脉冲发生器 P14 和 P23 的参数设置如图 10.23 所示，该参数中 Period＝0.02s＝(1/50)s，对应电源频率为 50Hz，因为要保持同步触发，所以二者要保持一致。相位延迟（Phase Delay）对应触发延迟角（控制角 α）。因为此处 Phase Delay 的单位是秒，要想设置 $\alpha=30°$，则 P14 的参数 Phase Delay＝(0.02/360)×30，P23 的控制角比 P14 滞后 180°，所以其参数 Phase De-

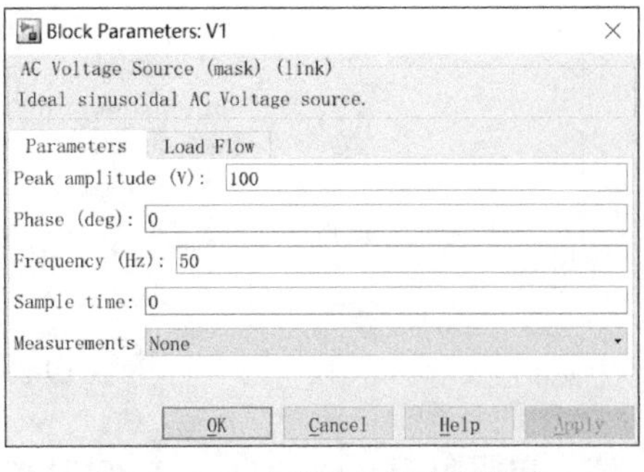

```
Block Parameters: V1
AC Voltage Source (mask) (link)
Ideal sinusoidal AC Voltage source.
Parameters   Load Flow
Peak amplitude (V): 100
Phase (deg): 0
Frequency (Hz): 50
Sample time: 0
Measurements None
OK   Cancel   Help   Apply
```

图 10.22　电源 V1 的参数设置

lay=(0.02/360)×30+(0.02/360)×180。晶闸管的参数采用默认即可。负载电阻R=1Ω，L=0.1H。

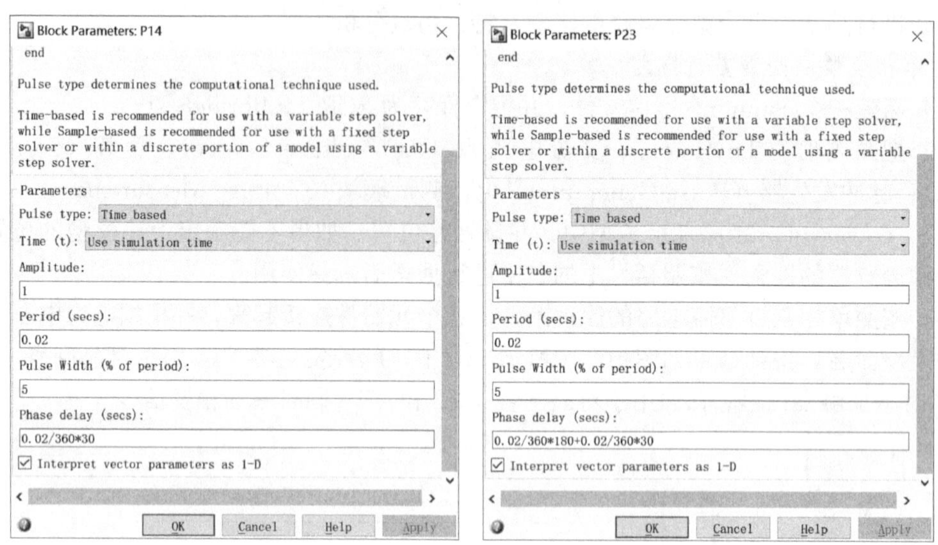

图 10.23 脉冲发生器 P14 和 P23 的参数设置

(5) 仿真分析。首先进行仿真参数设置，基本参数如图 10.24 所示，其他参数采用默认即可。仿真参数设置好之后，单击“Run/Pause”按钮进行仿真。运行结束之后，打开示波器窗口，即可观察变流器的工作特性。

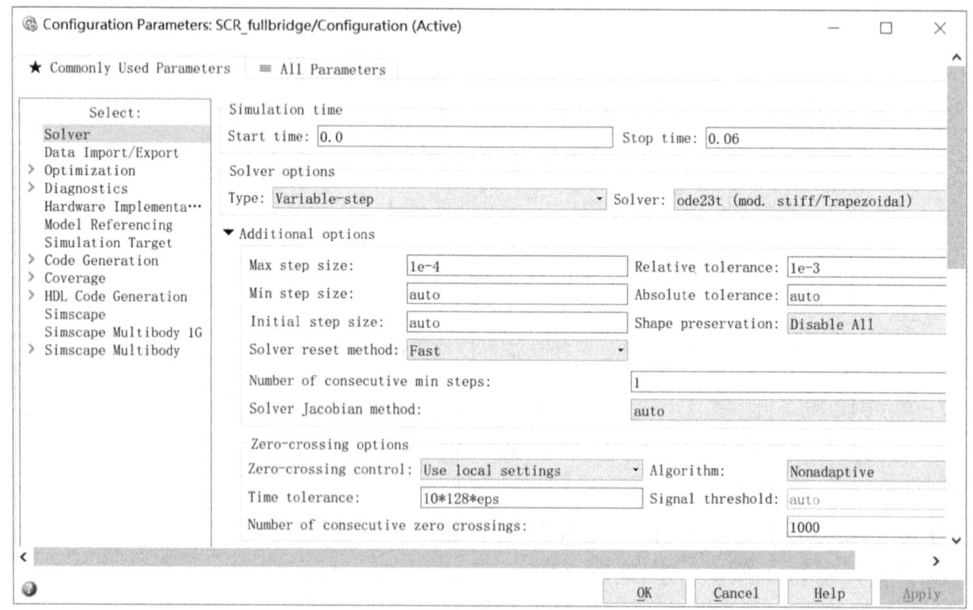

图 10.24 仿真参数设置

1) 电阻负载。R=1Ω、α=30°时得到的仿真结果如图 10.25 所示。图中给出了输入电压、输出电压及触发脉冲的波形，可见结果与理论分析一致。

2）电阻、电感负载。$R=1\Omega$、$L=0.1\text{H}$、$\alpha=30°$时得到的仿真结果如图 10.26 所示。带电感负载后，输出电压出现负值，直到下一组脉冲到来。如果电感值比较小，则可能出现负载电流断续情况，图 10.27 给出了 $R=1\Omega$、$L=0.001\text{H}$、$\alpha=60°$时的仿真结果。

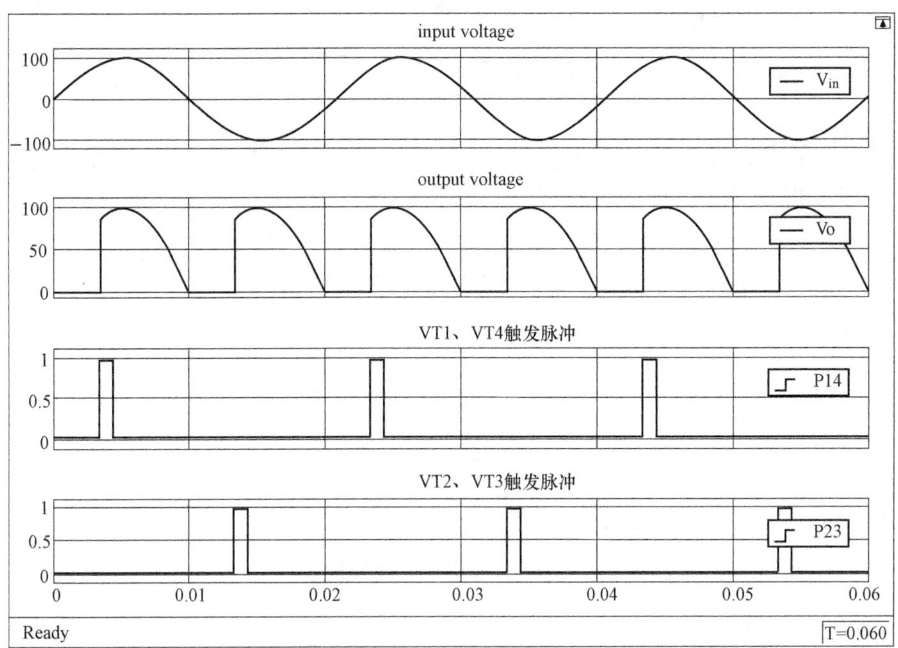

图 10.25　电阻负载仿真特性

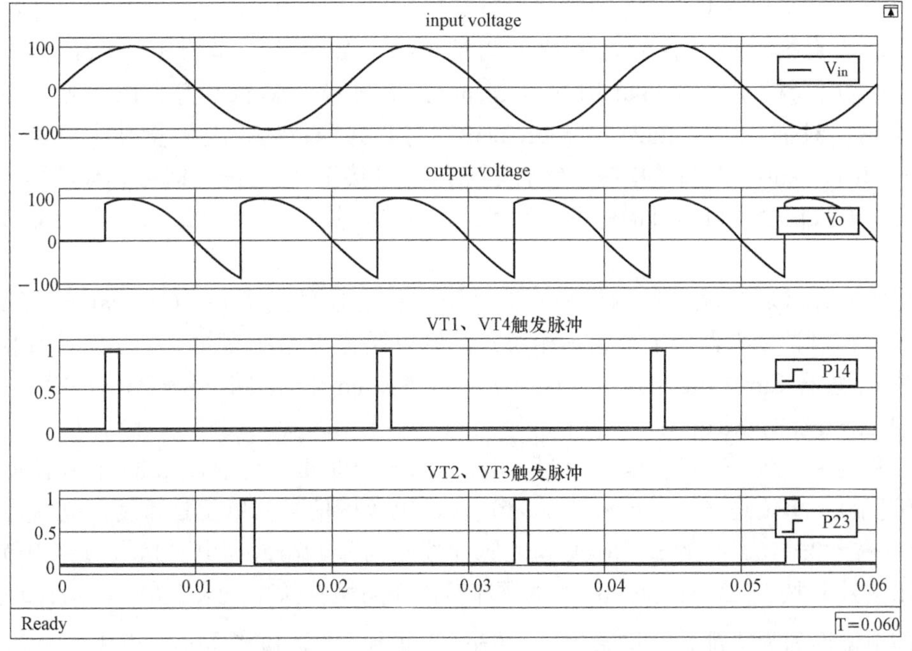

图 10.26　电阻、电感负载仿真特性

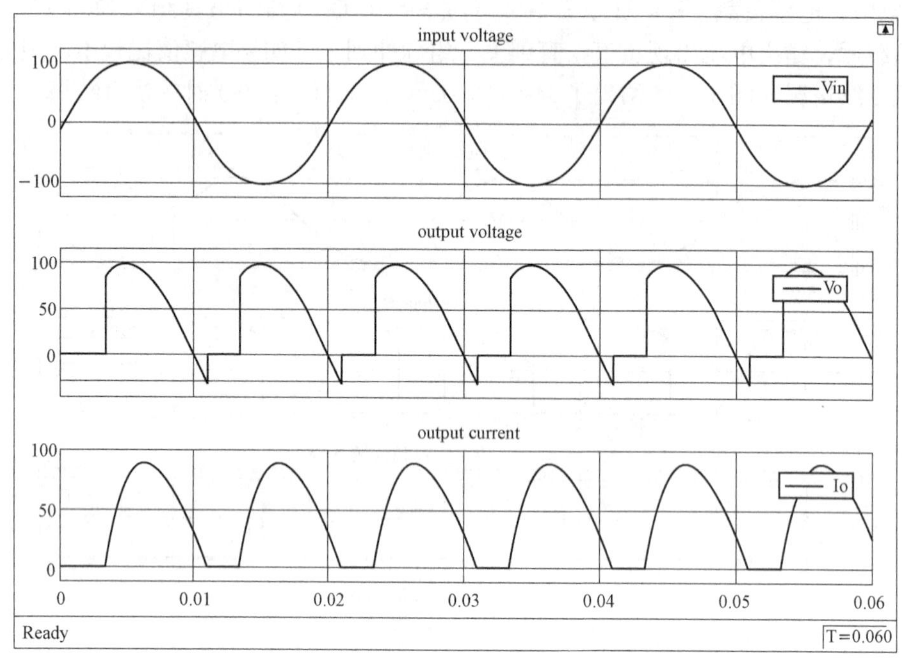

图 10.27 电流断续特性

2. 三相桥式可控整流电路

建模仿真过程与前面单相全桥晶闸管整流电路相同，这里不再赘述，只给出仿真模型和结果，并对一些特殊的问题进行说明。

三相桥式可控整流电路的仿真模型如图 10.28 所示。为了不使模型界面过于凌乱，在后面给出的仿真模型中，我们都去掉了测量模块，如电压测量模型（Voltage Measurement）、电流测量模型（Current Measurement）、示波器（Scope）等。仿真时，如果要测量某个电压，只需用“Voltage Measurement”与其并联；如果要测量某个电流，只需用“Current Measurement”与其串联，然后把输出信号接至“Scope”即可观察波形。器件本身的电压、电流信号也可通过器件参数设置选取获得，然后由“Multimeter”测量模块输出至“Scope”。

模型的下方区域是触发控制模型，该模型的核心器件是 Pulse Generator（Thyrister, 6-Pulse)，该脉冲发生器用于产生三相桥式晶闸管整流电路所需的 6 个触发脉冲信号，模型位于库浏览器 Simscape→Electrical→Power System Specialized→Power Electronics→Power Electronics Control 中。

发生器的输入有三路信号，分别是 alpha、wt、Block。其中，alpha 输入控制角信号（触发延迟角），单位是（°）；wt 输入 A 相电源的电角度信号，单位是弧度，范围是 $0\sim2\pi$，这里 $\omega=2\pi f=2\pi\times50=100\pi$；Block 输入脉冲控制信号，输入高电平信号时将封锁脉冲输出。输出信号 P 按 1—2—3—4—5—6 的顺序输出 6 路触发脉冲，送给 6 个晶闸管的控制极。为了不使模型界面太凌乱，这里采用了“From”模块 [A] 和“Goto”模块 [A] 来实现信号的连接（图 10.28），只要使“From”模块和“Goto”模块变量的设置一致，就表示这两个模块所连接的信号是连接在一起的。图 10.28 中，“Pulse Generator”的 6 路输出 T1～T6

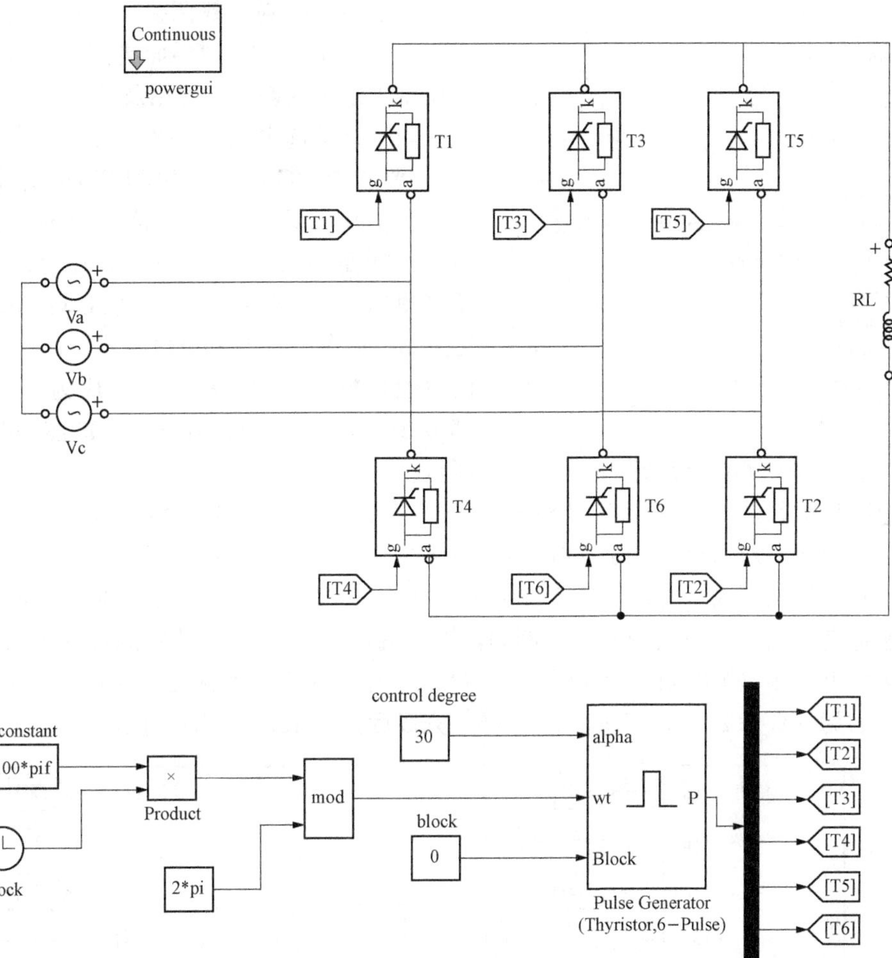

图 10.28　三相桥式可控整流电路仿真模型

分别接至对应 6 个晶闸管的 G 极。

“Pulse Generator” 的内部参数设置如图 10.29 所示，这里选择了双脉冲触发（Double pulsing）方式，如果不选择该方式，那么脉冲宽度（Pulse width）要大于 60°。

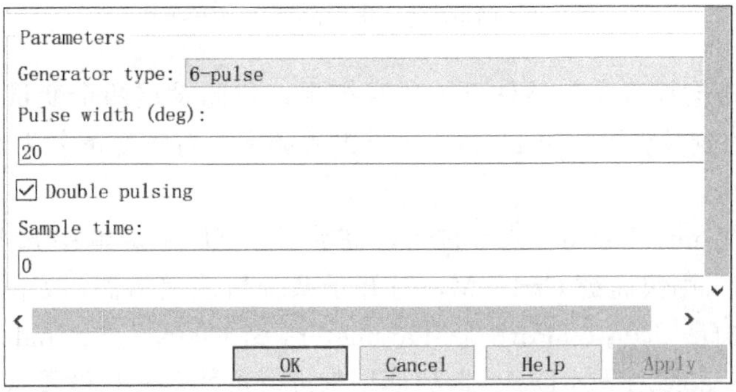

Parameters

Generator type: 6-pulse

Pulse width (deg):

20

☑ Double pulsing

Sample time:

0

OK　Cancel　Help　Apply

图 10.29　“Pulse Generator” 的内部参数设置

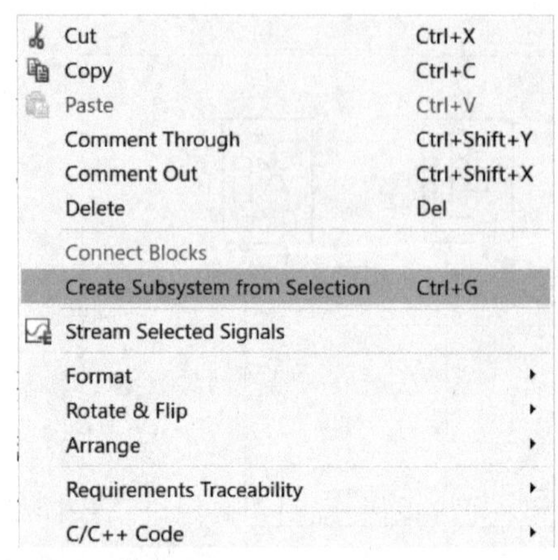

图 10.30 创建子系统菜单

为了便于控制参数调整，如控制角、电源频率等，同时使仿真模型界面更简洁，这里介绍仿真模型子系统的创建、使用及设置。

同时拖动选中图 10.28 下方的所有控制模型（但不要选中“Goto”模块和 Block 的输入模块，这是为了在子系统内部直接生成输入、输出端口，否则要手动添加），右击，在弹出的快捷菜单（图 10.30）选择“Create Subsystem form Selection”命令或直接采用快捷键 Ctrl+G，则选中的模型被封装在一个模块中，成为一个子系统，其默认名为“Subsystem”，如图 10.31（a）所示。

可重新根据其功能为子系统“Subsystem”命名，如更名为“Control system”，如图 10.31（b）所示。双击可打开子系统，其内部情况如图 10.32 所示，可见生成子系统之后，模型内部自动添加了输入端口“In1”、输出端口“Out1”～“Out6”。可根据这些端口的功能为其重命名，以便于识别和使用。例如，输入端口“In1”用于给定脉冲封锁信号，因此可重命名为 Block；输出端口“Out1”～“Out6”用于输出 6 个触发信号给晶闸管 T1～T6，因此重命名为 T1、T2、T3、T4、T5、T6，完成后如图 10.31（b）所示。

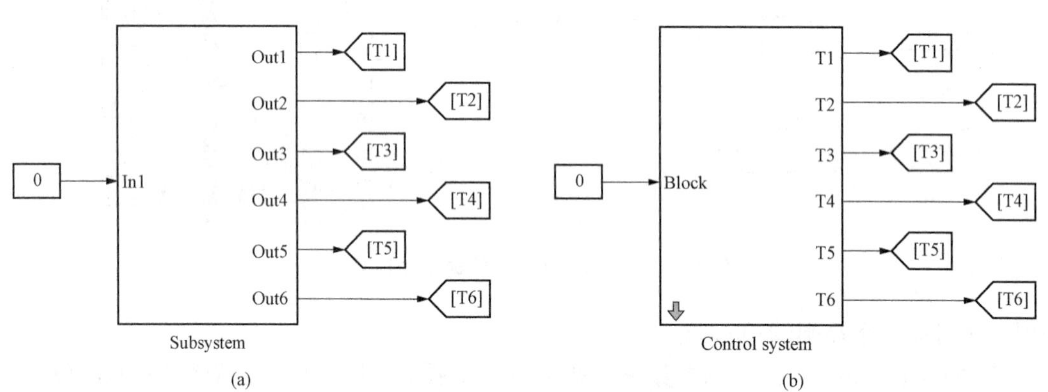

图 10.31 控制模块子系统

（a）生成的子系统；（b）子系统的重新命名

为了便于分析不同控制参数条件下的仿真结果，我们设定两个变量（图 10.32）：一个是控制角 α，对应的变量名为 alpha；另一个是电源频率，对应变量名为 f。下面介绍子系统封装及参数设置方法。

选中子系统“Control system”，右击，在弹出的快捷菜单中选择“Mask→Create Mask”命令或直接采用快捷键 Ctrl+M，打开子系统封装编辑器，如图 10.33 所示。该编辑器主要有 4 个界面：“Icon & Ports”“Parameters & Dialog”“Initialization”“Documentation”，其中，“Parameters & Dialog”界面用来进行参数定义和设置（图 10.33），是子系统封装中最重要的一环。

“Parameters & Dialog”界面可以设置各种参数的数据类型及输入方式，如编辑方式、

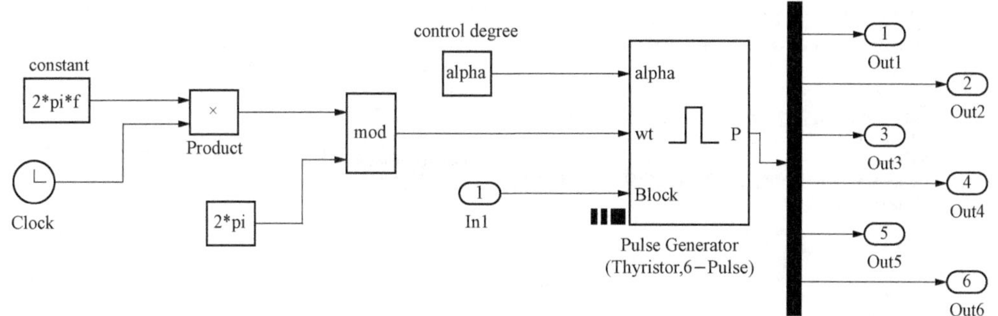

图 10.32　控制模块子系统

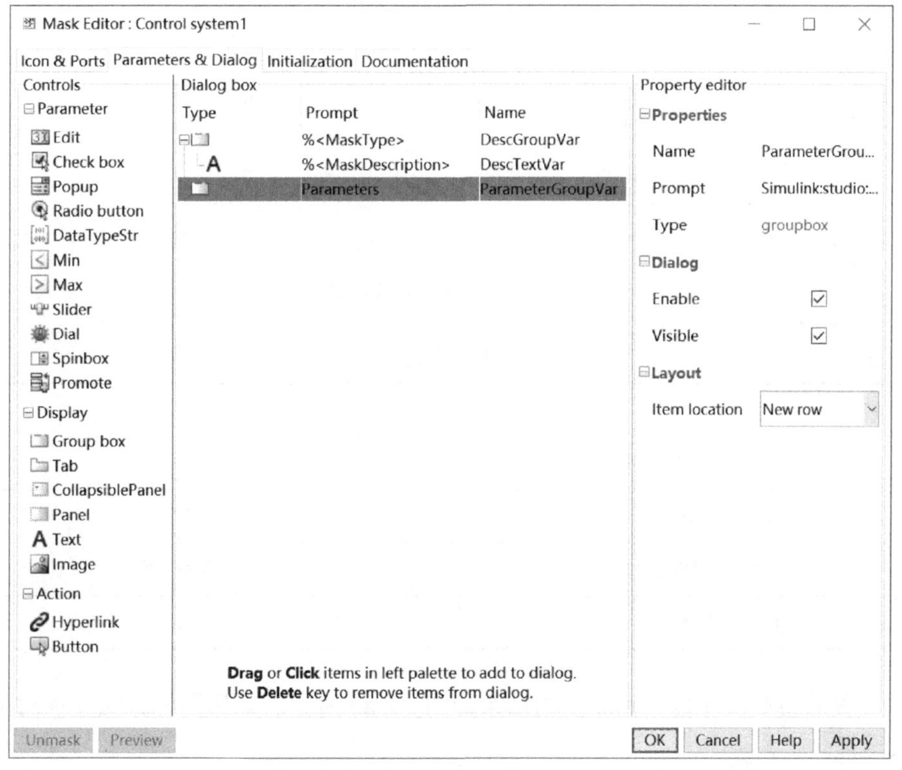

图 10.33　子系统封装编辑器

选项方式、菜单方式、滑块方式等，这里以编辑方式（Edit）为例来说明参数的定义。进入“Parameters & Dialog”界面，此时默认的就是 Edit 类型参数设置界面（图 10.33）。前面我们设定了两个变量：控制角 alpha 和电源频率 f。现在我们把这两个变量设置到子系统中。

（1）双击图 10.33 中左侧“Controls”栏下面的“Edit”按钮 Edit，则在中间“Dialog box”栏下方添加一个待编辑的变量 #1：“Parameter1”，右侧“Property editor”栏出现对应的参数编辑器，如图 10.34 所示。

（2）在右侧“Property editor”栏下对变量进行设置，如表 10.1 所示。

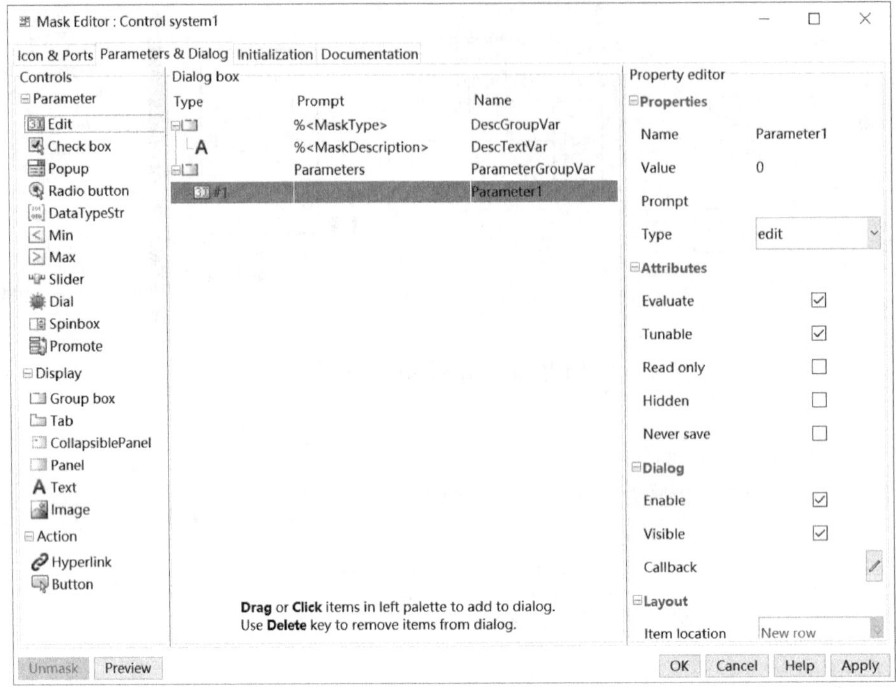

图 10.34 添加编辑参数

表 10.1 **参数设置**

Properties	
Name（变量名，不能是中文）	alpha
Value（默认值）	30
Prompt（含义，可以是中文）	控制角（度）
Type（类型）	edit

其他设置采用默认即可，完成后的结果如图 10.35 所示。采用同样方法完成对电源频率 f 的参数设置。

（3）打开“Documentation”界面，对模块和参数进行解释说明（图 10.36）。“Type”用于说明封装模块名称；“Description”用于对模块基本功能和使用进行简单说明。“Help”用于对模块详细说明，这里省略。

（4）设置完成之后，单击“OK”按钮。

再次双击封装的“Control system”，则会弹出参数设置对话框，如图 10.37 所示，可见其形式与 Simulink 库模型是相同的。

采用子系统封装后的整个三相桥式可控整流电路的仿真模型如图 10.38 所示，可见整体界面上系统分成控制和主电路两部分，界面更加简洁明了。主电路也可进行封装模块化，只留出输入、输出接口即可，Simulink 库模型中也有封装好的桥式电路模块。

Mask Editor : Control system1
Icon & Ports
Parameters & Dialog
Initialization
Documentation
Controls
Parameter
Edit
Check box
Popup
Radio button
DataTypeStr
Min
Max
Slider
Dial
Spinbox
Promote
Display
Group box
Tab
CollapsiblePanel
Panel
Text
Image
Action
Hyperlink
Button
Dialog box
Type
Prompt
Name
%<MaskType>
DescGroupVar
%<MaskDescription>
DescTextVar
Parameters
ParameterGroupVar
控制角（度）
alpha
Drag or Click items in left palette to add to dialog.
Use Delete key to remove items from dialog.
Property editor
Properties
Name
alpha
Value
30
Prompt
控制角（度）
Type
edit
Attributes
Evaluate
Tunable
Read only
Hidden
Never save
Dialog
Enable
Visible
Callback
Layout
Item location
New row
Unmask
Preview
OK
Cancel
Help
Apply

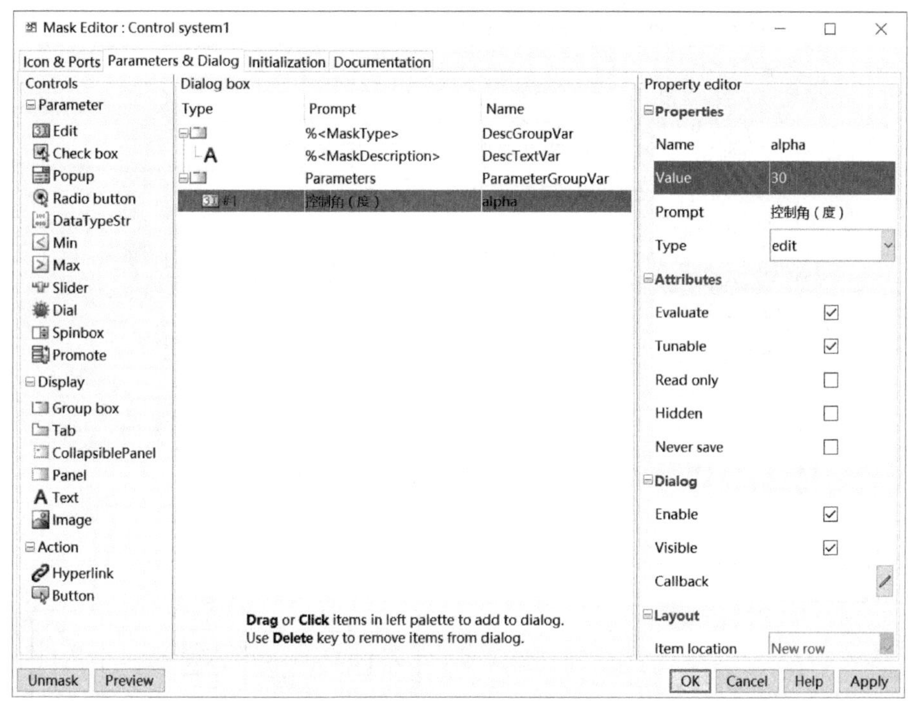

图 10.35　参数编辑结果

Mask Editor : Control system1
Icon & Ports
Parameters & Dialog
Initialization
Documentation
Type
触发控制设置
Description
该模块用于实现对三相桥式晶闸管整流器的触发控制。
输出6个触发信号，顺序为T1、T2 ... T6
输入信号为1会封锁脉冲，输入信号为0则解锁脉冲。
Help
Unmask
Preview
OK
Cancel
Help
Apply

图 10.36　“Documentation”界面

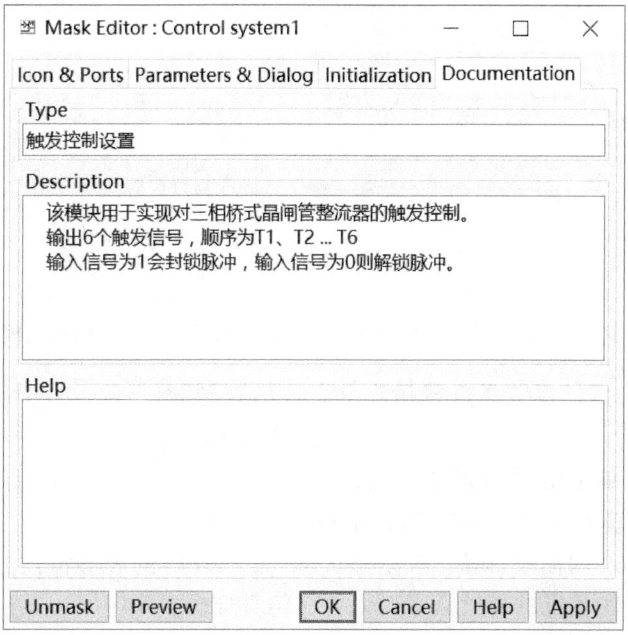

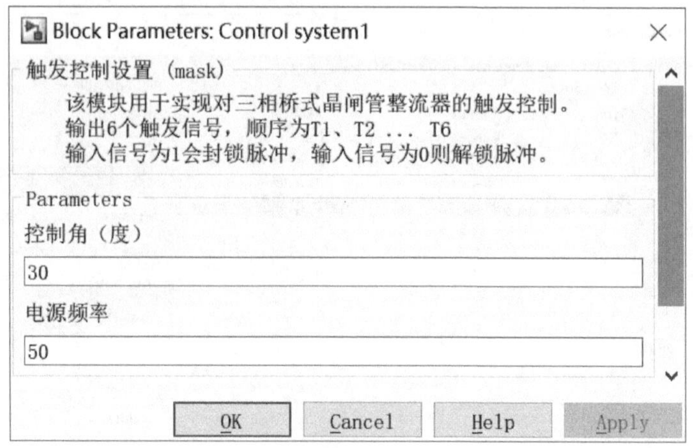

图 10.37 完成之后的参数设置对话框

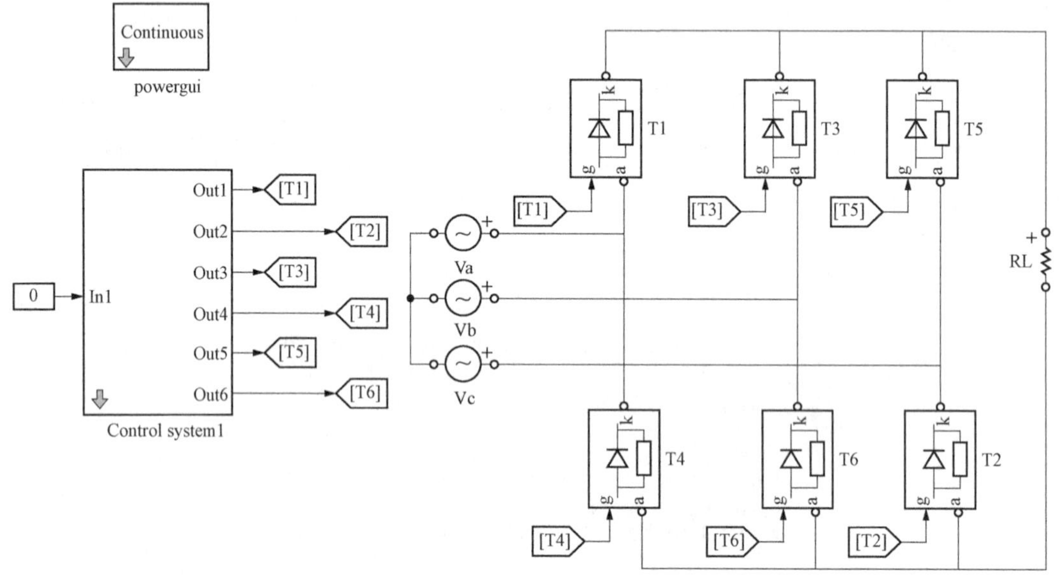

图 10.38 采用子系统封装后的三相桥式可控整流电路的仿真模型

完成参数的设置后，我们来进行仿真分析，仿真参数设置与单相桥式可控整流电路相同。电源电压幅值为 100V，频率为 50Hz，三相电压相位依次为 0°、−120°、+120°。电阻负载、控制角 $\alpha=30°$时的仿真波形如图 10.39 所示。图 10.39 中，由上到下 4 个波形分别是三相电源电压、整流输出电压、整流输出电流、触发脉冲。

阻感负载、$\alpha=60°$时的波形特性和阻感负载、$\alpha=80°$时的波形特性分别如图 10.40 和图 10.41 所示。其他各种情况的特性读者可以自己仿真分析。

10.3.2 DC - DC 变流电路建模与仿真

DC - DC 变流电路有多种结构形式，直接变换结构包括 Buck 电路、Boost 电路、Buck - Boost 电路、Cuk 电路、Sepic 电路和 Zeta 电路等。间接变换结构包括正激式电路、反激式电路和桥式电路等。本节选择典型的电路：Buck 电路、Cuk 电路、反激式电路给出建模和仿真结果，其他电路建模和仿真过程类似。

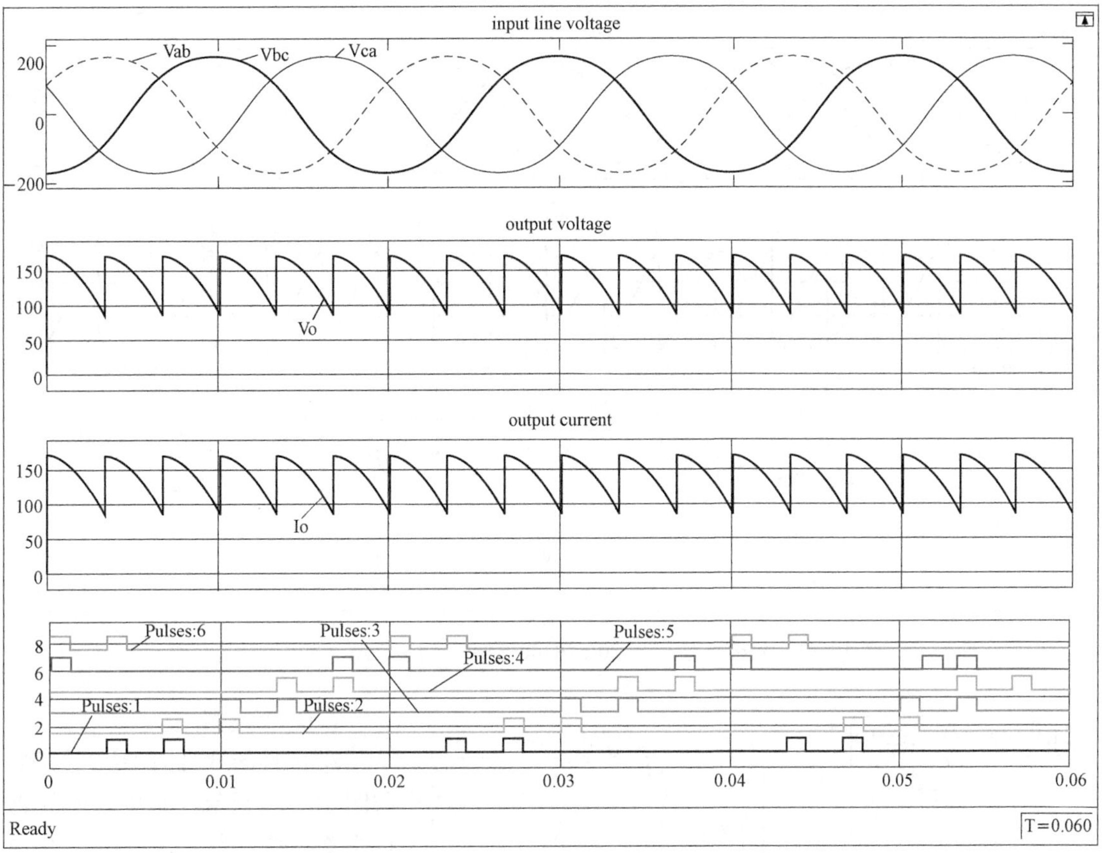

图 10.39　电阻负载、$\alpha=30°$时的仿真波形（$R=1\Omega$）

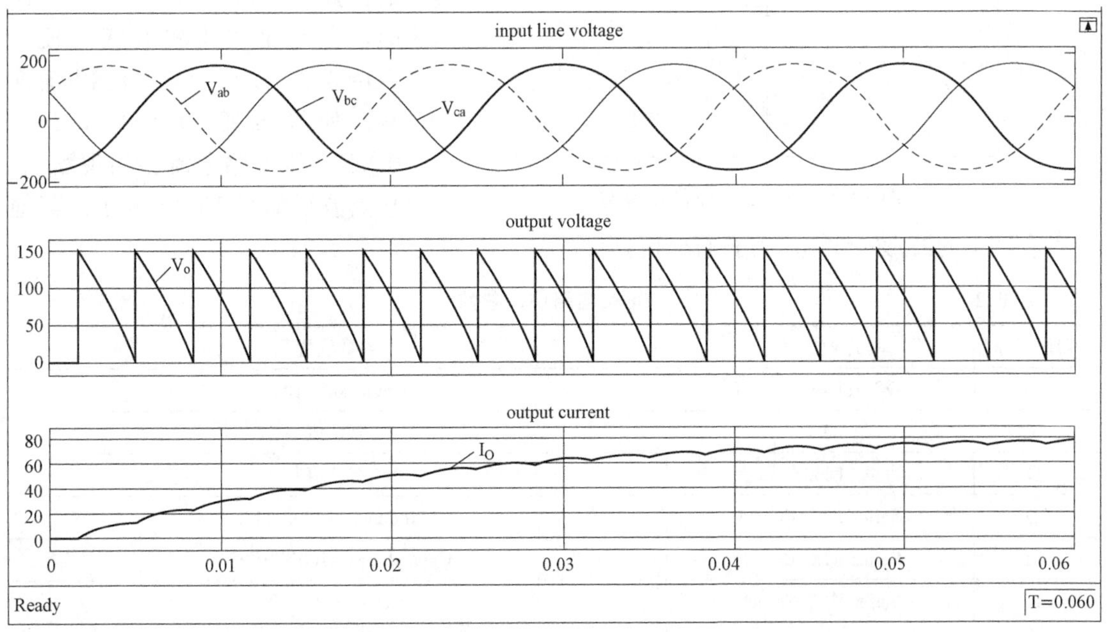

图 10.40　阻感负载、$\alpha=60°$时的波形特性（$R=1\Omega$、$L=0.02\text{H}$）

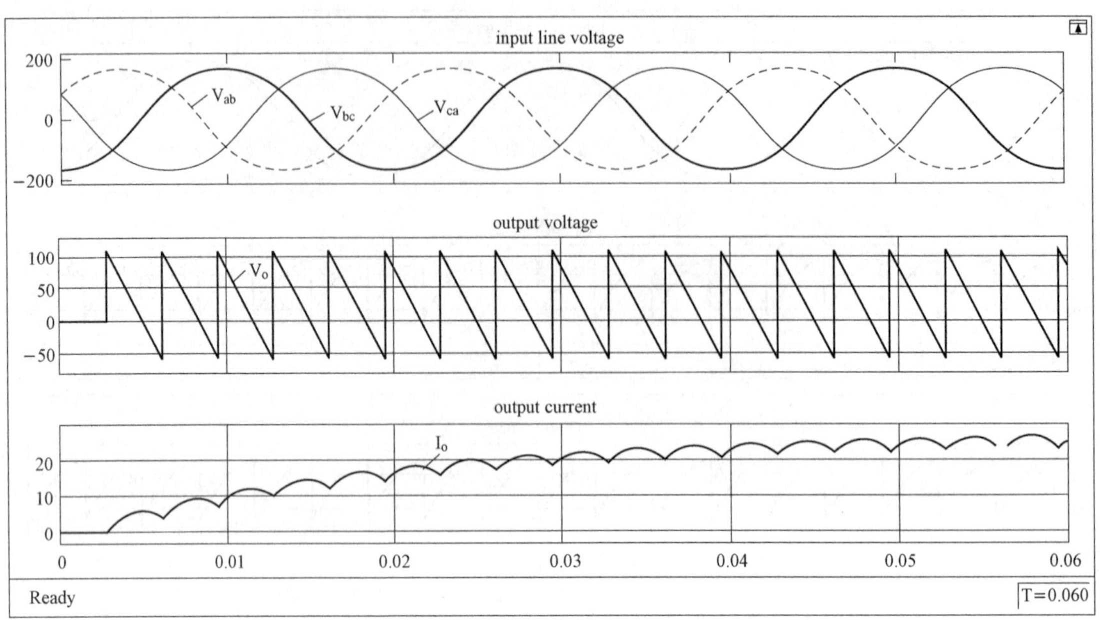

图 10.41　阻感负载、$\alpha=80°$时的波形特性（$R=1\Omega$、$L=0.02H$）

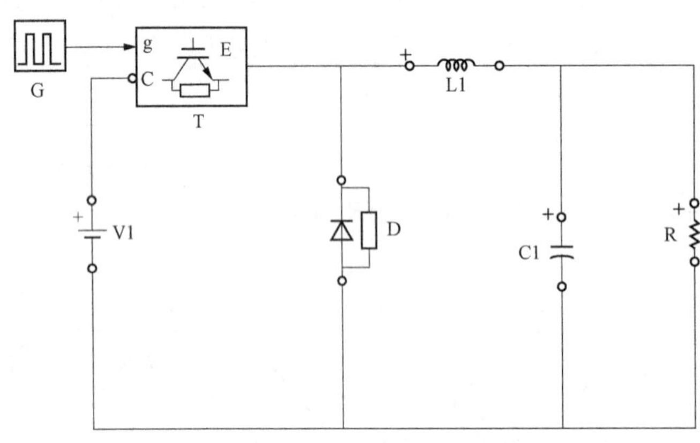

图 10.42　Buck 电路仿真模型

1. Buck 电路

建立 Buck 电路的仿真模型，如图 10.42 所示。其中，各元器件主要参数如表 10.2 所示。仿真参数设置同前面模型相同，得到的仿真波形如图 10.43 所示。此时，占空比和滤波电感比较大（$D=0.8$，$L=0.1$），电感电流连续。如果设置 $D=0.5$，$L=0.001$，则电感电流会出现断续，仿真波形如图 10.44 所示。其他各种参数下的波形特性读者可自行分析。

表 10.2　　Buck 电路仿真参数

器件名称	库模型名	参数设置
V1	DC Voltage Source	Amplitude=100V
T	IGBT	默认值
D	Diode	默认值
L1	Series RLC Branch	Inductance=0.1H
C1	Series RLC Branch	Capacitance=100×10^{-6}F
R	Series RLC Branch	Resistance=5Ω
G	Pulse Generator	Amplitude=1；Period=0.001s；Pulse width=80%；Pulse delay=0

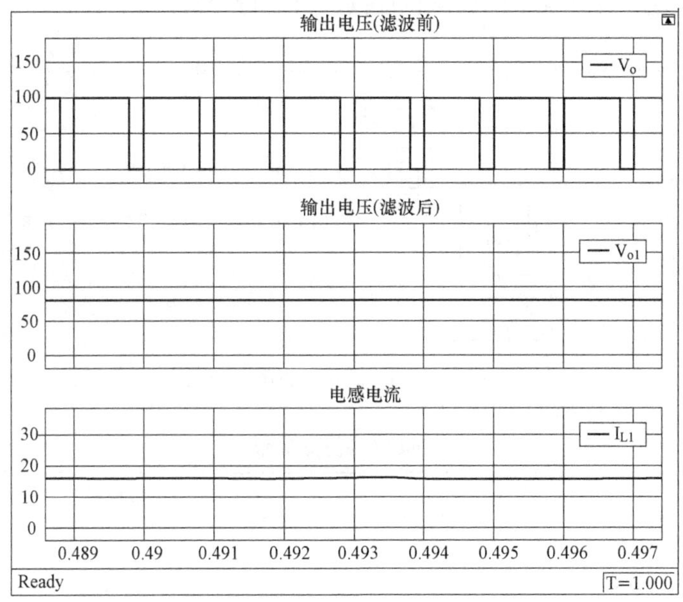

图 10.43　Buck 电路仿真特性（D=0.8，L=0.1）

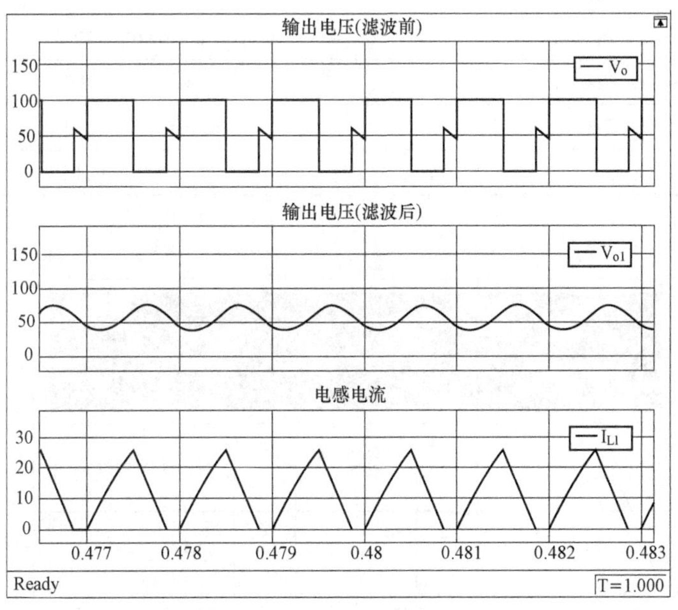

图 10.44　Buck 电路仿真特性（D=0.5，L=0.001）

2. Cuk 电路

建立 Cuk 电路的仿真模型，如图 10.45 所示。其中，各元器件主要参数如表 10.3 所示。仿真参数设置同前面模型相同，则得到的仿真波形如图 10.46 所示。可见，输出电压为负值，呈反极性特性，电感 L1 电流连续。为了进一步观察电感 L1 电流在每个开关周期的变化，把波形进行局部放大，如图 10.46、图 10.47 所示，可以比较明显地看到电感充电和放电变化过程。其他各种情况下的波形特性读者可自行分析。

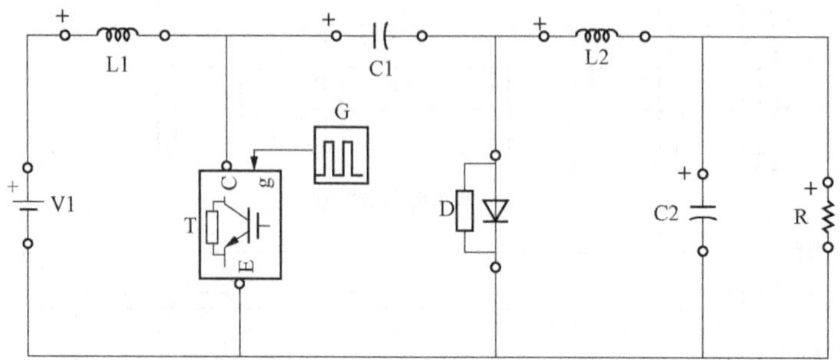

图 10.45 Cuk 电路的仿真模型

表 10.3 **Cuk 电路仿真参数**

器件名称	库模型名	参数设置
V1	DC Voltage Source	Amplitude=100V
T	IGBT	默认值
D	Diode	默认值
L1	Series RLC Branch	Inductance=0.1H
L2	Series RLC Branch	Inductance=0.1H
C1	Series RLC Branch	Capacitance=100×10⁻⁶F
C2	Series RLC Branch	Capacitance=0.01F
R	Series RLC Branch	Resistance=5Ω
G	Pulse Generator	Amplitude=1；Period=0.001s；Pulse width=50%；Pulse delay=0

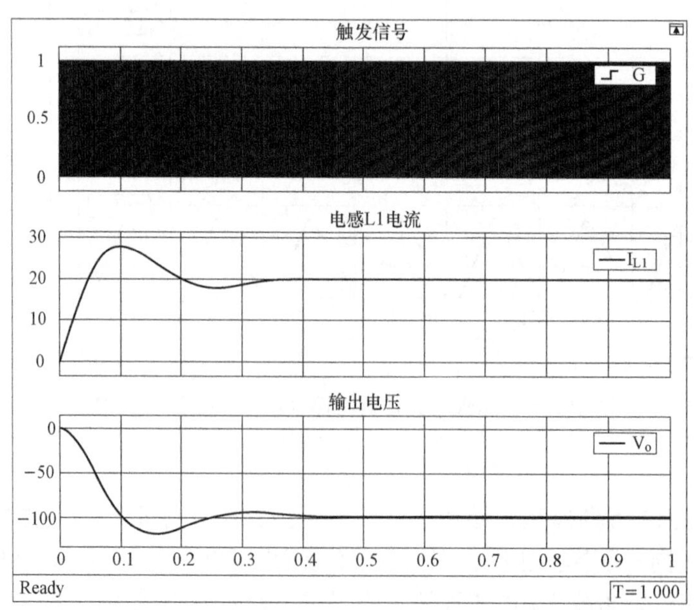

图 10.46 Cuk 电路仿真特性

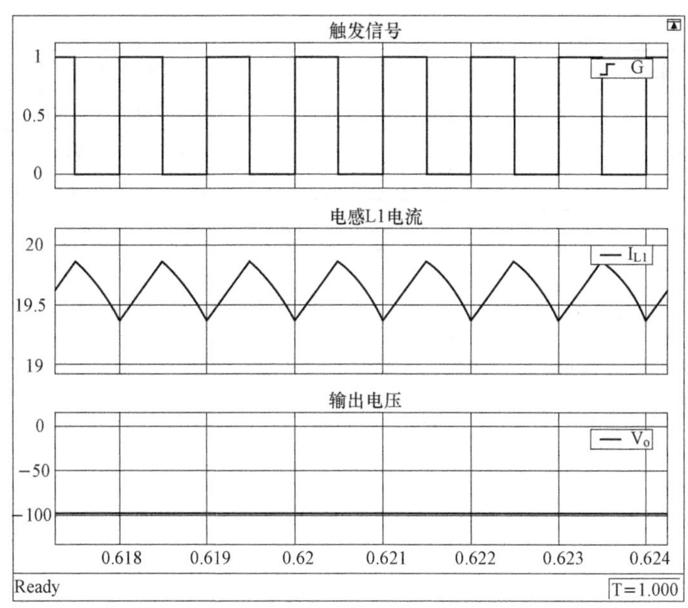

图 10.47　Cuk 电路仿真特性（局部放大）

3. 反激式电路

建立反激式电路的仿真模型，如图 10.48 所示。其中，各元器件主要参数如表 10.4 所示，变压器的参数如图 10.49。仿真参数设置同前面模型相同，但是"powergui"的设置稍有不同，其参数设置如图 10.50 所示，这里对模型进行了离散化，并设置了较小的步长，以匹配高频变压器的频率。

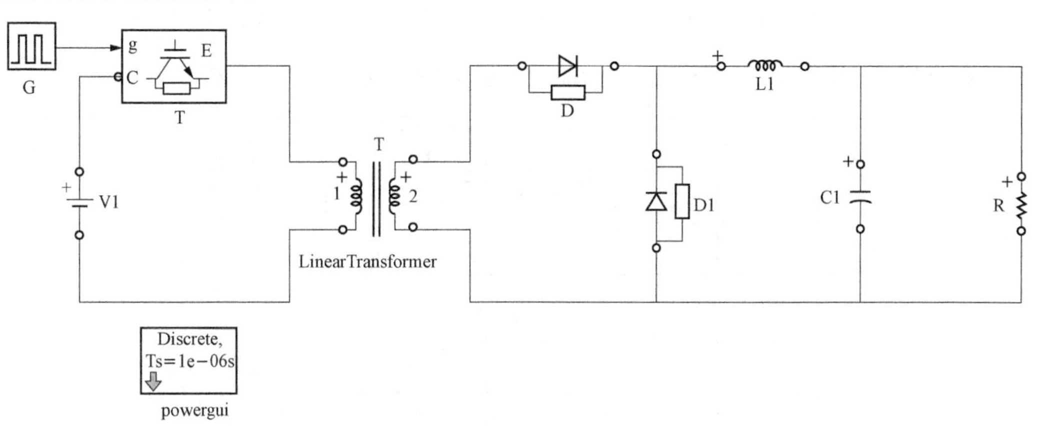

图 10.48　反激式电路仿真模型

表 10.4　　反激式电路仿真参数

器件名称	库模型名	参数设置
V1	DC Voltage Source	Amplitude=100V
T	IGBT	默认值
D、D1	Diode	默认值
T	Linear Transformer	见图 10.49

续表

器件名称	库模型名	参数设置
L1	Series RLC Branch	Inductance=0.01H
C1	Series RLC Branch	Capacitance=0.01F
R	Series RLC Branch	Resistance=5Ω
G	Pulse Generator	Amplitude=1；Period=0.001s；Pulse width=40%；Pulse delay=0

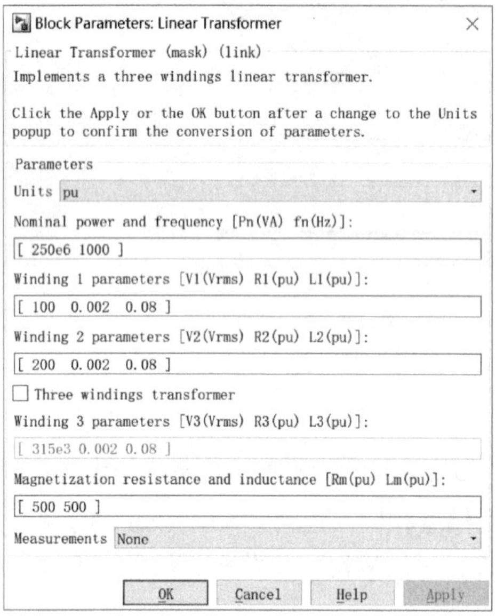

Block Parameters: Linear Transformer
Linear Transformer (mask) (link)
Implements a three windings linear transformer.
Click the Apply or the OK button after a change to the Units popup to confirm the conversion of parameters.
Parameters
Units pu
Nominal power and frequency [Pn(VA) fn(Hz)]:
[250e6 1000]
Winding 1 parameters [V1(Vrms) R1(pu) L1(pu)]:
[100 0.002 0.08]
Winding 2 parameters [V2(Vrms) R2(pu) L2(pu)]:
[200 0.002 0.08]
Three windings transformer
Winding 3 parameters [V3(Vrms) R3(pu) L3(pu)]:
[315e3 0.002 0.08]
Magnetization resistance and inductance [Rm(pu) Lm(pu)]:
[500 500]
Measurements None
OK
Cancel
Help
Apply

图 10.49　变压器的参数

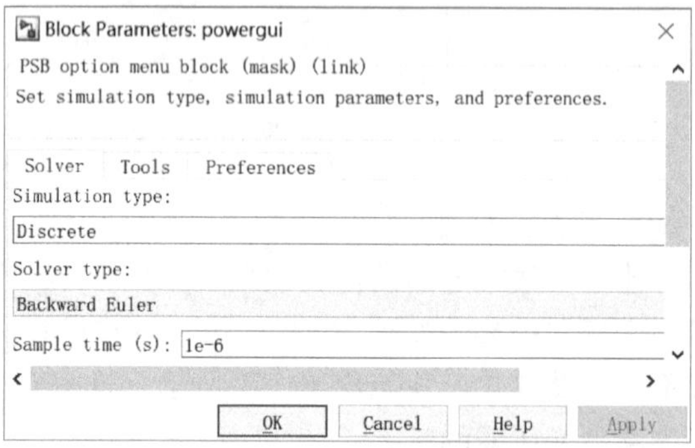

Block Parameters: powergui
PSB option menu block (mask) (link)
Set simulation type, simulation parameters, and preferences.
Solver
Tools
Preferences
Simulation type:
Discrete
Solver type:
Backward Euler
Sample time (s): 1e-6
OK
Cancel
Help
Apply

图 10.50　“powergui” 参数设置

得到的仿真波形如图 10.51。其他情况下的波形特性读者可自行分析。

输出电压(滤波前)
200
100
0
Vo
输出电压(滤波后)
100
50
0
Vo1
电感电流
20
15
10
IL1
0.6125 0.613 0.6135 0.614 0.6145 0.615 0.6155 0.616 0.6165 0.617
Ready
T=1.000

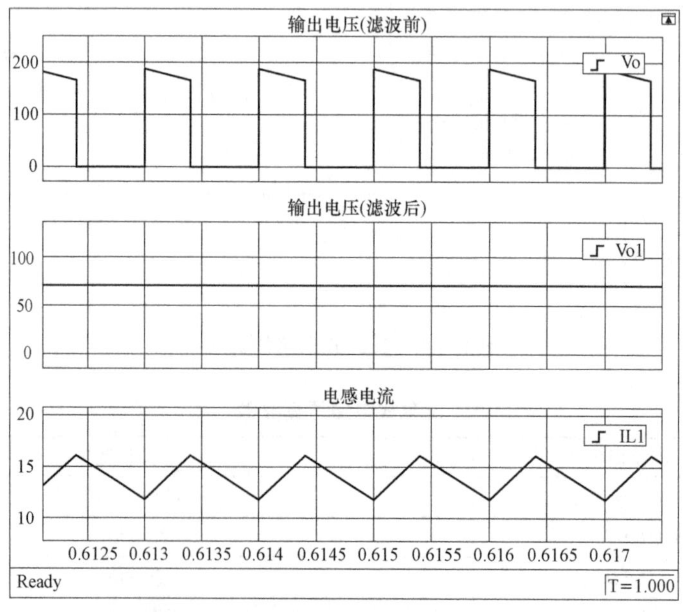

图 10.51　反激电路仿真特性（局部放大）

10.3.3 AC-AC 变流电路建模与仿真

AC-AC 电路主要包括交流调压电路和交-交变频电路两种结构。本节以单相交流调压电路和三相交-交变频电路为例来分析其建模仿真方法。另外，本节将介绍利用 Simulink 分析谐波的方法。

1. 单相交流调压电路

建立单相交流调压电路的仿真模型，如图 10.52 所示。其中，各元器件主要参数如表 10.5 所示。仿真参数设置同前面模型相同。其中的控制模块 “Control system” 与三相桥式可控整流电路的控制模块相同，由于单相调压电路只需要 2 路相差 180°的触发脉冲，因此 “Control system” 只引出了 2 路控制信号。

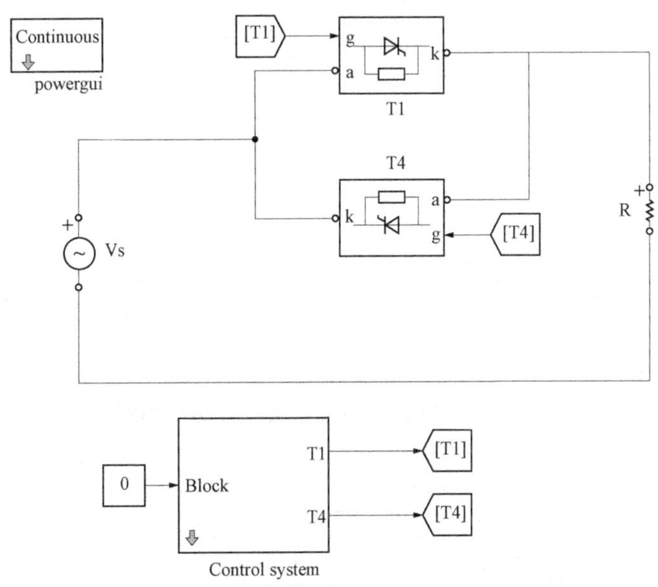

图 10.52 交流调压电路仿真模型

表 10.5 **单相交流调压电路仿真参数**

器件名称	库模型名	参数设置	备注
Vs	AC Voltage Source	Amplitude=10V；Frequency=50Hz；Phase=−30°	
T1、T4	Thyristor	默认值	
R	Series RLC Branch	Resistance=5Ω	
Control system	—	控制角=30°；电源频率=50Hz	封装模块

在电阻负载、控制角 $\alpha=30°$ 情况下得到的输出电压仿真波形如图 10.53 所示，图中同时给出了晶闸管的触发信号。其他情况下的波形特性读者可自行分析。

下面以输入电流为例介绍通过 Simulink 进行谐波分析的方法。

(1) 把输入电流数据存储到 MATLAB 工作区：

1) 通过电流测量模块（Current Measurement）和示波器（Scope）测量输入电流波形，如图 10.54 所示。

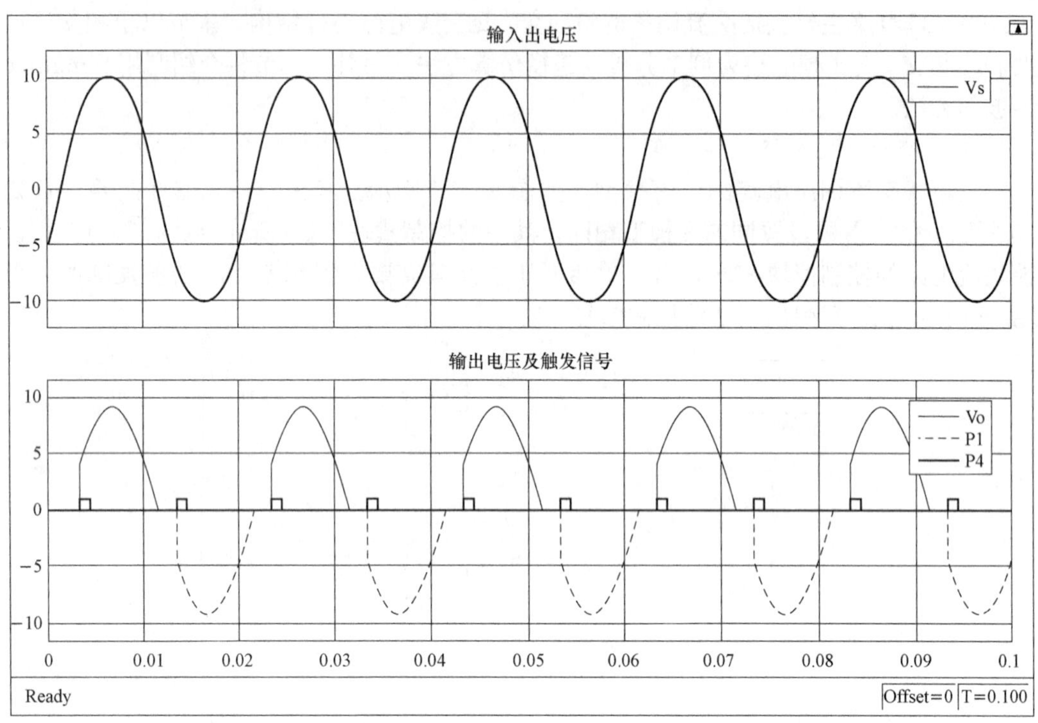

图 10.53　单相交流调压电路输入及输出电压

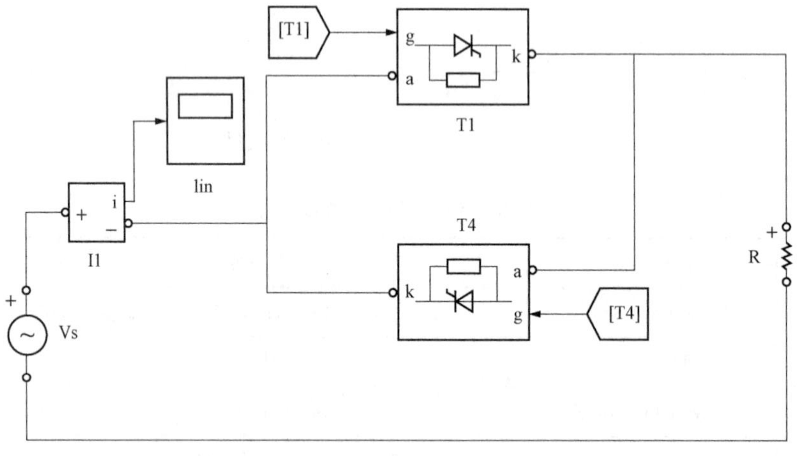

图 10.54　测量输入电流

2）双击打开示波器界面（图 10.55），在快捷栏中单击“参数设置”按钮，弹出参数设置对话框，并单击转换至“Logging”界面（图 10.56），设置输入电流变量名为“Iin”，数据格式为“Structure With Time”。

3）单击“Run/Pause”按钮，运行仿真，完成后，变量 Iin 会存储在 MATLAB 工作区。

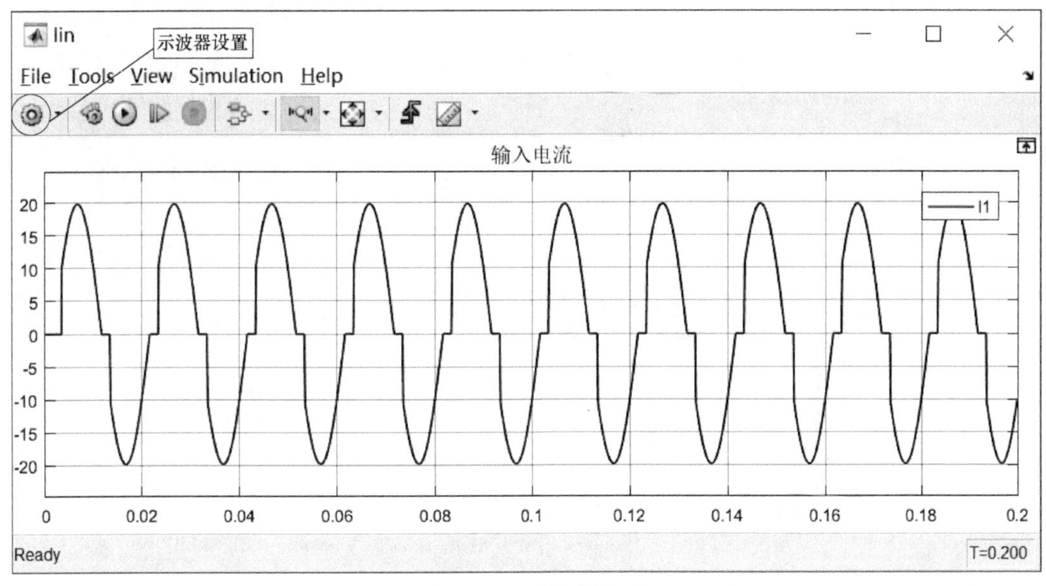

图 10.55　示波器界面

(2) 在仿真模型中，双击打开“powergui”模块，并转换至“Tools”界面（图 10.57）。

(3) 单击其中的“FFT Analysis”按钮，打开谐波分析窗口（图 10.58）。

(4) 从“Name”下拉列表中选择存储的变量 Iin，则会出现输入电路 Iin 的波形；按图 10.58 所示完成其他参数的设置，单击“Display”按钮，则出现对 Iin 的谐波分析结果。

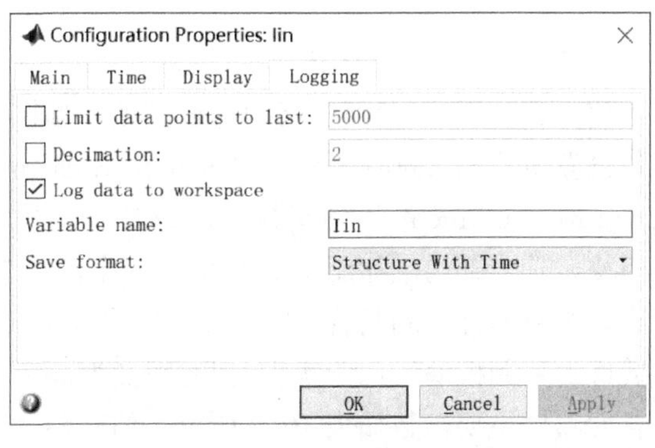

图 10.56　示波器参数设置界面

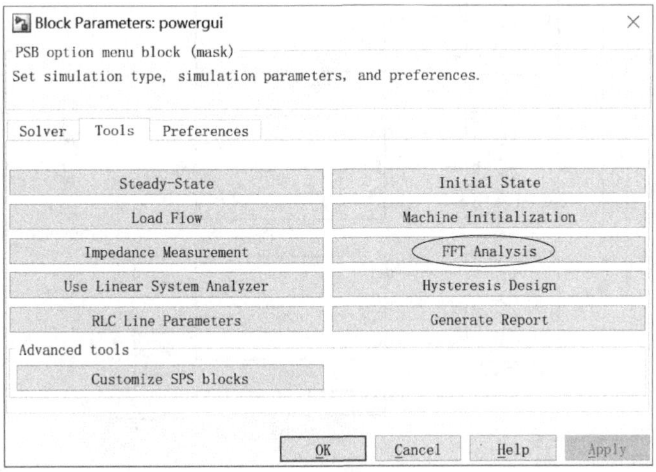

Block Parameters: powergui
PSB option menu block (mask)
Set simulation type, simulation parameters, and preferences.
Solver　Tools　Preferences
Steady-State　Initial State
Load Flow　Machine Initialization
Impedance Measurement　FFT Analysis
Use Linear System Analyzer　Hysteresis Design
RLC Line Parameters　Generate Report
Advanced tools
Customize SPS blocks
OK　Cancel　Help　Apply

图 10.57　“powergui”设置的“Tools”界面

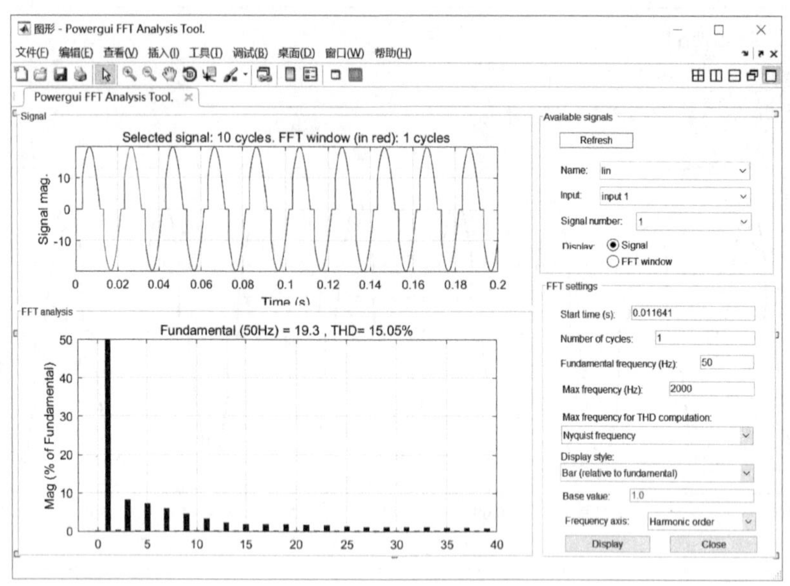

图 10.58 谐波分析工具

2. 三相交-交变频电路

建立三相交-交变频电路的仿真模型，如图 10.59 所示，模型中变压器 Ta、Tb、Tc 的参数设置如图 10.60 所示。“Source Measurement”的参数设置如图 10.61（a）所示，“Load Measurements”的参数设置如图 10.61（b）所示。“Phase A”是封装好的 A 相变流器模块，其内部构成如图 10.62 所示，由两个三相“Universal Bridge”电力电子模块并联组成，组成器件为晶闸管。“Phase B”“Phase C”的构成与“Phase A”相同。“control”是封装好的控制模块，用于实现三相交-交变频控制信号的生成，其内部构成比较复杂。模型中各元器件主要参数如表 10.6 所示。仿真参数设置同前面模型相同。

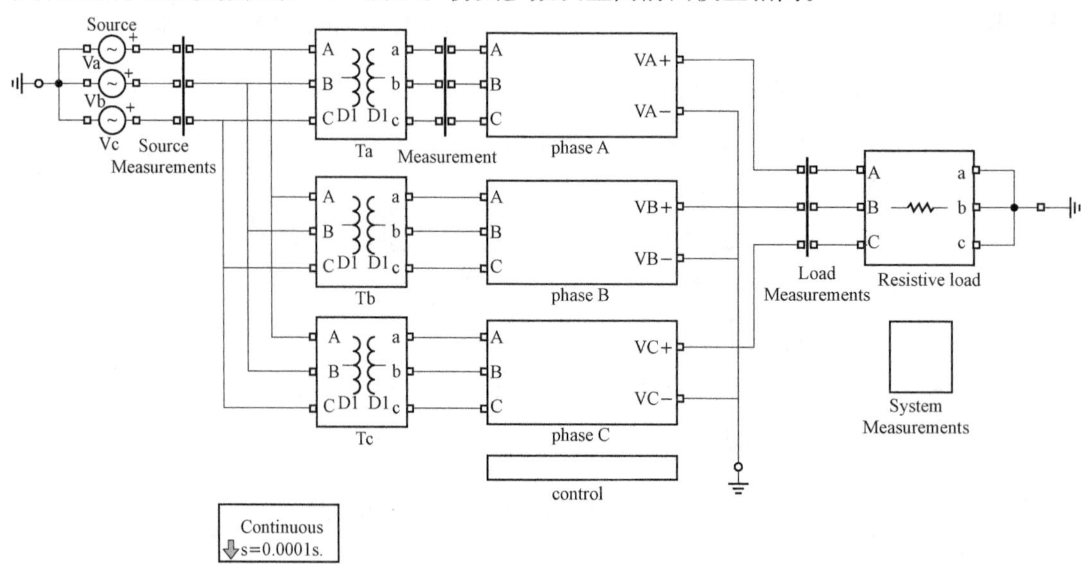

图 10.59 三相交一交变频电路

Block Parameters: Three-Phase Transformer (Two Windings)2

Three-Phase Transformer (Two Windings) (mask) (link)

This block implements a three-phase transformer by using three single-phase transformers. Set the winding connection to 'Yn' when you want to access the neutral point of the Wye.

Click the Apply or the OK button after a change to the Units popup to confirm the conversion of parameters.

Configuration　Parameters　Advanced

Units pu

Nominal power and frequency [Pn(VA) , fn(Hz)] [3e6 60]

Winding 1 parameters [V1 Ph-Ph(Vrms) , R1(pu) , L1(pu)] [6600 0 0]

Winding 2 parameters [V2 Ph-Ph(Vrms) , R2(pu) , L2(pu)] [6600 1e-8 0]

Magnetization resistance Rm (pu) Inf

Magnetization inductance Lm (pu) Inf

Saturation characteristic [i1 , phi1 ; i2 , phi2 ; ...] (pu) 0024, 1.2 ; 1.0, 1.52]

Initial fluxes [phi0A , phi0B , phi0C] (pu): [0.8 , -0.8 , 0.7]

OK　Cancel　Help　Apply

图 10.60　变压器 Ta、Tb、Tc 的参数设置

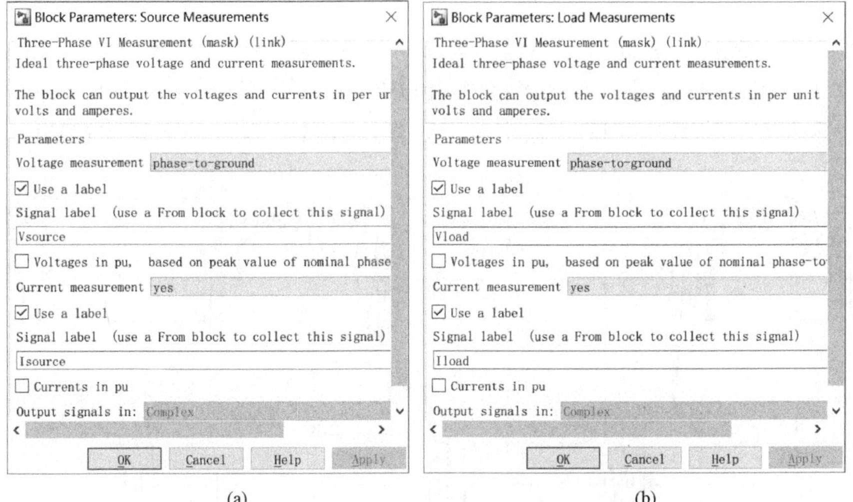

Block Parameters: Source Measurements

Three-Phase VI Measurement (mask) (link)

Ideal three-phase voltage and current measurements.

The block can output the voltages and currents in per ur volts and amperes.

Parameters

Voltage measurement phase-to-ground

☑ Use a label

Signal label (use a From block to collect this signal)

Vsource

☐ Voltages in pu, based on peak value of nominal phase

Current measurement yes

☑ Use a label

Signal label (use a From block to collect this signal)

Isource

☐ Currents in pu

Output signals in: Complex

OK　Cancel　Help　Apply

Block Parameters: Load Measurements

Three-Phase VI Measurement (mask) (link)

Ideal three-phase voltage and current measurements.

The block can output the voltages and currents in per unit volts and amperes.

Parameters

Voltage measurement phase-to-ground

☑ Use a label

Signal label (use a From block to collect this signal)

Vload

☐ Voltages in pu, based on peak value of nominal phase-to

Current measurement yes

☑ Use a label

Signal label (use a From block to collect this signal)

Iload

☐ Currents in pu

Output signals in: Complex

OK　Cancel　Help　Apply

(a)　　(b)

图 10.61　Three-phase VI measurements 模块参数设置

(a) Source Measurements；(b) Load Measurements

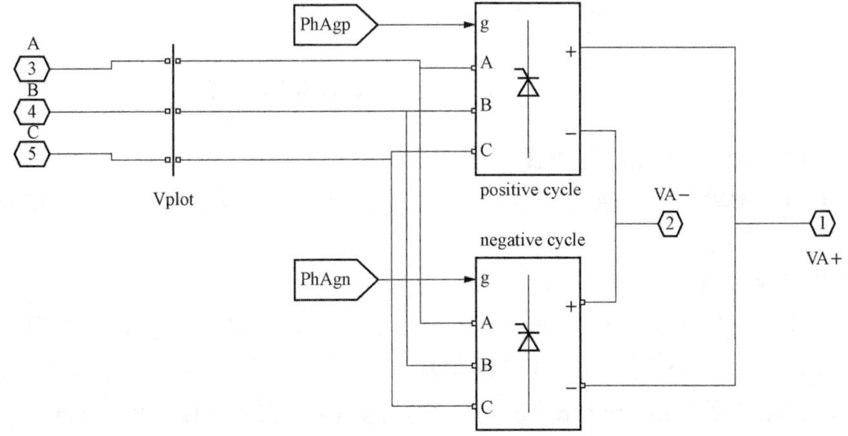

图 10.62　“Phase A”封装模块的内部构成

表 10.6　交 - 交变频电路仿真参数

器件名称	库模型名	参数设置	备注
Va、Vb、Vc	AC Voltage Source	Amplitude=10V；Frequency=50Hz；Phase=0°、−120°、120°	
Ta、Tb、Tc	Three - Phase Transformer	见图 10.60	
Load	three - phase series RLC branch	Resistance=10Ω	
Source Measurements	Three - phaseVI measurements	见图 10.61（a）	
Load Measurements	Three - phaseVI measurements	见图 10.61（b）	
Phase A、B、C	—		封装模块
Control	—		封装模块

仿真参数中，仿真算法选择定步长“Fixed - step”“discrete（no continuous states）”，仿真步长为 0.0001s。仿真得到的变流器 A 相输出电压参考波形及实际波形如图 10.63 所示，此时，输入电压频率为 60Hz，输出电压频率为 10Hz。其他波形请读者自行分析。

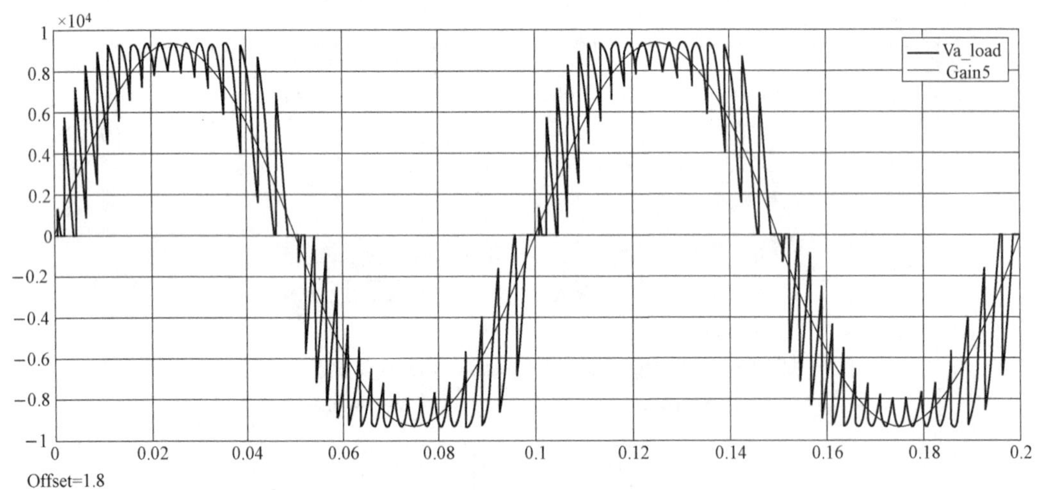

图 10.63　三相交 - 交变频电路输出电压波形

10.3.4　DC - AC 电路建模与仿真

本节以电压源型单相全桥逆变电路和三相桥式逆变电路为例介绍 DC - AC 电路的建模仿真方法。

1. 单相全桥逆变电路

建立单相全桥逆变电路的仿真模型，如图 10.64 所示。其中，各元器件主要参数如表 10.7 所示。仿真参数设置同 Buck 电路模型相同。设置触发脉冲 G 的周期 Period=0.02s（f=50Hz），脉冲宽度 Pulse width=50%，在阻感负载（R=5Ω；L=0.1H）下得到的仿真波形如图 10.65 所示。

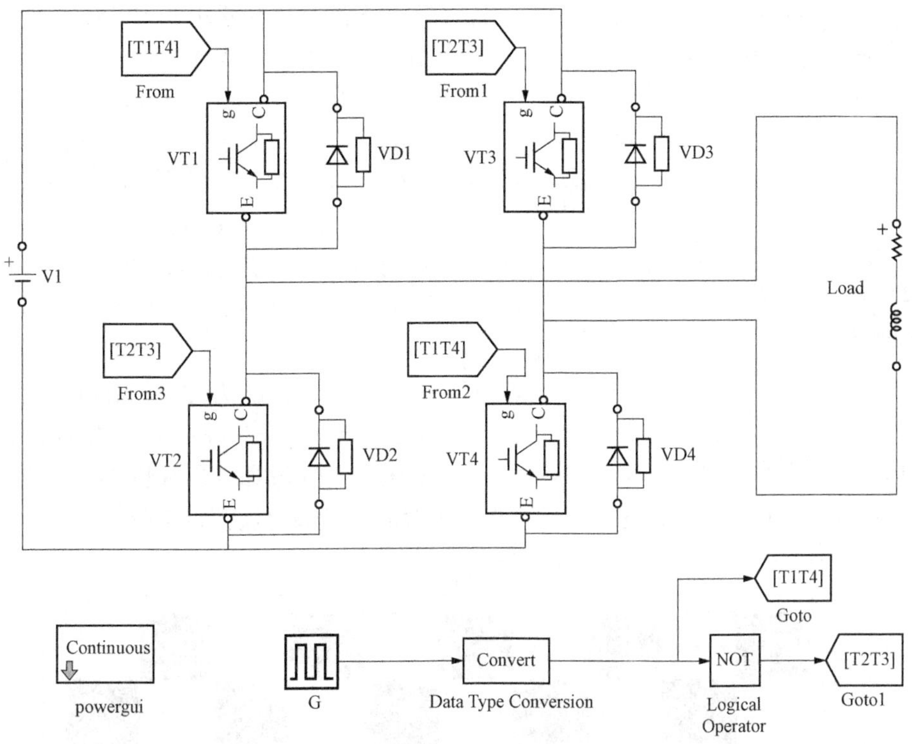

图 10.64　单相全桥逆变电路仿真模型

表 10.7　**单相全桥逆变电路仿真参数**

器件名称	库模型名	参数设置
V1	DC Voltage Source	Amplitude=100V
VT1～VT4	IGBT	默认值
VD1～VD4	Diode	默认值
Load	Series RLC Branch	Resistance=5Ω；Inductance=0.1H
G	Pulse Generator	Amplitude=1；Period=0.02s；Pulse width=50%；Pulse delay=0

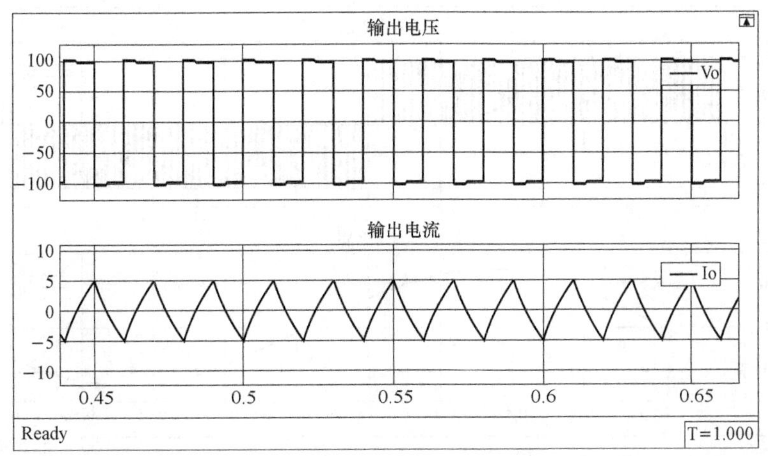

图 10.65　单相全桥逆变电路输出电压及电流仿真波形

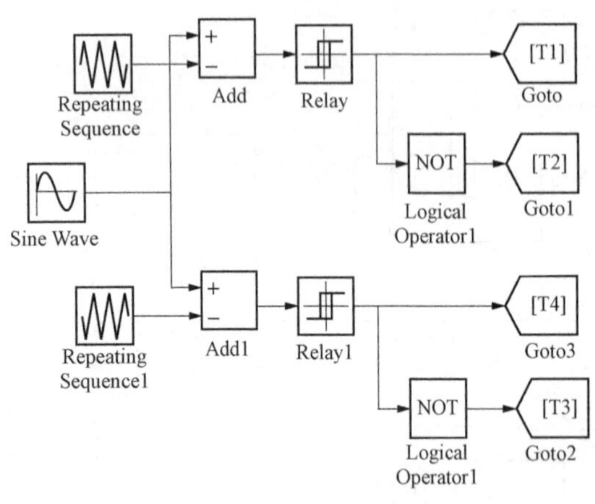

图 10.66　单极性 SPWM 的控制模型

下面对逆变器正弦 PWM 控制特性进行仿真。单极性 SPWM 的控制模型如图 10.66 所示。其中，载波三角波发生器 “Repeating Sequence” 的设置为 Time values=[0 0.001 0.002 0.003 0.004]，Output values = [0 1 0 −1 0]。“Repeating Sequence1” 为三角波反相，其设置为 Time values = [0 0.001 0.002 0.003 0.004]，Output values= [0 −1 0 1 0]。参考波正弦波 “Sine Wave” 的设置为 Amplitude = 0.8，Frequency=10 * pi (rad/s)。此时得到的输出电压及电流仿真结果如图 10.67 和图 10.68 所示，可见，采用 PWM 控制技术之后，阻感负载时的负载电流接近正弦波。

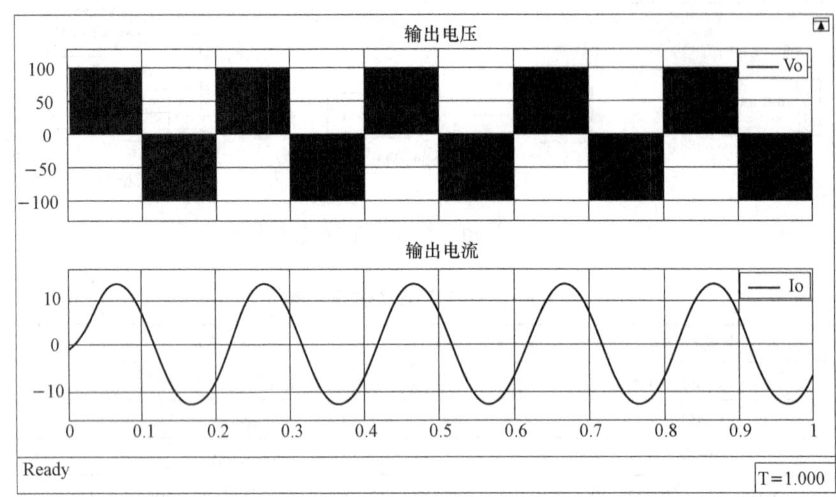

图 10.67　单极性 SPWM 控制时的输出电压及电流波形

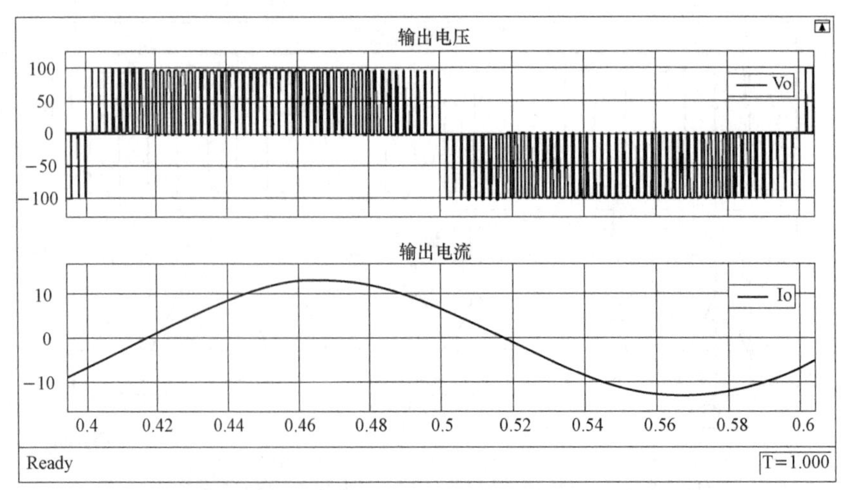

图 10.68　单极性 SPWM 控制时的输出电压及电流波形（局部放大）

2. 三相桥式逆变电路

建立三相桥式逆变电路的仿真模型如图 10.69 所示。其中，各元器件主要参数如表 10.8 所示。仿真参数设置同单相逆变电路模型相同。得到的仿真波形如图 10.70 所示。

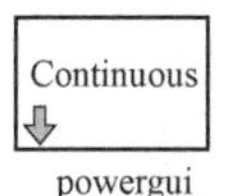

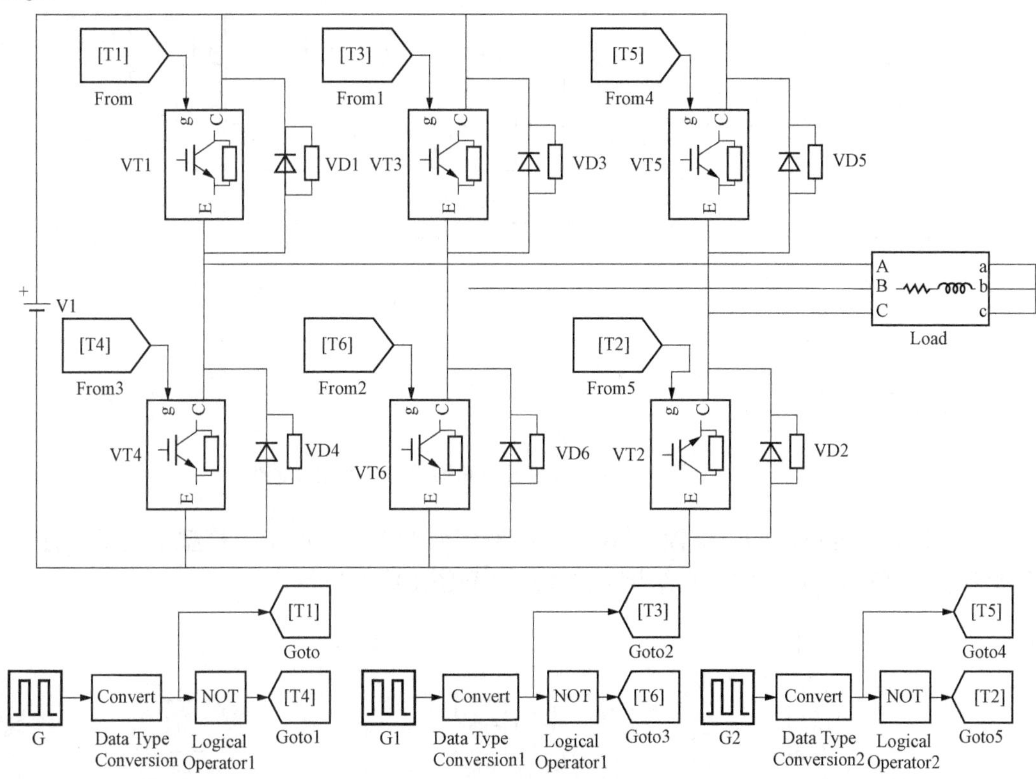

图 10.69　三相桥式逆变电路仿真模型

表 10.8　**三相桥式逆变电路仿真参数**

器件名称	库模型名	参数设置
V1	DC Voltage Source	Amplitude=100V
VT1～VT6	IGBT	默认值
VD1～VD6	Diode	默认值
Load	Three - Phase Series RLC Branch	Resistance=5Ω；Inductance=0.1H
G	Pulse Generator	Amplitude=1；Period=0.02s；Pulse width=50%；Pulse delay=0
G1	Pulse Generator	Amplitude=1；Period=0.02s；Pulse width=50%；Pulse delay=120/360×0.02
G2	Pulse Generator	Amplitude=1；Period=0.02s；Pulse width=50%；Pulse delay=240/360×0.02

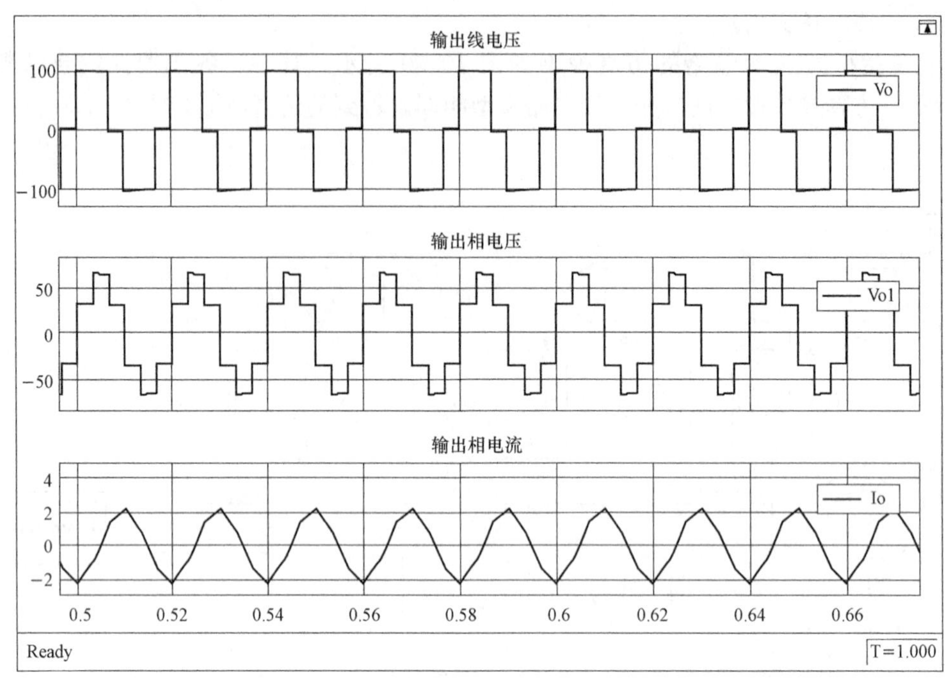

图 10.70 三相桥式逆变电路输出电压及电流波形

三相桥式逆变电路的双极性 SPWM 控制模型如图 10.71 所示，模型中主要器件参数设置如表 10.9 所示，得到的仿真结果如图 10.72 和图 10.73 所示。

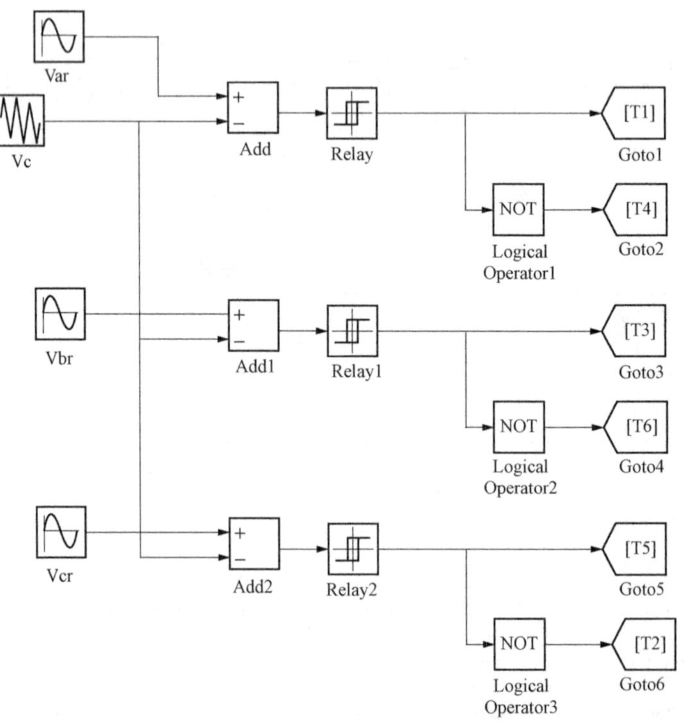

图 10.71 三相桥式逆变电路的双极性 SPWM 控制模型

表 10.9　三相双极性 SPWM 控制模型主要器件参数

器件名称	库模型名	参数设置
Var	Sine Wave	Amplitude=0.8；Frequency=10×pi；Phase=0
Vbr	Sine Wave	Amplitude=0.8；Frequency=10×pi；Phase=−2×pi/3
Vcr	Sine Wave	Amplitude=0.8；Frequency=10×pi；Phase=2×pi/3
Vc	Repeating Sequence	Time values=［0 0.001 0.002 0.003 0.004］；Output values=［0 1 0 −1 0］

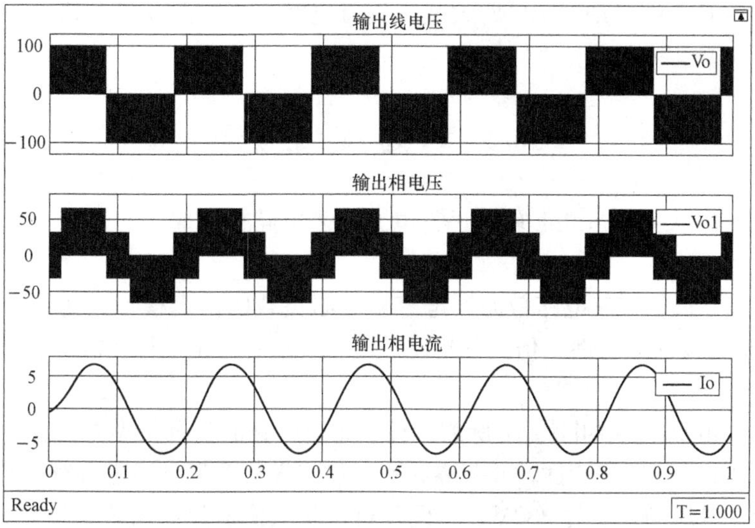

图 10.72　三相桥式逆变电路的双极性 SPWM 控制仿真结果

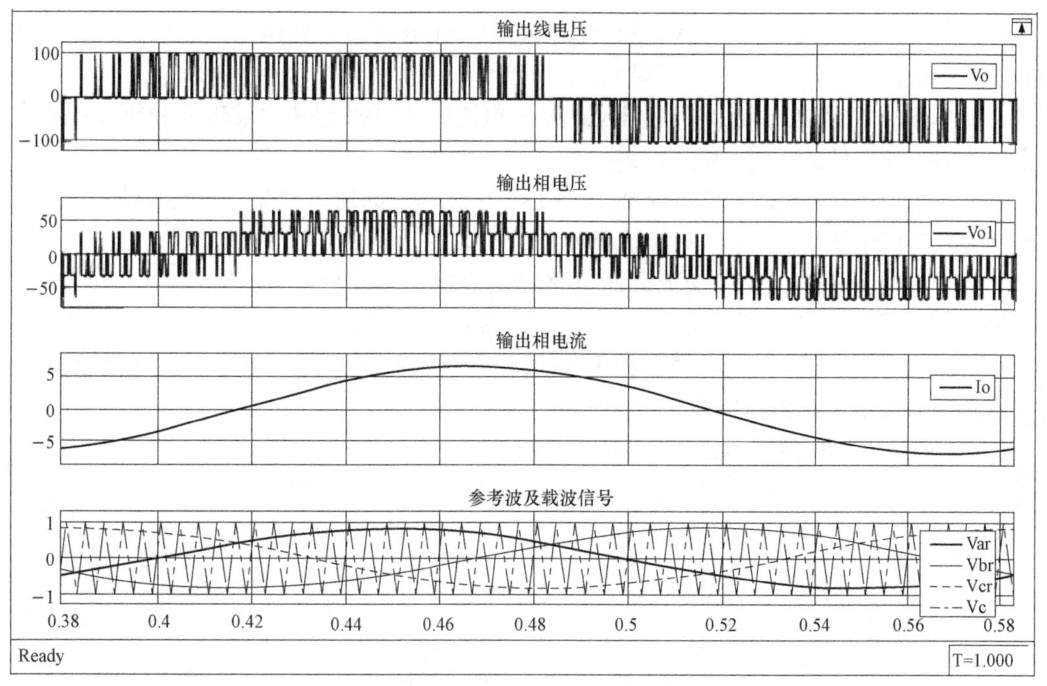

图 10.73　三相桥式逆变电路的双极性 SPWM 控制仿真结果（局部放大）

10.4 小　　结

仿真是研究电力电子电路特性的一个重要手段。在电力电子电路仿真软件中，MATLAB/Simulink 软件以其简单易用、功能强大的优点得到广泛使用。

本章以教材编写时 MATLAB 发行的新版本 MATLAB R2023a 为例介绍了软件的基本使用方法和进行电力电子电路仿真建模分析的基本步骤。同时，以具体实例的方式对 AC - DC、DC - DC、AC - AC、DC - AC 四大基本变流电路中的典型变换电路进行了建模和仿真分析。

10.5 习题及思考题

1. 利用 MATLAB/Simulink 软件进行电力电子电路仿真时，一般应选择什么类型的仿真算法？为什么？

2. 建立单相二极管整流电路带滤波电容和电阻负载的仿真模型，仿真分析其输出电压和输入电流波形及其谐波特性，仿真分析滤波电容大小对输出电压谐波的影响，已知交流电压额定值为 220V。

3. 建立 3/6 相变压器供电的 12 脉波二极管整流电路的仿真模型，仿真分析整流输出电压及输入电流的波形和谐波特性，并与三相 6 脉波二极管整流电路进行对比。

4. 输入交流电压额定值为 380V，建模分析三相共阴极半波可控整流电路的工作特性，给出其负载电阻 $R=10\Omega$，控制角为 $\alpha=30°$时的整流输出电压、电源电流、晶闸管电流波形。

5. 已知输入直流电压为 100V，建立 Buck - Boost 电路的仿真模型并分析不同占空比控制下的工作特性。

6. 已知输入直流电压为 100V，建立 Boost 电路的仿真模型并通过仿真分析该电路负载电流连续的工作条件。

7. 建立带中间隔离变压器的全桥 DC - DC 变换电路的仿真模型，并分析其工作特性。要求：输入电流电压为 100V，变压器变比为 2∶1，变压器工作频率为 5000Hz。

8. 建立单相斩控式 PWM 交流调压电路的仿真模型，并分析其工作特性。输入电压额定值为 220V，阻感负载，其中电阻 $R=5\Omega$，电感 $L=10mH$。

9. 采用双极性 SPWM 实现对单相 H 桥逆变电路的控制仿真，开关频率为 2kHz，在相同工作条件下与单极性控制特性进行对比。

10. 建模仿真三相逆变器 SVPWM 控制特性。

参 考 文 献

[1] 陈坚，康勇．电力电子学：电力电子变换和控制技术［M］.3 版．北京：高等教育出版社，2011.
[2] 王兆安，刘进军．电力电子技术［M］.5 版．北京：机械工业出版社，2009.
[3] 周渊深．电力电子技术与 MATLAB 仿真［M］．2 版．北京：中国电力出版社，2014.
[4] 王兆安，刘进军，王跃，等．谐波抑制和无功功率补偿［M］.3 版．北京：机械工业出版社，2015.
[5] 陈国呈．PWM 模式与电力电子变换技术［M］．北京：中国电力出版社，2016.
[6] 马伟明．舰船动力发展的方向：综合电力系统［J］．海军工程大学学报，2004，14（6）：1-5，9.
[7] 马伟明．舰船综合电力系统中的机电能量转换技术［J］．电气工程学报，2015，10（4）：3-10.
[8] 陈亚昕，李亚旭．舰船综合电力系统发展研究［J］．船电技术，2012，32（1）：60-64.
[9] 马振邦．船舶海水冷却系统变频控制仿真研究［D］．大连：大连海事大学，2017.
[10] 易瑞庭．变频调速技术在船舶行业的应用及其发展前景［J］．科技信息，2010（7）：120，96.
[11] 彭韬，余世林，朱立凡，等．船艇变频恒压供水系统应用分析［J］．船海工程，2008，3（6）：26-28.
[12] 帅军．基于固态变压器的配电系统电压控制［D］．北京：华北电力大学，2016.
[13] 陈丽．配电系统固态变压器拓扑综述［J］．电气时代，2016（12）：84-87.